Kosmos-Handbücher
für die praktische
naturwissenschaftliche
Arbeit

Jörg Vierke

Vierkes
Aquarienkunde

Grundlagen
der Süßwasseraquaristik

Kosmos
Gesellschaft der Naturfreunde
Franckh'sche Verlagshandlung
Stuttgart

Mit 100 Farbfotos von Burkard Kahl (58) und Jörg Vierke (42) und 506 Zeichnungen von M. Bertsch (2), G. Brünner (35), S. Haag (3), H. Kacher (4), B. Kahl (12), P. Löhle (1), A. Paysan (234), J. Vierke (189), W. Weiss (26).

Umschlaggestaltung von Edgar Dambacher unter Verwendung einer Aufnahme von Jaroslav Eliás
Das Bild zeigt einen Zwergfadenfisch (Colisa lalia)

CIP-Kurztitelaufnahme der Deutschen Bibliothek

Vierke, Jörg:
[Aquarienkunde]
Vierkes Aquarienkunde : Grundlagen d. Süsswasseraquaristik. – Stuttgart : Franckh, 1982.
  (Kosmos-Handbücher für die praktische naturwissenschaftliche Arbeit)
  ISBN 3-440-05119-6

Innere Umschlagseiten vorn:
Südostasien-Becken, besetzt mit verschiedenen Barben, Bärblingen und Schmerlen. Aufnahme Kahl

Innere Umschlagseiten hinten:
Schön eingerichtetes Gesellschaftsaquarium mit südamerikanischen Salmlern und Segelflossern. Aufnahme Kahl

Bild 1 (Seiten 2/3). Ein schön bepflanztes und sinnvoll mit Fischen besetztes Aquarium übt auf jeden Betrachter seinen Reiz aus. Aufnahme Kahl

Franckh'sche Verlagshandlung, W. Keller & Co., Stuttgart / 1982
Printed in Italy / Imprimé en Italie / LH 14 hc
ISBN 3-440-05119-6
Satz: Setzerei G. Müller, Heilbronn
Herstellung: Grafiche Gutenberg, Gorle (Bergamo) / Italien

Vierkes Aquarienkunde

Einführung

Der Faszination eines schön eingerichteten Aquariums können sich nur wenige Menschen entziehen. Viele verzichten jedoch auf die Anschaffung einer Unterwasserwelt im Glase, weil sie es sich nicht zutrauen, ein Aquarium zu betreiben. Kostet dieses Hobby nicht viel Geld und noch mehr Zeit? – Andere dagegen haben ihr Aquarium nach kurzem Betrieb wieder enttäuscht oder gelangweilt in den Keller gestellt. Ihnen wurde ein „perfektes Aquarium" versprochen, eine Unzahl von Hilfsmitteln sollte ihnen dazu verhelfen – dennoch lief es nicht nach Wunsch.

Ich kann versichern, daß der Betrieb eines Aquariums keine wasserchemischen und biologischen Studien voraussetzt, daß man mit viel weniger Arbeit und Kosten zurechtkommt, als allgemein angenommen wird. Trotzdem ist natürlich eine gewisse Grundkenntnis von den Lebensansprüchen der Pfleglinge und von den Problemen, die unter Umständen auf uns zukommen können, notwendig. Ich möchte mit diesem Buch Erfahrungen aus einer langjährigen Aquarienpraxis weitergeben – Erfahrungen, die es dem Laien ermöglichen, Zugang zu diesem herrlichen Hobby zu bekommen und mit ihm vertraut zu werden.

Darüber hinaus möchte ich aber auch den erfahrenen Aquarianern Hinweise und Anregungen geben, die ihnen helfen, noch mehr Freude an ihren Fischen zu haben, und ihnen Mut machen, es auch einmal mit ausgefalleneren Tieren oder aber mit der Fischzucht zu versuchen.

Grundsätzliches zur Aquarienpflege

Aus dem Untertitel geht schon hervor, daß dieses Buch nur das Süßwasseraquarium mit seinen Tieren und Pflanzen behandelt.

Obwohl Meeresfische oft viel farbenprächtiger sind, eignen sie sich nur bedingt für das Liebhaber-Aquarium: Zum einen werden die meisten Arten recht groß und benötigen daher auch größere Aquarien; zum andern sind ihre Ansprüche an die Beschaffenheit und Qualität von Wasser und Futter wesentlich größer und viel schwieriger zu erfüllen als die der Süßwasserfische.

Der Traum eines schön bepflanzten „Unterwassermeeres" wird ebenfalls schwer zu erfüllen sein, denn bis auf wenige Ausnahmen kann man in einem Meeresaquarium keine Pflanzen halten.

Selbst der fortgeschrittene Aquarianer wendet sich nur selten der Meeresaquaristik zu, da dieses Gebiet ihm das schönste Erfolgserlebnis, die gelungene Nachzucht, mit nur ganz wenigen Ausnahmen regelmäßig vorenthält.

Früher wurden dem Anfänger für den Einstieg in die Aquaristik Kaltwasserfische empfohlen. Auch hiervor sei gewarnt, denn gerade Kaltwasserfische sind auf Dauer schwieriger zu halten als tropische Warmwasserfische. Zweifellos ist ein Stichlingsaquarium für einige Frühlingswochen etwas sehr Schönes: Man kann sich stundenlang an den munteren Fischen erfreuen und ihr hochinteressantes Fortpflanzungsverhalten studieren. Auf die Dauer lassen sich unsere einheimischen Fische jedoch schlecht im Zimmer halten: Sie benötigen die Temperatur ihres Freiwassers, und die ist nur selten mit unseren Zimmertemperaturen zu vereinbaren. Dasselbe gilt zwar auch in vielen Fällen für die tropischen Warmwasserfische – aber es ist immer noch wesentlich einfacher, ein Aquarium zu heizen, als es zu kühlen! Tatsächlich waren es die tropischen Süßwasserfische, die der Aquarienkunde zu ihrem Aufstieg und ihrer Blüte verhalfen. Sie sind die eigentlichen „Zierfische".

Für ein tropisches Süßwasseraquarium braucht man weniger technisches Zubehör, als allgemein immer angenommen wird. So können wir uns z. B. in den allermeisten Fällen die Durchlüftung ersparen. Sie ist nur in wenigen Fällen notwendig, meist nur ein mehr oder weniger schöner Luxus und gelegentlich sogar schädlich. Das wichtigste Zubehör ist die Regelheizung, die die Wassertemperatur auf dem eingestellten Wert hält, und die Aquarienbeleuchtung, ohne die die Pflanzen nicht leben können. Außerdem benötigt man für den Anfang Deckscheiben, ein Aquarienthermometer und – wenn alles eingerichtet ist – natürlich Pflanzen und Fische. Von den Fischen bitte nicht zu viel, auch wenn die Versuchung groß ist! Wer der Versuchung, sein Aquarium mit Fischen vollzustopfen, widersteht, kann recht gut sogar auch ohne Filter auskommen.

Aber auch wenn man sich nur auf die notwendigste Grundausrüstung beschränkt, wird man feststellen, daß man einiges für sein zukünftiges Hobby investieren muß! Da die Preise für Aquarien und Aquarienzubehör im Zoofachhandel oft sehr uneinheitlich sind, lohnen sich Preisvergleiche vor dem Kauf auf jeden Fall. Hobbymärkte und Versandfirmen bieten ebenfalls Aquarien und -zubehör an; wegen seines Gewichtes und wegen der Bruchgefahr sollte man das Aquarium selbst jedoch möglichst am Ort kaufen. Adressen und Preisangebote von Versandfirmen, die Aquarien, Aquarienzubehör, Pflanzen und Fische liefern, kann man den monatlich erscheinenden Aquarienzeitschriften (s. Seite 277) entnehmen. Und noch ein Tip:

Es lohnt sich oft, die Kleinanzeigen in den Zeitungen durchzuschauen: Manchmal werden da komplette Aquarien samt Inhalt und Zubehör günstig angeboten.

Zur Pflege eines Aquariums gehören das regelmäßige Füttern und ein gelegentlicher Teilwasserwechsel, bei dem man gleichzeitig Mulm vom Bodengrund absaugt und die Frontscheibe reinigt. Hin und wieder sollten dann auch die Pflanzenbestände gelichtet werden. Detailliertere Hinweise zu diesen „Wartungsarbeiten" folgen auf den Seiten 46–54. Man sollte ja nicht denken, daß ein kleineres Aquarium leichter und schneller zu warten wäre als ein größeres. Im Gegenteil, je kleiner ein Becken ist, desto schneller kann sich die Wasserqualität verschlechtern. Aus diesem Grund kann dem Anfänger nur geraten werden, gerade an der Größe seines Aquariums nicht zu sparen! Mit Aquarien unter 60 cm Seitenlänge sollte man seine ersten Erfahrungen nicht sammeln!

In der Biologie bewanderte Aquarianer haben manchmal die Vorstellung, es müßte in der Aquaristik noch einfacher gehen als vorhin beschrieben. Sie denken an das so oft gebrauchte (und mißbrauchte) „biologische Gleichgewicht". Tatsächlich gehören Tiere und Pflanzen zu einem sich gegenseitig ergänzenden ökologischen System. Die Pflanzen brauchen für ihr Wachstum neben dem Licht auch tierische Ausscheidungen wie Kot und Kohlendioxid – dafür liefern sie den Tieren Sauerstoff und Nahrung. Müßte es denn dann nicht möglich sein, ein sinnvoll eingerichtetes Aquarium sich völlig selbst zu überlassen? Nein. In der Natur sind die Verhältnisse völlig anders als in der notwendigerweise immer beengten Situation eines Aquariums. In freier Natur kommen auf eine riesige Wassermenge relativ wenig Pflanzen und noch weniger Fische. Die Stellen, an denen sich im Freiwasser große Fischschwärme aufhalten, müssen wir mit den vielen fischarmen und fischfreien Gebieten verrechnen. Diese Relation können wir nicht und wollen wir nicht im Aquarium nachahmen.

Unser Aquarium ist mehr als ein Ausschnitt aus einem tropischen Urwaldbach. Es ist eher zu vergleichen mit einem Gewächshaus oder einem Garten, d. h., ein Aquarium bedarf ständig unserer Korrektur.

Doch keine Angst, in Arbeit brauchen unsere Pflegemaßnahmen nicht auszuarten. Im Gegenteil: Meist müssen sich die Aquarianer zurückhalten, damit sie in ihrem Eifer nicht zuviel des Guten tun.

Aquarientechnik

Das Aquarium

Im Handel werden die verschiedensten Aquarientypen angeboten: vom einfachen, geklebten Aquarium bis zum perfekten Aquarien-Möbel im altdeutschen Stil mit allem Zubehör. Die Wahl wird in erster Linie vom Geschmack und vom Geldbeutel des Käufers bestimmt. Grundsätzlich kann man zwischen Glas- und Kunststoffaquarien wählen. Glasaquarien sind häufiger in Gebrauch, da ihre Oberfläche weniger anfällig ist. Nicht jedes Kunststoffmaterial bleibt jahrelang glasklar durchsichtig. Zudem ist die Gefahr, daß die Scheiben beim Reinigen zerkratzt werden, bei Kunststoffaquarien meist größer als bei Glasaquarien. Allerdings haben die aus Kunststoff bzw. Plexiglas hergestellten Becken den Vorteil eines deutlich geringeren Gewichtes. Darüber hinaus sind Plexiglas-Aquarien als Sonderanfertigungen in jeder gewünschten Form zu bekommen – als Rund-, Dreiecks- oder Bogenbecken, mit gewölbten oder geraden Scheiben, mit eingebautem Filter und vielem mehr. Man hüte sich jedoch vor der Illusion, Kunststoffbecken seien billiger als Glasaquarien! Glasbecken wurden früher vorwiegend als Gestellaquarien angeboten. Sie sind heute fast völlig von den preiswerteren mit Silikonkautschuk geklebten Nur-Glas-Becken verdrängt, die vielfach zur Zierde noch mit Randleisten verblendet sind. Gut verklebte Becken halten jahrelang problemlos. Vor dem Einrichten eines neugekauften Aquariums sollte man jedoch vorsichtshalber erst einmal probeweise Wasser einlassen. Nichts ist unangenehmer, als bei einem neuerworbenen, mit Liebe eingerichteten Aquarium feststellen zu müssen, daß es nicht dicht ist! Schon mit einem Mindestmaß an bastlerischem Geschick kann man sich ein Nur-Glas-Aquarium problemlos selbst kleben. Die Glasscheiben dazu wird man sich im Normalfall von einem Glaser in den gewünschten Maßen zurechtschneiden lassen. Erkundigen Sie sich jedoch vorher, was die zurechtgeschnittenen Scheiben kosten, rechnen Sie den Betrag für den Silikonkautschuk dazu, und prüfen Sie dann, ob sich der Aufwand wirklich lohnt! Es gibt verschiedene Methoden, ein Aquarium zusammenzukleben. Hier nun wird eine Methode beschrieben, die man auch ohne Hilfe einer zweiten Person bequem anwenden kann: Als Beispiel nehmen wir ein Aquarium mit den Außenmaßen 100 × 50 × 45 cm und einer Scheibendicke von 1 cm. Wir wollen ein Becken mit „offener Kante" bauen, wie es Bild 2

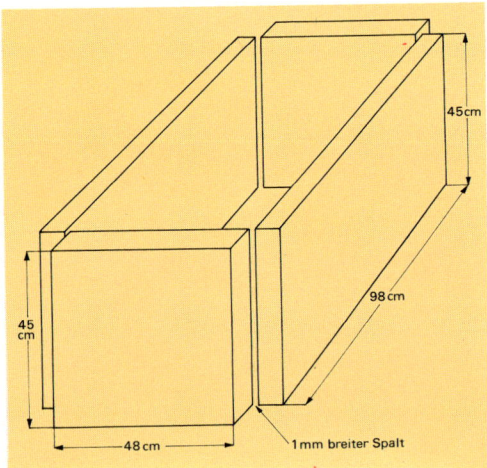

Bild 2. So wird ein Becken mit offener Kante zusammengesetzt. Unser Beispiel zeigt ein Aquarium mit den Außenmaßen 100 × 50 × 45 cm (wegen der Klebefugen wird es geringfügig größer). Die Glasdicken sind zur Verdeutlichung übertrieben dargestellt. Zusätzlich brauchen wir eine Bodenscheibe (97,4 × 47,4 cm) und zwei Querspangen.

Höhe des Aquariums cm	Länge des Aquariums cm								
	50	60	70	80	90	100	120	150	200
30	6	6	6	6	6	8	8	10	10
40	6	6	6	8	8	8	10	10	12
50	6	8	8	8	10	10	10	12	15
60	8	8	10	10	10	10	12	12	15
70	8	10	10	10	12	12	15	15	18

Tabelle 1. Glasstärken bei rahmenlosen Aquarien in mm (aus „Kosmos-Handbuch der Aquarienkunde") – Beispiel: Zum Kleben eines Beckens von 100 cm Länge und 50 cm Höhe sollte eine Glasstärke von 10 mm verwendet werden.

verdeutlicht. Dann brauchen wir für die Frontscheibe und für die Rückwand jeweils Scheiben mit den Maßen 98 × 45 cm. Die beiden Seitenscheiben sind je 48 × 45 cm. Die Bodenscheibe soll zwischen die vier Vertikalscheiben geklebt werden. Da wir an jeder Seite noch eine Klebefuge von 3 mm abziehen wollen, kommen wir für die Bodenscheibe auf ein Maß von 97,4 × 47,4 cm. Zur Stabilisierung brauchen wir noch zwei Glasstreifen, die wir am Schluß als Querstreben anbringen wollen. Sie sind gleichzeitig auch als Auflage für die Deckscheibe zu benutzen. Die Glasstreifen müssen 47,4 cm lang und können zwischen 3 und 6 cm breit sein.

Die Glasscheiben brauchen an den Rändern nicht geschliffen zu werden. Es genügt, die Kanten an den Rändern mit Schleifpapier zu brechen. (Man achte auf die notwendige Stärke der Glasscheiben! Anhand der Tabelle 1 läßt sich leicht die richtige Stärke ablesen.) Als Kleber benutzen wir eine Einkomponenten-Dichtungsmasse auf Silikon-Kautschuk-Basis. (Silikonkautschuk wird von verschiedenen Herstellern als haltbare Dichtungsmasse vom Baustoffhandel angeboten.) Vorteilhaft sind Materialien, die auf Essigsäurebasis aushärten. Diese Kautschukmassen werden in den verschiedensten Farben angeboten – für unsere Zwecke eignen sich glasartig durchsichtige Kleber am besten.

Vor dem Kleben müssen wir die Scheiben im Bereich der Klebestellen gründlichst mit einem azetongetränkten Lappen reinigen! (Azeton erhält man in Drogerien.) Der kleinste Fingerabdruck kann bewirken, daß hier die Verbundmasse nicht hält (Fettreste!) und das Aquarium später leckt! Nach der gründlichen Reinigung fixieren wir die vier Vertikalscheiben mit Klebestreifen. Die Streifen werden innen angebracht, damit die Außenfuge später ungehindert mit Kautschuk ausgespritzt werden kann. Beim Fixieren darauf achten, daß die Scheiben in den Ecken nicht direkt aneinanderstoßen – es soll ein gut 1 mm breiter Spalt bleiben. Wir erreichen dies am leichtesten, wenn wir beim Fixieren zweier aneinanderstoßender Scheiben oben und unten je ein Streichholz einklemmen. (Nicht vergessen, die Hölzchen vor dem Ausspritzen wieder zu entfernen!)

Nun legen wir die Bodenscheibe auf eine Papierunterlage und setzen vorsichtig unser noch sehr wackeliges, fixiertes Glasgebilde so darüber, daß an den Seiten noch jeweils etwa 3–4 mm Fuge bleiben.

Um unsaubere Kleberänder zu verhindern, sollten wir vor dem Ausspritzen die Ränder der Klebestellen mit Klebebandstreifen abdecken! Das Ausspritzen selbst muß zügig erfolgen. Sofort anschließend muß die Masse mit einem Spachtel oder dem Finger geglättet und etwas angedrückt werden. Damit der Silikonkautschuk nicht am Spachtel bzw. Finger kleben bleibt, müssen wir das „Arbeitsgerät" während des Glättens ständig mit warmem Wasser, dem wir einen Schuß Spülmittel beigeben, anfeuchten. Unser Werk muß in wenigen Minuten beendet sein; das Abbinden des Silikonkautschuks geht schnell. Hüten wir uns jetzt aber davor, gleich Wasser einzulassen! Eine Woche müssen wir auf jeden Fall warten, bevor wir die Bewässerungsprobe machen. Etwaige undichte Stellen müssen dann genau markiert werden. Zum Abdichten müssen wir das Aquarium wieder völlig entleeren, die fraglichen Stellen ganz und gar trockenreiben, mit Azeton reinigen und dann neu verkleben. – Große Becken kann man zusätzlich auch noch an den Innenkanten mit einem Silikonkautschukstreifen versehen.

Auf die gleiche Weise lassen sich auch problemlos ältere Rahmenaquarien abdichten. Verkittete Rahmenaquarien werden leicht undicht, wenn sie einige Zeit leerstehen. Sie brauchen bei der Wiederinbetriebnahme jedoch nicht neu eingekittet zu werden, sondern man reinigt die Innenkanten sorgfältig mit Azeton und spritzt mit Kautschuk aus – schon ist das Becken wieder für viele Jahre betriebsbereit!

Das Aufstellen des Aquariums

Heute wird niemand mehr sein Aquarium vor das Fenster stellen – im durchscheinenden Licht wirken Fische und Pflanzen nicht gut! Wir werden im Gegenteil lieber einen relativ dunklen Platz vorziehen, um so besser wird das Becken wirken! Die künstliche Aquarienbeleuchtung macht uns ja vom Tageslicht unabhängig und ermöglicht es uns sogar, das Licht so zu regulieren, daß eine Veralgung weitgehend verhindert werden kann.

Vergessen wir bei der Suche nach einem geeigneten Stellplatz aber nie, daß ein Aquarium ein beträchtliches Gewicht hat. Ein Becken mit den Maßen 100 × 40 × 50 cm hat ein Fassungsvermögen von 200 Litern.

$$\text{Volumen} = \frac{\text{Länge} \times \text{Breite} \times \text{Höhe}}{1000}$$

Ein Liter Wasser wiegt bekanntlich 1 kg. Für das als Beispiel benutzte 100 cm lange Aquarium müssen wir also alles in allem gut 220 kg Gewicht ansetzen, da zum Wassergewicht ja noch das Eigengewicht des Beckens, der Bodengrund und das Dekorationsmaterial zugerechnet werden muß. Zusammen mit dem Unterschrank bzw. dem Regal macht das über 5 Zentner! Ein doppelt so langes Becken ist nun aber nicht doppelt, sondern etwa viermal so schwer (ein 200 × 60 × 70 cm großes Aquarium faßt 840 Liter!). Mit dem Eigengewicht, dem Dekorationsmaterial und dem Tragegestell ergibt sich ein Gesamtgewicht von über einer Tonne! In manchen Wohnungen liegt die zulässige Deckenbelastung nur bei 150 kg/m²! Dabei ist die Tragfähigkeit der Decke direkt an der Wand natürlich deutlich größer als in der Zimmermitte. Vor dem Aufstellen eines sehr großen Aquariums muß man also auf jeden Fall zuerst einen Statiker zuziehen!

Als Stellfläche empfiehlt sich ein stabiler Unterschrank oder eines der käuflichen Aquariengestelle. (In Altbauwohnungen ist es angebracht, mit einer Wasserwaage zu prüfen, ob der Unterbau auch waagrecht steht!)

Das Aquarium wird nicht direkt auf das Holz oder das Gestell gestellt, sondern wir legen zuvor eine weiche oder nachgiebige Unterlage aus Filz oder Styropor unter. Wer sparen will: Für kleinere und mittelgroße Nur-Glas-Aquarien eignen sich kompakte Styroporblöcke hervorragend als Unterbau. Sie sind leicht, bieten eine vollflächige Auflage und sind leicht zu verkleiden. Man sollte den Unterbau so wählen, daß man das Aquarium bequem aus der Sitzposition aus betrachten kann, d.h., beim Sitzen sollte es etwa in Augenhöhe liegen. Gelegentlich wird bei der Planung auch vergessen, daß man bequem von oben in das Aquarium hineinlangen kann – andernfalls werden die Wartungsarbeiten zur ungeliebten Qual! Diesen Fehler bemerkt man allerdings spätestens bei der Einrichtung des Aquariums, oft ist es da aber auch schon zu spät für einen Umbau.

Licht im Aquarium

Im Dämmerlicht könnte man zwar die Fische noch recht und schlecht beobachten, aber hier wachsen dann keine Pflanzen. Erinnern wir uns: Die Pflanzen bauen mit Hilfe ihres Blattgrüns (Chlorophyll) aus Kohlendioxid (CO_2) energiereiche Stoffe auf, die als Bau- und Betriebsstoffe dienen. Dieser Prozeß (Photosynthese) kann nur bei Licht ablaufen, denn vom Licht stammt letzten Endes die in den organischen Substanzen gespeicherte Energie.

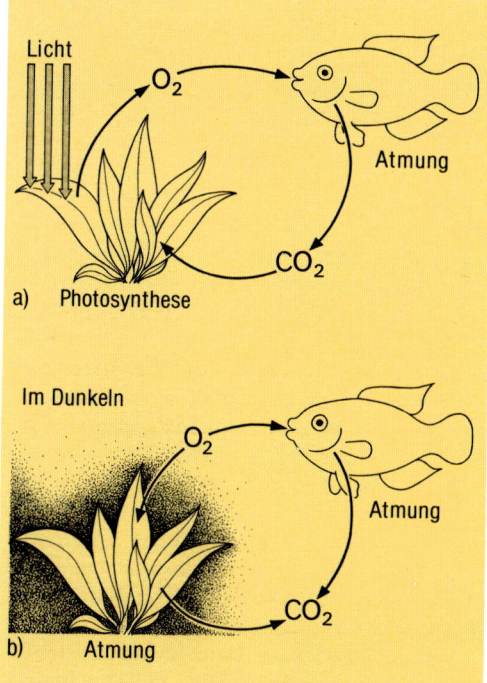

Bild 3. **a** Bei Licht ergänzen sich Pflanze und Tier: Die Pflanze produziert Sauerstoff (O_2) im Überschuß, der Fisch erzeugt das für das Pflanzenwachstum nötige Kohlendioxid (CO_2). (Anmerkung: Auch bei Licht atmet die Pflanze und verbraucht Sauerstoff, nur ist dieses mengenmäßig unbedeutend im Vergleich zum gleichzeitig durch die Photosynthese erzeugten Sauerstoff.)
b Im Dunkeln konkurrieren Pflanze und Tier um den Sauerstoff. Beide verbrauchen Sauerstoff und produzieren Kohlendioxid. – Man sieht, es wäre für Pflanze und Tier unsinnig, nachts CO_2-Düngung vorzunehmen. Eher wäre Belüftung angebracht; nötig ist das normalerweise aber nicht. Der tagsüber erzeugte Sauerstoff-Vorrat reicht für die Nacht.

Eine Aquarienbeleuchtung ist also notwendig – es sei denn, wir verzichten ganz auf Pflanzen oder nutzen das Tageslicht. Letzteres ist jedoch sehr ungünstig, da wir im Sommer meist zu viel Licht bekommen, im Winter dagegen reicht die kurze Lichtperiode nicht aus, um die Tropenpflanzen ausreichend zu versorgen.
Leider kostet eine Aquarienbeleuchtung oft mehr als das ganze Aquarium.
Für unsere Zwecke gibt es grundsätzlich drei Beleuchtungsarten: Glühlampen, Leuchtstofflampen und Quecksilberdampflampen.
Die früher fast ausschließlich benutzten **Glühlampen** sind heute nur noch gelegentlich im Gebrauch. Sie werden bei Miniaquarien eingesetzt und dienen bei größeren Aquarien hin und wieder als Spotstrahler, um einzelne Pflanzengruppen gezielt anzuleuchten.
Bei den allermeisten Aquarien werden **Leuchtstofflampen** verwendet. Leuchtstoffröhren bringen bei gleichem Stromverbrauch eine etwa vierfache Lichtleistung als die Glühlampen. Die Röhren werden in verschiedenen Lichtfarben angeboten, von denen aber nicht alle für Aquarienzwecke geeignet sind. Grundsätzlich geben Leuchtstoffröhren nur einen Ausschnitt aus dem Farbspektrum des Tageslichtes wieder. Das für unser Auge weiße Tageslicht ist ein Gemisch aus den Spektralfarben Violett, Blau, Grün, Gelb, Orange und Rot. Die Pflanzen benötigen besonders die blauvioletten und roten Anteile des Spektrums zum Wachstum (blauviolett vor allem für die Teilung der Zellen, rot für das Größenwachstum der einzelnen Zellen). In Gärtnereien werden mit Erfolg Spezialröhren benutzt, die gerade diese Farbanteile ausstrahlen (Gro-Lux, Fluora). Oft werden diese Röhren auch in der Aquaristik benutzt. Gerade Anfänger sind von dem violetten Dämmerlicht, das diese Lampen abstrahlen, fasziniert, das vor allem die Rot- und Blaufärbung der Fische kräftig unterstreicht. Leider wachsen gerade unter diesem Licht auch die Algen besonders gut – die anfängliche Begeisterung vieler Aquarianer für diesen Lampentyp hat sich inzwischen wieder gelegt! Angenehm für das Auge und vorteilhaft für das Pflanzenwachstum sind die Warmton-Lampen (Lichtfarbe 30 oder 32); das Licht ist etwas gelblich und dem einer Glühlampe recht ähnlich.

In zunehmender Zahl werden heute **Quecksilberdampflampen** und **Quecksilberhochdrucklampen** eingesetzt. Sie werden nicht wie die Röhren in dem Aquarium aufliegenden Lampenkästen untergebracht, sondern hängen gewöhnlich frei über dem Aquarium. Ihr Einsatz ist Geschmacksache. Sie sind teurer als Röhren, dafür allerdings auf die Dauer wirtschaftlicher, da die Strahler auch nach längerem Gebrauch in ihrer Leistung kaum nachlassen. Zwei entscheidende Fragen sind noch zu klären:

Wie lange soll man beleuchten? Wie stark muß das Licht sein? Die Beleuchtungsdauer darf täglich 12 Stunden nicht unterschreiten. Eine kürzere Beleuchtungszeit ist durch höhere Lichtintensitäten nicht auszugleichen! Weil die Wintertage in unseren Breiten wesentlich kürzer als 12 Stunden sind, kann man Tropenpflanzen im Winter auch nicht ausschließlich bei Tageslicht halten. Gegen eine längere Belichtung ist nichts einzuwenden. Allerdings sollten wir den „Aquarientag" nicht auf mehr als 16 Stunden ausdehnen, mehr bekommt weder den Pflanzen noch den Fischen! Wer eine Schaltuhr besitzt, stellt die Beleuchtungsdauer am günstigsten auf 13 Stunden täglich ein.

Die meisten Aquarien erhalten im Hinblick auf optimales Pflanzenwachstum zu wenig Licht. Nun gibt es aber ausgesprochene Starklichtpflanzen, wie das Große Papageienblatt (*Alternanthera*), Haarnixe (*Cabomba*) und *Rotala*, und auch gut bei Schwachlicht zu haltende Pflanzen, wie einige Wasserkelche (*Cryptocoryne*), Sumpfschrauben (*Vallisneria*) und Javafarn, dennoch kann man sich hier mit einer Faustregel behelfen: Pro Liter Aquarienwasser werden 0,5 Watt Licht benötigt. Ein 120-Liter-Becken braucht also mindestens 60 Watt Beleuchtung.

Bei der Berechnung der Mindestwattzahl sollten wir nicht zu engherzig sein. Eine Überschreitung der Lichtintensität ist nicht schädlich! Überdies wird die tatsächliche Lichtmenge oft keineswegs ausgenutzt. Wenn man nur bedenkt, daß unsaubere Deckscheiben bis zu 20% der Lichtausbeute abfiltern! Beim Lampenkauf sollte man auch darauf achten, daß der Lampenkasten oder die Lampen mit einem Reflektor versehen sind; im anderen Fall geht mehr als die Hälfte des Lichtes verloren. Oft ist dieser Situation bequem abzuhelfen, wenn man den oberen Teil des Lampenkastens mit Alufolie auskleidet.

Der Normalaquarianer wechselt seine Leuchtstoffröhren meist erst dann aus, wenn sie zu flackern beginnen. Nach dem Einsetzen der neuen Röhren merkt er dann, daß das Aquarium nun wesentlich heller geworden ist. Tatsächlich verlieren Leuchtstoffröhren nach etwa 5000 Stunden Brenndauer 50% ihrer Lichtintensität. Das entspricht bei einer täglichen Beleuchtung von 14 Stunden etwa einem Jahr, d. h., spätestens nach einem Jahr sollten die Röhren gewechselt werden!

Heizung

Die Temperaturen in einem Aquarium mit tropischen Zierfischen und Pflanzen liegen – je nach den Ansprüchen der Pfleglinge – bei 22–30°C (im allgemeinen kommen mittlere Werte von 24–26°C in Frage). Da diese Temperaturen über der normalen Raumtemperatur liegen, müssen die Aquarien zusätzlich beheizt werden. Nur die glücklichen Aquarianer, die sich ein spezielles „Fischzimmer" leisten können, in dem sie mehrere Aquarien aufgestellt haben, können die Aquarien über eine entsprechend hoch eingestellte Raumtemperatur heizen. Dieses „Fischzimmer" hat neben der hohen Temperatur auf Grund der Aquarien natürlich auch eine entsprechend hohe Luftfeuchtigkeit – der Raum kann also auch als Gewächshaus dienen. Für andere Zwecke kann man das Zimmer allerdings nur noch bedingt nutzen.

Den allermeisten Aquarianern wird für ihre Liebhaberei jedoch kein eigener Raum zur Verfügung stehen, sie müssen sehen, daß die Temperatur ihres Aquarienwassers ständig etwas über der Raumtemperatur liegt.

Stabheizer sind die einfachsten und billigsten Heizer fürs Aquarium. Sie bestehen aus einer Heizspirale, die in ein mit Sand gefülltes Glasrohr wasserdicht eingeschlossen ist. Man kann diesen Stabheizer in jeder Position im Aqua-

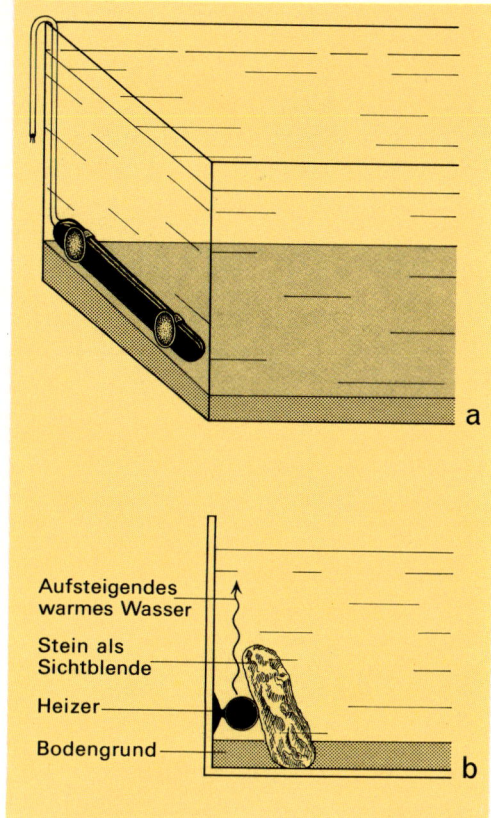

die Wärme nicht schnell genug abgeben kann und die Gefahr besteht, daß der Glasmantel des Heizers platzt oder daß der Heizer durchbrennt. Das gleiche würde auch passieren, wenn der Heizer außerhalb des Wassers arbeitet. Man sollte sich daher angewöhnen, grundsätzlich vor dem Wasserwechsel den Stecker für die Heizung aus der Steckdose zu ziehen. Die notwendige Heizleistung ist im wesentlichen von der Menge des zu erwärmenden Wassers abhängig und davon, um wieviele °C die Wasser- über der Raumtemperatur liegen soll. Tabelle 2 (Seite 16) gibt Auskunft, wieviel Watt Heizleistung für ein zugfrei aufgestelltes, gut abgedecktes Aquarium benötigt werden. Stabheizer sind keineswegs ungefährlich. Meist besteht der äußere Mantel aus Glas, so daß man immer mit Glasbruch bzw. einem Springen des Glases rechnen muß. Wenn ein Heizer undicht wird, ist das zumeist nicht direkt zu erkennen. Die Fische verhalten sich normal, weil sie nicht gleichzeitig in Verbindung mit der Erde stehen. Wer jetzt jedoch an die Metallteile des Aquariums kommt oder ins Wasser faßt, ist in Lebensgefahr – es sei denn, Heizung und Regler sind schutzgeerdet! Leider ist das meist nicht der Fall. Es sei also dringend geraten, nur sicherheitsgeerdete Geräte zu benutzen (sie sind am dreipoligen Kabel und am Schukostecker zu erkennen)!

Neben den Stabheizern werden auch **Heizkabel** angeboten. Diese sind zwar teurer, haben aber den Vorteil, daß sie im Bodengrund fast unsichtbar verlegt werden können. Sie brauchen also nicht mühsam hinter Dekorationsstücken versteckt zu werden und erwärmen nicht nur das Wasser, sondern zugleich den Bodengrund. Für das Pflanzenwachstum ist das sehr günstig, da unsere Aquarienpflanzen im allgemeinen „kalte Füße" nicht sehr mögen. Die durch das Heizkabel hervorgerufene leichte Bodendurchströmung fördert das Gedeihen der Pflanzen ebenfalls.

Eine weitere Heizmöglichkeit sind **Flächenheizer.** Es handelt sich hier um Heizmatten, die aus einer Kunststoffolie bestehen, in die wasserdicht ein Heizelement eingeschweißt ist. Diese Matten legt man zwischen die Styropor- oder Filzunterlage und die Bodenscheibe des Aquariums, d. h., das Aquarium wird direkt auf die Heizmatte gestellt, das Styropor oder

Bild 4. **a** Stabheizer werden an einer Seitenscheibe oder an der Rückwand waagerecht über dem Boden verlegt. Ein hiermit kombinierter Regler sollte in der anderen Ecke des Beckens angebracht werden.
b Schema. Durch einen schräg gestellten Stein ist der Heizer leicht zu verdecken.

rium unterbringen, günstig ist jedoch eine horizontale Lage direkt über dem Bodengrund. Der Stabheizer wird mit Hilfe von Gummisaugern an der Seitenscheibe befestigt. Bei dieser waagerechten Fixierung wird die Wärme am gleichmäßigsten verteilt, da das erwärmte Wasser dann in breiter Front nach oben steigen kann. Da dieser Stabheizer nicht gerade einen Aquarienschmuck darstellt, sollte man ihn durch einen geeignet großen Stein oder eine Wurzel tarnen. Vorsicht, Stein oder Wurzel nicht direkt auf oder an den Heizer legen – Hitzestau! Auf keinen Fall darf der Stabheizer im Bodengrund vergraben werden, da er dann

Beckengröße in Liter	Aufheizung des Aquarienwassers gegenüber der Raumtemperatur um									
	1°	2°	3°	4°	5°	6°	7°	8°	10°	12°C
10	1	3	4	5	7	8	10	11	14	17
20	2	4	6	9	11	13	15	17	22	26
40	3	7	10	14	17	20	24	28	35	42
60	4	9	13	18	22	27	31	35	45	54
80	5	11	16	22	27	33	38	43	54	65
100	6	13	19	25	31	38	44	50	63	76
120	7	14	21	28	36	43	50	57	70	85
150	8	15	25	33	41	50	57	66	83	98
200	10	20	30	40	50	60	70	80	100	120
250	12	23	35	46	58	70	80	93	115	140
400	16	32	48	63	80	95	110	130	160	190
600	20	40	62	83	104	124	145	166	200	250
800	25	50	76	100	126	151	176	200	250	300
1000	30	60	88	117	146	175	205	235	290	350

Tabelle 2. Benötigte Heizerstärke in Watt (nach KRAUSE). Gilt für zugfrei auf wärmeisolierender Unterlage (Holz, Schaumstoff, Styropor usw.) stehende Glas- oder Acrylglas-Becken.
Beispiel: Ein 200-Liter-Becken soll mit 25 °C betrieben werden, die mittlere Raumtemperatur sei 20 °C. Hier wird ein 50-Watt-Heizer benötigt. – Soll ein Regler zugeschaltet werden bzw. wird ein Regelheizer gekauft, soll so hoch gegangen werden, daß beim Versagen des Reglers 28 °C (30 °C) nicht überschritten werden – diese Temperaturen ertragen tropische Fische noch ohne Schädigung. Für ein 200-Liter-Becken benötigen wir dann einen Regelheizer von 80 (bzw. 100) Watt, wenn die Wassertemperatur 8 °C über der angenommenen Raumtemperatur von 20 °C liegt.

Filz isoliert nach unten. Bei Rahmenaquarien muß darauf geachtet werden, daß der durch die Rahmenstärke vorhandene Luftraum durch eine zusätzliche, entsprechend dicke Lage Filz oder Styropor ausgeglichen wird, denn die Heizmatte muß der Bodenscheibe des Aquariums dicht anliegen, damit eine zuverlässige Wärmeabgabe gewährleistet ist.

Diese Heizmatten werden für alle gängigen Aquariengrößen angeboten – sie sind allerdings relativ teuer.

Leider hört man in letzter Zeit immer wieder, daß Heizmatten die Bodenscheiben der Aquarien zum Platzen gebracht hätten. Offenbar ist die spezifische Heizleistung (Watt pro cm²) vieler dieser Bodenheizer zu hoch.

Der Einsatz von Heizmatten wird auch dort problematisch, wo man größere Steine direkt auf die Bodenplatte legen will. Hier muß man immer mit der Möglichkeit rechnen, daß sich die Scheibe dort, wo die Steine aufliegen, stärker erhitzt, teilweise unter Spannung gerät und

zerspringt. Ich persönlich ziehe aus diesen Gründen die billigeren Stabheizer vor.

Heizmatten haben aber auch unbestreitbare Vorteile: Zunächst sei die elektrische Sicherheit genannt, da ja keine Kabel mehr ins Wasser geführt werden müssen. Neben der völligen Unsichtbarkeit ist auch der fördernde Einfluß dieser Bodenheizung auf das Pflanzenwachstum zu vermerken. Besser noch als beim Heizkabel wird bei Verwendung von Heizmatten der Boden gleichmäßig durch das aufsteigende warme Wasser und das nachströmende etwas kühlere Wasser durchflutet. Durch diese stetige Zirkulation werden ständig neue Nährstoffe und Sauerstoff zu den Pflanzenwurzeln transportiert.

Der Handel bietet noch eine Vielzahl weiterer Heizmöglichkeiten für Aquarien an. Es gibt z. B. moderne Motorfilter, die zugleich Heizung und Regler enthalten. Oder es werden Außenheizungen angeboten, die hinter dem Wasserrücklauf von Pumpenfiltern der verschiedensten Fabrikate angebracht werden können. Das gefilterte Wasser wird in diesem Fall durch einen Heizbehälter geschickt, bevor es – erwärmt – in das Aquarium zurückfließt. Man sollte es jedoch beim Heizer allein nicht belassen: Ein Thermostat macht die Heizung weitgehend überwachungsfrei.

Thermostate sind Regler, die die gewünschte Wassertemperatur selbsttätig einstellen, indem sie je nach Bedarf die Heizung ein- oder ausschalten. Diese Regler sind entweder vom Heizer getrennt oder schon in ihm integriert als Regelheizer zu bekommen. Der Vorteil der von der Heizung getrennten Regler liegt vor allem darin, daß über diese Thermostaten mehrere Heizungen in verschiedenen Aquarien betrieben werden können. Auf diese Weise kann man auch mehrere verschieden große Aquarien betreiben, wenn man die Heizungen nur entsprechend Tabelle 2 bemißt. Es sprechen noch weitere Gründe für die getrennte Anordnung von Heizung und Thermostat: Bei Regelheizern wird der Regler normalerweise vom unmittelbar unter ihm angebrachten Heizer oft direkt aufgeheizt, so daß er in relativ schneller Folge ein- und ausschalten muß. Der Verschleiß kann beträchtlich sein, was die Lebensdauer des Thermostaten entsprechend verkürzt. Sollte bei getrennten Geräten eines defekt werden, so braucht nur dieses ersetzt zu werden. Und wenn wir uns z.B. ein größeres Aquarium zulegen, müssen wir nur einen entsprechend starken Heizer dazukaufen, der recht teure Thermostat kann weiterbenutzt werden.

Damit genügend Spielraum für die Regelung bleibt, sollten wir die Wattleistung eines Heizers und somit seine mögliche Heizleistung nach folgendem Grundsatz bemessen: Die Wattzahl des Heizers liege so, daß mit ihr maximal 5°C mehr erreicht werden können, als wir eigentlich anstreben. Wollen wir z.B. eine Temperatur von 25°C halten, dann legen wir uns einen Heizer zu, der das Aquarium bei einer durchschnittlichen Raumtemperatur von 22°C auf 30°C erwärmt (siehe Tabelle 2). Auf diese Weise gehen wir sicher, daß selbst bei einem Defekt des Thermostaten unsere Fische nicht gekocht werden. (Die meisten Fische und Pflanzen vertragen k u r z z e i t i g 30–32°C.) An diesen Grundsatz sollte man sich halten,

gleich, ob man mit dem Regler nur ein einziges oder gleich mehrere Aquarien betreiben will. Der Handel bietet zwei Regler-Typen an: Bimetall-Thermostaten und elektronisch gesteuerte Temperaturregler.

Die **Bimetall-Regler** sind weitaus billiger, leider jedoch auch unzuverlässiger. Mit einer Verstellschraube läßt sich der Sollwert der Temperatur einstellen. Diese Schraube soll nun einerseits möglichst wasserdicht, andererseits gut zu bedienen sein, und diese beiden

Bild 5. Regelheizer werden in einem hinteren Winkel des Aquariums mit Gummisaugern senkrecht stehend angebracht, so daß die Justierschraube mit der Gummikappe (auch wenn sie garantiert wasserdicht ist!) oberhalb des Wasserspiegels bleibt.

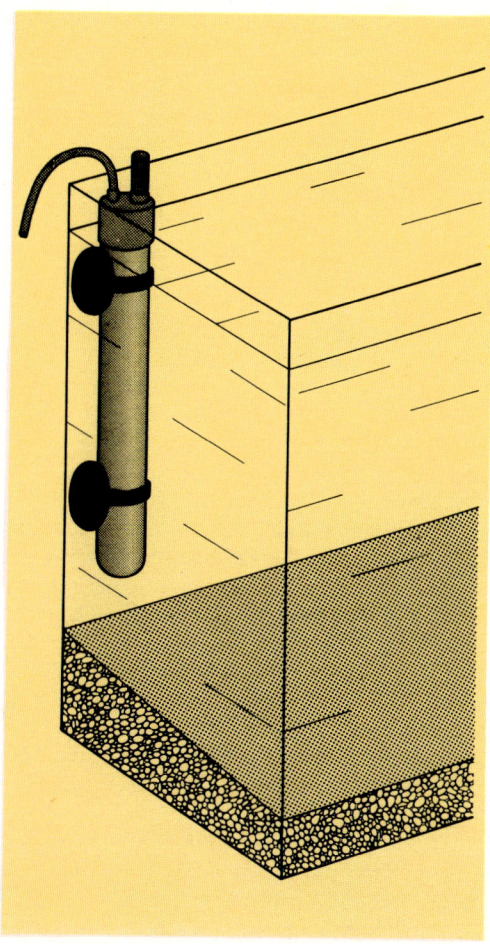

Dinge sind nicht leicht miteinander zu vereinbaren. Am besten ist es, wenn wir auch die sogenannten „wasserdichten Thermostaten" immer so anbringen, daß die Stellschraube aus dem Wasser herausschaut!

Viel empfehlenswerter, im Betrieb sicherer und weitaus schöner, weil unauffälliger unterzubringen, sind die **Elektronik-Regler** – allerdings kosten sie etwa das Dreifache eines guten Bimetall-Reglers. (Auf die Dauer macht sich diese Ausgabe aber bestimmt bezahlt, schon weil die Lebensdauer der elektronischen Thermostaten wesentlich größer ist!) Das Gerät selbst bleibt außerhalb des Aquariums. Nur ein dünnes Kabel mit Temperaturfühler wird ins Wasser geführt. Dieses Kabel können wir natürlich jetzt an einer Stelle anbringen, die zum einen den Betrachter nicht stört und zum andern möglichst weit vom Heizer entfernt liegt. Es werden auch Außenfühler angeboten, die außen an der Aquarienscheibe angebracht werden können – doch wird hier natürlich weitgehend die Zimmertemperatur mitgemessen.

Die Schaltgenauigkeit der Elektronik-Regler liegt bei 0,1–0,3 °C – doch sollten uns diese Werte nicht zu sehr beeindrucken! Im Gegenteil: Geringe Temperaturschwankungen sind für unsere Fische durchaus vorteilhaft, denn auch in der Natur gibt es geringe Differenzen in der Tag- und Nachttemperatur des Wassers. Diese Unterschiede sind allerdings recht verschieden. In flachen, stillstehenden, besonnten Tümpeln ist die Tag-Nacht-Differenz natürlich weitaus größer als in einem beschatteten Urwaldfluß. Achten Sie beim Kauf des Thermostaten also darauf, einen Regler zu erhalten, der – durch eine eingebaute Fotozelle gesteuert – nachts die Temperatur geringfügig absenkt. Den Fischen bekommt das – und wir sparen bis zu 30 % Strom ein!

Zur Kontrolle der Wassertemperatur benötigen wir ein **Aquarienthermometer.** Im Handel werden fast ausschließlich die preiswerten Flüssigkeitsthermometer angeboten, die man entweder als Schwimm- oder als Steckthermometer haben kann.

Die **Schwimmthermometer** haben die negative Eigenschaft, ständig in Ecken zu treiben, in denen man sie nicht ablesen kann. Ein Saugnapf verhindert dieses Übel, mit ihm kann man das Thermometer an einer günstigen Stelle fixieren. Hierzu wähle man möglichst einen gut einsichtbaren Platz an der Seitenscheibe, an der das Thermometer am wenigsten stört.

Steckthermometer werden in den Bodengrund gesteckt und können hier nur von sehr stark wühlenden Fischen verschoben werden. Mit diesen Thermometern können wir auch die direkt am Boden auftretenden Temperaturen ablesen.

Durchlüftung

Wer mit der Aquaristik beginnt, hält die Durchlüftung für ein wichtiges, ja geradezu unentbehrliches Zubehör. Diese Auffassung wurde auch lange Zeit von den „alten Hasen" der Aquarienkunde vertreten. Das ist kein Wunder, denn wenn die Fische in offensichtlicher Atemnot japsend unter dem Wasserspiegel stehen, kann man ihnen schon mit wenigen Minuten kräftigem Durchlüften helfen. Was aber vermag die Durchlüftung wirklich?

Die im Wasser gelösten Gase (hier sollen nur die biologisch wichtigen Gase Sauerstoff und Kohlendioxid interessieren) stehen im Normalfall im Gleichgewichtszustand mit den Luftgasen: Ein Liter Wasser enthält bei 20 °C 8,5 mg Sauerstoff (O_2) und 0,48 mg Kohlendioxid (CO_2). Auch durch stärkste Durchlüftung läßt sich dieser Zustand nicht ändern! Die Lebewelt in unserem Aquarium sorgt allerdings für Schwankungen im Verhältnis der Gase zueinander: Die Pflanzen verbrauchen bei Licht CO_2 und geben O_2 ab (Photosynthese). Die Tiere dagegen vollziehen den umgekehrten Prozeß: Sie verbrauchen beim Atmen O_2 und scheiden CO_2 aus. Dieser Prozeß (Sauerstoffverbrauch, Kohlendioxidabgabe) findet bei den Pflanzen im Dunkeln statt, d.h. bei Nacht sind die Pflanzen keine Sauerstoffspender mehr, sondern Sauerstoffverbraucher – also Konkurrenten der Fische! Das ist auch der Grund dafür, daß gerade in schön und reichlich bepflanzten Aquarien die Fische nachts unter erheblicher Atemnot leiden können. Wirklicher Sauerstoffmangel ist das allerdings selten, sondern vielmehr ein Überschuß an Kohlendioxid, das nachts nicht nur von den Fischen, sondern auch von den Pflanzen erzeugt wird. Die Sauerstoffaufnahme kann jedoch nur unter gleichzeitiger Kohlendioxidabgabe erfolgen, das aber geht eben nur, wenn im Wasser nicht allzuviel Kohlendioxid vorhanden ist. Exakt gesprochen heißt das, daß der Gasaustausch nur bei Vorhandensein eines gewissen Konzentrationsgefälles erfolgen kann. In diesem Fall kann nur durch Austreiben von Kohlendioxid eine ausreichende Sauerstoffaufnahme möglich werden – der Durchlüfter muß eingeschaltet werden!

Die geschilderten Probleme treten allerdings nur in Aquarien auf, die gleichzeitig sehr gut bepflanzt und mit Fischen überbesetzt sind oder in hoffnungslos überbesetzten Becken. Wenn dann auch noch nachts über Diffusoren Kohlendioxidgaben verabreicht werden, kann es zu Fischverlusten kommen.

In einem gut bepflanzten Aquarium sollte man zumindest tagsüber auf eine Durchlüftung verzichten, da diese das für die Photosynthese wichtige Kohlendioxid austreibt, d. h. also auch die Sauerstoffproduktion einschränkt. Tagsüber wäre in gut bepflanzten Becken eine CO_2-Düngung sicher sinnvoller.

Anders liegen die Verhältnisse bei mehr oder weniger unbepflanzten Aquarien oder in stark überbesetzten Becken: Hier muß der Gasaustausch zwischen Wasser und Luft technisch beschleunigt werden, und das kann man mit Hilfe eines Durchlüfters. Die durch den Durchlüfter hervorgerufene Wasserbewegung – weniger die aus dem Sprudelstein nach oben aufsteigenden Luftbläschen – sorgt für eine optimale Zusammensetzung der im Wasser gelösten Gase. Haben wir jedoch einen Filter angeschlossen, der seinerseits für eine entsprechende Wasserumwälzung sorgt, so ist auch hier der Durchlüfter überflüssig!

Für den Hausgebrauch wird man in den meisten Fällen einen Filter vorziehen. Dabei ist es nicht nötig, das vom Filter kommende Wasser so ins Becken zurückzubefördern, daß Luftblasen entstehen. Die Sauerstoffaufnahme bzw. Kohlendioxidabgabe erfolgt in erster Linie direkt am Wasserspiegel. Aus diesem Grund ist auch die Wasserumwälzung so wichtig! Sie bewirkt, daß kein Wasser längere Zeit in toten Winkeln und unteren Schichten verbleibt.

Bei dieser Gelegenheit sei auf einen weiteren positiven Effekt der Wasserumwälzung hingewiesen: die Verhinderung einer Wärmezonierung. In ganz ruhig stehendem Wasser ist es an der Wasseroberfläche oft um mehrere Grad wärmer als am Boden. Dieser Temperaturunterschied aber bekommt weder den Fischen noch den Pflanzen.

All dies zeigt also, daß derjenige, der einen Filter besitzt, gut auf einen Durchlüfter verzichten kann. Ich selbst brauche meinen Durchlüfter nur, wenn ich Fische zur Zucht ansetze, zur Jungfischaufzucht oder für das Betreiben meiner Artemien-Zucht (s. Seite 267). Auch zum Betrieb eines Ozonisators wird eine Durchlüfter-Pumpe benötigt.

Für alle, die einen Durchlüfter benötigen, nun die technischen Angaben:

Wichtigster Teil einer Durchlüfter-Anlage ist die elektrisch betriebene Luftpumpe. Sie wird über einen Luftschlauch an einen Ausströmer angeschlossen. Die Ausströmer werden aus gebrannter Kieselgur, Kunststoff oder aus Lindenholz hergestellt. Holzausströmer erzeugen besonders feine Luftblasen. Über Abzweigungen, die möglichst mit Lufthähnen regulierbar sein sollten, können mit einer Pumpe auch mehrere Aquarien versorgt werden.

Die normalerweise benutzten Membranpumpen arbeiten nach dem Schwingankerprinzip, d. h. die Membran der Pumpenkammer wird durch einen federnden Anker bewegt, der vor einer Magnetspule hin- und herschwingt. Pumpen dieser Bauweise sind recht robust, leider jedoch manchmal auch ziemlich laut. Auch das Geräusch einer als „verblüffend leise" beschriebenen Pumpe kann im Dauerbetrieb empfindlich stören. Wenn wir die Pumpe in einem gepolsterten Kästchen unterbringen, das wir zusätzlich noch in einen geschlossenen Schrank stellen – Bohrungen für den Luftschlauch müssen natürlich sein! – kann man die Geräusche beträchtlich dämpfen. Gelegentlich empfiehlt es sich sogar, die Pumpe im Nachbarzimmer zu installieren. Das ist manchmal auch aus anderen Gründen nötig: Wenn im Aquarienraum geraucht wird, würden Teerstoffe und Nikotin ständig über die Durchlüfterpumpe ins Aquarium gepumpt werden.

Manche Fische reagieren auf derartige Verunreinigungen sehr empfindlich!

Beim Aufstellen der Pumpe ist zu beachten, daß sie möglichst höher stehen sollte, als der Wasserspiegel hoch ist. Andernfalls könnte bei ihrem Ausfall oder für den Fall, daß sich der Schlauch vom Pumpenanschluß lösen sollte, Aquarienwasser in die drucklose Leitung eindringen und das Aquarium nach dem Saugheberprinzip entleeren! Muß die Pumpe doch tiefer angebracht werden, sollte man ein Sicherheitsventil in den Luftschlauch einbauen. Wir können dafür auch ein Patentventil benutzen, wie es beim Fahrrad gebraucht wird.

Im Handel werden auch Schwingungsdämpfer angeboten, die ebenfalls zwischen die Luftleitung geschaltet werden. Hierdurch wird nicht nur ein unerwünschter Wasserrückfluß vermieden, die Schwingungsdämpfer dienen vor allem dazu, die Schwingungen der Luft und damit einen Teil der Arbeitsgeräusche des Durchlüfters zu mindern.

Membranpumpen gibt es in den verschiedensten Ausführungen, Qualitäten und Leistungen.

Für größere Aquarienanlagen und Züchtereien werden besonders leistungsfähige Membran-Kompressoren und, als sehr leise und zuverlässig arbeitende Geräte, Seitenkanal-Gebläse angeboten.

Filter

„Aquarienfilter bewirken lediglich, verjauchtes Wasser kristallklar erscheinen zu lassen!" Das jedenfalls behaupten böse Zungen. Auch wenn ich zu dieser Aussage nicht stehen kann, muß ich zugeben: ein Körnchen Wahrheit steckt in ihr. Tatsächlich vermag ein Filter nicht alle schädlichen Stoffe aus dem Wasser herauszufiltern! Welchen Sinn also hat ein Filter, und was kann er leisten?

Filter holen sehr leicht Trübstoffe (kleinste Mulmteilchen) aus dem Wasser, die allerdings im Normalfall für die Fische nicht schädlich sind, wohl aber den Pflanzenwuchs beeinträchtigen, da sie mehr oder weniger Licht abfiltern.

Darüber hinaus sorgt der Filter durch Wasserbewegung für einen guten Gasaustausch und hilft gleichzeitig, unerwünschte Wärmeschichtungen im Aquarium zu vermeiden. Unter bestimmten Bedingungen leisten einzelne Filtermaterialien jedoch mehr als nur die mechanische Reinigung:

Filterwatte und **Schaumstoff** dienen lediglich dem Ausfiltern von Mulm und anderen Partikeln. Sie können also nur mechanisch reinigen und werden gelegentlich vor andere Filtermassen gesetzt, um deren vorzeitige Verschmutzung zu verhindern.

Filterkohle kann in der Lage sein, größere organische Moleküle, aber auch Farb- und Geruchstoffe sowie Medikamente aus dem Wasser herauszufiltern. Leider ist die Qualität der Filterkohle jedoch nicht überall gleich, und gelegentlich kann es dann zu gefährlichen pH-Wert-Verschiebungen und anderen chemischen Veränderungen des Wassers kommen. Auf jeden Fall ist die Filterkohle nach spätestens 24stündigem Gebrauch erschöpft und sollte dann gegen anderes Filtermaterial ausgetauscht werden. – Am besten, man verzichtet ganz auf sie!

Filtertorf gibt Huminsäuren und Gerbstoffe ab, die einerseits den pH-Wert des Wassers senken, andererseits den Fischen ein Milieu geben, das ihren heimatlichen Verhältnissen entspricht. Die charakteristische Gelbfärbung (hervorgerufen durch die Fulvosäuren des Torfes) wird von vielen Aquarianern zu Recht als „typisch Urwaldwasser" empfunden, vermindert allerdings geringfügig die Wirkung unserer Lichtanlage.

Torf ist schon nach wenigen Tagen erschöpft und sollte nicht länger als eine Woche im Filter bleiben. Vorsicht vor Torf für gärtnerische Zwecke! Er ist oftmals mit Düngezusätzen versehen und daher in keiner Weise aquaristisch geeignet.

Als **Bio-Filter** wirken Filtermaterialien wie grober Kies, Basaltsplitt, Lavalit, Keramikröhren u. dgl. Sie dienen zunächst der mechanischen Reinigung. In den Zwischenräumen entstehen Wasserwirbel und Ruhezonen, in denen sich die Schmutzteilchen absetzen. Im Laufe von Wochen werden diese Materialien jedoch von einem regelrechten Bakterienrasen überzogen. Dieser Rasen aus Bakterien und anderen Mikrolebewesen leistet eine wichtige Arbeit, denn er baut alle anfallenden organischen Substanzen ab. Er lebt also von den Eiweißresten, den organischen Abfällen des Aquariums. Man spricht hier von Bio-Mineralisierung. Als Endprodukte dieses Vorgangs entstehen Kohlensäure, Wasser, Nitrate, Sulfate und Phosphate – Stoffe, die wiederum von den Pflanzen als Nährstoffe aufgenommen werden können. Die Bio-Filter sind also gewissermaßen das bislang fehlende Glied, das zur Aufrechterhaltung des biologischen Gleichgewichtes nötig ist.

Es scheint nun so, als sei der Bio-Filter das Ei des Kolumbus. Man muß jedoch einige Dinge beachten: Das Verhältnis der Pflanzen zu Fischen und Bakterien ist unter Aquarienverhältnissen niemals ausgeglichen. Selbst sehr leistungsfähige Bio-Filter ersparen den gelegentlichen Teilwasserwechsel nicht! Ein weiterer Punkt ist ebenfalls sehr wichtig: Der Bakterienrasen ist auf Sauerstoff angewiesen. Dieser kommt üblicherweise mit dem in den Filter strömenden Wasser zu den auf dem Substrat festgewachsenen Bakterien. Sobald der Filter aber für mehrere Stunden abgestellt wird, ersticken die Bakterien und sterben ab. Ein Bio-Filter sollte nie länger als eine oder maximal 2 Stunden stillstehen!

Bei neueingerichteten Aquarien müssen wir mit dem Fischbesatz sparsam sein und auch mit der Fütterung, da anfangs gerade oft noch die Bakterien zahlenmäßig zu gering sind oder gar ganz fehlen, die die organischen Abbauprodukte vollständig umsetzen können. Es sind dies die Nitrifikationsbakterien, die das beim Abbau der stickstoffhaltigen organischen Substanzen entstehende, hochgiftige Nitrit in das ungiftige Nitrat umwandeln. Um diese Bakterien heranzuschaffen, impfen wir den Filter oder den Aquarienboden mit einer Handvoll des entsprechenden Substrates aus einem alteingerichteten Aquarium. Ist das nicht möglich, dann schwemmen wir etwas Gartenerde in einem Topf auf, lassen alles einige Minuten stehen und gießen dann das über der Erde klare oder nur leicht getrübte Wasser in unser Aquarium. Es dauert oft mehrere Wochen, bis sich ein optimal zusammengesetzter Bakterienrasen eingestellt hat. Dies geschieht zumeist ganz von selbst. Die Bakterien leben ja

sonst im Bodengrund unseres Aquariums, ohne dort jedoch quantitativ so wirkungsvoll sein zu können.

Auch beim Bio-Filter muß gelegentlich die Filtermasse gereinigt werden. Dabei wird jedoch lediglich der Mulm mit kühlem, höchstens lauwarmem Wasser ausgewaschen. Ein zu intensives Reinigen oder gar Kochen würde den wertvollen Bakterienbesatz zerstören. Sicherheitshalber sollten wir immer eine Handvoll Substrat ungereinigt im Filter lassen, so daß sich von hier aus die geschädigte Bakterienkultur relativ schnell wieder regenerieren kann.

Bei der Fülle der auf dem Markt befindlichen Filtertypen ist es unmöglich, auf die einzelnen Typen alle näher einzugehen. Ich möchte hier nur ein paar bewährte Standardtypen erklären. Ich will auch darauf verzichten, die Methoden darzustellen, die den gesamten Bodengrund des Aquariums als Filtermasse benutzen: Sie dürfen als überholt betrachtet werden, da sie längerfristig entweder nicht funktionieren, weil die Bodenporen ganz oder bis auf wenige und dann unwirksame Kanäle verstopfen oder weil sie den Pflanzenwuchs durch zu starke Wasserdurchströmung stark beeinträchtigen. Man unterscheidet grundsätzlich zwischen Innen- und Außenfilter.

Innenfilter werden im Aquarium selbst untergebracht. Sie haben den Vorteil, daß es hier keine Pannen mit undichten Schlauchverbindungen und dgl. geben kann. Nachteilig ist ihre begrenzte Größe und die Notwendigkeit, sie im Schauaquarium verstecken zu müssen – denn Schmuckstücke sind sie alle nicht. Wegen ihrer geringen Ausmaße sind Innenfilter auch als Bio-Filter nicht geeignet.

Einen wirksamen Innenfilter kann man sich leicht auch selbst aus einem Blumentopf oder Plastikbecher, einem Trichter und einem dazu passenden Plastikrohr basteln. Bild 7 zeigt so einen Filter, der über eine Luftpumpe (s. u.) mit einem Ausströmerstein angetrieben wird. Als Füllung verwenden wir zweckmäßig groben Kies, eventuell mit einer Lage Watte in einer mittleren Zone.

Außenfilter können beliebig groß dimensioniert sein. Nehmen Sie im Zweifelsfall den mit dem größeren Fassungsvermögen! Das ist wichtiger als die Wasserförderkapazität der Pumpe, denn was hilft es, wenn die Pumpe pro

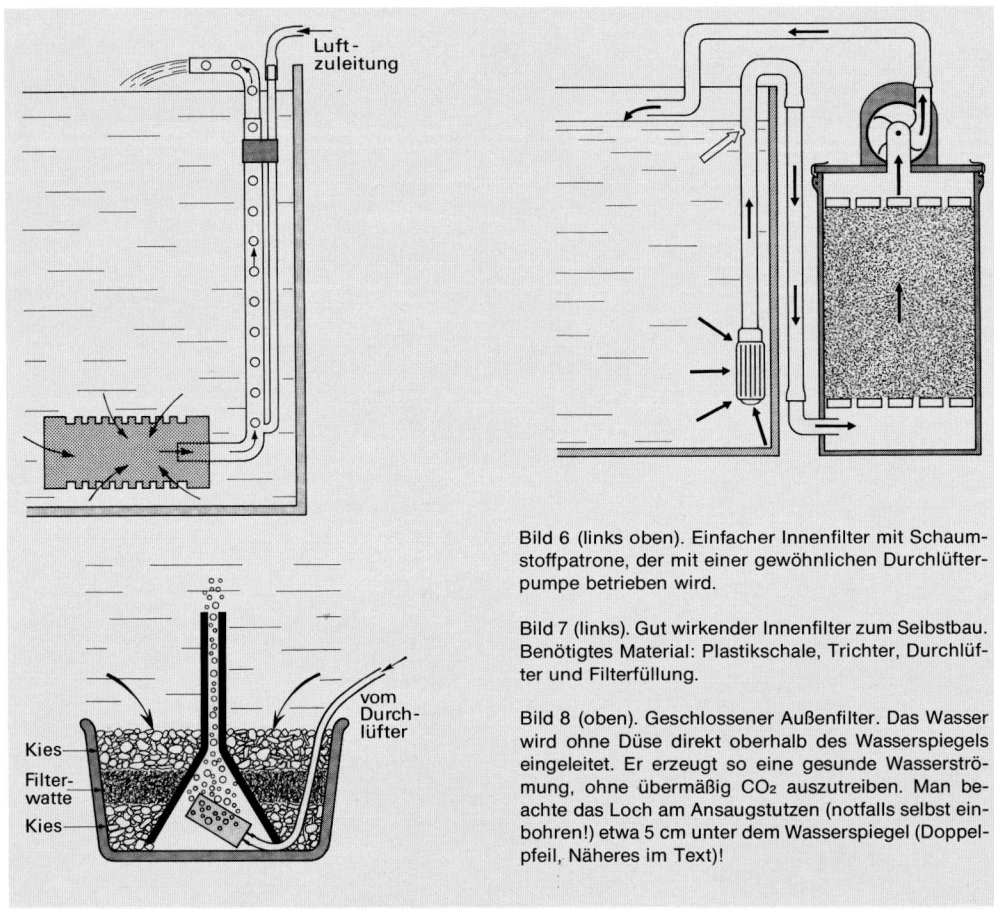

Luft-
zuleitung

vom
Durch-
lüfter

Kies
Filter-
watte
Kies

Bild 6 (links oben). Einfacher Innenfilter mit Schaumstoffpatrone, der mit einer gewöhnlichen Durchlüfterpumpe betrieben wird.

Bild 7 (links). Gut wirkender Innenfilter zum Selbstbau.
Benötigtes Material: Plastikschale, Trichter, Durchlüfter und Filterfüllung.

Bild 8 (oben). Geschlossener Außenfilter. Das Wasser
wird ohne Düse direkt oberhalb des Wasserspiegels
eingeleitet. Er erzeugt so eine gesunde Wasserströmung, ohne übermäßig CO_2 auszutreiben. Man be-
achte das Loch am Ansaugstutzen (notfalls selbst ein-
bohren!) etwa 5 cm unter dem Wasserspiegel (Doppel-
pfeil, Näheres im Text)!

Stunde das ganze Aquarienwasser durch den
Filter jagt, das Wasser dabei aber nur teilweise
gesäubert wird?
Innen- und Außenfilter können je nach Kon-
struktionsart entweder mit der Luftpumpe
oder mit einer Kreiselpumpe betrieben werden. Bleiben wir zunächst beim ersten Fall:
Besonders Innenfilter können gut mit einer
Luftpumpe arbeiten. Für kleine Aquarien eignet sich vor allem das in Bild 6 vorgestellte
Modell. Hier können mit einer Durchlüfterpumpe – unter Verwendung von Abzweighäh-
nen – auch gleichzeitig mehrere Kleinaquarien
gefiltert werden. Die unten in das Wassersteig-
rohr einströmenden Luftblasen reißen das
Wasser hoch und fördern es über den Wasserspiegel. Das durch eine Schaumstoffpatrone

nachströmende Wasser wird beim Passieren
der feinen Membranporen mechanisch gut gereinigt. Eine andere Form der Wasserreini-
gung ist auf diese Weise allerdings nicht zu erreichen. Immerhin – die Methode ist billig und
wirkungsvoll.
Die verschmutzte Patrone sollte auf jeden Fall
wöchentlich gereinigt werden. Durch Auswa-
schen ist das – wie bei einem Schwamm –
schnell getan.
Vor mit Kreiselpumpen angetriebenen Innenfiltern möchte ich abraten. Sie sind nichts Hal-
bes und nichts Ganzes. Ebenso möchte ich
auch nicht die kleinen, mit Luftpumpe zu be-
treibenden Außenfilter empfehlen, die wie ein
Rucksack an die Rück- und Seitenwand des
Aquariums gehängt werden. Wer wirklich für

ein größeres Aquarium einen leistungsfähigen Außenfilter braucht, sollte Kreiselpumpenantrieb nehmen. Er ist fast geräuschlos, nahezu wartungsfrei (der Antrieb, nicht der Filter selbst!) und ungeheuer leistungsfähig.

Auch hier sind wieder grundsätzlich zwei verschiedene Konstruktionsmethoden verwirklicht: geschlossene und offene Filter.

Im Handel werden vorwiegend die **geschlossenen Filter** angeboten. Sie haben den unbestreitbaren Vorteil, daß sie in jeder beliebigen Lage und in größerer Entfernung vom Aquarium betrieben werden können. Über zwei Schläuche, einem Ansaugschlauch und einem Ausströmschlauch, sind sie mit dem Aquarium verbunden. Diese Filter können bequem auch unter dem Aquarium in einem Schrank oder hinter der Verkleidung untergebracht werden. Nachteilig ist bei den geschlossenen Filtern das manchmal recht aufwendige Wechseln der Filtermassen und die Tatsache, daß u.U. die Schlauchverbindungen undicht werden können. Hier heißt es aufgepaßt, sonst kann das ganze Aquarium leerlaufen. Mit einem Trick können wir allerdings das Allerschlimmste verhindern:

Wenn wir an dem ins Aquarium hängenden Ansaugrohr etwa 5 cm unter dem Wasserspiegel ein kleines Loch von etwa 3 mm Durchmesser bohren, kann das Wasser nicht weiter als bis zu diesem Punkt auslaufen. Wenn der Wasserspiegel bis zu diesem Loch sinkt, kann die Pumpe nur noch Luft ansaugen. Für die mit Wasserkühlung arbeitende Kreiselpumpe ist das natürlich fatal, aber wenn im anderen Fall das ganze Aquarium erst leergelaufen ist, kommt unweigerlich auch der Zeitpunkt, an dem Luft angesaugt wird!

Glücklicherweise kommen diese Fälle nicht allzu häufig vor. Geschlossene Außenfilter sind gut als Biofilter zu benutzen, aber nochmals: sie sollen eine möglichst große Filterkammer haben, mit Kies, Lavalit oder anderen Festfiltermassen versehen sein und dürfen wirklich nur für wenige Stunden abgeschaltet werden!

Ein Bio-Filter zehrt Sauerstoff. Es ist durchaus sinnvoll, diesen Sauerstoff dem Wasser v o r Passieren der Filtermasse zuzuführen. Es gibt auch schon einige Versuche hierzu; sie sind allerdings in der Praxis noch nicht vollkommen zufriedenstellend. – Dagegen wird immer wieder mit den verschiedensten Methoden versucht, das Wasser so unter Druck in das Aquarium einzuleiten, daß Luftblasen sprudeln. Auf diese Weise hofft man, das Wasser mit Sauerstoff anzureichern. Tatsächlich wird so aber in erster Linie das für das Pflanzenwachstum und für die Sauerstofferzeugung durch Pflanzen notwendige Kohlendioxid ausgetrieben (s. „Durchlüftung").

Der ideale Filter ist für mich ein möglichst groß dimensionierter, **offener Außenfilter** mit nicht zu kräftigem Kreiselpumpenantrieb. Versierte Bastler können sich den Filter aus einem Plastikbecken mit eingeklebten Wänden und Rohrleitungen passend zur gekauften Kreiselpumpe selbst bauen:

Der Filter besteht aus zwei Kammern. Das Aquarienwasser wird durch ein Ansaugrohr in die erste Kammer eingesaugt, in der auch die Heizung untergebracht sein kann. Von hier fließt das Wasser in die eigentliche Filterkammer, die am günstigsten mit Lavalit gefüllt und oben mit einer Schaumstoffschicht abgedeckt ist, um den gröbsten Schmutz abzufangen. Diese Schaumstoffschicht kann bequem herausgenommen werden. Sie sollte etwa wöchentlich ausgewaschen werden!

Der Filter kann dabei in Betrieb bleiben. Über einen tief in den Kies hinabreichenden Ansaugstutzen wird das gefilterte Wasser nun mit einer Kreiselpumpe wieder ins Aquarium zurückbefördert. Notfalls würde zum Pumpen auch die eingangs bei den Innenfiltern erwähnte Methode mit Hilfe der Durchlüfterpumpe genügen. Dann kann im Aquarium aber keine ausreichende Durchmischung des Wassers erreicht werden.

Der Vorteil dieses offenen Filtertyps vor dem geschlossenen liegt besonders in der Möglichkeit, ihn größer zu dimensionieren. Er ist auch leichter zu säubern, vor allem dann, wenn man die Filtermasse in einem Filterkorb unterbringt, den man zum Wechseln nur einfach herauszuziehen braucht. Außerdem können hier alle Verbindungen zum Aquarium auslaufsicher über feste Plastikrohre hergestellt werden. Einen Nachteil hat dieses System natürlich auch: Es ist nicht immer leicht, den Filter so anzubringen, daß er nicht stört! Ein Zimmerschmuck ist er schließlich nicht, und er

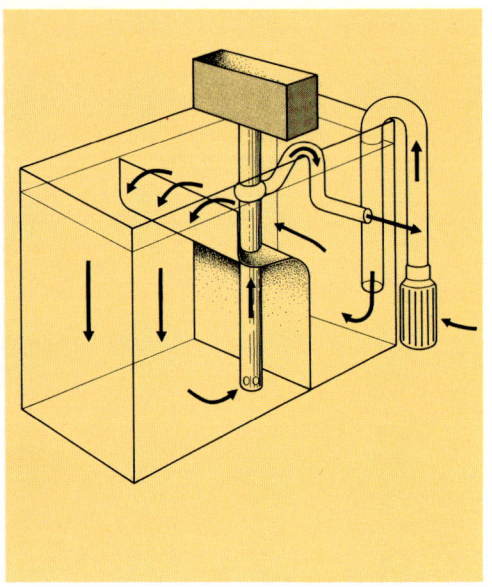

Bild 9. Offener Außenfilter, mit Tauchkreiselpumpe angetrieben. Rechts die Vorklärkammer, in der auch Regelheizer, Thermometer u. a. untergebracht werden können; links die eigentliche Filterkammer.

muß so aufgestellt werden, daß der Wasserstand des Filters mit dem des Aquariums gleich hoch ist.

Lichtautomaten

Lichtautomaten sind eine praktische Sache. Über eine Elektrouhr wird das Aquarienlicht zu bestimmten Zeiten ein- und ausgeschaltet. Der hierdurch fest vorgegebene Beleuchtungsrhythmus bekommt den Pflanzen besser als das unregelmäßige Ein- und Ausschalten, das bei Handbedienung nicht zu vermeiden ist. Im Elektrofachhandel werden Zeitschaltuhren angeboten, an die auch mehrere Aquarien anzuschließen sind. Lichtautomaten sind für Leute, die ihre Aquarien im Urlaub für 2–3 Wochen alleine lassen müssen, unbedingt notwendig. Dauerlicht oder Dauerdunkelheit wäre gleich schädlich für Fische, vor allem aber für die Pflanzen.

Futterautomaten

Der Handel bietet Futterautomaten für Trockenfutter und Futtertabletten an. Die meisten Geräte können zusätzlich auch die Beleuchtung schalten. Wer für mehrere Wochen in Urlaub fährt, kann seine Fische auf diese Weise versorgen. Für das Wochenende allerdings sollte man die Futterautomaten nicht einsetzen. Ein oder auch zwei Fastentage wöchentlich sind für alle erwachsenen Fische wahre Kurtage, die wir ihnen gönnen sollten. Selbst 2–3 Wochen können gesunde Fische in einem gut eingefahrenen Aquarium völlig problemlos überstehen (s. „Fütterung"). Die tägliche Fütterung sollte man niemals dem Automaten überlassen. Wir brauchen diese Minuten vor dem Aquarium, um zu sehen, ob alle Tiere gesund sind und gut fressen!

Geräte zur Wasseraufbereitung

Neben den herkömmlichen Filtern bietet der Zoofachhandel noch viele weitere Geräte zur Aufbereitung und Düngung des Aquarienwassers an. Viele von ihnen sind allerdings für den Normal-Aquarianer unnötig und im Einsatz nicht immer ohne Tücken. Auch und gerade Spezialisten halten viele dieser Artikel für verzichtbar. Trotzdem sollen die teilweise nicht gerade billigen Geräte hier kurz erklärt und ihre Vor- und Nachteile sowie ggf. Alternativen aufgeführt werden.

Beginnen wir mit der Ozonbehandlung des Aquarienwassers. Ozon tötet zuverlässig Bakterien und beschleunigt den Nitritabbau. Es kann daher besonders für Fischzüchter eine wertvolle Hilfe sein. Andererseits kann der pH-Wert besonders beim Einsatz in weichem Wasser so stark erniedrigt werden, daß den Fischen Gefahr droht. Ozon ist auch für Menschen nicht ungefährlich. Sobald außerhalb des Aquariums sein typischer Geruch wahrgenommen wird, muß das Gerät unbedingt überprüft werden.

Ein **Ozonisator** besteht aus einem Hochspan-

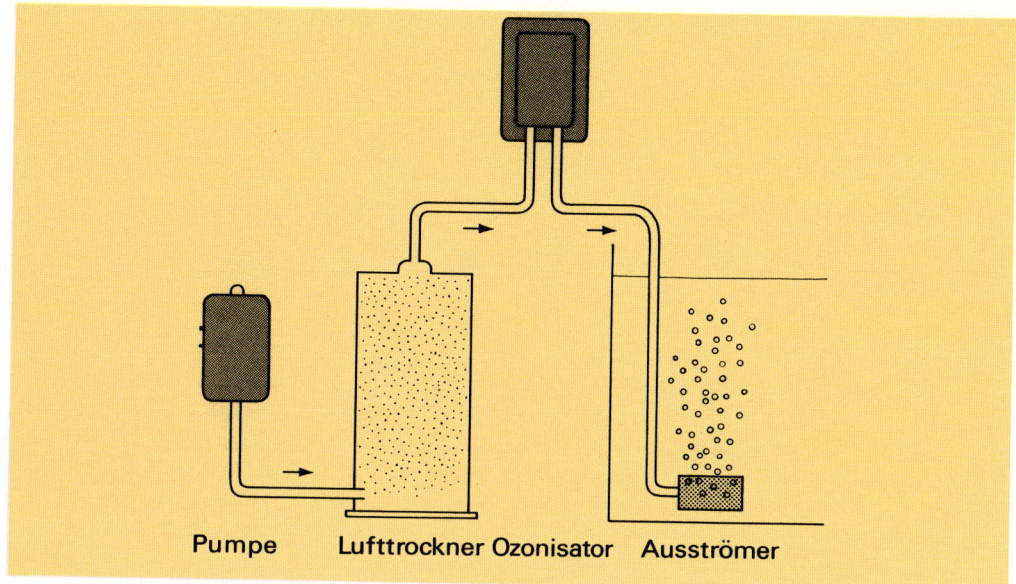

Pumpe   Lufttrockner Ozonisator   Ausströmer

Bild 10. Anschlußschema eines Ozonisators

nungstransformator und einem Entladungsraum, durch den Luft geführt wird. Dabei wird atmosphärischer Sauerstoff (O_2) teilweise in Ozon (O_3) überführt. Gewöhnlich wird ein Ozonisator einfach zwischen die Durchlüfterpumpe und den Ausströmer geschaltet. Die Luftpumpe und die Luftschläuche müssen allerdings „ozonfest" sein, da Ozon PVC und Gummi angreift.

Die Leistung eines Ozonisators hängt weitgehend vom Wassergehalt der Luft ab: Je trokkener die Luft ist, desto wirksamer arbeitet das Gerät. Es ist daher sinnvoll, sich auch einen **Lufttrockner** zu besorgen, der zwischen die Pumpe und den Ozonisator installiert wird.

Es handelt sich hierbei um ein mit Silicagel gefülltes Trocknerrohr, das mit einem Farbindikator ausgerüstet ist. Wenn die Färbung umschlägt, ist das Silicagel gesättigt und muß regeneriert – spricht getrocknet – werden. Getrocknet wird im Backofen bei 140–160°C.

Ähnlich wie Ozongeräte wirken **UV-Strahler.** Die von speziellen Quecksilber-Niederdruck-Entladungslampen erzeugte Strahlung tötet zuverlässig im Wasser befindliche Bakterien und andere Krankheitserreger ab. Die festsitzenden, für die Mineralisierung wichtigen Bodenbakterien werden von den UV-Strahlen nicht erreicht, da die Strahlung im Wasser nur in der unmittelbaren Umgebung der Lampe wirkt. Das Wasser muß also direkt an der Lampe vorbeigeführt werden, entweder durch eine luftbetriebene Wasserpumpe oder im Zusammenhang mit einem Filter. Am besten schaltet man das Gerät zwischen Filterauslauf und Aquarium, da dann die Gefahr gebannt ist, daß in Schmutzpartikel eingehüllte Keime die UV-Barriere durchbrechen können.

UV-Geräte haben die unangenehme Eigenschaft, Nitrate zum giftigen Nitrit zu reduzieren, also einen wichtigen Teil des biologischen Abbauprozesses umzukehren. Diese Gefahr besteht vor allem bei frischeingerichteten Aquarien.

Wenn die Fische einige Zeit nach dem Einsatz des UV-Strahlers unruhig werden oder gar taumelnd durchs Becken schießen, dann liegt wahrscheinlich eine Nitritvergiftung vor. Die Fische müssen dann sofort in einwandfreies Wasser umgesetzt werden!

Das Wachstum der Aquarienpflanzen ist vom Kohlendioxid (CO_2) abhängig (CO_2 ist auch im Wasser gelöst als Kohlensäure vorhanden). Bei einer Unterversorgung mit CO_2 muß das Wachstum stagnieren. Es gibt nun verschiedene Möglichkeiten der **CO_2-Düngung** im Aquarium.

Die einfachste Methode, kohlensäurehaltiges Mineralwasser ins Aquarium zu gießen, ist teuer und wegen der damit verbundenen Aufsalzung des Wassers nicht zu empfehlen.

Im Handel werden die verschiedensten Geräte zur CO_2-Düngung angeboten, doch will ich die Kleindiffusoren nicht empfehlen. Sie bedürfen einer ständigen Wartung. Vor allem der pH-Wert muß regelmäßig geprüft werden (er sollte nicht unter 6 absinken)!

Inzwischen sind auch schon vollautomatische Kohlensäure-Düngungsanlagen auf dem Markt, die mit einem elektronischen pH-Meter versehen sind: Sowie der pH-Wert unter einen eingestellten Grenzwert sinkt, wird die CO_2-Zufuhr über ein Magnetventil gestoppt.

Zum CO_2-Einsatz seien folgende Punkte noch angemerkt: Grundsätzlich dient das CO_2 nur dem Pflanzenwachstum; ein Einsatz in reinen Fischbecken ist unsinnig! Ebenso verkehrt ist es, CO_2-Düngung und Wasserbelüftung gleichzeitig zu betreiben. Die Belüftung treibt das CO_2 sofort aus dem Wasser aus!

Eine übermäßige CO_2-Düngung kann bei Fischen zu Atemschwierigkeiten führen – besonders nachts und morgens. Bei Luftatmern, z. B. Labyrinthfischen, ist zusätzlich noch äußerste Vorsicht geboten. Da das CO_2 1,53mal so schwer wie Luft ist, kann es sich direkt über dem Wasserspiegel als Schicht anreichern und die Luftatmer vergiften!

Wer keine automatische Anlage hat, muß den pH-Wert regelmäßig kontrollieren!

– Um hier einmal ganz deutlich Farbe zu bekennen: Ein gutes Pflanzenwachstum läßt sich durchaus auch ohne CO_2-Düngung erreichen. Ich halte die CO_2-Düngung in erster Linie für eine modische Erscheinung. Perfektionisten können jedoch mit oft nicht unbeträchtlichem Aufwand an Geld und Zeit einen gewissen Effekt erzielen. –

Tropische Zierfische stammen zum größten Teil aus sehr mineralarmen Gewässern – aus Weichwasser. Das aus unseren Leitungen fließende Wasser ist jedoch immer härter – oft sogar wesentlich härter. Viele Aquarienfische lassen sich zwar selbst in hartem Wasser gut halten – einige züchten dort sogar. Wer allerdings Problemfische halten oder gar züchten will, braucht zumeist weiches Wasser, d. h. er muß das Leitungswasser enthärten.

Der Kauf von demineralisiertem oder destilliertem Wasser wird teuer und ist nur kurzzeitig ein Notbehelf. (Unvermischt darf dieses Wasser auf gar keinen Fall benutzt werden, unsere Fische müßten sterben! Am besten härten wir das destillierte Wasser mit unserem Leitungswasser vorsichtig auf den gewünschten Wert auf – mit Meßreagenzien überprüfen!)

Viele Aquarianer sammeln Regen- oder Schneewasser. Das ist in der Tat in vielen Fällen völlig ausreichend. In Industriegebieten ist dieses Wasser allerdings gelegentlich durch die Verschmutzung der Atmosphäre nicht unwesentlich verunreinigt!

Zur technischen **Wasserenthärtung** eignen sich vor allem die auf Kunstharzbasis arbeitenden Ionenaustauscher. Die **Anionenaustauscher** tauschen nur Anionen wie z. B. Chloride (Cl^-), Sulfate (SO_4^{--}), Nitrate (NO_3^-) und andere gegen OH-Ionen aus; die **Kationenaustauscher** tauschen Kationen wie Natrium (Na^+), Kalium (K^+), Calcium (Ca^{++}) und andere gegen Wasserstoff-Ionen aus. Wenn die Austauscherharze erschöpft sind, müssen wir sie mit Säuren oder Laugen regenerieren.

Für anspruchsvolle Aquarianer werden **Patronen-Geräte** angeboten, die nach dem Mischbett-Prinzip arbeiten und die von bestimmten Regenerierstationen ausgetauscht bzw. regeneriert werden. Sie können direkt an den Frischwasserhahn angeschlossen werden. Man kann sie auch mit einem elektrischen Leitwertmesser versehen, über den der Härtegrad des erzeugten Wassers dann jeweils sofort abgelesen werden kann. Es erübrigt sich zu sagen, daß diese Geräte nicht gerade billig sind. Sie eignen sich aber ausgezeichnet für Züchter und Aquarienvereine.

Nützliches Kleinzubehör

Zum Abschluß des technischen Teils sei hier noch einfaches, zumeist billiges Kleinzubehör angeführt, das dem Aquarianer die Instandhaltung des Aquariums erleichtert: Unabdingbar ist beispielsweise die Anschaffung eines **Scheibenreinigers**, falls man die Rasierklinge

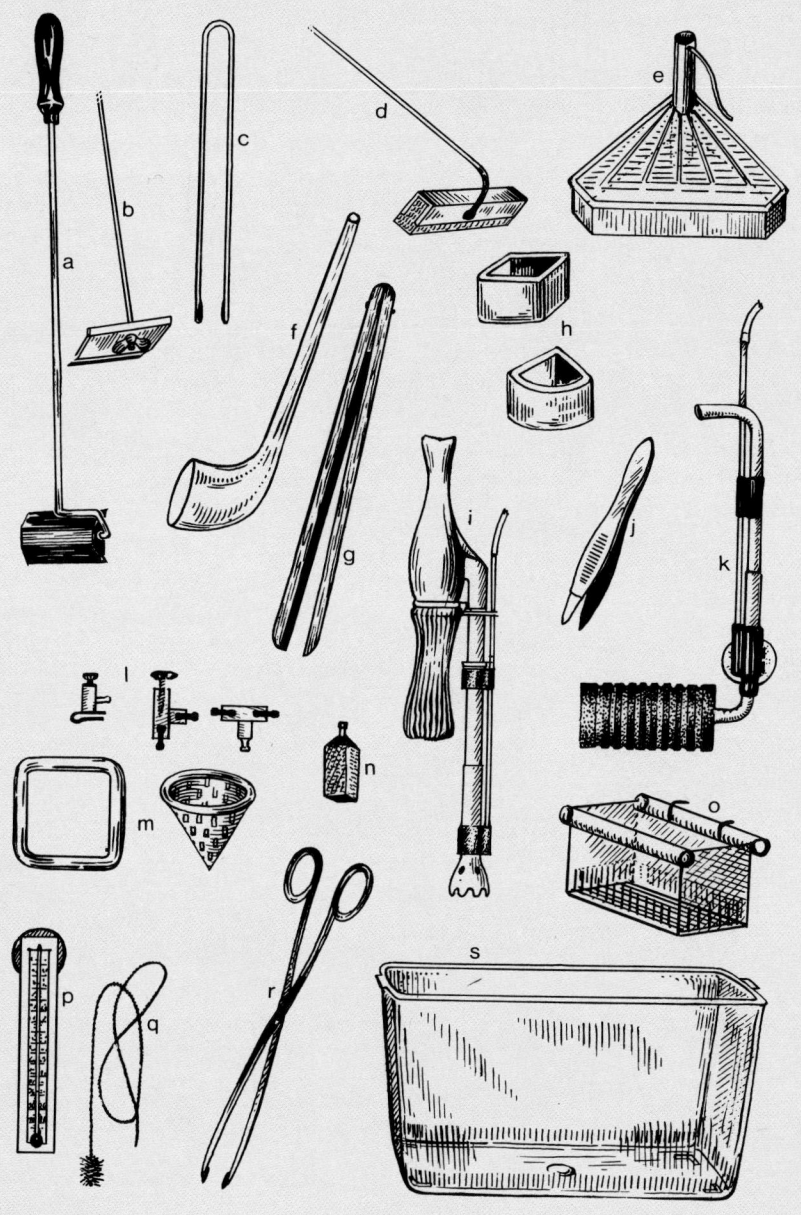

Bild 11. **a** Scheibenreiniger mit Doppelklinge, **b** Scheibenreiniger mit Rasierklinge, **c** Drahtpinzette, **d** Filz-Scheibenreiniger, **e** Dreieck-Innenfilter mit Watte, **f** Fangglocke, **g** Holzpinzette für Wasserpflanzen, **h** Tonschalen für Wasserpflanzen, **i** luftbetriebener Mulmabsauger, **j** Futterpinzette, **k** luftbetriebener Innenfilter mit Schaumstoffpatrone, **l** verschiedene Luftabklemmhähne, **m** Trockenfutterring, schwimmend und Würmersieb, schwimmend, **n** Ausströmerstein, **o** Ablaichkasten, schwimmend, **p** Thermometer, **q** Reinigungsbürste an beweglichem Draht, **r** Schere mit Plattformen zum Entfernen von Schnecken, **s** Ablaichbecken oder Jungfischbehälter.

nicht mit der bloßen Hand führen will. Außerdem empfiehlt sich der Kauf eines **Algenmagneten.** Dieser besteht aus einem Magnetpaar, dessen im Aquarium befindlicher Teil vom außen an der Scheibe haftenden Teil geführt werden kann, so daß man nicht zu fest sitzende Algen bequem von außen her abreiben kann. Allerdings entwickelt sich längerfristig auch hier ein festsitzender Belag, der nur mit dem Klingenreiniger zu entfernen ist. (Besitzer von Kunststoffaquarien sollten allerdings auf den Algenmagneten verzichten, da die Gefahr zu groß ist, daß die Scheiben verkratzen.)

Wir brauchen ferner **Fangnetze**, denn gelegentlich wird es doch nötig sein, einen Fisch aus dem Aquarium herauszuholen. Fangnetze mit zu dichtem Gewebe sind nicht so gut geeignet wie Netze mit größerer Maschenweite.

Zum Herausfangen eines Fisches benützt man am besten zwei Netze, wobei man versucht, den Fisch mit einem beweglich geführten Netz in ein ruhig postiertes zu treiben.

Zum Mulmabsaugen werden sogenannte Grundreiniger angeboten, die man über einen Luftschlauch mit einer Luftpumpe verbinden und dann wie einen Staubsauger benutzen kann. Diese Geräte sind eigentlich überflüssig, denn es reicht völlig aus, wenn wir den Mulm beim regelmäßigen Teilwasserwechsel mit einem Schlauch absaugen. Damit ist bereits ein weiteres wichtiges Zubehör angesprochen. Zum Teilwasserwechsel benötigen wir einen **Schlauch** und natürlich ein bis zwei **Eimer**. Der Schlauch sollte durchsichtig sein, mindestens 2 m lang und einen Durchmesser von etwa 1 cm haben.

Das Aquarienwasser

Der Lebensraum unserer Fische und Aquarienpflanzen ist das Wasser. Jeder Aquarianer weiß, daß Wasser nicht gleich Wasser ist. Wenn die Algen überhand nehmen, wenn die Fische nicht züchten wollen – er sucht zuerst die Ursachen in schlechter Wasserqualität. Natürlich können auch andere Faktoren für Mißerfolge in der Aquaristik verantwortlich sein, aber tatsächlich ist die Wasserzusammensetzung für unsere Liebhaberei von oft ausschlaggebender Bedeutung. Leider führt diese Einsicht so manchen Aquarianer dazu, sich mehr mit der Wasserchemie zu beschäftigen als mit seinem eigentlichen Hobby. Viele Aquarianergespräche erschöpfen sich in Schlagworten wie „pH-Wert" und „Redoxpotential", ohne daß den Gesprächspartnern bewußt wird, wie weit sie sich vom eigentlichen Sinn der Aquarienliebhaberei entfernt haben. Erfolgreiche Aquarianer sind normalerweise bestrebt, mit so wenig Chemie auszukommen wie irgend möglich. Auch und gerade für die Anfänger ist die Wasserchemie ein unnötiger Ballast!
Wer allerdings besonders empfindliche Fische pflegen oder mit ihnen Zuchtversuche anstellen will, wird nicht umhinkommen, sich mit einigen Grundtatsachen der Wasserchemie vertraut zu machen.

Elektrische Leitfähigkeit

Wirklich chemisch reines Wasser gibt es nicht. Wasser enthält immer in geringen Mengen gelöste Salze, Mineralien und Säuren. Die Menge der im Wasser gelösten Stoffe bestimmt die elektrische Leitfähigkeit: Ein nahezu chemisch reines Wasser ist das destillierte und das demineralisierte Wasser, wie wir es im Handel beziehen oder mit dem Enthärtungsfilter selbst herstellen können. Dieses Wasser hat einen Leitwert von fast Null Mikrosiemens (μS), d. h., es leitet kaum Strom. Unvermischt ist es jedoch nicht brauchbar, da Tiere und Pflanzen in diesem Wasser nach kurzer Zeit absterben würden.

Die meisten unserer Aquarientiere und -pflanzen stammen aus tropischen Gebieten, in denen das Wasser ausgesprochen mineralarm ist. Einige dieser Arten sind daher an andere Wasserwerte nur sehr wenig anpassungsfähig: Sie brauchen zur sachgemäßen Haltung, besonders aber zur Zucht, das entsprechende Wasser. Unser Leitungswasser ist für diese Arten wenig geeignet. Eine Messung würde zumeist zu Werten zwischen 150 und 800 μS führen. Durch Vermischung mit destilliertem oder demineralisiertem Wasser können wir diese Werte jedoch senken.

Auch in Extremfällen braucht und sollte man jedoch nicht unter 50 μS gehen (obwohl Urwaldfische gelegentlich in noch viel mineralärmerem Wasser vorkommen).

Die Höhe des Leitwertes ist in einem gewissen, für die übliche Aquarienpraxis allerdings vernachlässigbaren Umfang auch von der Wassertemperatur abhängig. Mikrosiemensangaben beziehen sich im Normalfall auf eine Wassertemperatur von 20°C. Im anderen Fall fügt man der Angabe als Fußnote die Meßtemperatur in °C an, z. B. 50 μS$_{28}$ (Tabelle siehe Seite 30).

Leitwertmesser sind keine billigen Geräte und für die Wartung eines Wohnzimmeraquariums eine Fehlinvestition. Wer allerdings häufiger Fische züchten und sich dabei nicht nur auf afrikanische Buntbarsche beschränken will, wird seinen elektronischen Leitwertmesser bald nicht mehr missen wollen.

Wassertemperatur (in °C)	Korrekturfaktor
16	1,10
18	1,05
20	1,00
22	0,96
24	0,92
26	0,84
28	0,79
30	0,75

Tabelle 3. Abhängigkeit der Leitfähigkeit von der Temperatur. Die Leitfähigkeit wird üblicherweise auf 20 °C umgerechnet. Die Tabelle gibt dafür die entsprechenden Korrekturfaktoren an.

Wasserhärte

Während die Leitwertmessung alle im Wasser gelösten Stoffe berücksichtigt, erfaßt die Wasserhärtemessung nur die Menge der Kalzium- und Magnesiumsalze, der sogenannten Härtebildner. Ein durch einen hohen Gerbstoffgehalt relativ gut leitendes Wasser kann also durchaus einen niedrigen Härtewert haben. Umgekehrt hat hartes Wasser aber auch immer einen hohen Leitwert.

Die Wasserhärte setzt sich aus verschiedenen Komponenten zusammen:

Die **Karbonathärte** gibt die Menge aller Kalzium- und Magnesiumkarbonate einschließlich der Hydrogenkarbonate an. Diese Härte ist leicht durch längeres Kochen zu beseitigen, da dann unlösliches Kalzium- und Magnesiumkarbonat ausgefällt wird (Kesselstein!). Man spricht hier daher auch von **temporärer Härte.**

Der zumeist größere Anteil der härtebildenden Kalzium- und Magnesiumionen ist jedoch nicht an Karbonate, sondern an andere Anionen gebunden. Häufigste Anionen sind dabei Sulfate, in geringerer Menge auch Chloride, Nitrate, Phosphate und andere. Da die von diesen Salzen verursachte Wasserhärte nicht durch Kochen beseitigt werden kann, bezeichnet man sie als **permanente** oder bleibende

Härte. Häufiger werden auch die Begriffe **Nichtkarbonathärte,** Sulfat- oder Gipshärte gebraucht.

Die Gesamtheit der im Wasser gelösten Kalzium- und Magnesiumsalze wird als **Gesamthärte** angegeben. Sie ist dadurch definiert, daß 1 Grad deutscher Härte (= °dGH) einem Gehalt von 10 mg Calciumoxid in 1 Liter Wasser entspricht.

Rein rechnerisch muß die Summe der Karbonathärte und der Nichtkarbonathärte der Gesamthärte entsprechen. Aus meßtechnischen Gründen braucht dieses in der Praxis nicht immer zuzutreffen, da die Reagenzien zur Bestimmung der Karbonathärte lediglich die Menge der Karbonate angeben, ganz gleich, an welche Kationen sie gebunden sind. Zwar handelt es sich dabei in den allermeisten Fällen wirklich um die Härtebildner Kalzium und Magnesium, aber wenn im Wasser – wie in einigen ostafrikanischen Seen – viel Natriumkarbonat vorkommt, kann es geschehen, daß man für die Karbonathärte einen höheren Wert ermittelt als für die Gesamthärte. Die Meßreagenzien für die Gesamthärte geben nämlich exakt den Gehalt der Härtebildner an. Um Irrtümer zu vermeiden, wird in der Aquaristik daher oft von dH anstelle von dGH gesprochen.

Zur Beurteilung des Härtegrades sind die folgenden Werte üblich:

Sehr weiches Wasser	0 – 4° dGH
Weiches Wasser	5 – 8° dGH
Mittelhartes Wasser	9 – 12° dGH
Ziemlich hartes Wasser	13 – 18° dGH
Hartes Wasser	19 – 30° dGH
Sehr hartes Wasser	über 30° dGH

Die meisten tropischen Fische bevorzugen relativ weiches Wasser. (Pauschal könnte man als Ausnahmen einige afrikanische Cichliden, Ährenfische und einige lebendgebärende Zahnkarpfen nennen.) Weiches Wasser fließt in Mitteleuropa nur in wenigen Städten aus der Leitung. Der Aquarianer sollte wissen, welchen Härtegrad das Wasser, das aus seiner Leitung kommt, hat – ein Anruf beim Wasserwerk genügt. Werte bis 12 °dGH sind für durchschnittsaquaristische Zwecke bestens geeignet. Auch bei Härtegraden bis zu 20 °dGH können die meisten Fische noch problemlos gehalten werden. Zur Zucht vieler Fische ist es jedoch nötig, das Wasser durch Mischung mit demineralisiertem Wasser weicher zu machen. Die Härtegrade können wir recht mühelos mittels chemischer Meßreagenzien ermitteln (der Handel bietet hier verschiedene Fabrikate an). Zum Messen wird einer kleinen Wasserprobe tropfenweise so lange vom Reagenz hinzugegeben, bis ein Farbwechsel des Wassers anzeigt, daß die Messung beendet ist. Die Anzahl der hierzu benötigten Tropfen entspricht dem Härtegrad des Wassers.

Der Säuregrad des Wassers

Wasser wird bekanntlich vom Chemiker als H_2O bezeichnet. Das bedeutet, daß Wasser aus Molekülen besteht, die aus Wasserstoff (H) und Sauerstoff (O) zusammengesetzt sind. Jedes nichtdestillierte Wasser ist zu einem geringen Teil dissoziiert, d. h., daß einige Was-

sermoleküle (H_2O) in positiv geladene H^+-Ionen und negativ geladene OH^--Ionen zerfallen sind. Das Produkt dieser beiden Ionenarten ist stets konstant.
In neutralem Wasser liegen H^+-Ionen und OH^--Ionen in genau gleicher Menge vor. Ein Liter neutrales Wasser enthält $1/10$ Millionstel g Wasserstoffionen, übersichtlicher dargestellt als 10^{-7} g. Um diese Darstellung noch weiter zu vereinfachen, nimmt man lediglich den negativen Logarithmus und sagt: das Wasser hat den pH-Wert 7.
Sind nun im Wasser die zehnfache Menge H^+-Ionen vorhanden, dann muß die OH^--Konzentration entsprechend geringer sein, da das Produkt beider Ionenarten ja konstant bleibt. In diesem Fall hätte wir ein Millionstel g H^+-Ionen in 1 Liter Wasser, also 10^{-6}g = pH 6. Ein Überwiegen der H^+-Ionen, wie in diesem Fall, läßt das Wasser sauer, ein Überwiegen der OH^--Ionen läßt es basisch reagieren.
Unsere Rechnung zeigt, daß das Absinken des pH-Wertes um einen Säuregrad das Wasser gleich um das Zehnfache saurer macht.
Für den Aquarianer ist es wichtig zu wissen, daß Wasser mit dem pH-Wert 7 neutral ist, daß Werte unter pH 7 zunehmend sauer und Werte über pH 7 zunehmend basisch (alkalisch) werden.
Die meisten Tropenfische finden in ihren Heimatgewässern pH-Werte zwischen 6 und 7. Unser Leitungswasser ist dagegen zumeist neutral bis leicht alkalisch. Es ist durchaus möglich, das Wasser den Bedürfnissen der Fische entsprechend anzusäuern. Hierfür eignet sich vor allem die Filterung über Torf oder die langsame, stufenweise Zugabe von käuflichen Humusextrakten. Im allgemeinen passen sich die Fische unseren Wasserverhältnissen jedoch recht gut an. Da sie andererseits aber oft auf schnelle Veränderungen des pH-Wertes empfindlich reagieren, sollte man vor voreiliger Manipulation warnen. Denken wir daran, daß Wasser vom pH-Wert 6,6 doppelt so sauer ist wie ein solches von 6,7!
Ein Ansäuern ist auch mit verdünnter Phosphorsäure möglich. Das muß allerdings mit viel Fingerspitzengefühl erfolgen und vor allem außerhalb des Aquariums! Wer Phosphorsäure direkt ins Aquarium gießt – das kommt leider immer wieder vor! – wird fast immer nur

Bild 12. pH-Bereich und seine Bedeutung für Pflanze und Tier.

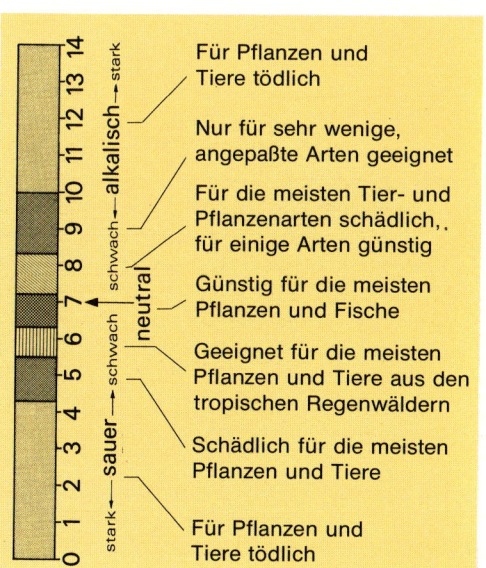

Schaden anrichten. Auf Grund eines chemischen Puffersystems erfolgt die Änderung des pH-Wertes zumeist am Anfang nur äußerst langsam, um dann plötzlich sprungartig in extreme Bereiche zu fallen!

Im Normalaquarium sollte man Werte um pH 6,5–7,2 anstreben und innerhalb dieses Bereiches nicht herumexperimentieren!

Zur Messung des pH-Wertes werden elektrische Geräte und Reagenzien angeboten. Für aquaristische Zwecke sind die chemischen Methoden hinreichend genau – vor allem aber viel billiger und kaum aufwendiger!

Der Stickstoffkreislauf

Vor Jahrzehnten hüteten die Aquarianer ihr „Altwasser" noch wie einen Schatz. Sie glaubten, es sei für ihre Fische besonders günstig. Tatsache ist, daß alteingerichtete Aquarien auf Grund ihres Gehaltes an stickstoffabbauenden Bakterien wesentlich besser „funktionieren" als frischeingerichtete – zumindest eine Zeitlang: die höheren Pflanzen wachsen, die Algen kommen auf Grund dieser Konkurrenz gar nicht erst hoch, und die Fische fühlen sich wohl. Ohne eine regelmäßige Teilwassererneuerung reichern sich die Stickstoffabbauprodukte allerdings in einem für die Fische gefährlichen Maße an.

Wie geschieht das?

Das Element Stickstoff (N) ist ein wichtiger Bestandteil des Eiweißes, somit aller lebenden Substanzen. In jedem Aquarium sterben Organismen ab, die nach kurzer Zeit in Verwesung übergehen. Es brauchen nicht gleich tote Fische zu sein, die man übersehen hat – dies trifft in gleichem Maße für abgestorbene Pflanzen und nicht verzehrtes Fischfutter zu. Eiweißabbauprodukte werden aber auch durch die regelmäßigen Ausscheidungen (Kot, Harn) der Tiere abgegeben. Ein Millionenheer von Bakterien ist in einem alteingerichteten Aquarium damit beschäftigt, diese Eiweißstoffe über verschiedene Zwischenstufen abzubauen. Endstufe dieses Vorgangs ist das in normaler Konzentration völlig ungiftige Nitrat, das von den Wasserpflanzen als wichtiger Nährstoff aufgenommen wird. Dieser Kreislauf, der im ungestörten Naturmilieu als hervorragendes Beispiel für ökologische Gleichgewichtszustände gelten kann, ist im Aquarium nie vollkommen nachzuvollziehen. Selbst im besteingerichteten Pflanzenbecken ist auch bei minimaler Fischzahl der Fischbesatz so hoch, daß die Pflanzen das Nitrat nicht vollständig verbrauchen können. Nitrat sammelt sich also an. Auch wenn die Fische Nitrate noch in relativ hoher Konzentration vertragen, irgendwann ist der Gefahrenpunkt erreicht. Hier hilft nur ein Wasserwechsel! Auch die bestfunktionierenden Filter können Nitrate, die sich übrigens nicht durch Wassertrübung oder eine besondere Färbung des Wassers bemerkbar machen, nicht entfernen. Damit die notwendige Umstellung der Fische auf einen geringen Nitratgehalt nicht zu groß wird – auch das bereitet den Fischen nämlich Probleme – sollte man anstelle eines Vollwasserwechsels lieber häufiger einen Teilwasserwechsel vornehmen.

Es gibt neben dem Wasserwechsel nur noch eine sinnvolle Möglichkeit, Nitrate aus dem Aquarienwasser zu entfernen: Wie schon gesagt, sind Nitrate wertvolle Pflanzennährstoffe. Einige Zimmerpflanzen, wie Philodendron und Monstera, bilden lange, kräftige Luftwurzeln. Wenn man die Möglichkeit hat, diese Pflanzen direkt in Aquariennähe aufzustellen, sollte man möglichst viele der Luftwurzeln ins Aquarium leiten. Sie verzweigen sich dort höchst dekorativ und entziehen dem Wasser einen beträchtlichen Teil der Nitrate. Da diese Zimmerpflanzen aber wie alle Pflanzen zum Gedeihen Licht für ihre Blätter brauchen, läßt sich diese Möglichkeit in vielen Fällen nicht realisieren. Auch wenn wir durch den Einsatz dieser speziellen „Biofilterung" die Abstände zwischen den Teilwasserwechseln vergrößern können, verzichten werden wir darauf nicht können!

Wie Bild 13 zeigt, erfolgt der Abbau von Eiweiß zu Nitrat über verschiedene Zwischenstufen, die jeweils durch die Arbeit verschiedener Bakterienarten erfolgt. Leider sind gerade einige dieser Zwischenprodukte hochgiftig für die Fische – dies betrifft Ammoniak und Nitrit. Üblicherweise aber kommt es zu gefährlichen

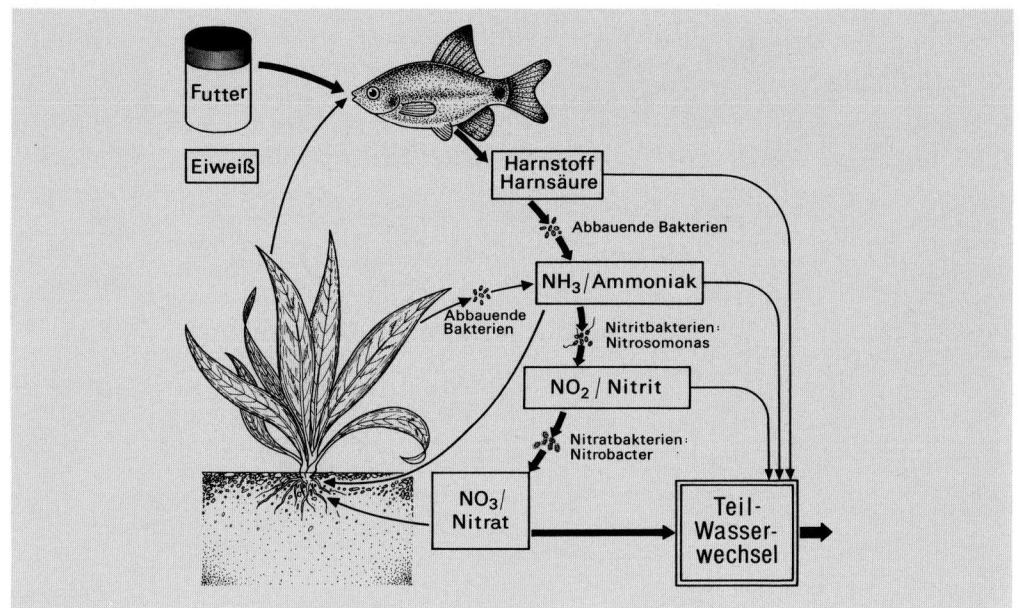

Bild 13. Durch ständige Eiweißgaben (Fischfutter) steigt der Stickstoffgehalt im Aquarium an. Die Bakterien bauen den Stickstoff zum unschädlichen Nitrat ab, das – wie auch Ammoniak (bzw. Ammonium) – zum Teil von den Pflanzen aufgenommen wird. Der Rest muß durch regelmäßigen Teilwasserwechsel entfernt werden.

Anreicherungen dieser Stoffe erst durch eine unsachgemäße Wasserpanscherei. Deshalb warne ich immer davor, am Aquarienwasser allzuviel herumzuexperimentieren!

Die Eiweiße werden üblicherweise über Aminosäuren zu Ammoniumsalzen und dann weiter zu Nitrit und letztlich Nitrat abgebaut. Ammoniumionen (NH_4^+) sind ungiftig. Unter bestimmten Umständen verbinden sie sich jedoch mit dem Hydroxidion (OH^-) zum hochgiftigen Ammoniak ($NH_3 . H_2O$). Das geschieht einleuchtenderweise vor allem dann, wenn freie OH^--Ionen in großer Menge im Wasser vorhanden sind, also in basischem Wasser. Mit anderen Worten: Sowie das Wasser in Bereiche mit höheren pH-Werten kommt, kann sich aus Ammonium das gefährliche Ammoniak bilden. Die Gefahr ist besonders groß, wenn wir beim Wasserwechsel zu stark saurem Wasser das zumeist alkalische (basische) Leitungswasser hinzufügen.

Wenn empfindliche Fische nach einem Teilwasserwechsel in bedenklicher Weise schnellatmend an der Wasseroberfläche stehen (so als würden sie unter starkem Sauerstoffmangel leiden), hilft nur ein totaler Wasserwechsel! Erfreulicherweise treten solche Fälle aber nur selten auf – wenn man die Tiere in sehr saurem Milieu hält, das Waser aber stark alkalisch aus der Leitung fließt.

Nitrit wirkt schon in geringen Mengen giftig auf Fische. Vor allem bei einem zu stark angestiegenen Nitratgehalt kann es geschehen, daß die üblichen Abbauprozesse im Aquarium auch teilweise in umgekehrter Richtung verlaufen. Dann wird also durch Reduktion aus dem an und für sich unschädlichen Nitrat wieder Nitrit! Hier hilft wieder ein regelmäßiger Wasserwechsel. Vorbeugend sollte man auch nur sparsam füttern, so daß keine Futterreste übrigbleiben, die dann in Verwesung übergehen können.

Der Nitrit- und der Nitratgehalt des Wassers kann durch Meßreagenzien unschwer ermittelt werden. Mit etwas Routine ist der Teilwasserwechsel aber kaum aufwendiger als die Ermittlung der Wasserwerte. Da man bei regelmäßiger Wassererneuerung zuverlässig zu den niedrigen Stickstoffwerten kommt, dürfte sich diese Messung für die meisten Aquarianer erübrigen.

Die Einrichtung eines Aquariums

Grundsätzliches zur Aquarieneinrichtung

Bei der Gestaltung seines Unterwassergartens kann der Aquarianer seine ganze Phantasie walten lassen. (Einige detaillierte Vorschläge für die Einrichtung von Aquarien sind auf den Seiten 88 und 108 zu finden.) Hier will ich nur einige grundsätzliche Fragen beantworten:

Bevor man sich Gedanken zur Gestaltung seines Aquariums macht, muß man sich im klaren darüber sein, welche Fische man pflegen will. Von ihren Ansprüchen hängt es ab, ob man viele Höhlen- und Wurzelverstecke braucht, ob man Pflanzendschungel anpflanzen kann und vieles mehr.

Ein Fischzüchter muß sein Aquarium völlig anders einrichten als ein Verhaltensforscher, dieser wieder anders als ein Fischfotograf oder einer, der zur Zierde des Zimmers ein Schauaquarium aufstellen will. (Auf die Einrichtung von Spezialaquarien gehe ich in den einzelnen Kapiteln noch genauer ein.)

Hier soll die Rede sein vom Einrichten eines Wohnzimmeraquariums, zweifellos dem weitestverbreiteten Typ. Ein solches Schaubecken ist, was die Einrichtung betrifft, sicher auch das aufwendigste. In vielen Ländern gehört es zum guten Ton, ein solches Aquarium mit Plastiktauchern, Unterwasserschlössern und -drachen zu „verzieren". Natürlich ist das reine Geschmacksache, da die Fische hiervon in keiner Weise berührt werden. Ich bin froh, daß derartige Kinkerlitzchen in Mitteleuropa unter richtigen Aquarianern verpönt sind. Auch das Einbringen von Korallen oder großen Muschelschalen ins Süßwasseraquarium zeichnet nicht gerade den Altaquarianer aus, ganz abgesehen davon, daß hierdurch das Wasser in zumeist unwillkommener Weise aufgehärtet wird.

Seien wir uns darüber klar, daß die Dekoration – ob geschmackvoll oder nicht – den Fischen letztlich egal ist. Allerdings dient die Inneneinrichtung ganz wesentlich auch der Raumgliederung. Selbstverständlich ist es für viele Fische sehr wichtig, Höhlenverstecke oder gegen Sicht von oben geschützte Unterstände unter Wurzeln oder großblättrigen Pflanzen zu finden. Für andere Fische wieder ist es wichtig, genügend freien Schwimmraum zu haben, wieder andere brauchen Pflanzendschungel und viele die Möglichkeit, mit ihren Mitbewohnern nicht ständig in Sichtkontakt zu sein. Man sieht, völlig gleichgültig ist es den Fischen nicht, wie ein Aquarium eingerichtet ist (weitere Hinweise finden Sie bei den Gattungs- und Artbeschreibungen)!

Immer wieder glauben Aquarianer, das Aquarium sei ein verkleinertes Abbild der Natur. Wenn sie aber einmal die Gelegenheit haben, ihre Pflanzen und Fische an ihren natürlichen Standorten zu sehen, dann erkennen sie schnell ihren Irrtum: Das Wasser ist keineswegs immer kristallklar, die meisten Fischbiotope sind völlig pflanzenfrei. Wo Pflanzen angetroffen werden, bilden sie einheitliche, große Bestände. Viele Quadratmeter sind flächendeckend nur mit Cryptocorynen oder Vallisnerien bewachsen. Darüber hinaus wachsen viele unserer „Wasserpflanzen" im Freien hauptsächlich emers, d. h. im Luftraum. Ein stur nach dem Vorbild der Natur eingerichtetes Süßwasseraquarium ist keine Zierde, ganz im Gegenteil übrigens zum Korallenaquarium. Aus diesem Grund ist es auch völlig sinnlos, sich bei der Zusammenstellung der Wasserpflanzen nach geographischen Gesichtspunkten zu richten. Es ist für das Funktionieren der

Bild 14. Südamerika-Becken mit lebendgebärenden Zahnkarpfen und verschiedenen Salmlern besetzt. Aufnahme Kahl

Einrichtungsmaterial

biologischen Abläufe völlig gleichgültig, ob nur Pflanzen einer Region oder ob afrikanische, asiatische oder amerikanische Pflanzen miteinander vergesellschaftet werden – die Hauptsache ist, ihre Ansprüche an die verschiedenen Umweltansprüche sind miteinander zu vereinbaren.

Ebenso widersinnig ist es, sich bei der Zusammenstellung der Fische zu eng geographisch zu orientieren. Es ist sicher jedermann klar, daß man besser kleine südamerikanische Salmler mit kleinen indischen Zebrabärblingen vergesellschaften kann, als die Zebrabärblinge mit den bärblingsfressenden Schlangenkopffischen aus dem gleichen Biotop. Doch es muß nicht immer so einleuchtend wie in diesem Fall sein, in dem ein Räuber seiner Beute gegenübergestellt wird! Einige Grundsätze zur Vergesellschaftung der Arten im Gesellschaftsaquarium finden Sie auf S. 90.

Wichtigstes Einrichtungs- und zugleich Dekorationsmaterial sind Pflanzen. Für viele Aquarianer sind sie sogar noch wichtiger als die Fische. Den Pflanzen, ihrer Anordnung, Pflege und aquaristischen Eignung ist daher ein eigenes Kapitel gewidmet (s. S. 55), hier sei nur darauf hingewiesen, daß sie weit mehr als nur Dekorationsmaterial sind.

Ihre Existenz, und zwar ihr mengenmäßig bedeutendes Auftreten im Süßwasseraquarium, ermöglicht zumeist erst das algenfreie – besser algenarme – Aquarium.

Nicht jedes Aquarium kann im gewünschten Umfang mit Pflanzen bestückt werden. Einige größere Fische baggern so heftig den Bodengrund um, daß keine Pflanze gedeihen kann; andere Fische sind sogar Pflanzenfresser. Aquarien mit solchen Fischen kann man im allgemeinen nur mit Steinen und dekorativen

Wurzeln ansprechend gestalten. Einige Pflanzen lassen sich jedoch auch in diese Aquarien einbringen: Hier empfehle ich vor allem Farne, da sie im allgemeinen von Fischen nur sehr ungern gefressen werden. Geeignet sind: Hornfarn *(Ceratopteris cornuta)* und Sumatrafarn *(Ceratopteris thalictroides)*, die freischwimmend große, auch in den Luftraum ragende Blätter ausbilden, und deren lange, stark verzweigte Wurzeln tief ins Wasser heruntertauchen. Auch der Kongo-Wasserfarn *(Bolbitis heudelotii)* und der Javafarn *(Microsorium pteropus)* sind gut geeignet. Diese beiden Pflanzen werden mit Gummi- und Nylonfaden auf Holz, Rinden oder Steinen befestigt und verankern sich nach einiger Zeit von selbst auf ihrem Substrat.

Ob wir nun ein Pflanzenbecken haben oder nicht – unser Aquarium braucht auf jeden Fall einen Bodengrund, eine Rückwand und Steine zur Dekoration.

Bodengrund

Die Auswahl des richtigen Bodengrundes ist für viele Aquarianer ein Quell dogmatisch geführter Streitgespräche. Vieles ist hier Glaubenssache; manches Erprobte und für gut Befundene versagt im längerfristigen Betrieb oder bei anderem Ausgangswasser. Sicher ist aber, daß die früher vertretene Ansicht, man müsse den Boden etwa wie im Garten durch Humus oder Torf düngen, vollkommen falsch ist! Dies führt zu Faulstellen im Boden, die die Pflanzenwurzeln zum Absterben bringen.

Als am geeignetsten für ein gutes Pflanzenwachstum hat sich **Feinkies** mit einer Körnung zwischen 1–5 mm erwiesen. (Wir bekommen ihn im Baustoffhandel.) Die Kieskörnchen sollten lieber einen etwas größeren als einen zu kleinen Durchmesser haben. Zu feine Körnchen machen eine Wasserdurchströmung des Bodengrundes auf Dauer unmöglich, denn sehr schnell sind die feinen Poren zwischen den Körnchen mit Mulmmaterial verstopft. Das Ergebnis: Die Pflanzenwurzeln erhalten keinen Sauerstoff mehr, die Pflanzen kümmern und sterben schließlich ab.

Es wird vielfach als günstig angesehen, den Boden mit etwas gröberem Kies noch abzu-

decken. Wie auch andere Bodenschichtungen ist diese Schicht langfristig jedoch unbeständig. Durch das Einsetzen neuer Pflanzen, durch Schnecken und vor allem durch die Neueinrichtung, bei der der alte Bodengrund benutzt werden sollte, ist diese Schichtung schnell dahin.

Für viele Fische ist Kies von mehr als 1 mm Durchmesser ungeeignet. Viele Welse, aber auch manche Zwergbuntbarsche und andere Fische brauchen zum Wühlen und Graben feinen Sand. Diesen kleinen Fischen können wir das Wühlen auch in Pflanzenbecken gestatten, da sie keinen größeren Schaden in der Bepflanzung anrichten können. Bei manchen brutpflegenden Fischen können durch Kiesgrund sogar ganze Bruten vernichtet werden, weil die Eier oder die hilflosen Larven zwischen Kiesel fallen und für die Eltern nun nicht mehr erreichbar sind. In diesen Fällen ist **feinerer Sand** angebracht. Setzt man einige der Malaiischen Turmdeckelschnecken in das Aquarium ein, so braucht man auch nicht Sauerstoffarmut im Boden zu befürchten. Die Schnecken leben im Bodengrund und sind ständig damit beschäftigt, ihn regelrecht zu durchpflügen und zu lockern, ohne dabei aber die Pflanzenwurzeln zu schädigen. Die Turmdeckelschnecken erfüllen im Aquarium die Aufgabe, die die Regenwürmer im Garten leisten. Die Malaiischen Turmdeckelschnecken, die sich zum einen ohne unser Zutun gut vermehren, zum andern durch ihr Bodenleben in keiner Weise stören, sind ideale Helfer, die überdies auch noch Abfälle und kleine, eventuell übersehene Fischleichen beseitigen!

Bei der Wahl des Bodengrundes sollte man möglichst versuchen, recht dunkle Tönungen zu bekommen. Hier ist die Gefahr der Veralgung geringer, und überdies wirken die Fische über dunklem Grund wesentlich besser, da sie dann zumeist besser ausgefärbt sind.

Sollte man dem Boden Dünger hinzufügen oder nicht? Diese Frage ist umstritten. Wir sollten uns aber erinnern, daß die allermeiste Pflanzensubstanz mittels Licht aus dem im Wasser gelösten und letztlich aus der Luft stammenden Kohlendioxid aufgebaut wird (s. S. 55). Der Dünger liefert lediglich Mineralsalze, die nur in geringen Spuren gebraucht werden. Die notwendigsten Düngestoffe –

36

Stickstoffverbindungen – werden mit den Ausscheidungen der Tiere bereitgestellt und von den Bodenbakterien so aufgearbeitet, daß die Pflanzen sie aufnehmen können. Tatsache ist, daß wir von diesen Nährsalzen regelmäßig einen unnötigen, ja schädlichen Überschuß haben, der uns zwingt, diese Stoffe mit dem Wasserwechsel herauszuholen. Andererseits werden dem Aquarium durch das neu hinzukommende Frischwasser auch ständig Spurenelemente zugeführt, die von den Pflanzen aufgenommen werden können. In vielen Fällen reicht dies – bei nicht so seltenem Wasserwechsel – völlig aus. Ich will aber nicht vergessen anzumerken, daß das Leitungswasser je nach seiner Herkunft mehr oder weniger mit Spurenelementen angereichert ist.

Viele Pflanzen nehmen die Mineralsalze mit ihren Blättern in gelöster Form aus dem Wasser auf. Andere dagegen – hier handelt es sich zumeist nicht um echte Wasser- sondern um Sumpfpflanzen, die unter Wasser gehalten werden, wie z. B. Cryptocorynen – sind bei ihrer Nährsalzaufnahme vorwiegend auf ihre Wurzeln angewiesen.

Diese Pflanzen sprechen oft recht gut auf Düngerzugaben an. Wenn sie optimal wachsen sollen, und man zunächst auf das Düngen verzichten will, sollte man beim Waschen des Bodengrundes nicht allzu gründlich sein. Eine Trübung beim Waschen des frischen Sand- oder Kiesbodens beruht normalerweise auf Lehm. Es genügt also, aus solchen Sanden nur die gröbsten Trübstoffe herauszuwaschen. Dann sollte man aber den Boden mit einer fingerdicken Schicht des gleichen, diesmal aber feinst ausgewaschenen Materials abdecken. Jetzt können wir uns für ein Jahr sicher Düngezusätze ersparen!

Steine

Steine sind für die Gestaltung eines Aquariums fast unentbehrlich. Sie werden zur Raumaufteilung benötigt, für den Aufbau von Höhlen und Verstecken, für den Bau von Terrassen und für die Modellierung des Bodengrundes. Nicht alle Steine sind für aquaristische Zwecke geeignet. Manche geben bei längerer Lagerung im Wasser Härtebildner ab. Nur wer ohnehin

Hartwasserfische pflegen will, braucht sich bei der Gesteinsauswahl keine Zwänge aufzuerlegen. Er kann auch das oft mit Löchern und bizarren Formen ausgestattete Kalkgestein verwenden.

In den meisten Fällen wird man aber Steine verwenden, die das Wasser nicht aufhärten, wie z. B. Granite, Gneise, Basalte – also Urgestein. Auch kalkfreie Schiefer, Sandsteine und Quarzite sind geeignet.

Da aber die wenigsten Aquarianer auch gleichzeitig Geologen sind, sei hier eine Methode verraten, mit der man auch ohne Kenntnis der Gesteine erkennt, ob der Stein unerwünschte Kalkbestandteile enthält oder nicht: Es handelt sich um die Salzsäureprobe, die vorsichtige Aquarianer vielfach auch beim Auswählen des Bodengrundes anwenden. Man gibt hier auf den Stein oder zur Bodenprobe einige Tropfen verdünnte Salzsäure. Bilden sich in der Säure Gasperlen oder schäumt sie gar kräftig auf, dann ist der Stein oder Bodengrund für unsere Zwecke unbrauchbar!

Wir sollten uns hüten, unter den Steinen nach ausgesprochenen geologischen Raritäten Ausschau zu halten. Steine mit Einschlüssen unbekannter Mineralien können zu Vergiftungen unserer Fische führen. Bitte auch keine allzu scharfkantigen Steine ins Aquarium bringen: Sie sehen unnatürlich aus und größere Fische könnten sich an ihnen verletzen!

Wurzeln – Kork – Torf – Rohr

Tote **Wurzeln,** die schon längere Zeit im Wasser gelegen haben, eignen sich vorzüglich fürs Aquarium, vor allem Wurzeln von Erlen, Eichen, Buchen. Besonders günstig ist auch das bizarre Moorkienholz, die Wurzeln von Kiefern, die schon lange Zeit im Moor lagerten. Bevor wir die Wurzeln im Aquarium unterbringen, müssen wir sie gründlich auskochen. Dadurch werden zum einen unliebsame Keime und Kleinlebewesen abgetötet, zum andern wird so viel Luft ausgetrieben, daß die Wurzeln ihren Auftrieb im Wasser verlieren. Trockene Wurzeln werden auch durch längeres Wässern so schwer, daß wir sie verwenden können. Im Zweifelsfall nehme man immer die kleinere

Wurzel – man überschätzt in dieser Hinsicht leicht das Aufnahmevermögen seines Aquariums.

Alle Wurzeln, selbst das im Handel manchmal erhältliche Steinholz, geben im Wasser Huminsäuren ab. Dies geschieht aber nur in recht beschränktem Maße und ist letztlich sogar als positiv anzusehen.

Hier möchte ich nocheinmal darauf hinweisen, daß es durchaus sinnvoll ist, die Luftwurzeln einiger Zimmerpflanzen ins Aquarium zu leiten. Sie verzweigen sich hier höchst dekorativ und entnehmen dem Wasser einen großen Teil seiner Schadstoffe (vorwiegend Nitrate).

Auch **Korkrinden** eignen sich gut zum Dekorieren. Kork ist chemisch neutral und sondert keine Schadstoffe ab. Allerdings verliert Kork auch nach längerem Wässern seinen Auftrieb nicht. Wir müssen es daher im Aquarium hinter Oberrahmen oder Leisten verklemmen oder entsprechend mit Steinen beschweren. Im Handel gibt es ganze, zumeist mehr oder weniger gebogene Rindenplatten der Korkeichen. Senkrecht gestellt und hinter dem Oberrahmen verklemmt kann man dahinter sehr gut Regelheizer, Filter-Ansaugrohre und anderes technisches Zubehör verstecken. Auch zum Aufbau von Terrassen oder von Rückwänden eignen sich Korkplatten vorzüglich.

Torf sollte man nur in Ausnahmefällen ins Aquarium einbringen. Man findet im Moor gelegentlich zwar sehr dekorative, von Hölzern durchflochtene Torfplatten, die sich – senkrecht an die Rückwand gestellt – sehr gut für die Hintergrunddekoration eignen. Früher hat man aus Torfplatten sogar ganze Rückwände gestaltet. Torf hat aber die Eigenschaft, je nach Konsistenz nach mehr oder weniger langer Zeit völlig zu zerfallen. Außerdem gibt Torf Gerbsäuren und Humusstoffe ab, die das Wasser ansäuern und gelb bzw. bräunlich färben.

Zur Nachahmung eines tropischen Reissumpfes mag es gelegentlich reizvoll erscheinen, senkrecht im Wasser stehende **Rohrstengel** zu imitieren. Hierzu eignen sich vor allem dünne Bambusstäbe oder Pfefferrohr. Im Gegensatz zu unseren heimischen Schilfstengeln sind diese Materialien ziemlich beständig im Wasser. Am natürlichsten wirkt es, wenn die Stengel verschieden dick sind und in unregelmäßigen Abständen eingesetzt werden.

Gestaltung der Rückwand

Die meisten Aquarien stehen mit einer Längsseite an der Zimmerwand. Um nicht die Tapete als Hintergrund-„Dekoration" des Beckens zu haben, müssen wir für eine entsprechende Rückwand sorgen. Grundsätzlich haben wir hier zwei Möglichkeiten:

Wir können die Rückwand gewissermaßen trocken von außen am Aquarium befestigen, oder wir verlegen sie direkt in das Aquarium. – Wenn es sich als sinnvoll und notwendig erweisen sollte, kann man natürlich auch die Seitenwände entsprechend ausgestalten.

Am einfachsten ist es, die Rückseite des Aquariums von außen mit Papier oder Stoff zu bespannen. (Dunkler Samt macht sich hier oft vorzüglich.) Am einfachsten ist es natürlich, wir verwenden eine der im Zoofachhandel angebotenen bedruckten Rückwände. Nicht alle diese Rückwände sind geschmackvoll, aber wenn unser Aquarium später nach hinten genügend reichlich bepflanzt wird, wirken auch diese Rückwände recht gut. Gelegentlich bekommt man auch bedruckte, grob reliefierte Kunststoff-Rückwände, die auf Grund ihrer Strukturen und Schatteneffekte recht gut wirken.

Mit etwas bastlerischem Geschick kann man sich jedoch selbst sehr schöne Außenrückwände bauen, die dem Aquarium noch zusätzliche Tiefenwirkung geben.

Hierzu stellt man sich aus Sperrholz oder einem entsprechenden Material einen flachen Kasten im Format der Aquarienrückwand her. Für kleinere Aquarien kann man sich diesen Kasten auch aus einem kräftigen Pappkarton schneiden. Die Tiefe sollte je nach Größe des Aquariums bei 5–15 cm liegen. Den Kasten bekleben wir jetzt – je nach Geschmack und nach Charakter unseres Beckens – mit Sand, Kies, Torf, kleinen und größeren Korkrindenteilchen, flachen Wurzeln, Zweigen und Schilfrohr. Die Wurzeln und einiges andere sollten dabei auch in den vorderen Teil des Kastens reichen, damit wir eine Tiefenwirkung erzielen. Wir sollten auf jeden Fall anstreben, daß sich die Aquarien-Inneneinrichtung für das Auge gewissermaßen übergangslos in dem Rückwandkasten fortsetzt.

Es ist sinnvoll, sich in der Auswahl der Mate-

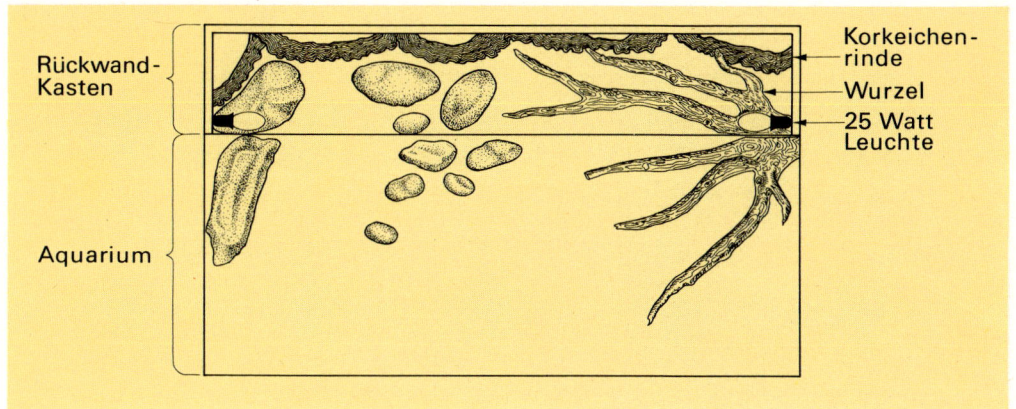

 labels:
Rückwand-Kasten — Korkeichen-rinde — Wurzel — 25 Watt Leuchte — Aquarium

Bild 15. Aufsichts-Schema zu einem Rückwand-Kasten. Die Trockendekoration des Kastens soll möglichst übergangslos die Aquarieneinrichtung fortsetzen.

rialien zu beschränken: Ein nur mit Korkrinden gestalteter Kasten kann sehr dekorativ wirken. Zusätzliche Effekte können wir erzielen, wenn wir die Rückwand mit einem kleinen, extra hierfür installierten Lämpchen beleuchten.

Vorsicht, an die Hitzeentwicklung denken und für entsprechende Luftlöcher sorgen! Sicherheit geht vor Dekoration! Und vergessen wir auch gerade bei unserer Rückwand nicht, die Grenze zum Kitsch liegt sehr nah!

Den hinter der Scheibe angebrachten Rückwänden sieht man oft an, daß sie trocken sind. Gelegentlich hilft es, besonders bei dem gerade beschriebenen Rückwandkasten, wenn wir die einzelnen Dekorationsmaterialien mit farblosem Lack überziehen.

Rückwände, die direkt in das Aquarium gestellt werden, wirken oft besser. Die innen angebrachte Rückwand hat aber auch den Vorteil, daß wir an ihr mit Fäden verschiedene Wasserfarne (*Microsorium, Bolbitis*) befestigen können, die hier bald festwachsen und die Rückwand lebendig gestalten.

Welches Material eignet sich für die Innenwand? Es muß vor allem ungiftig sein, sollte keine Stoffe an das Wasser abgeben und sollte auch leicht zu bearbeiten sein.

Bei der Herstellung der Innenwand müssen wir ganz besonders darauf achten, daß die Fische später nicht zwischen Rückwand und Aquariumscheibe gelangen können und sich dann dort eventuell verklemmen!

Als leicht zu bearbeitendes und zu gestaltendes – überdies biologisch völlig unbedenkliches – Material hat sich Styropor erwiesen. Im Heimwerker- und Baustoffhandel erhält man dieses Material in den verschiedensten Größen und Stärken. Die Platte sollte ruhig einige Zentimeter dick sein. Je dicker sie ist, desto plastischer können wir sie gestalten.

Zuerst einmal schneiden wir das Styropor auf das genaue Format unserer Aquarienrückscheibe zu. Dann bearbeiten wir die Platte mit einer Feuerzeug- oder Kerzenflamme. (Bei größeren Blöcken ist die Arbeit mit einer Lötlampe schneller zu erledigen.) Styropor brennt nicht, schmilzt aber unter der Flamme, so daß wir ganz nach Geschmack Höhlen und Felsvorsprünge aus der Platte modellieren können – zugleich wird durch die Flamme die Materialoberfläche erhärtet, und die Platte bröckelt nicht mehr.

Jetzt können wir die Rückwand farblich gestalten. Natürlich werden wir hierzu gedeckte Töne auswählen – grau oder bräunlich, auch einheitlich schwarz wirkt sehr gut. Wasserunlösliche Dispersionsfarben eignen sich hierfür am besten. Sie sind nach etwa 24 Stunden getrocknet und für Tiere und Pflanzen unschädlich.

Bevor wir jetzt Wasser in unser Becken füllen, müssen wir die Styropor-Rückwand sicher verkeilen. Und nun kommt der Nachteil dieser ansonsten sehr empfehlenswerten Methode:

Bild 16. Innenrückwand aus Styropor (Seitenansicht, Schnittbild). Die Rückwand wird unter den Beckenoberrahmen geklemmt und unten mit Steinen verkeilt. Sie bewächst leicht mit Javamoos und Javafarn. Der Bodengrund wurde nach dem auf S. 41 beschriebenen Verfahren hergerichtet.

Kies   **Steine**   **Styroporwand**

Styropor hat einen gewaltigen Auftrieb! Dies ist ein Grund, bei der Dicke der Platten auch nicht zu übertreiben. Styropor eignet sich also in der Hauptsache nur für Aquarien, unter deren Oberrahmen wir die Rückwand klemmen können. Auch größere geklebte Glasaquarien haben eine Mittelstrebe oder zumindest Seitenverstrebungen, unter denen wir die Rückwand anbringen können. Wenn die Rückwand an der Bodenscheibe gut abschließt, brauchen wir sie hier nicht zusätzlich zu befestigen. Wir müssen auf jeden Fall den Bodengrund so reichlich bemessen – und ggf. noch ein oder zwei Steine gegen die Rückwand lehnen –, daß die Wand von unten her nicht seitlich weggedrückt werden kann. Aber noch einmal: Wir unterschätzen leicht die Kraft, mit der eine Styropor-Rückwand nach oben strebt! Um dafür ein Gefühl zu bekommen, sollten wir das Aquarium mit verankerter Rückwand und Bodengrund zunächst probeweise mit Wasser füllen – bevor wir Pflanzen und Tiere einset-

zen! Sollten wir uns wirklich verrechnet haben, ist der Schaden dann nicht so groß. Wem diese Gestaltungsmethode gefällt, die Risiken einer Styropor-Innenwand aber zu groß erscheinen, der kann sich natürlich nach dieser Methode auch eine Außenrückwand gestalten.

Wir richten das Aquarium ein

Bekanntlich führen viele Wege zum Erfolg, und mancher Kenner mag im einzelnen vielleicht nach einem etwas anderen als dem hier gezeigten Schema vorgehen. Ich verstehe dieses Kapitel als eine Handreichung für denjenigen, der keine oder nur wenig Erfahrung beim Einrichten eines Aquariums hat. Ihm sollten die folgenden Hinweise helfen, mit möglichst wenig Aufwand zu einem schönen und funktionierenden Aquarium zu kommen.
Beim Einrichten eines Aquariums sind einige grundsätzliche Regeln zu berücksichtigen. Auch sollte bei den Arbeiten sinnvollerweise eine ganz bestimmte Reihenfolge eingehalten werden. Darüber hinaus ist es bei der Dekoration zu empfehlen, einige Grundsätze der Ästhetik zu beachten.
Wer sich zum ersten Mal ein größeres Aquarium einrichtet, sollte die Mühe nicht scheuen, sich vor dem Beginn der Arbeiten eine **Grundrißskizze** seines Aquariums zu machen. In diese Skizze trägt er ein, wie er seine Dekorationsmittel anordnen will. (Hierzu gehört auch, sich Gedanken über die Anordnung der Pflanzen zu machen; s. Seite 57.) Auch und gerade ausgekochte Profis verzichten bei sehr großen Aquarien nicht darauf, vor dem eigentlichen Arbeitsbeginn skizzenhaft ihre Inneneinrichtung zu planen.
Die **Wahl des richtigen Standortes** für unser Aquarium haben wir ja schon auf Seite 12 besprochen.
Als nächstes müssen wir uns eine **Unterlage** aus Styropor oder Filz besorgen, die wir auf die Bodenmaße unseres Beckens zurechtschneiden.
Falls wir eine **Unterbodenflächenheizung** haben, kommt sie jetzt auf die Unterlage. Wir dürfen die Heizung aber erst einschalten, wenn das Aquarium mit Wasser gefüllt ist! Nun stellen wir unser **Einrichtungs- und Dekorations-**

material zusammen: Bodengrund, Wurzeln, Steine, Rinde und Pflanzen. Dann beginnt das große Schrubben – am besten unter fließendem Wasser: Zunächst wird das Aquarium so gründlich wie möglich gereinigt. Eine Desinfektion ist normalerweise nicht nötig. Eventuell vorhandene Algen und Kalkränder entfernen wir am besten mit einer scharfen Rasierklinge. Kalkränder können auch mit einem essiggetränkten Lappen abgerieben werden. Wurzeln und Steine müssen unter fließendem Wasser gründlich gebürstet und von Schmutz und Algen befreit werden.

Jetzt passen wir die **Innenrückwand** ein. Sie muß genau sitzen, damit später keine Fische zwischen Wand und Scheibe geraten und sich dort einklemmen können. Sollten wir eine **Außenrückwand** vorziehen, so wird diese am besten auch jetzt schon angebracht.

Als nächstes kommen die **Steine** ins Aquarium. Das hat zwei Gründe: Die großen Steine sollen als Dekoration seitlich oder im Hintergrund stehen. Damit sie nicht unterwühlt und zum Umstürzen gebracht werden können, legen oder stellen wir sie direkt auf die Bodenscheibe des Aquariums (Vorsicht aber bei Flächenheizern. Vgl. S. 16). Wer aus mehreren Steinen ganze Höhlen bauen will, kann die Steine untereinander mit Silikonkautschuk verbinden. Das hält sehr fest, ist bei umsichtiger Arbeit später nicht mehr zu sehen, und wir können gewiß sein, daß unser Werk ständig stabil bleibt. Derartige Höhlen sollten aber schon einige Tage vor dem eigentlichen Aquarien-Einrichten geklebt werden, denn sie brauchen Zeit, um an der Luft auszuhärten.

Manche Aquarianer verteilen jetzt auf dem Aquarienboden **kleinere Steine.** Sie sollen nur mittelbar der Dekoration dienen, indem sie verhindern, daß der Bodengrund nach kürzester Zeit durch die Tätigkeit wühlender Turmdeckelschnecken eingeebnet wird. Auch wenn wir keine richtigen Terrassen bauen wollen, ist es schöner, wenn das Becken nach hinten ansteigt. Wenn wir ausreichend Steine einbringen, deren Höhe etwa der Stärke des späteren Bodengrundes entspricht, erhalten wir Miniterrassen, die später kaum auffallen, die aber das Bodengefälle stabilisieren helfen.

Nun zum **Bodengrund:** Für die meisten Aquarianer dürfte es sich erübrigen, vor dem in manchen Zoogeschäften erhältlichen farbigen Zierkies zu warnen. Sie werden gegen Geschmacksverirrungen wie rotem, grünem oder blauem Bodengrund gefeit sein. – Viele Händler bieten schon vorgewaschenen Naturkies in der richtigen Körnung und verschiedenen Färbungen an (am besten ist dunkler Kies mit 1–5 mm Korndurchmesser). Wer es billiger haben will, holt sich den Kies aus dem Baustoffhandel oder direkt aus der Natur. Allerdings muß er dafür zumeist viel Zeit ins Kieswaschen investieren! Das Kieswaschen stellt unsere Geduld manchmal auf eine harte Probe. Auch der vorgewaschene Kies muß noch einmal gewaschen werden!

Bild 17. *Cryptocoryne ciliata* ist eine der größeren Wasserkelche, die man in kleinen Gruppen pflanzen sollte. Im Hintergrund auf dem Stein wächst Javafarn *(Microsorium pteropus)*. Aufnahme Vierke

Im Sommer wäscht man den Kies am besten im Garten – so man einen hat! – andernfalls muß eben die Badewanne herhalten. Wir füllen den Kies zum Waschen in kleinen Portionen in eine Schüssel oder einen Eimer und sprudeln ihn mit einem kräftigen Wasserstrahl durch. Ersatzweise nimmt man zum Durchwühlen des Bodengrundes einen alten Holzlöffel oder die Hand. Das über dem Kies stehende Wasser wird abgegossen und der ganze Vorgang wiederholt, bis das Wasser schließlich klar bleibt. Die ersten ein oder zwei Schüsseln Kies, die wir ins Aquarium geben, brauchen nicht ganz so gründlich ausgewaschen zu sein, es ist sogar durchaus erwünscht, wenn da noch etwas Lehm im Boden ist – er kommt dem Wachstum der Pflanzen zugute!

Dieser grob gewaschene Kies sollte aber mit einer dicken Schicht bestens gewaschenen Bodens überdeckt werden.

Wir füllen den Boden an der Frontscheibe bis etwas über die Höhe des Unterrahmens auf; bei rahmenlosen Becken gehen wir auf etwa 5 cm Höhe. Nach hinten zu kann der Boden ruhig auf 15 cm ansteigen. – Zumeist unterschätzt man den Kiesbedarf: Für ein 100-Liter-Aquarium muß man 15 l, für ein 300-Liter-Aquarium sogar 60 l Kies rechnen!

Jetzt bringen wir die **technischen Installationen** an: Heizung (sofern wir keine Flächenheizung haben), Regler, Filter. Die Geräte werden aber jetzt noch nicht in Betrieb genommen!

Die Heizung bringen wir mit Saugnäpfen waagerecht direkt über dem Boden an einer Seiten- oder Rückwand an. Da ein Heizer nicht gerade ein Schmuckstück ist, versuchen wir, ihn mit einem entsprechend dimensionierten Stein oder einer Wurzel zu tarnen. Ganz entsprechend verfahren wir mit unserem Temperaturregler, den wir möglichst im Bereich der Rückwand, in der dem Heizer am weitesten entfernten Ecke unterbringen.

Bei der Ausstattung des Beckens mit Steinen und Wurzeln ist bereits die geplante Bepflanzung zu berücksichtigen. Ein zu gleichmäßiger Aufbau ist aus ästhetischen Gründen zu vermeiden. Große Steine, auffallende Wurzeln sollten niemals genau in der Mitte des Aquariums liegen, sondern nach den Regeln des Goldenen Schnitts seitlich verlagert oder direkt an den Seiten plaziert werden. Bei den Steinen gilt es, eine zu starke Ansammlung verschiedener Steinsorten zu vermeiden. Unser Aquarium soll keine geologische Vitrine werden! Am besten bleibt man bei nur einer Gesteinsorte!

Mit dem Bepflanzen lassen wir uns Zeit. Wir könnten zwar jetzt schon einpflanzen, aber wir würden dann sehr rasch die Übersicht verlieren. Besser ist es, wir füllen zunächst 1/3–1/4 Wasser ein. – Wir müssen das **Wasser** sehr vorsichtig **einfüllen,** damit möglichst wenig vom Bodengrund aufgewirbelt wird. Dazu legen wir den Boden zunächst mit Zeitungspapier aus und leiten dann den Wasserstrahl aus nicht zu großer Höhe auf die Zeitung oder in eine kleinere Schüssel, die wir auf die Zeitung gestellt haben. Das Wassereinfüllen erfolgt mit dem Wassereimer oder mit einem langen Wasserschlauch, den wir mit einer Normverschraubung im Badezimmer angeschlossen haben. Wir achten darauf, daß das Wasser schon beim Einfüllen möglichst temperiert ist. Hüten Sie sich auf jeden Fall davor, zu kaltes Wasser nachträglich durch ein paar Liter kochendes Wasser aufzuwärmen – die Gefahr, daß dann ihre Aquarienscheibe zerspringt, ist beträchtlich!

Wenn wir das Wasser zu etwa einem Drittel eingefüllt haben, unterbrechen wir. Jetzt wird gepflanzt. Auf Seite 56 habe ich darauf hingewiesen, daß wir bei der **Erstbepflanzung** in Bezug auf die Menge des eingebrachten Pflanzenmaterials des Guten nicht zuviel tun können. Sinnvollerweise wird man zunächst vorwiegend schnellwachsende, billige Pflanzen nehmen: Vallisnerien, Wasserpest, Wasserfreund, Ludwigien. Wenn das Aquarium nach 3–4 Monaten „eingefahren" ist, können wir die Pflanzen nach und nach durch langsamer wachsende und wertvollere Pflanzen ersetzen. Zunächst ordnen wir die Pflanzen artweise. Beim Pflanzen beachten wir unseren Pflanzplan und die im folgenden angegebenen Grundsätze. Wir sollten die Pflanzen – von einigen besonders schönen Schwerpunktpflanzen abgesehen – immer gruppenweise einsetzen. Die Stengelpflanzen werden ggf. unten abgeschnitten, wenn sie dort ihre Blätter schon verloren haben. Auf Wurzeln brauchen wir nicht Rücksicht zu nehmen; sie treiben in

Bild 18. Stengelpflanzen werden nicht einfach in den Boden gedrückt (a)! Man setzt sie in ein vorgebohrtes Pflanzloch ein (b), das dann seitlich angedrückt wird. Wurzeln und Blätter sollen beim Pflanzen nicht in den Boden kommen.

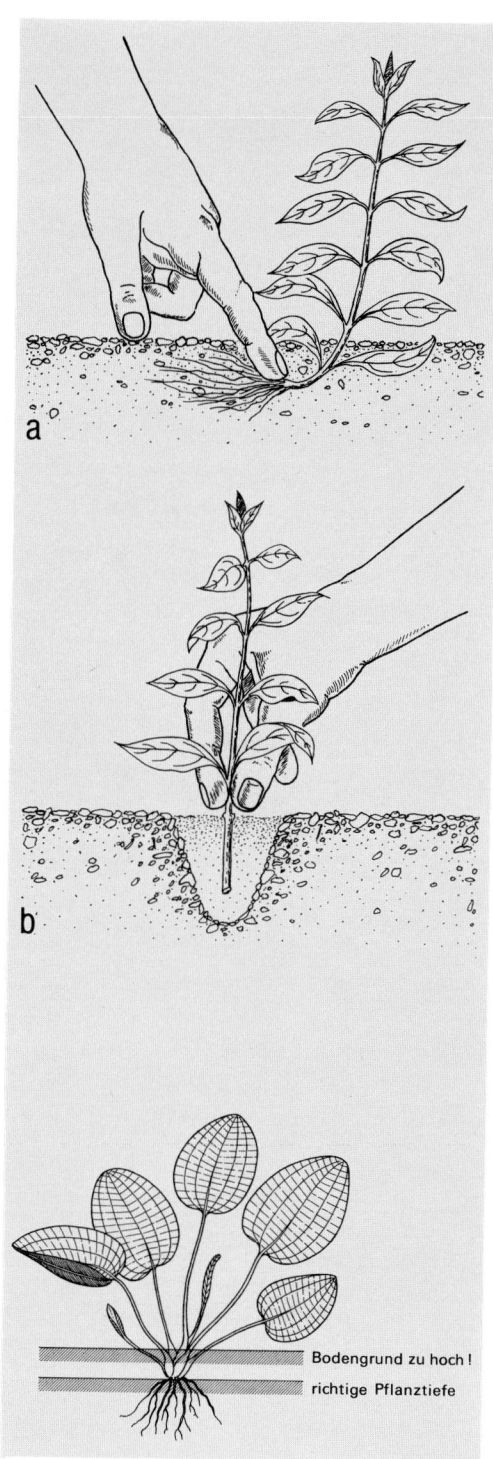

Kürze neu aus. Beim Einsetzen der Stengelpflanzen wird oft ein Fehler begangen, der zum Faulen der unteren Stengelteile führt: Wir sollten uns hüten, den Stengel einfach mit dem Finger in den Bodengrund zu drücken! Dabei werden die weichen, großporigen Stengelteile regelrecht zerquetscht. Stattdessen drücken wir mit dem Finger ein Loch in den Boden, in das wir den Steckling stellen. Anschließend wird die Erde seitlich herangeschoben.
Auch wenn wir die Pflanzen in Gruppen stellen, sollten wir immer nur einen Steckling pro Pflanzloch einsetzen. Der Abstand von einem Trieb zum Nachbartrieb sollte mindestens die doppelte Blattlänge betragen. Bei zu dichtem Stand erhalten die unteren Blätter zu wenig Licht und sterben ab.
Grundständige Pflanzen müssen wir anders behandeln. Ihre – wie bei den Cryptocorynen – teilweise gut ausgebildeten Wurzelstöcke lassen wir ungeschoren. Sie enthalten Nährstoffe, die den Pflanzen helfen, die kritische Zeit des Anwachsens gut zu überstehen. Dagegen sind die Wurzeln selbst, vor allem bei engwurzelnden Pflanzen, eher schädlich als nützlich. Sie sterben nach dem Einsetzen der Pflanzen ab, neue Wurzeln werden gebildet. Zu viele und zu lange Wurzeln können bei frischeingesetzten Pflanzen zu Faulen beginnen und die Bildung neuer Wurzeln beeinträchtigen. Daher kürzen wir die Wurzeln grundsätzlich auf etwa ein Drittel ihrer ursprünglichen Länge zurück. Die verbleibenden Wurzelreste brauchen wir, um die Pflanze im Bodengrund zu verankern. Außerdem kann auch ihnen die Pflanze noch Nährstoffe entziehen, die sie zum Aufbau neuer Substanz braucht.
Auf keinen Fall dürfen wir die grundständigen Pflanzen zu tief in den Bodengrund einsetzen. Der Vegetationskegel, das sogenannte Herz

Bodengrund zu hoch!
richtige Pflanztiefe

Bild 19. Grundständige Pflanzen dürfen nicht zu tief in den Boden gepflanzt werden. Die Wurzelansatzstellen sollten nur gerade noch bedeckt sein.

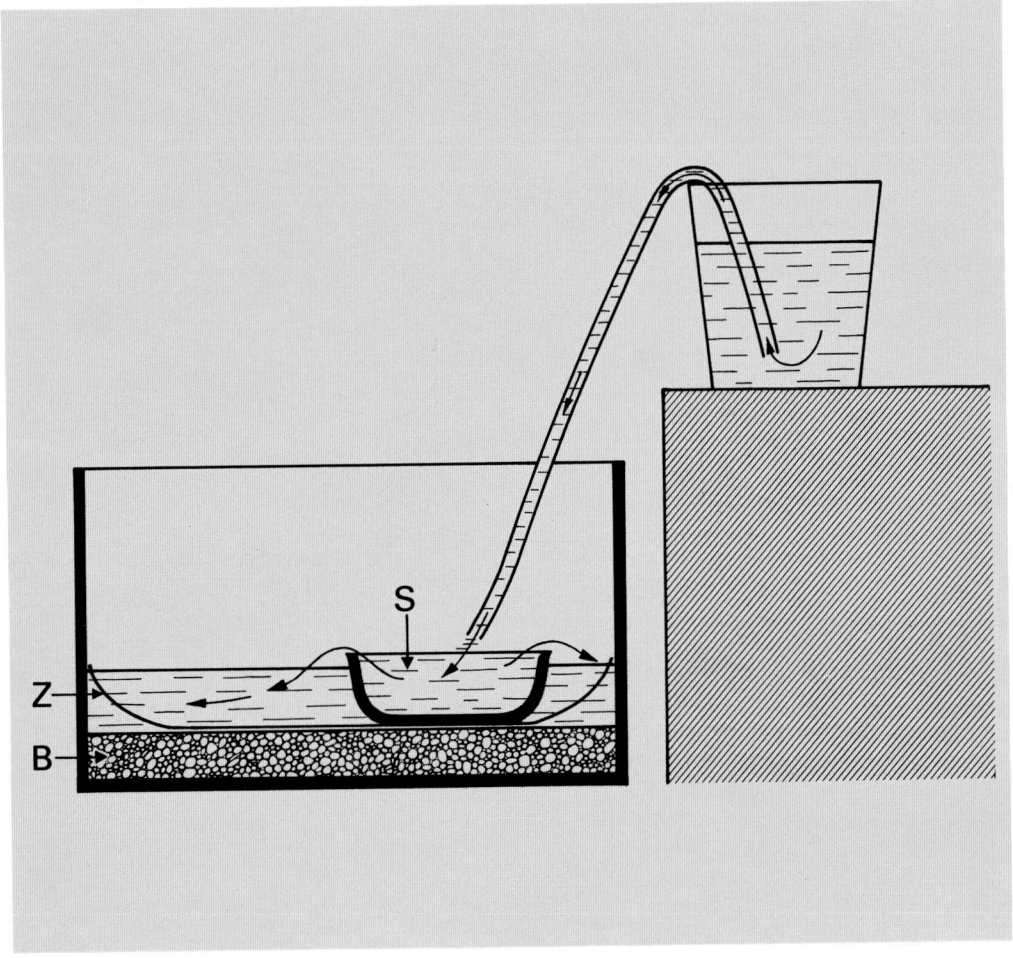

Bild 20. Wassereinfüllen aus einem erhöht stehenden Eimer. Damit der Bodengrund (B) nicht zu stark aufgewühlt wird, haben wir ihn mit einer Zeitung (Z) abgedeckt und leiten den Wasserstrahl zunächst in eine Schüssel (S).

der Pflanze, muß immer aus dem Boden herausschauen! Daher sollte die Pflanze nur gerade bis zum Ansatz der Wurzeln in den Boden gebracht werden.

Wenn alle Pflanzen im Aquarium ihren Platz gefunden haben und das Wasser einigermaßen klar geblieben ist, bedecken wir die Wasseroberfläche wieder mit 2–3 Lagen Zeitungspapier und füllen das Wasser bei Rahmenaquarien bis zum Unterrand des Oberrahmens, bei rahmenlosen Aquarien bis etwa 3–5 cm unter die Oberkante des Beckens. Eine anfängliche leichte Trübung des Wassers legt sich nach wenigen Tagen; die sich an den Scheiben absetzenden Gasblasen verschwinden noch schneller.

Sollte die **Trübung des Wassers** nach dem Einpflanzen oder nach dem letzten Auffüllen allerdings sehr unangenehm sein, sollten wir das Wasser gleich vollständig austauschen. Wir nehmen einen Wasserschlauch – ein unentbehrliches Hilfsmittel beim Wasserwechsel – den wir mit dem einen Ende ins Aquarienwasser tauchen und saugen am anderen Ende das Wasser an bis es nach dem Saugheberprinzip von selbst läuft. (Dieses Prinzip funktioniert

44

jedoch nur, wenn das Auslaufende tiefer liegt als der Wasserspiegel.) Das Wasser leiten wir in einen Eimer oder – wenn der Schlauch lang genug ist – direkt in den Abfluß. Wenn wir das Austauschwasser nach der eingangs erwähnten Methode ganz vorsichtig einlassen, müßte jetzt das Wasser schön klar sein.

Nach dem Wassereinfüllen liegen die Pflanzen meist noch wie Kraut und Rüben durcheinander. Mit Hilfe der Hand oder mit einem Holzstöckchen bringen wir sie in die gewünschte Lage. Jetzt werden auch die eventuell beim Einfüllen aus dem Bodengrund gerissenen Pflanzen wieder eingepflanzt.

Nun können wir das Thermometer anbringen, unsere Abdeckung mit der Beleuchtung aufsetzen, Licht, Heizung und weitere eventuell vorhandene Geräte anschließen – nur eins sollten wir nicht tun: sofort Fische einsetzen!

Am vernünftigsten ist es, das Aquarium die ersten 3 oder 4 Tage bei nur mäßiger Beleuchtung (!) völlig ohne Fischbesatz zu lassen. Wer die Fische sofort einsetzt, riskiert, daß die Tiere durch die sogenannte Gasblasenkrankheit oder durch Chlorvergiftung geschädigt werden – gelegentlich sterben sie sogar an diesen Schädigungen! Darüberhinaus begünstigen die Fische in den ersten Tagen einen eventuell aufkommenden Blaualgenbefall. Sie behindern die Pflanzen vielfach am ungestörten Einwurzeln (das gilt gerade für die nach einer Woche als Blaualgenbekämpfer hochwillkommenen Putzer) und sorgen durch ihre Ausscheidungen und eventuell liegengebliebenes Futter für eine Aufdüngung des Wassers.

Für das frischeingerichtete Aquarium ist es in den ersten Tagen wichtig, die Lichtmenge zunächst auf den halben Wert oder noch weniger zu drosseln. Seien wir uns bewußt, daß die Pflanzen zunächst neue Wurzeln bilden müssen – diese Phase dauert je nach Pflanzenart 2–10 Tage. In dieser Zeit leben die Pflanzen großenteils von ihrer Substanz – Licht für Photosynthese ist jetzt nicht wichtig. Anders dagegen reagieren die Grün- und Blaualgen, die in geringer Zahl immer vorhanden sind: Sie könnten bei sofortiger heller Beleuchtung gewissermaßen aus dem Stand zu einer Massenvermehrung einsetzen. Gegen die Konkurrenz zahlreicher, gut eingewurzelter höherer Pflan-

zen dagegen kommen sie ungleich schwerer an. Aus diesem Grund also sollte unser Aquarium die ersten 4 Tage mit deutlich gebremster Lichtleistung fahren – bis sich der Großteil der Pflanzen eingewurzelt hat! Auch eine Anfangsdüngung wäre in jedem Fall nachteilig – sie käme zunächst nur den Algen zugute! Überhaupt sollte man beim Düngen des Guten lieber zuwenig als zuviel tun!

Wenn das Becken nach etwa 4 Tagen sein volles Licht bekommt und die Fische eingesetzt werden, bleibe man bei dem Grundsatz: zunächst möglichst wenig umpflanzen! Am besten läßt man das Becken so weit wie irgend möglich in Ruhe. Nur wenn sich an den hellen Stellen ein schmierig-grüner oder blaugrüner Belag bildet, muß man diesem etwas zu Leibe gehen. Diese Blaualgen jedoch sind mechanisch letzlich nur unbefriedigend zu bekämpfen. Wenn unser Aquarium richtig eingefahren ist – das kann 3 Monate dauern – verschwinden sie von selbst.

Wie ich schon mehrfach beschrieben habe, versteht man unter einem „eingefahrenen Aquarium" eine Lebensgemeinschaft, die vor allem auf Grund eines gesunden Pflanzenwachstums und einer ausgewogenen Bakterienflora gut funktioniert. Wer dieses Ziel nicht erreicht, wird keine Freude an seinem Aquarium haben. So mancher Exaquarianer hat sein Aquarium verbannt, weil er zu ungeduldig war, das Aquarium beim ersten Auftreten von Blaualgen wieder ausräumte, den Boden wusch und desinfizierte – kurz, weil er keine Bodenbakterien großkommen ließ. Andere, die viel Geld für Fische ausgegeben hatten, sparten an einer genügend dichten Erstbepflanzung nach dem Motto: Die Ableger werden schon kommen! Diese Methode funktioniert gelegentlich – aber nicht immer.

Um möglichst schnell zu einer funktionierenden Bakterienflora zu kommen, sollte man möglichst bei der Neueinrichtung eines Aquariums einen Teil des nur vom gröbsten Schmutz unter kühlem oder temperiertem Wasser gereinigten Bodengrundes aus einem bereits eingefahrenen Aquarium übernehmen! Mit einem derartigen „Bakterienzuchtansatz" wurden schon die besten Erfahrungen gemacht. Im Ersatzfall kann man sich aber auch mit Gartenerde behelfen (s. Seite 21).

Die regelmäßige Wartung

Die Arbeit, die ein Aquarium seinem Besitzer bereitet, wurde und wird immer wieder überschätzt! Oftmals aber gedeihen gerade die Aquarien nicht, an denen zuviel herumgearbeitet wird. Ich weiß von einem Aquarianer, den die nimmermüde Werbung dazu verführt hatte, sich unter großem finanziellen Aufwand ein superperfektes Aquarium einzurichten, mit allen technischen Raffinessen: Filter, CO_2-Diffusor, Spezialbodengrund. Die Pflanzen wurden gedüngt, ständig wurde der Wasserchemismus auf die verschiedensten Faktoren überprüft und neu einreguliert. Glücklich wurde er mit seinem Aquarium jedoch nicht: Die Pflanzen wollten nicht wachsen, die Fische nicht gedeihen. Erst als er kurzfristig beruflich für einige Wochen von seinem Aquarium getrennt wurde, als seine Frau nur das Allernotwendigste am Aquarium tat und dieser Aquarianer nun meinte, Algen, Krankheiten und Wasserverschmutzung würden endgültig überhandnehmen, konnte sein Aquarium ins Gleichgewicht kommen. Das Wasser blieb klar, die Pflanzen zeigten kräftigen Wuchs, die Fische bekamen gute Farben.

Ich will mit dieser Schilderung nun keineswegs den Eindruck erwecken, als sei jede Arbeit am eingerichteten Aquarium schädlich, als seien die technischen Hilfsmittel und Wasserkontrollen in jedem Falle unnötig. Das wäre natürlich Unsinn! Ich will hier nur vor allzu großem Übereifer warnen. Die Gefahr, daß ein Aquarianer sein eingerichtetes Becken vernachlässigt, ist erfahrungsgemäß geringer, als daß er es zu Tode pflegt!

Wichtiger als alles Herumarbeiten am Aquarium ist für das Gedeihen des ganzen Systems zunächst einmal das geduldige Beobachten vor dem Becken. Man sollte sich ruhig bewußt werden, daß hierzu eine Einstellung nötig ist, die eigentlich unserer Leistungsgesellschaft entgegensteht. In unserer Gesellschaft ist der „Macher" gefragt, nicht der distanzierte, ruhige Beobachter. Gerade aber das ruhige Beobachten macht den Sinn unserer Aquarienliebhaberei aus: Es ermöglicht uns, vom Berufsalltag auszuspannen.

So gesehen, ist dieser Teil unseres Hobbys, das tägliche Beobachten unserer Pfleglinge, keine Arbeit – auch wenn dies zur regelmäßigen Wartung gehört. Wir sollten uns die täglichen 10 oder 15 Minuten ruhigen Sitzens vor dem Aquarium nicht nehmen lassen – dafür haben wir es schließlich! Zumeist werden wir uns unseren Fischen abends widmen oder am Nachmittag, wenn wir von der Arbeit kommen. Bei dieser Gelegenheit geben wir ihnen Futter und beobachten, wie sie sich dabei benehmen. So lernen wir unsere Tiere bald kennen und haben die Möglichkeit, beim Auftreten von außergewöhnlichem Verhalten und Aussehen einzugreifen.

Das tägliche Warten und Füttern

Zur Wartung unseres Aquariums gehören tägliche und monatliche Arbeiten.

Von eigentlicher „Arbeit" ist speziell bei der täglichen Wartung natürlich keine Rede. Sie wird beim täglichen Beobachten gewissermaßen von selbst erledigt.

Achten Sie bei der täglichen Kontrolle auf drei Dinge: die Wassertemperatur, die Beleuchtung und auf das Verhalten und das Aussehen der Fische bei der Fütterung. Es ist klar, daß Sie nebenher auch noch manches andere entdecken, z.B. bei den Pflanzen. Unsere Aktivitäten sollten wir hier aber bewußt zurückhalten und keinesfalls täglich an den Pflanzen herumdoktern.

Die Kontrolle der Wassertemperatur und der Beleuchtung ist denkbar einfach und erfolgt sozusagen nebenher, wenn man für die Heizung einen Thermostaten, also einen Temperaturregler hat und für die Lichtanlage ein Gerät, das das Licht automatisch schaltet. Auf die Anschaffung dieser beiden Geräte sollte man auf Dauer nicht verzichten. Dennoch sollten wir beim Heizer täglich seine Funktion überprüfen – ein Blick auf das Aquarienthermometer genügt!

Wer keine Lichtautomatik besitzt, muß täglich die Beleuchtung ein- und ausschalten, wenn möglich immer etwa zur gleichen Zeit. Die Pflanzen brauchen mindestens 12 Stunden täglich Licht. Viele dürfen aber auch nicht länger als 14 Stunden beleuchtet werden, einige Pflanzen nehmen das übel.

Praktischerweise werden wir die tägliche Beobachtung unserer Fische mit der Fütterung verbinden. Gerade dann können wir am ehesten Abnormitäten im Verhalten unserer Tiere feststellen. Fische, die sich unwohl fühlen, sind apathisch und verweigern oft das Futter. Schon aus diesem Grunde sollten wir uns keine automatische Fütterungsanlage zulegen – abgesehen davon macht es auch Spaß, den Fischen beim Fressen zuzusehen. Auf die Futtersorten komme ich später noch ausführlich zu sprechen. Hier sei nur so viel gesagt, daß wir möglichst doch gelegentlich (zumindest an hohen Festtagen!) unseren Fischen auch Lebendfutter geben sollten.

Bei der Fütterung werden leicht Fehler gemacht. In den allermeisten Fällen wird vom Anfänger viel zuviel Futter ins Wasser gegeben. Dies gilt vor allem für Trocken- und Gefrierfutter. Letzteres sollte übrigens immer gut aufgetaut gereicht werden!

Machen wir es uns zur Regel, nie mehr Futter zu verabreichen, als in 5 Minuten gefressen wird! Wenn wir einmal das Gefühl haben, daß unsere Fische wirklich zu wenig bekommen haben, können wir ihnen ohne Zögern eine und eventuell nach weiteren 5 Minuten noch eine weitere kleine Portion nachreichen. Wir

Bild 21. Lebendgebärende Zahnkarpfen und Schmucksalmler bei der Fütterung. Aufnahme Kahl

werden so bald ein Gefühl für die richtige Futtermenge bekommen. Auf keinen Fall dürfen Futterreste nach der Fütterung längere Zeit am Aquariengrund herumliegen. Sie verwesen und verderben das Wasser. – Der Anfänger hat zuerst fast immer Mitleid mit den „hungrigen" Fischen, die ständig um Futter „betteln". Er kann ihnen auch mehrmals am Tag Futterportionen geben, wenn er sich nur an die 5-Minuten-Regel hält!

Auch wenn unsere Fische uns ständig hungrig erscheinen – ein Fastentag in der Woche tut ihnen nur gut! Auch in der freien Natur ist der Tisch für tropische Fische nicht zu jeder Zeit gut gedeckt. Tatsächlich ist einer der wesentlichen Gründe für den vorzeitigen Tod vieler Aquarienfische die Verfettung!

Bei Veränderungen im Aussehen oder im Verhalten der Fische müssen wir uns natürlich Gedanken machen. Fische, die Flossenschäden oder Hautverletzungen haben, werden sicherlich von Artgenossen und anderen Fischen bedrängt. Hier heißt es zunächst beobachten, bis der Störenfried gefunden ist. Dann müssen wir abwägen, ob wir es riskieren wollen, die Angelegenheit zunächst auf sich beruhen zu lassen; oder ob wir die betreffenden Tiere trennen müssen.

Eine der am häufigsten auftretenden Veränderungen sind kleine weiße Pünktchen auf den Flossen und auf der Haut der Fische. Es handelt sich hierbei um die im Aquarium am häufigsten auftretende Fischkrankheit, den *Ichthyophthirius* – beim Aquarianer oft kurz „Ichthyo" oder Pünktchenkrankheit genannt. Diese Krankheit wird von kleinen, einzelligen Parasiten hervorgerufen und ist bei umgehender Bekämpfung völlig ungefährlich.

Entsprechendes gilt für *Oodinium*, noch kleinere Parasiten, die auf der Fischhaut vielfach nur wie ein weißer, feiner Samtbelag erscheinen. Beim ersten Auftreten der Symptome sollte man eines der im Handel erhältlichen Medikamente gegen *Ichthyophthirius* einsetzen (Gebrauchsanweisung genau beachten!). Die Behandlung erfolgt im Aquarium, da zumeist alle Fische infiziert sind – auch wenn man noch nicht überall die Symptome erkennen kann. – Wer die ersten Anzeichen der Krankheit übersieht, kann leicht seinen ganzen Fischbestand einbüßen!

Fische mit undefinierbaren Krankheiten müssen isoliert, d. h. in ein eigenes Becken umgesetzt werden. Nur so können wir einer übermäßigen Weiterverbreitung der Krankheit vorbeugen. – Tote und sterbende Fische müssen sofort aus dem Aquarium herausgeholt werden, da sie einerseits das Wasser mit Schadstoffen anreichern, andererseits noch andere Fische anstecken könnten.

Die monatliche Wartung

Neben der täglichen Wartung sind in größeren Zeitabständen weitere Wartungsarbeiten fällig. Es erweist sich als günstig, sich für diese Arbeiten und Kontrollen an einen regelmäßigen Turnus zu gewöhnen.

Ich halte es für ausreichend, einmal monatlich die Ärmel hochzukrempeln und sich an den Teilwasserwechsel und die Aquarienreinigung zu machen. Nur bei sehr empfindlichen Fischen nehme ich alle 2 Wochen einen Teilwasserwechsel vor. (In Aufzuchtbecken sind sogar mindestens einwöchige Wartungsabstände nötig.)

Zur monatlichen Wartung gehören:

> Reinigung der Aquarienscheiben
> Erneuerung von etwa
> $1/4 - 1/3$ des Aquarienwassers
> Mulmabsaugen
> Auslichten der Pflanzen
> Filterreinigung

Das scheint zunächst eine große Liste zu sein, jedoch ist einiges hiervon mit wenigen Handgriffen getan. Nach einiger Zeit hat man eine gewisse Routine erworben und wird für ein mittelgroßes Aquarium nur etwa eine halbe Stunde benötigen.

Wir fangen am besten mit dem **Teilwasserwechsel** an. Bevor wir aber irgend etwas am Aquarium beginnen, werden die Heizung, ggf. auch Filter und andere technische Geräte ausgeschaltet. Wenn es unsere Aquarienanlage ermöglicht, arbeiten wir am besten bei eingeschalteter Beleuchtungsanlage. Das wird jedoch in vielen Fällen nicht gefahrlos möglich sein. Bevor wir uns da durch provisorische Lampenbefestigungen unkalkulierbaren Risiken aussetzen, sollten wir bei der Reinigung lieber mit weniger günstigen Lichtverhältnissen zufrieden sein. Eine ins Aquarium stürzende Leuchte bedeutet für uns Lebensgefahr!!

Für den Wasseraustausch benötigen wir einen Normschlauch (Durchmesser 1 cm), möglichst aus klar-durchsichtigem Plastikmaterial. Dieser Schlauch sollte mindestens 2 m lang, im Idealfall jedoch so lang sein, daß wir mit ihm das Badezimmer erreichen können. Dann kann man nämlich das richtig temperierte Wasser über einen Normanschluß direkt aus der Mischbatterie der Dusche entnehmen, bzw. das Aquarienwasser direkt in den Badewannen- oder WC-Abfluß einleiten. Sollten diese Möglichkeiten nicht bestehen, müssen wir uns eben mit Eimern behelfen.

Da wir nur einen Teilwasserwechsel vornehmen, erfolgt das Absaugen des Wassers und wieder Nachfüllen bei vollem Fisch- und Pflanzenbesatz.

Zum Wasserabsaugen kommt das eine Schlauchende in das Aquarium, das andere wird tiefer gehalten (s. Bild 22), und nun saugen wir kräftig mit dem Mund an. Anfangs gibt es hier sicher noch kleine Pannen – man bekommt Wasser in den Mund, Wasser wird verspritzt u.a. – bald aber wird man diese Methode nicht mehr missen wollen. (Wer sich scheut, das Wasser mit dem Mund anzusaugen, kann zuvor den Schlauch im Badezimmer mit Leitungswasser füllen und ihn – beide Enden zugehalten – in die beschriebene Position bringen.) Das Aquarium leert sich nun so lange von selbst, bis das obere Schlauchende aus dem Wasser herausgehoben wird.

Wir müssen den Absaugschlauch so in das Aquarium hineinhalten, daß das Absaugen jederzeit kurzfristig gestoppt werden kann. Dazu brauchen wir lediglich Daumen oder Zeigefinger vor die Schlauchöffnung zu drücken. So verhindern wir auch, daß vorwitzige Fische in den Schlauch geraten. Dies könnten wir natürlich auch durch Vorhalten eines Netzes oder durch ein am Schlauchende vorgesetztes Sieb (wie es für die Ansaugrohre von Außenfiltern angeboten wird) erreichen, dann aber wäre es

uns nicht möglich, bei unserer Arbeit gleich zwei Fliegen mit einer Klappe zu schlagen: Gleichzeitig mit dem Wasserabsaugen soll nämlich auch der Mulm, der sich am Boden angesammelt hat, entfernt werden. Hierzu bringen wir die Schlauchöffnung direkt über den Aquariengrund. Den Abstand regeln wir so, daß nur Mulm – möglichst kein Kies – angesaugt wird. Dieser Abstand ist natürlich von der Stärke der Strömung abhängig, die sich letztlich aus dem Schlauchdurchmesser und der Tiefe der Ausflußöffnung des Schlauches ergibt.

Diese sehr einfache Methode genügt üblicherweise, um den angefallenen **Mulm** zu **entfernen**. Ein „Bodenstaubsauger", wie er im Handel angeboten wird, ist dagegen in meinen Augen ein reines Spielzeug. Man kann es zwar als Vorteil ansehen, daß man ihn einsetzen kann, ohne gleichzeitig Wasser abzusaugen; gerade das aber halte ich für einen Nachteil: Hierdurch wird man verführt, den längst fälligen Wasserwechsel immer weiter hinauszuschie-

Bild 22. Den Teilwasserwechsel nehmen wir mit unserem Absaugschlauch bei volleingerichtetem Aquarium vor. Gleichzeitig mit dem abgezogenen Wasser wird der Mulm entfernt.

ben, da das Aquarium ja sauber zu sein scheint. Darüber hinaus stellt der „Bodenstaubsauger" für viele Leute eine ständige Versuchung dar, das Aquarium „in Schuß" zu halten. Beim kleinsten Mulmkörnchen wird schon gereinigt – möglichst jeden zweiten Tag! Daß diese ständigen Störungen sich für unsere Aquarien ungünstig auswirken können, habe ich ja an anderer Stelle schon erklärt!

Wer gröberen Kies als Bodengrund hat, kann sich eine „Saugglocke" (s. Bild 23) konstruieren. Sie besteht aus einem unserem Absaugschlauch vorgesetzten Plastikbecher. Die Verbindung Schlauch–Becher stellt man mit Hilfe eines mit Silikonkautschuk angeklebten Plastikstutzens her. Mit diesem Becher können wir während des Wasserabsaugens im Kiesboden wühlen und dabei den Mulm aufnehmen, ohne daß uns Kies in den Schlauch gelangt.

Dieses Verfahren eignet sich besonders gut für nicht oder nur wenig bepflanzte Großcichlidenbecken, die oft schnell verschmutzen.

Die günstigste Tiefe des Bechers hängt von der Stärke der erzeugten Strömung und der Größe

Bild 23. Eine selbstgebaute Saugglocke besteht aus einem Plastikbecher (man kann auch einen kleinen Blumentopf nehmen), einem mit Silikonkautschuk eingeklebten Plastikstutzen und einem passenden Absaugschlauch. Hiermit wird aus gröberen Kiesböden leicht der Mulm entfernt.

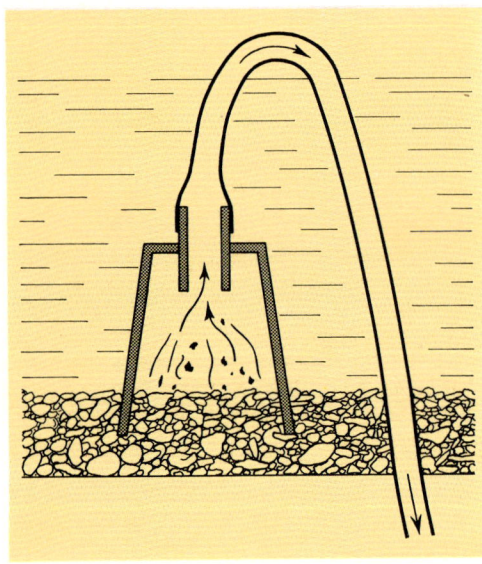

der Kieskörnchen ab. Hier muß das jeweils optimale Maß durch Versuche herausgefunden werden.

Nach dem Absaugen von einem Viertel bis einem Drittel des Wassers geht es an die **Reinigung der Scheiben**, solange diese noch feucht sind. Notfalls müssen wir die über Wasser befindlichen Teile zum Säubern kurz anfeuchten. Die über Wasser an der Scheibe wachsenden Algen kratzen wir mit unserem Scheibenreiniger vorsichtig ab, so daß möglichst wenig von ihnen in das Aquarium zurückfällt. Jeder Aquarianer hat hier seine eigenen Tricks. Einige ziehen es auch vor, die Scheiben bereits vor dem Wasserabsaugen zu reinigen und die heruntersinkenden Algen dann zusammen mit dem Mulm abzusaugen.

Wenn die Scheiben vom Algenbelag befreit sind, können wir wieder **frisches Wasser auffüllen**. Dazu breiten wir auf der Wasseroberfläche eine Zeitung aus und füllen das Aquarium wieder mit unserem Schlauch auf. Im günstigsten Fall können wir den Schlauch an die Mischbatterie im Badezimmer anschließen, so daß wir gleich das richtig temperierte Wasser nachfüllen können. Hierzu ist allerdings zumeist ein Partner notwendig, der zum gegebenen Zeitpunkt auf einen Zuruf hin den Wasserhahn schließt. Zwar könnten wir das Schlauchende auch mit Hilfe eines U-Rohres so an den Rand des Aquariums einhängen, daß es nicht verrutscht, aber wir sollten doch lieber ständig unsere Hand am Ausflußende des Schlauches haben, um zu überprüfen, ob das Wasser nicht doch zu warm oder zu kalt wird. Zugleich verhindern wir durch unsere in den Strahl gehaltene Hand, daß unsere Einrichtung durch den Wasserstrahl beschädigt wird. Zur Überprüfung der Temperatur ist beim Wassereinfüllen kein Thermometer nötig. Es genügt, wenn uns das Wärmeempfinden unserer Haut vor zu extremen Temperaturen warnt. Wenn das Aquarienwasser als Ergebnis unseres Teilwasserwechsels nachher 3 °C wärmer oder kälter als zuvor ist, braucht das nicht zu stören. Derartige Temperaturdifferenzen werden von allen Fischen vertragen – von vielen sogar als wohltuend empfunden. Unser Thermostat regelt die ursprüngliche Temperatur im Laufe der nächsten Stunden wieder selbsttätig ein.

Etwas aufwendiger, aber im Prinzip genauso, erfolgt das Wassereinfüllen mit Eimern. Es ist zumeist nicht gut, das lauwarme Wasser aus dem Eimer direkt ins Aquarium zu kippen, da hierdurch unsere Einrichtung zu stark beeinträchtigt werden kann. Auch hier verfährt man am besten wieder nach dem Saugheberprinzip. In diesem Fall muß der gefüllte Eimer mit dem Absaugrohr jedoch höher als das Aquarium stehen!

Vielleicht fragt sich der eine oder andere Aquarianer, ob nicht spätestens jetzt eine Messung der Nitrat- und pH-Werte, ein Härtetest oder eine CO₂-Kontrolle notwendig wird. Wenn das Wasser vorher nicht manipuliert wurde, z. B. durch Säurezugabe, ist das im Normalfall nicht notwendig. Diese Kontrollen sind zwar für die Besitzer von Gesellschaftsbecken gelegentlich ganz interessant – vor allem aber für die Hersteller dieser Chemikalien! – im Grunde sind sie aber nur eine Spielerei. Damit soll nicht verschwiegen werden, daß viele dieser Reagenzien für Fischzüchter, für ökologisch und wasserchemisch besonders Interessierte und für die wenigen Aquarianer, die in Gebieten mit sehr hartem Leitungswasser leben, notwendig sind! Das aber sind nicht die Durchschnittsaquarianer, für die dieses Kapitel gedacht ist. Diesen Aquarianern sei gesagt, daß es gerade der Sinn des regelmäßigen Wasserwechsels ist, die Wasserqualität ständig innerhalb der den Fischen zuträglichen Grenzen zu halten. Damit erübrigt sich aber die Überprüfung der Wasserwerte. Der Teilwasserwechsel bei nicht allzu hartem Ausgangswasser ermöglicht es, die Wasserhärte niedrig zu halten. Noch wichtiger allerdings ist der Wasserwechsel zum Niedrighalten des Nitratwertes. Diese und andere ständig anfallenden Stickstoffverbindungen sind auf jeden Fall schädlich und müssen durch den Teilwasserwechsel ständig ausgedünnt werden.

Zumeist kann das Leitungswasser, so wie es aus dem Wasserhahn fließt, in das Aquarium eingeleitet werden – vorausgesetzt, die Temperatur ist richtig eingestellt. Stark gechlortes Wasser sollte man allerdings erst einige Stunden abstehen lassen (z. B. in der Badewanne) – in dieser Zeit verflüchtigt sich das Chlor. Wir können diesen Vorgang durch Durchlüften des Wassers auch noch beschleunigen. – Bei alt-

eingerichteten Aquarien ist es gelegentlich angebracht, dem Wasser nach Gebrauchsanweisung noch Wasserpflanzendünger zuzugeben (vor allem Cryptocorynen sprechen darauf günstig an).

Es gehört zur monatlichen Wartung, **den Pflanzenwuchs** zu **begutachten** und – sofern nötig – korrigierend einzugreifen. Dabei werden mit den Fingernägeln oder mit einer Schere unansehnliche, braun gewordene Blätter entfernt. Zu lang gewordene Stengelpflanzen kürzen wir ein, indem wir die Triebe unmittelbar unter einem Blattansatz abschneiden, die untersten Blätter entfernen und die so gewonnenen Stecklinge neu einpflanzen.

Die weniger schönen unteren, eingewurzelten Stengelteile kann man herausholen und wegwerfen – es sei denn, wir wollen unsere Pflanzen vermehren. Dann lassen wir die Stengelteile im Boden, sie treiben zumeist schnell wieder nach oben strebende Seitensprosse aus. Wir müssen auch darauf achten, daß unsere sorgsam zu Pflanzgruppen zusammengestellten Pflanzen nicht durch Ausläuferbildung in die Nachbargruppen hineinwandern und mit ihnen verfilzen. Wer es mit seinem Unterwassergärtlein sehr gut meint, kann mit dessen Pflege viel Zeit verbringen. Allerdings gehört hierzu auch das nötige Feingefühl. Jedes an einen anderen Ort verpflanzte Gewächs braucht wieder Zeit und Kraft zum Anwachsen. Besonders bei den Rosettenpflanzen sollte man sich an den Grundsatz halten: „Umpflanzen nur wenn wirklich nötig!"

Sinn des **Auslichtens** ist – der Name sagt es ja schon – wieder Licht ins Aquarium zu lassen. Besonders die an der Wasseroberfläche treibenden Pflanzen und Pflanzenteile schlucken viel Licht, das den Pflanzen in tieferen Wasserschichten dann fehlt. So dekorativ und so schön einzelne Schwimmpflanzen sind – hier müssen wir den Bestand im Interesse unserer anderen Pflanzen kurzhalten. Besonders die immer wieder eingeschleppten Wasserlinsen – bekannter wohl als „Entengrütze" – sollten wir mit einem Netz möglichst ganz abfischen! Auch einen Teil der unter der Wasseroberfläche treibenden Blätter der Vallisnerien können wir abschneiden. Allerdings sollten wir uns hier klarmachen, daß jedes Auslichten einen Verlust an Pflanzensubstanz bedeutet, daß die

Vallisnerien nun langsamer wachsen und sich langsamer vermehren werden!
Zum Auslichten noch einmal ein allgemeines Wort:

> Nichts ist wichtiger für das Funktionieren des Gesellschaftsaquariums als ein guter und reichlicher Pflanzenwuchs. Wir sollten nur auslichten, wenn es gilt, wirkliche Pflanzenüberschüsse zu beseitigen und dabei gleichzeitig die Gruppierung der Pflanzen zu erhalten suchen. (Natürlich kann man, wenn das Becken gut eingefahren ist, uns weniger dekorativ erscheinende Pflanzen und Pflanzengruppen durch andere, wertvollere und schönere ersetzen.)
> In den ersten 3 Monaten nach einer Neueinrichtung würde ich allerdings so wenig wie irgend nötig an den Pflanzen rühren.

Nun geht es an die **Filterreinigung**. Die kleinen Innenfilter müssen oft häufiger als einmal im Monat gesäubert werden, ein großer Biofilter kann dagegen meist mehrere Monate ohne jede Reinigung funktionieren. So lange sollte man aber in der Regel nicht warten. Wir spülen die Filtermasse vorsichtig ohne allzustark umzurühren aus, bis das Wasser klar bleibt. Dabei hüten wir uns, zu warmes oder gar heißes Wasser zu nehmen, damit der Bakterienrasen möglichst geschont wird. Eine derart „sanfte" Behandlung der Filtermassen mag einem Sauberkeitsfanatiker zunächst weh tun; aber es hat durchaus seinen guten Sinn (s. Seite 21)!
Wenn der Filter wieder installiert und angeschlossen ist, können auch die Deckscheiben gereinigt und wieder aufgelegt werden. Die Beleuchtungsanlage wird wieder in Betrieb genommen, und als letztes bleibt uns nur noch übrig, die Aquarienscheiben von außen mit einem Fensterputzmittel zu reinigen.

Die Neueinrichtung eines Aquariums

Jeder Aquarianer wird die freudige Erfahrung machen, daß ein Aquarium um so weniger Arbeit macht, je länger es eingerichtet ist. Tatsächlich braucht man sein Aquarium jahrelang nicht auszuräumen, wenn man nur die regelmäßigen Wartungen nicht versäumt. Aus diesem Grund wird man zur Neueinrichtung seines Beckens zumeist nur kommen, weil man neue Ideen verwirklichen will, einmal etwas Neues machen möchte. Vielleicht aber ist es durch Unachtsamkeit doch einmal zu einer Katastrophe gekommen – eine seuchenartige Fischkrankheit mag sich ausgebreitet haben, die Algen haben möglicherweise die ganze Einrichtung überwuchert.
In den letzten Fällen, vor allem aber wenn eine Seuche aufgetreten ist, müssen wir den Bodengrund auswechseln und die Pflanzen, die Geräte und das Aquarium vor dem Neueinrichten gründlich reinigen und desinfizieren. Krankheitskeime werden am leichtesten durch starkes Erhitzen oder durch Chemikalien abgetötet.

Zur **Desinfektion** werden Holzteile, Netze und ähnliches gut ausgekocht. Wasserpflanzen werden mit Kaliumpermanganat ($KMnO_4$) behandelt. Diese dunkelrot glänzenden Kritalle sind in Drogerien preiswert zu bekommen. Die Pflanzen werden zur Desinfektion 5 Minuten in eine Lösung von 1 g $KMnO_4$ auf 20 Liter Wasser gelegt und dabei immer wieder bewegt. Die Geräte und das Aquarium selbst werden mit einer stärker konzentrierteren Kaliumpermanganat-Lösung behandelt (1–3 g $KMnO_4$ auf 1 Liter Wasser). Das Aquarium zeigt nach dieser Behandlung einen dunklen Belag, der jedoch mit dem Scheibenreiniger wieder entfernt werden kann – schädlich ist dieser Belag in keiner Weise.
In den meisten Fällen ist eine Desinfektion des Beckens und der Einrichtung jedoch nicht notwendig – im Gegenteil, man wird versuchen, soviel wie möglich von dem gut eingefahrenen Mikroleben zu übernehmen, damit auch das neueingerichtete Aquarium schnell wieder funktioniert. Aus diesem Grund verwenden

wir – nachdem die elektrischen Anlagen (Heizer u. a.) ausgeschaltet wurden! – etwa ein Viertel bis ein Drittel des **Altwassers** wieder für unser neues Becken. Wir saugen dieses Wasser aus der oberen Hälfte des Aquariums ab, bevor wir noch irgendwelchen Mulm durch Pflanzenentnahme oder dergleichen aufgewühlt haben. Sicherheitshalber filtern wir dieses Wasser noch durch ein feines Tuch. Wir werden staunen, was noch alles darin hängenbleibt.

Anschließend geht es an das **Ausräumen** der technischen Geräte und der Pflanzen. Wir sortieren die Pflanzen artweise in mit Wasser gefüllten Schüsseln oder Eimern. Dann werden Steine, Wurzeln und – falls vorhanden – die Innenrückwand entnommen. Nun ist es kein Problem mehr, die Fische aus dem kahlen Becken herauszufangen und in einen größeren Behälter (Eimer, Wanne) zu setzen. Nicht vergessen: Behälter abdecken – gewiß würden sonst einige der gestreßten Tiere nur allzu gerne auf den Teppich springen!

Jetzt wird das restliche Wasser abgezogen, der Bodengrund herausgeholt und in Schüsseln gefüllt. Spätestens jetzt merkt man, daß es sich lohnt, rechtzeitig genügend Schüsseln und Eimer bereitzustellen.

Der Bodengrund wird so lange mit kühlem Wasser durchgespült, bis das Spülwasser klar bleibt. Mit Rücksicht auf die Bodenbakterien hüten wir uns, heißes Wasser zu benutzen! Nun können wir wieder an die Einrichtung des Aquariums denken (s. Seite 40 ff.).

Das Aquarium am Wochenende und im Urlaub

Wie bereits gesagt, tut es unseren Aquarienfischen durchaus gut, einen Fastentag in der Woche zu haben. Hierzu eignet sich gut der Sonnabend oder der Sonntag. Wenn wir unsere Fische richtig pflegen, macht es auch überhaupt nichts aus, gelegentlich das Aquarium auch ein ganzes Wochenende sich selbst zu überlassen.

Wenn wir jedoch statt dessen die freundlichen, aber aquaristisch nichtbewanderten Nachbarn bitten, so werden wir bei unserer Rückkehr in den meisten Fällen bemerken, daß diese in ihrer wohlmeinenden Fürsorge zuviel des Guten getan haben: Viele Futterreste liegen faulend am Boden – wenn wir Pech haben, auch die Fische in einer trüben, stinkenden Brühe!

Wenn es auch einleuchtet, daß die Fische ein Fastenwochenende ohne Schwierigkeiten überstehen, schwierig wird es einzusehen, daß die Tiere selbst im Urlaub auf unsere tägliche Fürsorge verzichten können.

In der Tat würde sich so mancher Tierfreund ein Aquarium anschaffen, wenn er nicht die Vorstellung hätte, daß die Fische seine ständige Anwesenheit erfordern. Das ist jedoch ein Irrtum, dem selbst noch einige erfahrenere Aquarianer erliegen! Die Fische können es sehr wohl überstehen, wenn sie 3–4 Wochen völlig ohne Wartung bleiben. Allerdings müssen wir hierbei einige Punkte beachten:

1. Man sollte sich einige Wochen vor Urlaubsantritt keine neuen Fische mehr anschaffen und möglichst keine Umbesetzungen vornehmen. Das könnte zu übermäßigen Streitereien unter den Tieren führen, und vor allem könnten auf diesem Wege Infektionskrankheiten eingeschleppt werden, deren Ausbruch wir dann nicht mehr bemerken würden.

2. Wir sollten in diesen Wochen keine Jungfische mehr züchten, denn die würden eine entsprechende Fastenzeit nicht überstehen.

3. Nur gesunde und gut genährte Fische in einem gut eingefahrenen Aquarium können wir guten Gewissens alleine lassen. Hieraus ergibt sich, daß wir gerade in den letzten Wochen vor unserem Urlaub gut und abwechslungsreich füttern müssen – dabei sollten wir auch an Lebendfutter denken! – und daß das Becken nicht gerade erst frisch eingerichtet wurde.

Man sieht, ohne längerfristige Planung ist es nicht ratsam, die Tiere einen Monat völlig alleine zu lassen.

4. Zwei Tage vor der Abreise findet unsere monatliche Wartung statt. Wichtig sind vor allem der Teilwasserwechsel und die Filterreinigung. Es ist klar, daß wir in dieser Zeit ganz besonders auf korrektes Funktionieren unserer technischen Geräte achten müssen.

5. Da Fische als wechselwarme Tiere bei niedrigen Temperaturen einen weitaus geringeren Stoffwechsel haben, werden wir die Wassertemperatur für die Zeit unserer Abwesenheit um einige Grad absenken. Den meisten Fischen schadet eine Temperaturabsenkung von etwa 4°C nicht.

Wir stellen also unseren Regelheizer etwas niedriger ein und haben in den letzten beiden Tagen vor dem Urlaub ein besonderes Auge auf unser Thermometer.

Noch besser ist es allerdings, wenn wir während unserer Abwesenheit ganz ohne Aquarienheizung auskommen können. Ein Thermostat kann schließlich immer mal versagen, und auch wenn wir unsere Heizer so bemessen haben, daß unsere Fische in diesem Fall nicht gekocht werden, ist der Ausgang letztlich zweifelhaft. Zumindest im Sommerurlaub können wir guten Gewissens auf unsere Aquarienheizung völlig verzichten. Mir jedenfalls – ich praktiziere dieses Verfahren im kalten Husum fast jährlich – ist in dieser Hinsicht noch keine Panne passiert.

Im Winter können wir die Aquarienheizung natürlich auch ausschalten, wenn wir die thermostatgesteuerte Raumheizung auf Zimmertemperaturniveau belassen. Zumindest ist die Gefahr der Überhitzung oder Unterkühlung dann geringer, wenngleich diese Heizungsart unser Konto stärker belastet.

6. Natürlich kann man die Urlaubszeit auch durch den Einsatz eines Futterautomaten überbrücken. Ich persönlich halte allerdings nicht allzuviel davon, da es hier doch relativ leicht zu Pannen kommen kann.

7. Auf einen Lichtautomaten sollte man allerdings in keinem Fall verzichten. Diese Geräte sind – ich hatte es schon mehrfach betont – auch für den täglichen Gebrauch nützlich.

Unter längerer Dauerhelligkeit leiden Pflanzen wie Tiere im fast gleichen Maße wie unter entsprechend langer Dauerdunkelheit. Lichtautomaten sind auch insofern praktisch, als man – im Gegensatz zum Futterautomaten – mit einem Gerät gleich eine Vielzahl von Aquarien betreiben kann.

8. Am Abreisetag bekommen die Fische noch einmal ganz normal ihr Futter. Hüten wir uns davor, ihnen aus Mitleid eine vielfache Portion des sonst Üblichen zu servieren!

Wir überprüfen noch einmal das fehlerfreie Funktionieren der technischen Geräte, soweit wir sie nicht abstellen können. Vor allem die Filterleitungen sollten gründlich auf festen Sitz ihrer Schlauchverbindungen geprüft werden!

Von der Urlaubsreise zurückgekommen, wird einer unserer ersten Blicke unseren Fischen gelten. Beim Füttern wird Ihnen auffallen, daß die Tiere sich keineswegs heißhungrig auf die Futterbrocken stürzen. Sie sind im Gegenteil zumeist deutlich weniger freßgierig als normalerweise.

So bald wie möglich wird das Becken nun wieder mit normaler Temperatur gefahren, und alles kann wieder seinen gewohnten Gang nehmen.

Gewiß, es mag sein, daß wir den einen oder anderen kleinen Fisch vermissen – die Schnecken haben die Leiche beseitigt. Aber Fische sterben schließlich auch, wenn wir das Aquarium täglich unter Kontrolle halten. Es versteht sich von selbst, daß wir in den ersten Tagen nach unserer Heimkehr aus dem Urlaub ein ganz besonderes Augenmerk auf unser Aquarium richten, daß wir für gute Verpflegung unserer Tiere sorgen und die monatliche, fällige Reinigung nicht zu weit hinausschieben!

Die Aquarienpflanzen

Die Bedeutung der Pflanzen für das Aquarium

Aquarien werden immer wieder als Ökosysteme dargestellt. Ökosysteme wie Seen, Flüsse und Urwälder stellen auf der Grundlage eines biologischen Gleichgewichtes natürliche Einheiten dar, die sich selbst regulieren und durch stoffliche Kreisprozesse eine gewisse Selbständigkeit besitzen. Dabei nehmen in der Natur vor allem die grünen Pflanzen eine sehr herausragende Stellung ein: Nur sie sind in der Lage, die Sonnenenergie in Form hochenergetischer Substanzen (Zucker, Fette, Eiweiße) zu speichern, die dann als Nahrungsgrundlage allen pflanzlichen und tierischen Lebens dienen. Photosynthese nennt man diesen Prozeß, bei dem die Pflanzen aus Sonnenenergie und energiearmen Stoffen (Wasser und Kohlendioxid) energiereiche Stoffe (Kohlenhydrate) aufbauen. Als Abfallstoff dieses Prozesses fällt Sauerstoff an – ebenfalls Lebensgrundlage tierischer Organismen. Pflanzen werden in der Ökologie daher als Produzenten, Tiere als Konsumenten bezeichnet.

Nur die Pflanzen sind also in der Lage, einfache unorganische Grundstoffe mit Hilfe des Lichtes zu energiehaltigen Nahrungsmitteln umzuformen. Allerdings wären die den Pflanzen erreichbaren Mineralien sehr schnell aufgebraucht, würden sie nicht von mikroskopisch kleinen Lebewesen ständig nachgeliefert. Diese sogenannten Reduzenten (Bakterien, Pilze u.a.) zerlegen abgestorbene organische Substanz wieder in ihre mineralischen Grundstoffe, die dann wieder der Pflanze als Bausteine für den Aufbau der Photosyntheseprodukte dienen.

Wer sein Aquarium unter diesen Gesichtspunkten betrachtet, wird schnell feststellen, daß es nur ein sehr unvollkommenes Ökosystem sein kann. Streng wissenschaftlich gesehen, dürfte man es als künstlich geschaffene, also unnatürliche Einheit gar nicht als Ökosystem bezeichnen. Vor allem aber kann dieses System nur durch ständiges Eingreifen und Regulieren von außen einigermaßen im Gleichgewicht gehalten werden: Der Mensch muß von außen Nahrung hinzufügen, ggf. nachdüngen, abgestorbene Pflanzenteile und Tiere entfernen, Abfallstoffe durch Wasserwechsel und Mulmabsaugen beseitigen.

Machen wir uns nichts vor! Weder als Sauerstoffspender noch als Stickstoffzehrer leisten unsere Aquarienpflanzen wirklich Entscheidendes.

Sauerstoff dringt ständig in großen Mengen aus der Luft durch die Wasseroberfläche in das Wasser. Wenn es anders wäre, könnten unbepflanzte Aquarien ohne Durchlüftung ja gar nicht existieren. Viele Großcichlidenbecken beweisen uns aber, daß dieses durchaus möglich ist. Allerdings sollte in diesem Fall ein Filter das Wasser ständig in Bewegung halten, damit zum Wasserspiegel ständig neue Wassermassen hintransportiert werden können – so kann hier dann ein effektiver Gasaustausch stattfinden. – Auch die Rolle der Pflanzen als Stickstoffzehrer wird oft überschätzt. Selbst optimal bepflanzte Aquarien werden mit den anfallenden stickstoffhaltigen Eiweißabbauprodukten nicht fertig und sind auf regelmäßigen Teilwasserwechsel angewiesen.

Pflanzen sind also als Produzenten für das Aquarium überhaupt nicht nötig. Besser kann man nicht zeigen, daß unser Aquarium kein richtiges Ökosystem ist. Dennoch unterstützt eine gut wachsende Unterwasservegetation unser Bemühen, die Fische mit Sauerstoff zu versorgen und die Stickstoffkonzentrationen nicht zu schnell ansteigen zu lassen.

Die Pflanzen haben aber durchaus Aufgaben im Aquarium:

Jeder aufmerksame Aquarianer weiß, daß zu kärglich bepflanzte Aquarien ständig in Gefahr sind, zu veralgen. **Eine kräftige Bepflanzung ist die beste Vorbeugemaßnahme gegen die unliebsamen Algen** (s. Seite 61). Aus diesem Grund sollte man beim Neueinrichten eines Beckens niemals an Pflanzen sparen. Wer sein Becken allerdings von vornherein so bepflanzen will, wie es im Endzustand aussehen soll, muß auch für ein nur mittelgroßes Aquarium hundert Mark und mehr ausgeben. Sinnvoller ist eine andere Methode: Man bepflanzt das Aquarium zunächst mit den billigsten Pflanzen (Vallisnerien, Hornkraut, Wasserpest, Wasserfreund u. a.), die aber sollten gleich in Mengen eingesetzt werden. Erfreulicherweise sind gerade die billigsten Gewächse die wüchsigsten. Wenn das Aquarium erst einmal richtig eingefahren ist, fallen diese Pflanzen oft in so großen Mengen an, daß man bald nicht mehr weiß, wohin damit.

Wenn unser „Billigpflanzenbecken" nach einigen Wochen oder Monaten richtig gedeiht, können wir nach und nach die uns weniger schön erscheinenden Pflanzen gegen teurere austauschen.

Unsere Pflanzen haben auch die Aufgabe, **den freien Wasserraum zu gliedern** und damit den Fischen die Möglichkeit zu geben, sich zu verstecken oder Reviere zu bilden. Gerade Fische, denen viele Zufluchtsmöglichkeiten geboten werden, suchen ihre Verstecke seltener auf als andere. Sie fühlen sich sicherer, und wir haben mehr Freude an ihnen.

Der dekorative Aspekt dürfte vor allem aber entscheidend für eine Aquarienbepflanzung sprechen. So wie man am Wachsen und Gedeihen der Zimmerpflanzen seine Freude hat, wie man sich über die Gartenblumen und Sträucher freut, so hat man auch an seinem Unterwassergarten seine Freude und Befriedigung. Noch ein Wort zum Thema **Plastikpflanzen**: Den Fischen ist es egal, ob sie um eine „pflegeleichte" Cryptocoryne aus Plastik oder um eine echte Pflanze herumschwimmen. In Zuchtbecken mögen Plastikpflanzen manchmal sogar durchaus sinnvoll sein – im Schauaquarium aber sieht es ganz anders aus. „Plastikpflanzen, ja oder nein?" ist keine biologische Frage, es ist eine Frage des schlechten oder des guten Geschmacks!

Die verschiedenen Pflanzentypen

Grundsätzlich unterscheidet man Stengelpflanzen und Grundständige Pflanzen. **Stengelpflanzen** haben einen mehr oder weniger kräftig in die Höhe wachsenden, beblätterten Stengel. Als Ausnahmen gibt es auch Stengelpflanzen mit dem Boden anliegenden Stengeln. Die Blätter stehen einzeln (wechselständig), zu zweien (gegenständig) oder zu mehreren (quirlständig) an bestimmten Stellen des Stengels, den Knoten oder Nodien. Der zwischen den Knoten liegende Teil des Stengels wird Internodium genannt.

Wenn man sich die Internodien so stark verkürzt vorstellt, daß praktisch Knoten auf Knoten sitzt, kann man von **Grundständigen Pflanzen** sprechen. Ihre Blätter und Wurzeln scheinen alle einem einzigen Zentrum zu entspringen.

Einer weiteren Kategorie von Wasserpflanzen wären die **Schwimmpflanzen** zuzuordnen, die ohne Verbindung mit dem Boden wachsen. Auch sie können aber grundständig oder mit Stengeln versehen sein.

Viele Aquarienpflanzen sind von Haus aus eigentlich gar keine typischen Wasserpflanzen. Es sind Sumpfpflanzen, die üblicherweise im Luftraum wachsen und blühen (emerse Pflanzen). Da sie aber an die in den Tropen häufigen Überschwemmungen angepaßt sind, können sie auch unter Wasser (submers) kultiviert werden. Diese Pflanzen haben die Eigenschaft, leicht aus dem Aquarium herauszuwachsen. Einige können nur durch ständiges Zurückschneiden im Wasser gehalten werden.

Hier möchte ich auch auf die manchmal als „Wasserpflanzen" angebotenen Kalmus-Arten, Sanseverien und Palmen eingehen: Dies sind alles reine Überwasserpflanzen, die lediglich unter Wasser relativ lange brauchen, bis sie verrotten. Es ist Unwissenheit oder glatter Betrug, wenn diese Pflanzen als Aquarienpflanzen angeboten werden!

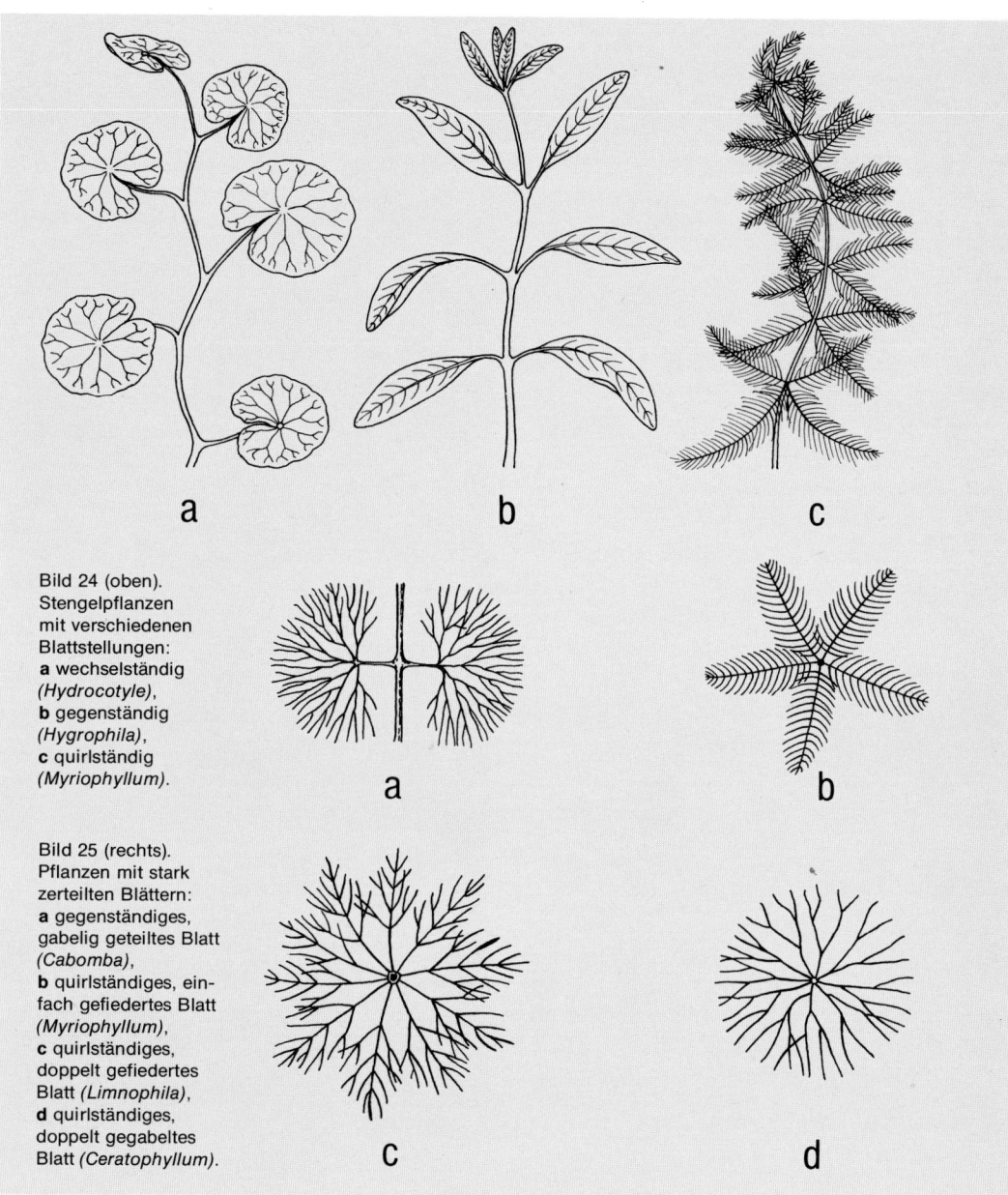

Bild 24 (oben).
Stengelpflanzen
mit verschiedenen
Blattstellungen:
a wechselständig
(Hydrocotyle),
b gegenständig
(Hygrophila),
c quirlständig
(Myriophyllum).

Bild 25 (rechts).
Pflanzen mit stark
zerteilten Blättern:
a gegenständiges,
gabelig geteiltes Blatt
(Cabomba),
b quirlständiges, einfach gefiedertes Blatt
(Myriophyllum),
c quirlständiges,
doppelt gefiedertes
Blatt *(Limnophila)*,
d quirlständiges,
doppelt gegabeltes
Blatt *(Ceratophyllum)*.

Für den Aquarianer stellen sich nun folgende Fragen:
Braucht die Pflanze viel Licht, oder kommt sie auch mit weniger Licht aus? Welche Temperaturansprüche stellt sie? Bleibt die Pflanze klein und eignet sich daher für die Vordergrundbepflanzung, eignet sie sich als Solitärpflanze oder wächst sie schnell, daß man sie besser in den Hintergrund stellt?
Die folgende Tabelle soll für die gängigsten Aquarienpflanzen diese notwendigen Informationen auf einen Blick liefern. (Die Pflanzen werden so besprochen, wie es ihrem Verwandtschaftsgrad entspricht.)

Name	Herkunft	Pflanzentyp	Lichtbedarf pro 100 l (in Watt)	Bepflanzungs-vorschlag	Temperatur-ansprüche (in °C)
Riccia fluitans (Teichlebermoos) *	Kosmopolit	Sch	35–70	–	10–28
Eichhornia azurea (Wasserhyazinthe)	Kosmopolit	(ST), Sch	mind. 70	–	22–28
Pistia stratioides (Muschelblume)	Kosmopolit	Sch	mind. 70	–	22–25
Salvinia auriculata (Kleinohriger Büschelfarn) *	Nord- u. Südamerika	Sch	50–100	–	20–25
Ceratopteris cornuta (Hornfarn) *	Kosmopolit	Sch, G	40–100	S	20–30
– thalictroides (Sumatrafarn) *	Kosmopolit	Sch, G	40–100	S	20–30
Bolbitis heudelotii (Kongo-Wasserfarn)	Afrika	G	30–60	V	22–25
Microsorium pteropus (Javafarn) *	Asien	G	20–70	V	20–28
Marsilia crenata (Zwergkleefarn)	Asien, Australien	STK	mind. 70	V	22–28
Cabomba caroliniana (Haarnixe)	Nord- u. Südamerika	ST	mind. 70	H	22–28
Ceratophyllum submersum (Zierl. Hornkraut) *	Kosmopolit	Sch, ST	40–70	H	18–28
Myriophyllum aquaticum (Bras. Tausendblatt)	Südamerika	ST	40–70	H	22–28
Bacopa caroliniana (Großes Fettblatt)	Nordamerika	ST	mind. 70	V, H	22–28
Limnophila aquatica (Großblätt. Sumpffreund) *	Asien	ST	40–70	H	25–28
Utricularia vulgaris (Gemeiner Wasserschlauch)	Europa, Nordafrika	Sch, ST	40–70	–	18–22
Rotala macranda (Rotweiderich)	Asien	ST	mind. 50	H	25–30
Ludwigia repens (Ludwigie) *	Nordamerika	ST	40–70	H	18–28
Elatine macropoda (Großfußiger Tännel)	Europa, Afrika	STK	mind. 70	V	22–28
Hydrocotyle vulgaris (Wassernabel)	Europa	STK	mind. 70	V	18–22
– leucocephala (Bras. Wassernabel)	Südamerika	ST	40–80	H	20–28
Alternanthera sessilis (Papageienblatt)	Südamerika	ST	mind. 50	H	25–30
Lobelia cardinalis (Kardinalslobelie)	Nordamerika	ST	mind. 50	H	22–26
Saururus cernuus (Eidechsenschwanz)	Nordamerika	ST	mind. 70	V, H	22–28
Hygrophila polysperma (Indischer Wasserfreund) *	Asien	ST	40–70	H	18–28
– difformis (Wasserwistarie) *	Asien	ST	20–70	H	22–28
– corymbosa (Großer Wasserfreund) *	Asien	ST	20–70	H	22–28
Nymphaea lotus (Tigerlotus)	Afrika, Asien	G	40–70	S	24–28
Barclaya longifolia (Barclaya)	Asien	G	mind. 60	S	23–30
Anubias congensis (Kongo-Speerblatt)	Afrika	G	40–70	S	25–28
– barteri (Westafrikanisches Speerblatt)	Afrika	G	40–70	V	22–28
Nymphoides aquatica (Unterwasserbanane)	Nordamerika	G	50–80	S	20–28
Egeria densa (Argentinische Wasserpest) *	Südamerika	ST (Sch)	40–100	H	20–24

Name	Herkunft	Pflanzentyp	Lichtbedarf pro 100 l (in Watt)	Bepflanzungsvorschlag	Temperaturansprüche (in °C)
Crinum thaianum (Thailand-Hakenlilie)	Asien	G	40–70	S, H	22–28
Vallisneria gigantea (Riesen-Vallisnerie)	Asien	G	40–70	H	22–28
– *spiralis* (Gewöhnliche Sumpfschraube) *	Kosmopolit	G	20–70	H	18–28
Sagittaria subulata (Flutendes Pfeilkraut) *	Nordamerika	G	50–70	V, H	22–28
– *platyphylla* (Breitblättriges Pfeilkraut) *	Nordamerika	G	mind. 60	H	20–25
Eleocharis vivipara (Lebendgebärende Nadelsimse)	Nordamerika	G	50–100	V, H	22–28
– *acicularis* (Kantige Nadelsimse)	Kosmopolit	G	50–100	V	18–26
Aponogeton undulatus (Gewellte Wasserähre)	Asien	G	40–100	S	22–28
– *crispus* (Krause Wasserähre)	Asien	G	40–70	S	22–28
– *madagascariensis* (Gitterpflanze)	Afrika	G	mind.70	S	20–22
Echinodorus tenellus (Zwergamazonas) *	Nord- u. Südamerika	G	50–100	V	25–28
– *parviflorus* (Schwarze Amazonaspflanze) *	Südamerika	G	50–70	H, S	22–30
– *amazonicus* (Schmalblättrige Amazonas) *	Südamerika	G	40–70	S	22–28
– *bleheri* (Breitblättrige Amazonas) *	Südamerika	G	40–70	S	22–28
– *cordifolius* (Herzblättrige Amazonas)	Südamerika	G	50–80	S	22–28
Cryptocoryne wendtii (Wendt-Wasserkelch) *	Asien	G	20–70	V, H	22–28
– *willisii* (= *nevillii*) (Zwergwasserkelch) *	Asien	G	50–70	V	25–30
– *affinis* (Haertels Wasserkelch) *	Asien	G	20–70	V, H	22–28
– *ciliata* (Gewimperter Wasserkelch)	Asien	G	40–70	S, H	22–28
– *usteriana* (Hammerschlag-Cryptocoryne)	Asien	G	40–70	S, H	22–28

Die mit einem * versehenen Pflanzen sind in der Haltung recht anspruchslos und daher für Anfänger besonders zu empfehlen.

Zeichenerklärung: ST = Stengelpflanze, STK = Stengelpflanze mit kriechendem Sproß, G = Grundständige Pflanze, Sch = Schwimmpflanze, V = klein bleibende Pflanze für den Vordergrund (Gruppenpflanzung), S = Solitärpflanze für Einzelstellung, H = hochwachsend, für Mittel- und Hintergrund (Gruppenpflanzung)

Zum Lichtbedarf sei ergänzend gesagt, daß es sich bei den Angaben um Minimalwerte handelt, bei denen die Pflanzen noch ganz passabel gedeihen. Fast alle Pflanzen honorieren jedoch eine stärkere Beleuchtung mit zügigerem und üppigerem Wachstum.

Populäre Aquarienpflanzen

Die Zahl der brauchbaren Aquarienpflanzen kann man derzeit mit etwa 200 angeben. Hier kann natürlich nur eine begrenzte Auswahl vorgestellt werden. Ich habe mich bemüht, gerade auf die häufiger gehaltenen oder aus anderen Gründen populären Pflanzen ausführlicher einzugehen. Wer jedoch ausgefallene Pflanzen kultivieren will, die hier nicht gesondert erwähnt sind, sollte sich an den Angaben zu ihren Gattungsangehörigen orientieren, in denen vielfach Hinweise auch auf hier nicht näher besprochene Arten zu finden sind.

Algen

Als einfachste pflanzliche Bewohner unserer Aquarien sind fast alle Algen unerwünschte Gäste, die wir kaum jemals loswerden, die man bei Beachtung einiger Grundsätze aber in Grenzen halten kann.

In jedem Aquarium befinden sich in geringer oder größerer Anzahl Algen der verschiedensten Arten. Algen sind bei massiertem Auftreten sehr unschön und können unsere ganze Bepflanzung vernichten. Zur Bekämpfung der Algen ist es notwendig, zunächst einmal die verschiedenen Algenformen zu erkennen:

Blaualgen

Bei den Blaualgen handelt es sich um die häufigsten und störendsten Algen. Der Name „Blau"-Alge ist durchaus irreführend, denn vielfach haben diese Algen eine giftgrüne, bräunliche oder schwärzliche Färbung. Oft sind sie aber auch blaugrün gefärbt. Sie treten als schmierige, häufig dicke Massen auf und wachsen gern an den hellsten Orten im Aquarium. Sie wachsen bevorzugt am Boden, aber auch an Pflanzen. Wenn die Wasseroberfläche unbewegt und mit Schwimmpflanzen versehen ist, findet man auch hier Blaualgen. Die Algen beziehen nach kurzer Zeit Pflanzen und Einrichtungsgegenstände mit einer modrig riechenden, schmierigen Schicht und ersticken die gesamte Vegetation. Glücklicherweise sind gerade die Blaualgen relativ einfach zu bekämpfen.

Kieselalgen

Die Kieselalgen werden wegen ihrer braunen Farbe oft als „Braunalgen" bezeichnet. Sie überziehen als dünner, schmieriger Belag Aquarienscheiben und Steine, erweisen sich aber nicht als sonderlich lästig. Ihr Auftreten zeigt uns an, daß das Aquarium zu schwach beleuchtet ist. Zumeist hat es auch zu hohe pH-Werte. Kieselalgen verschwinden bei stärkerem Licht von selbst. Überdies werden sie von Schmerlen und Putzerfischen recht gern gefressen.

Rotalgen

Die allermeisten Rotalgen leben im Meer. Da die Rotfärbung unserer Süßwasser-Rotalgen durch Blattgrün überdeckt wird, erscheinen sie uns schwarzgrün bis schwarz. Rotalgen treten im Aquarium als Schwarze Pinselalgen und als Bartalgen auf.

Schwarze Pinselalgen. Dieser Algentyp ist leicht zu erkennen. Wenn ein ganzes Büschel nur wenig verzweigter, schwärzlicher Fäden aus einem Ansatzpunkt entspringt, dann haben wir es mit der Schwarzen Pinselalge zu tun. Diese bis zu 2 cm hohen Büschel können auf toten Gegenständen oder auf Pflanzenblättern stehen. Zumeist entwickeln sie sich auf den härteren Partien bereits abgestorbener Blätter. Pinselalgen werden im allgemeinen kaum sehr lästig, einige Aquarianer halten sie sogar für dekorativ.

Bartalgen. Die schwärzlich-grünen Fäden der Bartalgen sind kaum verzweigt und werden bis zu 10 cm lang. Sie wirken in der Tat wie locker wallende Bärte und sind nur schwer zu entfernen, da sie sehr fest auf ihrem Untergrund haften. Sie sind zwar keine Zierde, werden den Pflanzen allerdings kaum schädlich.

Grünalgen

Die Grünalgen sind die höchst entwickelten Algen, aus denen sich im Verlauf der Erdgeschichte alle höheren Pflanzen entwickelt haben. Ihre Ansprüche gleichen daher denen unserer eigentlichen Aquarienpflanzen mehr, als es bei den übrigen Algen der Fall ist. Aus diesem Grunde sind die Grünalgen mit chemischen Mitteln nicht zu bekämpfen, da diese Chemikalien im gleichen Maße auch den höheren Pflanzen schaden würden. Man kann sagen, daß ein gutes Grünalgenwachstum uns zeigt, daß die Wasser- und Lichtbedingungen eigentlich ideal sein müßten.

Die Wuchsformen der Grünalgen können sehr verschieden sein. Sie können als mikroskopisch feine Kügelchen im Wasser schweben, sie können als haarartige Fäden frei im Wasser hängen oder als fester Bewuchs auf Pflanzen, Steinen und dgl. auftreten.

Vereinfacht gesagt:

Die nicht in schmieriger Form auftretenden (Blau-, Kieselalgen) oder schwärzlich aussehenden (Rotalgen) Algen müssen wir unabhängig von ihrer Erscheinungsform zu den Grünalgen zählen.

Nitella flexilis (Biegsame Nitella)

Diese auf der Nordhalbkugel der Erde weitverbreitete Alge wird vom Nichtkenner nur selten als Alge erkannt. Sie ähnelt mit ihrer an Hornkraut erinnernden Wuchsform eher einer höheren Pflanze und ist daher die einzige „echte" Aquarienpflanze unter den Algen. Bei Temperaturen unter 25 °C und ausreichender Lichtintensität ist die Pflanze durchaus ausdauernd.

Die Algenplage, in erster Linie das Überhandnehmen der Blaualgen, hat schon so manchem Aquarianer das Grausen gelehrt. Ich wäre froh, wenn ich hier ein Patentrezept gegen Algen verkünden könnte. Das aber kann ich nicht. Praktisch gibt es auch kein Aquarium ohne Algen. Man muß wissen, daß Algen und höhere Pflanzen gewissermaßen Konkurrenten sind, die sich gegenseitig Licht, Sauerstoff und Spurenelemente streitig machen. Als höherentwickelte Organismen sind unsere Aquarienpflanzen im allgemeinen im Vorteil – sofern sie nicht irgendwie geschädigt werden!

Ein dicht bepflanztes Aquarium ist immer noch der allerbeste **Schutz vor Veralgung!** Die höheren Pflanzen verbrauchen die für das Wachstum nötigen Mineralsalze und das Kohlendioxid für sich, so daß den Algen nichts mehr zum Gedeihen übrigbleibt. Nur bei einem Dünger-Überangebot können sich auch die Algen noch kräftig entwickeln. Damit es nicht zu einer Überdüngung kommt, sollte häufig das Wasser gewechselt und dabei Mulm abgesaugt werden. Auch sollten keine Futterreste übrigbleiben.

Die größten Probleme ergeben sich beim neueingerichteten Aquarium: Es ist praktisch nicht zu verhindern, daß Algensporen miteingeschleppt werden. Nun kommt es zwischen den Algen und den höheren Pflanzen, die zunächst im Nachteil sind, da sie eine gewisse Zeit brauchen, um einzuwurzeln, zu einem regelrechten Kampf um die Vorherrschaft. Das Endergebnis ist entweder ein total veralgtes Becken oder aber ein schönes Pflanzenbecken. Um letzteres zu erreichen, müssen wir alles tun, damit die höheren Pflanzen ungestört wachsen können. Also: die Pflanzen nicht mehr durch erneutes Umsetzen stören, auftretende Algen wenn möglich kurz halten (Blaualgen versuchen, mit dem Schlauch abzusaugen) – jedoch so, daß auf keinen Fall die höheren Pflanzen zu stark belästigt werden!

Zum Kurzhalten der Algen empfehlen sich auch einige Fische: Ein Becken mit Schwertträgern, Platies und Guppys veralgt weniger schnell als andere, da diese Tiere ständig die neuwachsenden Algenkolonien putzen. Auch die Saugschmerle (Gyrinocheilus aimonieri) und die Schönflossenbarbe (Epalzeorhynchus kallopterus) helfen, den Algenzuwachs einzudämmen. Die eben erwähnten Fische verschmähen jedoch zumeist fädige Algen. Für deren Bekämpfung eignen sich Blaue Antennenwelse (Ancistrus dolichopterus), Gebänderte Saugwelse (Otocinclus vittatus), Punktierte Schwielenwelse (Plecostomus punctatus) und Siamesische Rüsselbarben (Epalzeorhynchus siamensis). Auch Schnecken beteiligen sich als biologischer Algenbekämpfer, doch würde ich sie hierfür nicht speziell ins Aquarium geben.

Noch einmal das Wichtigste in Kürze:

1. Ein neueingerichtetes Aquarium sollte möglichst dicht bepflanzt und die ersten 4–5 Tage nur bei schwacher Beleuchtung gefahren werden.
2. Die Pflanzen sollten die ersten Wochen ungestört wachsen können, aber nicht zusätzlich gedüngt werden.
3. Eventuell auftretende Algen werden vorsichtig entfernt.
4. Vorbeugend sollten „Putzerfische" eingesetzt werden (4–6 Tage nach der Neueinrichtung).
5. Ein häufigerer Teilwasserwechsel und eine weniger intensive Fütterung als normal sorgen dafür, daß die Wasserbelastung nicht zu stark wird. Eine zu intensive Fütterung ließe außerdem die Putzerfische faul werden!

Es passiert nur selten, daß ein gut bepflanztes, schon einige Zeit eingefahrenes Becken plötzlich veralgt. Dann ist es aber nicht immer leicht, die Ursache zu finden. Kieselalgen sind Anzeichen für zu geringe Beleuchtung. (**Gegenmaßnahme:** Schwimmpflanzen lichten, Leuchtstoffröhren erneuern.) Andere Algen sind Anzeiger für eine zu starke Düngung (**Gegenmaßnahme:** häufigerer Wasserwechsel) oder zu schwache Düngung (**Gegenmaßnahme:** Wasserpflanzendünger, CO_2-Dünger), für verdorbenen Bodengrund oder zu basisches Wasser. Wenn ein Becken gleichzeitig Tageslicht erhält und mit Pflanzenleuchten (Gro Lux, Fluora) beleuchtet wird, neigt es ebenfalls zum Veralgen. – Vor allem gegen Blaualgen hilft es, das Becken 1–2 Wochen völlig zu verdunkeln. Dazu muß wirklich jede Scheibe exakt mit Papier abgeklebt werden, damit auch nicht das geringste Tageslicht einfallen kann! Die höheren Pflanzen und die Fische (keine Jungfische!) überstehen diese „Roßkur" so recht und schlecht. Die Blaualgen sterben normalerweise ab! In dieser erzwungenen Pause dürfen die Fische natürlich nicht gefüttert werden! Im Handel werden verschiedene Algenmittel angeboten, die allerdings nur dann eingesetzt werden sollten, wenn alle anderen Mittel versagen. Jedes Algenmittel schädigt nicht nur die Algen, sondern auch die höheren Pflanzen. Einigermaßen sinnvoll lassen sich mit diesen Algiziden nur die Blaualgen bekämpfen. Beim Verwenden von Algiziden muß genau nach Gebrauchsanweisung vorgegangen werden! Man muß auch in Kauf nehmen, daß von unseren empfindlicheren Wasserpflanzen einige geschädigt werden.

Moose

Riccia fluitans
(Flutendes Teichlebermoos)

Teichlebermoos ist durch bandartige, gabelig verzweigte Pflanzenkörper (Thalli) ausgezeichnet. Das Flutende Teichlebermoos ist eine dankbare und leicht zu kultivierende Schwimmpflanze. Sie ist für Temperaturen zwischen 10 und 28°C geeignet. Man kann diese anspruchslose Pflanze auch insofern als ideal bezeichnen, als sie in ihrer Ausdehnung in Grenzen gehalten werden kann. Lediglich die Konkurrenz anderer Schwimmpflanzen kann ihr zusetzen.

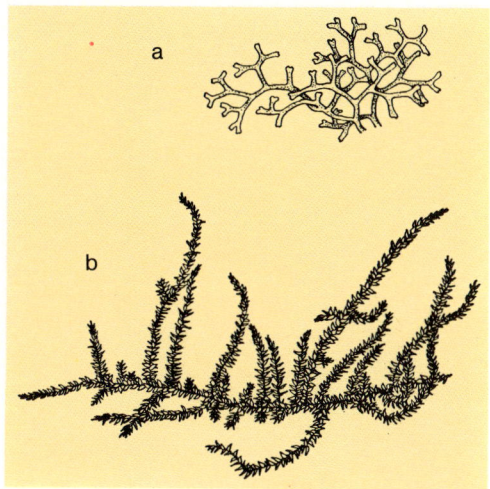

Bild 27. **a** *Riccia fluitans*, **b** *Vesicularia dubyana*.

Vesicularia dubyana (Javamoos)

Dieses zierliche, in Südostasien beheimatete Gewächs gehört zu den empfehlenswertesten Aquarienpflanzen. Das Moospflänzchen hat feine, 1–2 mm lange Blättchen und kann in recht kurzer Zeit schöne, kräftig-grüne Unterwasser-Moospolster bilden. Man befestigt

Bild 26 (links). Die Siamesische Saugschmerle *(Gyrinocheilus aymonieri)* ist ein anspruchsloser Fisch, der beim Kurzhalten der Algen mithilft. Aufnahme Vierke

die Büschel am besten an Wurzeln und Steinen oder an der Rückwand. Schnell sind diese Unterlagen dann bewachsen. – Für Zuchtaquarien eignen sich lose eingebrachte Javamoosbüschel hervorragend als Laichsubstrat.
Die Pflänzchen stellen weder an die Temperatur noch an die Beleuchtung große Ansprüche. Auch die Wasserqualität ist für ihr Wachstum nicht entscheidend. Lediglich gegen zu starke Wasserströmung und gegen Verschmutzung ist das Moos empfindlich – in den zarten Blättchen fängt sich leicht Mulm.

Farne

Farne sind für die Aquarienbepflanzung besonders geeignet, da sie aufgrund ihrer zumeist derben Blätter gegen Fisch- und Schneckenfraß gut geschützt sind. Einige Farne sind darüber hinaus auch im Hinblick auf die notwendigen Lichtmengen recht anspruchslos und können daher auch noch an stark beschatteten Stellen wachsen.

Microsorium pteropus (Javafarn)

Diesen anspruchslosen Farn mit seinen ungeteilten Blättern hält man am besten als Aufsitzer auf Wurzeln und Steinen. Wir müssen die Pflanze zunächst jedoch mit Gummibändern mit ihrem kräftigen Wurzelstock am Substrat befestigen – nach einigen Wochen haftet die Pflanze dann von alleine. Der Javafarn gedeiht zwar auch am Boden, doch sollte man die epiphytische Wuchsform schon aus dekorativen Gründen vorziehen.
Der Farn treibt aus den Wurzeln und den Blättern Adventivpflanzen – ist also auch problemlos zu vermehren. Man sollte allerdings nur möglichst große Pflanzen versetzen, und seltsamerweise wächst Javafarn um so besser, je mehr Pflanzen beieinander sind.
Ältere Blätter neigen gelegentlich zu schwarzen Flecken; man sollte diese Blätter dann entfernen.
Die Pflanze ist auch noch bei knappen Lichtmengen ausdauernd – aber natürlich weniger wüchsig. Sie bevorzugt Temperaturen zwischen 22 und 26°C und kann auch in härterem Wasser gehalten werden.

Bolbitis heudelotii **(Kongo-Wasserfarn)**
Dieser bizarr gefiederte Farn aus Afrika wird ebenfalls als Aufsitzer gehalten. Der Kongo-Wasserfarn ist etwas anspruchsvoller: Er liebt einen nicht zu hellen Standort und bewegtes, weiches und leicht saures Wasser. Unter diesen Bedingungen kann die Pflanze bis zu 45 cm groß werden.

Ceratopteris thalictroides **(Sumatrafarn)**
Ceratopteris cornuta **(Hornfarn)**
Beide Pflanzen sind im Aussehen und ihren Pflegeansprüchen sehr ähnlich. Der Sumatra-farn besitzt feiner zerteilte Blätter als der

Hornfarn – allerdings ist die Wuchsform der Blätter sehr von den Kulturbedingungen abhängig.

Grundsätzlich sind beide Farn-Arten sowohl als im Boden wurzelnde, große Solitärpflanzen geeignet, als auch als Schwimmpflanzen. Als Bodenpflanzen benötigen sie allerdings viel Licht und sind dann für kleinere Becken bald zu groß.

Halten wir sie als Schwimmpflanzen, dann

Bild 28. **a** *Ceratopteris thalictroides*, **b** *Microsorium pteropus*, **c** *Salvinia auriculata*, **d** *Ceratopteris cornuta*.

kann man ihren Lichtbedarf leicht decken. In dieser Form wirken die Pflanzen vor allem durch ihre tief ins Wasser hängenden und fein verzweigten Wurzeln sehr dekorativ. Da sie den anderen Pflanzen jedoch viel Licht wegnehmen und sich durch an den Blatträndern entspringende Jungpflanzen sehr schnell vermehren, muß man sich gelegentlich durchringen, kräftig auszulichten! Beide Arten sind unter allen Kultivierungsbedingungen (Temperaturen zwischen 20 und 30°C) sehr dankbare, allerdings recht groß werdende Aquarienpflanzen.

Salvinia auriculata
(Kleinohriger Büschelfarn)
Dieser Schwimmfarn aus dem tropischen Südamerika eignet sich besonders für kleinere und mittelgroße Aquarien und zeichnet sich durch seine zierlichen Blätter aus. Er besitzt dreiblättrige Quirle, von denen zwei an der Wasseroberfläche schwimmen und das dritte wurzelähnlich und fein zerteilt nach unten wächst. Die Oberfläche der Schwimmblätter ist durch feinste Härchen unbenetzbar.
Unter günstigen Bedingungen ist die Pflanze wüchsig und eine Zierde für das Aquarium. Allerdings darf sie mit Rücksicht auf die anderen Pflanzen nur einen Teil der Wasseroberfläche bedecken. Sie ist gegen zu starke Wasserströmung und gegen Spritzwasser empfindlich, verlangt viel Licht, und die Temperaturen sollten an der Wasseroberfläche 25°C nicht übersteigen.

Marsilia crenata (Zwergkleefarn)
Schon aus wenigen Zwergklee-Pflänzchen kann man sich bald einen Kleerasen für die Vordergrundbepflanzung heranziehen. Die Pflanzen haben eine kriechend wachsende Sproßachse. Sie brauchen genügend Licht und weiches Wasser!

Höhere Pflanzen

Seerosengewächse

Cabomba-Arten (Haarnixen)
Diese dekorativen Stengelpflanzen stammen aus den wärmeren Zonen Amerikas. Ihre fein-gestalteten, gegenständigen Blätter sind mehrfach gabelig geteilt. Besonders dekorative Blätter besitzen Cabomba caroliniana und Cabomba piauhyensis (letztere bildet bei genügend kräftiger Beleuchtung sogar rötlichbraune Blätter aus).
Alle Cabomba-Arten sind in jeder Hinsicht anspruchsvoll: Sie brauchen weiches (max. 10° dGH), leicht saures und klares Wasser und hohe Lichtintensitäten. Überdies wünschen sie einen regelmäßigen Wasserwechsel. Auf häufiges Umpflanzen reagieren sie empfindlich.

Nymphaea-Arten (Seerosen)
Die für Gartenteiche angebotenen Seerosen-Arten sind fast ausnahmslos nicht als Aquarienpflanzen geeignet, da sie zu groß werden und die Temperaturen eines Tropenbeckens langfristig nicht vertragen.
Am besten für das Aquarium eignet sich Nymphaea lotus, die Tigerlotus, die es in einer grünen und einer rotblättrigen Form gibt. Vor allem die rote Form bietet als Solitärpflanze einen hervorragenden Blickfang. Sie braucht aber – wie alle Seerosen – viel Platz und vor allem sehr viel Licht. Da Seerosen sehr wüchsig sind, pflanzen wir sie am besten in zusätzlich mit Lehm angereicherte Sand- oder Kiesböden.
Die Seerosen wirken im Aquarium vor allem durch ihre breiten Unterwasserblätter. Treibt die Pflanze an dünnen Stielen Schwimmblätter, so sollte man diese sofort entfernen, da dieses Wachstum auf Kosten der anderen Blätter geschieht. Läßt man die Pflanze auswachsen, so treibt sie bald über dem Wasser ihre herrlichen Blüten. Neben dem Tigerlotus eignen sich für das Aquarium auch noch die ostafrikanische Zwergseerose Nymphaea colorata und das Kreuzungsprodukt Nymphaea daubenyana hort.

Nuphar-Arten (Teichrosen)
Die mit den Seerosen nahe verwandte einheimische Gelbe Teichrose (Nuphar luteum) ist nur für große Aquarien geeignet. Die Temperaturen sollten für längere Zeit nicht 24°C überschreiten. Für das Tropenbecken eignet sich die kleine Nuphar pumila.
In ihren Pflegeansprüchen ähneln die Nuphar-Arten den Seerosen.

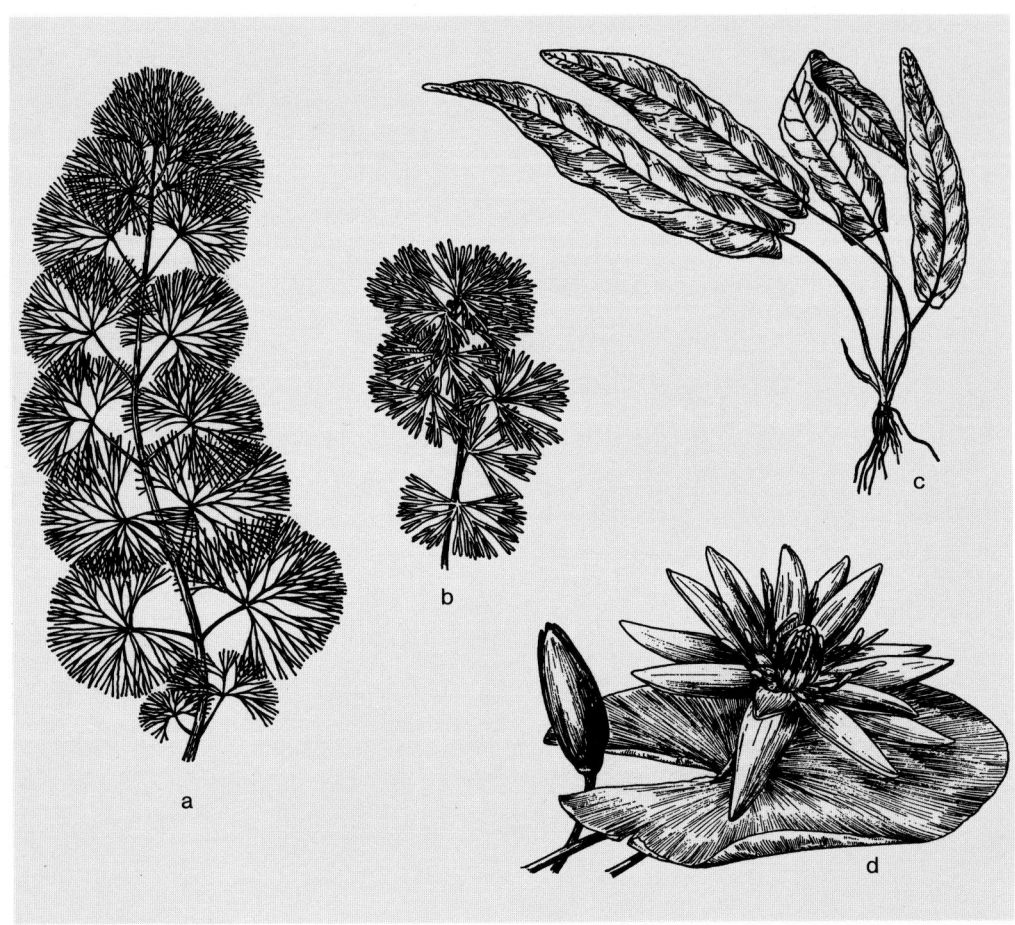

Bild 29. **a** *Cabomba aquatica*, **b** *Cabomba caroliana*,
c *Barclaya longifolia*, **d** *Nymphaea daubenyana*.

Barclaya longifolia **(Langblättrige Barclaya)**
Die nur entfernt mit den Seerosengewächsen
verwandte Pflanze aus Hinterindien gehört zu
den beliebtesten Aquarienpflanzen. Sie treibt
im Gegensatz zu den See- und Teichrosen
keine Schwimmblätter. Ihre langen, unterseits
rötlich gefärbten und am Rand gewellten Blätter machen sie zur idealen Einzelpflanze. (Sie
gedeiht aber auch in der Gruppe.) Nicht selten
treibt die Barclaya im Aquarium Blüten, aus
denen sich auch keimfähige Samen entwickeln.
Leichter gelingt die Vermehrung allerdings
durch Rhizomsprosse. Die Pflanzen benötigen
höhere Temperaturen (23–30°C) und sollten

nicht zu oft verpflanzt werden. Gelegentlich
wird auch die Rundblättrige Barclaya (*Barclaya motleyi*) eingeführt.

Hornblattgewächse

Ceratophyllum submersum
(Zierliches Hornkraut)
Das Zierliche Hornkraut ist eine besonders anspruchslose und sehr schnellwüchsige Stengelpflanze mit feinen, zartzerteilten Blättern, die
sich auch für die Erstbepflanzung gut eignet.
Man pflanzt diese Art gruppenweise oder läßt
sie an der Wasseroberfläche treiben – wie es
auch dem natürlichen Vorkommen entspricht.
Hornkraut ist bei aller Anspruchslosigkeit
lichthungrig und sollte auf die Dauer nicht bei
zu hohen Temperaturen gehalten werden.

Bild 30. Sehr dekorativ, aber auch recht anspruchsvoll ist die Barclaya *(Barclaya longifolia).* Aufnahme Kahl

Tännelgewächse

Elatine macropoda **(Großfußiger Tännel)**
Der Tännel ist eine bodendeckende, kriechende Pflanze aus dem westlichen Mittelmeergebiet. Er wird gelegentlich für die Vordergrundbepflanzung empfohlen, ist aber auf die Dauer für höhere Temperaturen nicht geeignet. Der Tännel braucht weiches Wasser und sehr viel Licht.

Nachtkerzengewächse

Ludwigia- **Arten (Ludwigien)**
Die vorwiegend aus Nordamerika stammenden Ludwigien sind Stengelpflanzen, die unter günstigsten Verhältnissen dichte Büschel bilden können. Dazu brauchen sie allerdings einen nährstoffreichen Boden und ausreichend Licht. Vor allem die durch rote Blattunterseiten ausgezeichnete Bastard-Ludwigie *(Ludwigia repens × palustris)* braucht kräftiges Licht. Zur Vermehrung werden einfach Seitentriebe abgeknipst und in den Boden gesteckt (sie treiben schnell wieder Wurzeln).

Weiderichgewächse

Ammania gracilis **(Zierliche Kognakpflanze)**
Diese Stengelpflanze aus dem tropischen Afrika treibt lange, lanzettförmige, rotbraune Blätter. Sie wirkt in der Gruppe und im Kontrast zu grünen Nachbarpflanzen äußerst dekorativ. Die Kognakpflanze liebt einen hellen Standort und einen regelmäßigen Wasserwechsel.

Rotala macranda **(Rotweiderich)**
Die Rotweiderich-Pflanzen erinnern an Ludwigien, die Blätter der Rotweiderich-Pflanzen sind aber runder und haben keinen deutlichen Stiel. Bei intensiver Beleuchtung werden die Blätter kräftig rot und stehen dann dicht an

Bild 31. Die „Rundblättrige Rotala" *(Rotala rotundifolia)* ist lichthungrig. Sie wirkt am besten als dichte Pflanzengruppe. Aufnahme Kahl

67

dicht. Rotweiderichsprosse kann man zur Wasseroberfläche hochwachsen und dort flutend weitertreiben lassen. Die Pflanze ist wüchsig und läßt sich wie Ludwigien vermehren. Entscheidend für ein gutes Wachstum sind ausreichende Beleuchtung und regelmäßiger Wasserwechsel.

Rotala rotundifolia (Rundblättrige Rotala)

Diese anpassungsfähige Pflanze stammt aus Südostasien. Ihr Name (rotundifolia = rundblättrig) ist irreführend: Zwar hat die Überwasserform runde Blätter, doch treibt diese Rotala unter Aquarienverhältnissen schmalelliptische, etwa 10−12 mm lange Blättchen. Die zartblättrige Stengelpflanze ist besonders für Kleinaquarien gut geeignet − in großen Becken geht sie buchstäblich unter! Man sollte diese Rotala gruppenweise pflanzen. Die Vermehrung erfolgt aus Stecklingen. Nach Erreichen des Wasserspiegels kann man auch diese Pflanze flutend weiterwachsen lassen.

Seebeerengewächse

Myriophyllum aquaticum
(Brasilianisches Tausendblatt)

Die früher als *Myriophyllum brasiliense* bezeichnete Art gehört zu den feinfiedrigen Stengelpflanzen und ist daher sehr empfindlich gegen Veralgung und Mulm. Am besten gedeiht sie in weichem, leicht saurem Wasser, doch verträgt sie auch andere Wasserqualitäten, wenn sie ausreichend Licht bekommt. Die Vermehrung erfolgt durch Stecklinge und ist nicht schwer. Es gibt auch eine rotbraune Art *(Myriophyllum matogrossense)*, die wie ihre grüne Verwandte zu halten ist. Auch sie ist lichthungrig und liebt weiches Wasser. Die *Myriophyllum*-Arten unterscheiden sich von anderen feingeteilten Stengelpflanzen durch ihre quirlständigen, einfachgefiederten Blätter.

Fuchsschwanzgewächse

Alternanthera sessile
(Schmalblättriges Papageienblatt)

Papageienblätter fallen durch ihre schöne, rote Blattfärbung auf. Unter normalen Lichtverhältnissen „vergrünen" die Blätter allerdings wie bei so vielen rotblättrigen Aquarienpflanzen. Um ihre Schönheit zu erhalten, benötigt die Pflanze also viel Licht.

Bei den Papageienblättern handelt es sich um Sumpfpflanzen, die aber auch unter Wasser gedeihen. Die Pflanzen sind für Kohlensäuredüngung dankbar und sollten nicht in zu hartem Wasser gehalten werden.

Bild 32. **a** *Myriophyllum aquaticum*, **b** *Limnophila indica*, **c** *Bacopa monnieri*.

Rachenblütler

Bacopa-Arten (Fettblätter)

Die als *Bacopa caroliniana* syn. *amplexicaulis* (Großes Fettblatt) und *Bacopa monnieri* (Kleines Fettblatt) bekannten Arten sind eigentlich Sumpfpflanzen. Bei gruppenweiser Pflanzung wirken diese Stengelpflanzen recht ansprechend. Sie stellen keine besonderen Ansprüche an die Wasserqualität, benötigen aber viel Licht. Werden sie nicht rechtzeitig gekürzt, dann wachsen die Fettblätter über den Wasserspiegel hinaus.

Limnophila indica (Indischer Sumpffreund)

Diese in den Tropen der Alten Welt weitverbreitete Stengelpflanze hat 6–8zählige Quirle, aus denen die feingefiederten Blätter entspringen. Die Pflanze riecht beim Zerreiben der Blätter aromatisch und soll fischgiftige Substanzen enthalten, die allerdings erst bei Verletzung der Pflanze freiwerden.
Bei der Vermehrung durch Stecklinge sollte man daher diese vorsichtshalber kurz wässern – zumindest bei kleineren Aquarien.
Die Pflanze braucht viel Licht!

Limnophila sessiliflora
(Blütenstielloser Sumpffreund)

Diese zarte Aquarienpflanze aus Süd- und Südostasien ist – abgesehen von ihren Lichtansprüchen – ziemlich genügsam. Wie alle Stengelpflanzen läßt sie sich leicht durch Triebstecklinge vermehren. Ihr Quirl erreicht nur einen Durchmesser von ca. 3 cm, daher ist sie auch für kleinere Aquarien gut geeignet. Die Pflanze wirkt nicht nur solitär, sondern auch in der Gruppe.

Limnophila aquatica
(Großblättriger Sumpffreund)

Diese schnellwüchsige Pflanze mit ihren großen Blattquirlen eignet sich nur für größere Aquarien. Sie braucht viel Licht und reagiert auf zusätzliche Eisendüngung sehr positiv.

Bärenklaugewächse

Unter den Bärenklaugewächsen finden wir eine Anzahl sehr wüchsiger und genügsamer Pflanzen, die daher billig sind und sich besonders auch für die Erstbepflanzung eignen. Daneben aber haben sie auch den Vorteil, großblättrige und dekorative Pflanzen zu stellen.

Hygrophila polysperma
(Indischer Wasserfreund)

Eine seit Jahrzehnten beliebte und bewährte Stengelpflanze, die keiner besonderen Empfehlung bedarf. Der Indische Wasserfreund ist leicht durch Sproßstecklinge zu vermehren. Durch wiederholtes Einkürzen der Pflanze kann man sie zur Ausbildung von Seitensprossen anregen und sich so ganze Büsche heranziehen. Um Prachtexemplare zu erreichen, sollte man aber auch hier nicht auf größere Lichtgaben und den regelmäßigen Wasserwechsel verzichten.

Hygrophila difformis
(Indischer Wasserwedel, Wasserwistarie)

Die früher unter dem Synonym *Synnema triflorum* bekannte Art wurde durch ihre großen, kräftig geschlitzten Blätter bekannt und beliebt. Wenn sie bei zu schwachem Licht gehalten wird, sind die neugebildeten Blätter großflächiger. Die Wasserwistarie ist wüchsig und durch Sproßstecklinge leicht zu vermehren. Sie ist für einen regelmäßigen Teilwasserwechsel dankbar. Bei zu großen Temperaturdifferenzen können allerdings kurzfristig Wachstumsstörungen eintreten. Im übrigen verträgt sie Temperaturen zwischen 20 und 30°C.

Hygrophila stricta
(Thailändischer Wasserfreund)

Die Art ist mit der nachfolgend beschriebenen nahe verwandt, hat aber längere und schmälere Blätter, die auch dichter aufeinanderfolgen. Sie ist daher als dekorative Solitärpflanze ebensogut wie für die Randbepflanzung im Hintergrund geeignet. Die Pflanze braucht relativ viel Licht.

Hygrophila corymbosa (Riesenwasserfreund)

Die lange als *Nomaphila stricta* bekannte, große Stengelpflanze gehört zu den wüchsigsten aller Aquarienpflanzen. Sie wächst sehr schnell aus dem Wasser heraus und treibt dann ihre fahlvioletten Blüten. Die abgekniffenen Luftsprosse können unbedenklich direkt ins Wasser eingesetzt werden. Zu häufig einge-

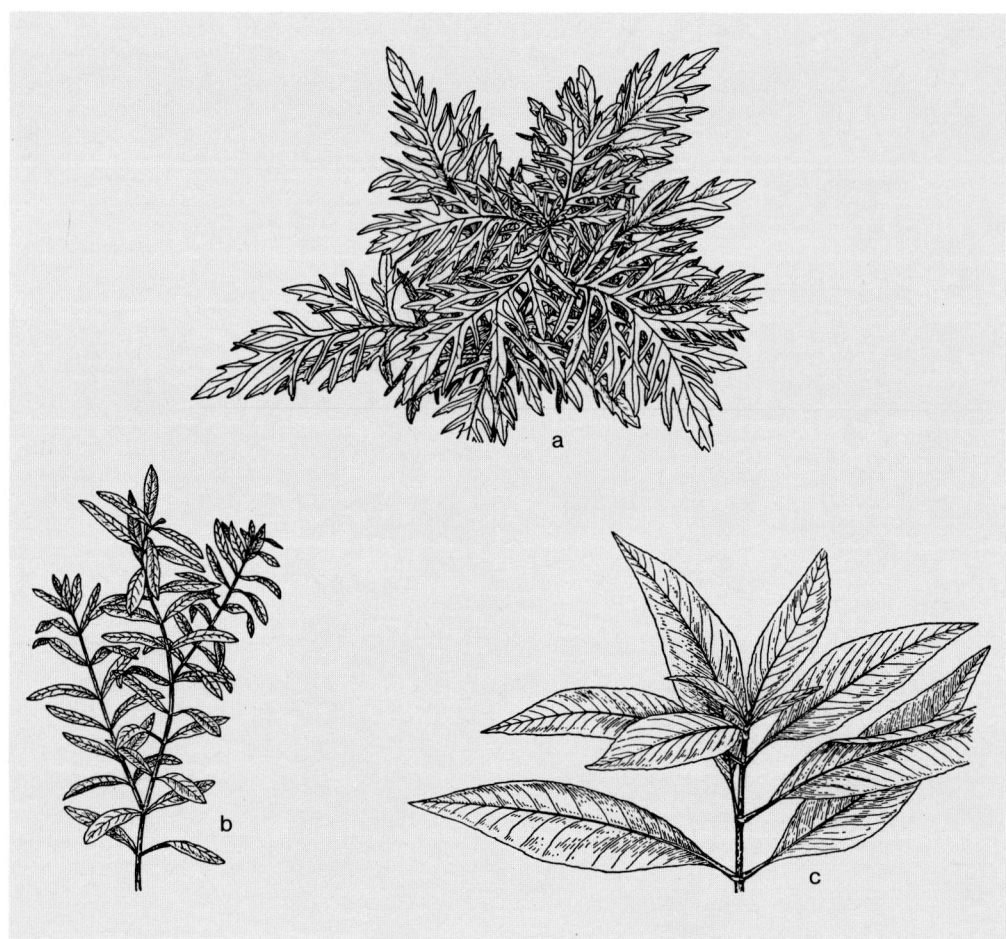

Bild 33. **a** *Hygrophila difformis,* **b** *Hygrophila polysperma,*
c *Hygrophila corymbosa.*

kürzte Altpflanzen verholzen und sehen unansehnlich aus. Sie sollten durch die sich reichlich bildenden Jungsprosse ersetzt werden.
Für Kleinaquarien ist die Pflanze nicht geeignet. Am günstigsten pflanzt man sie zu mehreren in den Hintergrund größerer Becken. Da sie mit mittleren Lichtmengen vorliebnimmt, ist sie auch für höhere Aquarien geeignet. Der Riesenwasserfreund ist auch ideal als Landpflanze für das Paludarium zu brauchen.

Lobeliengewächse

Lobelia cardinalis (Kardinalslobelie)

Die Kardinalslobelie ist eine nordamerikanische Sumpfpflanze, die sich den Bedingungen des Tropenaquariums gut angepaßt hat. Sie

ähnelt im Aussehen und in der Kultur dem Riesenwasserfreund.

Wasserschlauchgewächse

Utricularia-**Arten (Wasserschlauch)**

Wasserschlauch hat sehr dünne Sprosse und treibt an der Wasseroberfläche. Nach einiger Zeit kann er zu dichten Polstern verfilzen. Er gehört zu den fleischfressenden Pflanzen. Unser heimischer Wasserschlauch *Utricularia vulgaris* ist für das Kaltwasseraquarium geeig-

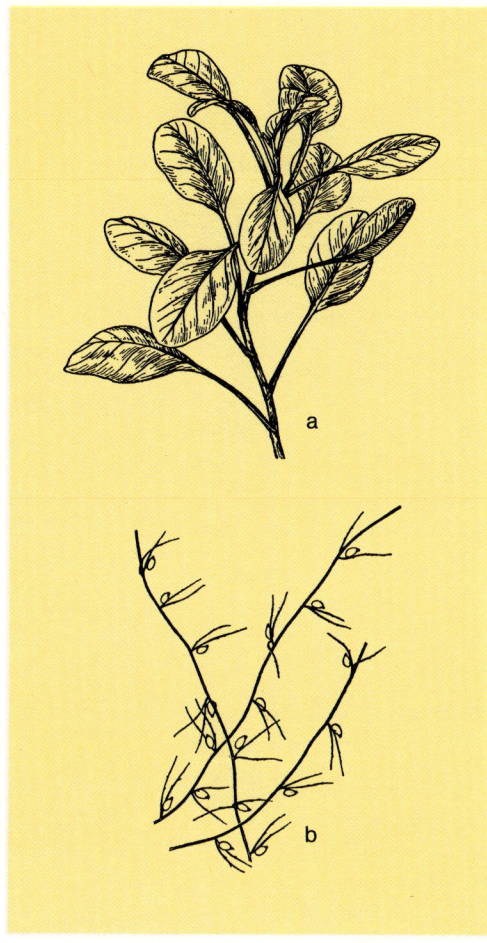

Bild 34. **a** Lobelia cardinalis, **b** Utricularia gibba.

net. Im Zuchtaquarium könnte er mit seinen Fangblasen der Fischbrut gefährlich werden. Der tropische Zwergwasserschlauch *(Utricularia gibba)* fängt lediglich Infusorien. Er hat, wie auch die oben genannte Art, keinen Dekorationswert.

Froschlöffelgewächse

Unser heimischer Froschlöffel *Alisma plantago-aquatica* eignet sich nur für das Kaltwasser-aquarium. Von besonderem aquaristischen Interesse sind in dieser Pflanzenfamilie die Sagittarien und vor allem die *Echinodorus*-Arten.

Zur Gattung *Echinodorus* werden derzeit 47 Arten gezählt. Sie stammen alle aus Amerika, vorzugsweise aus Südamerika. In erster Linie leben sie dort als Sumpfpflanzen. Auch wenn sie nur zum Teil aus dem Amazonasgebiet stammen, werden sie alle als Amazonaspflanzen bezeichnet, gelegentlich auch als Schwertpflanzen. Im Aussehen und in den Pflegeansprüchen gibt es artweise beträchtliche Unterschiede.

Sagittarien sind grasartige Unterwasserpflanzen, die oft mit Vallisnerien verwechselt werden. Von den über 30 Arten werden nur wenige im Aquarium gepflegt. Sie unterscheiden sich von den *Vallisneria*-Arten durch die Ausbildung ihres Blattrandes und der Blattadern. Die Vallisnerien-Blätter sind im Spitzenbereich gezähnt, ihre Längsnerven enden alle in der Blattspitze (Lupe!). Die Längsnerven der glattrandigen Sagittarienblätter enden teilweise vor der Blattspitze in den Blattrand.

Echinodorus tenellus
(Grasartige Schwertpflanze)
Dies ist eine beliebte Kleinpflanze für den Vordergrund. Bei guter Beleuchtung bildet sie bald Bodenausläufer und begrünt dann rasenartig größere Flächen. Die Pflänzchen werden üblicherweise nicht größer als 5 cm.

Nur wenig größer wird *Echinodorus quadricostatus* (syn. *intermedius, latifolius, magdalenensis*), die ganz ähnlich zu halten ist. Lichtschluckende Schwimmpflanzen müssen von diesen Echinodorus ferngehalten werden.

Echinodorus parviflorus
(Schwarze Amazonas)
Die aus den Hochebenen von Peru und Bolivien stammende Schwarze Amazonas besitzt tiefgrüne, dunkelgeäderte Blätter. Die Pflanze bildet bei guter Pflege einen kompakten, sehr dichten und etwa 20 cm hohen Busch und ist daher als Solitärpflanze für mittelgroße und große Aquarien geeignet. Die Pflegeansprüche der Schwarzen Amazonas sind gering: Sie braucht einen freien Stand, kann sich aber auch geringeren Lichtintensitäten anpassen.

71

Bild 35. **a** Sagittaria subulata, **b** und **c** Echinodorus amazonicus, **d** Pseudoviviparie bei Echinodorus osiris.

Echinodorus amazonicus (Echte Amazonas)

Die früher auch als *Echinodorus brevipedicellatus* bezeichnete Pflanze gehört zu den großen *Echinodorus*-Arten, die man nur als freistehende Einzelpflanzen in mittelgroßen und großen Becken verwenden sollte. Ihre schwertförmig nach unten gebogenen, hellgrünen Blätter werden 40 cm lang und 2–3 cm breit. Die robuste Pflanze treibt leicht Blütenstengel, die allerdings zumeist unter Wasser bleiben und Jungpflanzen entwickeln. Die Jungpflanzen sollten nicht zu früh abgetrennt werden. Am besten beläßt man den Stengel an der Mutterpflanze, biegt ihn zu Boden und fixiert ihn hier mit einem Stein. Bei ausreichendem Licht wachsen die Jungpflanzen gut an.

Echinodorus bleheri
(Breitblättrige Amazonas)
Diese Pflanze gleicht der Echten Amazonas. Sie wird jedoch noch häufiger gepflegt und ist auch noch robuster. Die am Rande schwach gewellten Blätter werden bis zu 8 cm breit.

Sagittaria subulata **(Flutendes Pfeilkraut)**
Diese vor allem im südöstlichen Teil Nordamerikas beheimatete Pflanze kommt in mehreren Formen vor: Die *subulata*-Form ähnelt sehr den Vallisnerien. Neben den bandartigen Unterwasserblättern schiebt sie gelegentlich auch ihre pfeilartigen Schwimmblätter und ihre kleinen, weißen Blüten. Sie ist völlig anspruchslos und vermehrt sich willig durch Bodenausläufer. Die Form *pusilla* (Zwergpfeilkraut) ist ähnlich wie *Echinodorus tenellus* als kleine, rasenbildende Vordergrundpflanze geeignet, ist aber in ihren Lichtansprüchen weitaus gemäßigter.

Sagittaria platyphylla
(Breitblättriges Pfeilkraut)
Die fast 50 cm groß werdende, robuste Sumpfpflanze hält sich im Aquarium ausgezeichnet. Ihre bandförmigen Blätter werden über 2 cm breit. Die Pflanze vermehrt sich willig durch Ausläufer und ist in jeder Hinsicht anspruchslos. Die Temperatur sollte allerdings unter 25 °C bleiben.

Froschbißgewächse

Blyxa-**Arten**
Diese sehr anspruchsvollen Arten sind dekorative Vorder- und Mittelgrundpflanzen. Sie brauchen sehr viel Licht und weiches Wasser.

Elodea canadensis **(Kanadische Wasserpest)**
Die aus Nordamerika in die Flüsse und Seen

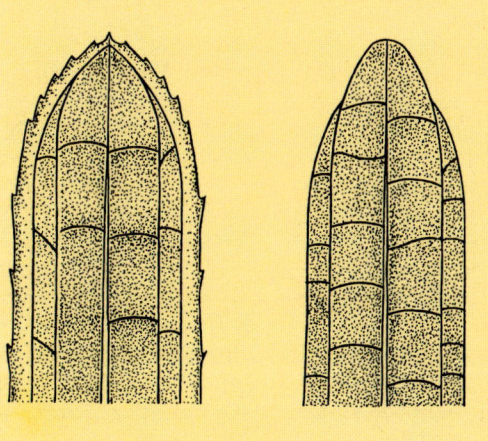

Bild 37. Das Blatt einer Vallisnerie (links) ist am Rand gezähnt, vor allem im Bereich der Blattspitze. Das Blatt einer Sagittarie (rechts) ist glattrandig.

Bild 38. **a** Egeria densa, **b** Vallisneria spiralis.

Europas eingeschleppte Wasserpflanze ist eine der geeignetsten Wasserpflanzen für das Kaltwasserbecken. Sie ist sehr wüchsig und ein guter Sauerstoffspender, braucht allerdings viel Licht.

Man pflanzt diese wintergrüne Stengelpflanze am besten in dichten Beständen in den Hintergrund.

Egeria densa **(Argentinische Wasserpest)**
Diese Art hat bedeutend größere Blätter als *Elodea canadensis.* Auch sie ist sehr dankbar. Auf Dauer verträgt sie nur mittlere Temperaturen. Sie wird vorzugsweise in größeren Beständen in den Hintergrund gepflanzt. Sie eignet sich aber auch als an der Oberfläche treibende Pflanze, besonders für Fischbecken, in denen Bodenpflanzen sich nicht halten (wühlende Großcichliden). Dann hat man auch mit der Beleuchtung keine Probleme, denn bei aller Robustheit ist *Egeria densa* lichthungrig. Die Vermehrung durch Sproßstecklinge ist einfach.

Vallisneria spiralis
(Sumpfschraube, Vallisnerie)
Nur wenige Pflanzen sind so genügsam und vermehrungsfreudig wie diese. Sie ist die ideale Art für die Erstbepflanzung. Zu weiches Wasser bekommt ihr allerdings nicht. Nach kurzer Eingewöhnungszeit bildet sie Bodenausläufer, die bald das ganze Becken besiedeln, wenn nicht immer wieder eingekürzt wird. Man pflanzt Vallisnerien vorzugsweise in Gruppen am Rand oder im Hintergrund. Die an der Oberfläche flutenden Blätter schlucken viel Licht, können aber eingekürzt werden. – Die Temperatur kann zwischen 15–30 °C liegen.

Vallisneria asiatica var. *biwaensis*
(Schraubenvallisnerie)
Die korkenzieherartig gedrehten Blätter der Schraubenvallisnerie bilden einen guten Kontrast zu den meisten anderen Pflanzen. In der Kultur gleicht sie *Vallisneria spiralis,* ist aber weniger wüchsig.

Vallisneria gigantea
(Riesen-Vallisnerie)
Die aus Neuguinea und von den Philippinen stammende Riesen-Vallisnerie entwickelt bis zu 2 m lange und 3 cm breite, bandartige Blätter. Sie ist daher nur für wirklich große Becken geeignet und sollte – wenn man möchte, daß sie ihrem Namen Ehre macht – in lehmhaltigen Boden gepflanzt werden. Ihre übrigen Ansprüche sind gering. Sie verträgt Temperaturen zwischen 22–28 °C.

Narzissengewächse

Crinum natans
(Gewelltblättrige Hakenlilie)
Das Zwiebelgewächs stammt aus Westafrika. Wegen ihrer in der Natur bis zu 1,50 m lang werdenden kräftigen Blätter ist die Pflanze nur für große Aquarien geeignet. Sie braucht einen nahrhaften Bodengrund und viel Licht, ist dann aber robust und nimmt auch mit hartem und alkalischem Wasser vorlieb.

Crinum thaianum **(Thailand-Hakenlilie)**
Auch diese für den Hintergrund und die Seiten größerer Aquarien geeignete Wassernarzisse

74

ist langlebig und sehr robust. Ihre 2 cm breiten Blätter werden bis zu 2 m lang. Im Aquarium bedecken die Blätter wie in der Natur die Wasseroberfläche und schlucken dann viel Licht. Ein gelegentlicher Rückschnitt schadet nicht. Die Vermehrung erfolgt durch Brutzwiebeln.

Wasserährengewächse

Aponogeton-Arten gehören zu den beliebtesten Aquarienpflanzen. Wir finden wirklich prächtige Gewächse unter ihnen. Allerdings sollte der Käufer sie auch richtig pflegen, denn durch rücksichtsloses Sammeln der Knollen sind die Bestände in der Natur schon stark dezimiert.
Die Pflanzen haben knollige Wurzelstöcke. Aus einem derartigen Rhizom sproßt im Aquarium in kurzer Zeit eine herrliche, genügsame Pflanze, die allerdings nach einigen Monaten im Wachstum nachläßt und es schließlich ganz einstellt. Diese Pflanzen sollten nun in kühleres Wasser von etwa 15°C überführt werden. Der Wasserstand sollte die Knolle nur wenige Zentimeter bedecken. Jetzt werden auch die letzten Blätter abgestoßen. Nach 2–4 Ruhemonaten geben wir die Knolle wieder zurück ins Aquarium. Sie treibt sofort wieder schöne Blätter. Damit die Knolle nicht immer wieder umgepflanzt werden muß, pflanzen wir sie in eine Kulturschale, die wir in den Bodengrund des Aquariums einsetzen. (Dem Substrat sollte Aquarienton beigefügt werden.)
Fast alle Wasserähren blühen willig. Die meisten Blüten sind selbstfertil, das heißt, ihr eigener Pollen kann zur Frucht- und Samenbildung führen. Am besten hilft man beim Bestäuben nach, indem man den ährenartigen Blütenstand vorsichtig von oben nach unten mit einem Tuschepinsel oder einem Wattebausch betupft. Wenn die Fruchtknoten nach wenigen Tagen anschwellen, verlief die Bestäubung erfolgreich. Der Fruchtstand reift unter Wasser weiter. Nach etwa 2 Monaten lösen sich die Samen ab, treiben einige Tage auf dem Wasser und sinken dann zu Boden. Hier wachsen sie nun weiter. Im Normalaquarium ist allerdings selten genug Licht für die kleinen Pflänzchen. Am besten pflanzen wir die Keimlinge in ein Kulturgefäß, das wir in unserem Aquarium so anbringen, daß der Wasserstand über dem

Bild 39. Fertige Jungpflanzen mit Knollenansatz an einem „Blütenstand" von *Aponogeton undulatus*.

Pflänzchen nur wenige Zentimeter hoch ist. Wenn wir uns das Pflanzgefäß aus einem Plastikschälchen anfertigen und dieses mit entsprechend gebogenen Drahtbügeln am Oberrahmen des Aquariums einhängen, haben wir ohne große Mühe ein einfaches, aber wirkungsvolles *Aponogeton*-Aufzuchtbeet geschaffen. Wenn unsere Fische zu großes Interesse an den empfindlichen Pflänzchen zeigen, müssen wir das Beet mit einem genügend lichtdurchlässigen Netz abdecken.

Aponogeton undulatus **(Gewellte Wasserähre)**
Eine problemlose schöne Pflanze mit schmalen, gewellten Blättern. An den Blütenständen bilden sich zumeist keine Blüten, sondern direkt Jungpflanzen mit Knöllchen und Wurzeln. Die Vermehrung ist also sehr einfach.

Aponogeton crispus **(Krause Wasserähre)**
Diese Art wird häufig gehalten und ist leicht in der Pflege. Zu hartes Wasser bekommt ihr al-

Bild 40. **a** Aponogeton madagascariensis, **b** Aponogeton ulvaceus, **c** Aponogeton crispus.

lerdings nicht. Vielfach ist sie mit anderen Arten bastardiert. Von dieser Art sind mehrere Formen im Handel, die z. T. *Aponogeton undulatus* ähneln.

Die Krause Wasserähre ist nicht „lebendgebärend", sondern muß über Samen vermehrt werden. Aber auch in dieser Hinsicht bereitet sie selten Schwierigkeiten.

Aponogeton ulvaceus (Salat-Wasserähre)

Die aus Madagaskar stammende Pflanze hat breite, hellgrüne Blätter. Sie sind salatartig dünn und gewellt. Die Pflanze ist anpassungsfähig und wird auch in mittelhartem Wasser recht groß. Sie ist vor allem als schönes Schaustück für große Aquarien geeignet. Da sie selten selbstfertil ist, müssen ihre Blütenähren mit denen eines anderen Exemplares „über Kreuz" befruchtet werden, um Samen bilden zu können.

Aponogeton boiviniatus (Bucklige Wasserähre)

Eine ebenfalls aus Madagaskar stammende, bis 50 cm hoch werdende Pflanze mit stark ge-

noppten Blättern. Sie ist als prächtige Solitärpflanze großer Aquarien ziemlich anspruchslos, bevorzugt allerdings nicht zu hartes Wasser.

Aponogeton madagascariensis (Gitterpflanze)

Von der Gitterpflanze werden eine breitblättrige und eine schmalblättrige Form angeboten, die sich beide dadurch auszeichnen, daß die Blattspreite zwischen den gitterartigen Blattadern aufgelöst ist.

Gitterpflanzen brauchen sehr weiches Wasser von 20–22 °C sowie ein kristallklares und algenfreies Milieu bei häufigem Wasserwechsel. In der Natur ist die Pflanze „im Namen der Aquaristik" so dezimiert, daß um ihren Weiterbestand gefürchtet werden muß. Schon das sollte uns vom Kauf der Pflanze abhalten.

76

Pontederiengewächse

Eichhornia- **Arten (Wasserhyazinthen)**
Die gelegentlich im Handel erscheinenden, schön hellblau blühenden Wasserhyazinthen eignen sich nicht sehr für die Aquarienhaltung. Die ursprünglich im tropischen Amerika beheimatete *Eichhornia crassipes* hat sich als schwimmendes Wasserunkraut in allen Tropenzonen verbreitet. Im Aquarium hält sich die Pflanze nicht, weil ihre Lichtansprüche nicht erfüllt werden können.
Eichhornia azurea kann auch submers gehalten werden. Sie ist dekorativ, doch braucht auch sie zum Gedeihen viel Licht.

Arongewächse

Zu dieser Familie gehören sehr viele beliebte und ausgezeichnet geeignete Aquarienpflanzen, allen voran die Wasserkelche (Cryptocorynen).
Wasserkelche sind in Süd- und Südostasien beheimatet. Da sie dort vielfach in beschatteten Urwaldflüssen vorkommen, sind sie auch im Aquarium mit geringen Lichtmengen zufrieden. Obwohl zumeist Pflanzen des weichen, sauren Wassers, passen sie sich in der Kultur vielfach auch anderen Wasserbedingungen an.
Wer erfolgreich Cryptocorynen pflegen will, muß sie vor allem ungestört wachsen lassen. Nichts ist für sie schädlicher als wiederholtes Umpflanzen. Bei ungestörtem Wachstum bilden sie Bodenausläufer, über die sie mit der Zeit ganze Wälder bilden können. Sie sind nicht schnellwüchsig.
Die Artbestimmung der Wasserkelche ist nicht immer leicht. Die sichere Bestimmung erfolgt nach dem Bau ihrer kelchartigen Blüten (Name!). Da sich diese aber bei der im Aquarium üblichen submersen Haltung nicht bilden, sieht man Cryptocorynen nur ausnahmsweise mal blühen. Von Haus aus sind die meisten Wasserkelche Sumpfpflanzen. Sie reagieren wie alle Sumpfpflanzen gut auf Aquarienton und CO_2-Düngung.
Eine plötzliche Veränderung der Wasser- und vor allem der Lichtbedingungen kann schlagartig zum Zusammenbruch der Population führen. Die Blätter faulen manchmal zunächst erst langsam, dann aber immer schneller. Diese Cryptocorynen-Fäule tritt vor allem nach einem radikalen Auslichten der Schwimmpflanzendecke, nach dem Wechsel des Leuchtstoffröhrentyps oder nach dem zu späten Auswechseln der Röhren, nach der Zugabe von zuviel Pflanzendünger oder Algenmitteln. Wer seinen Cryptocorynen jedoch solche Schocks erspart, sie gewissermaßen geduldig und mit Samthandschuhen pflegt, kann viel Freude an ihnen haben. Besonders pflegeleichte Arten für den Anfang sind *C. affinis, C. petchii, C. usteriana, C. willisii, C. walkeri* und *C. wendtii*.

Cryptocoryne willisii **(Zwergwasserkelch)**
Jahrelang war diese niedrig bleibende Pflanze unter dem Namen *Cryptocoryne nevillii* bekannt. Sie ist ideal für die Vordergrundbegrünung. Bis aus einigen Pflanzen aber ein ganzer Zwergwasserkelchrasen entsteht, können Jahre vergehen!
Sie ist auch mit weniger Licht und niedrigerer Temperatur zufrieden, aber gutes Licht und Temperaturen zwischen 25–30°C beschleunigen das Wachstum.

Cryptocoryne affinis
(Haertelscher Wasserkelch)
Eine sehr häufig gehaltene und besonders anspruchslose Pflanze, die unter fast allen Bedingungen noch gut wächst. Ihre Blätter sind gelegentlich etwas genoppt und unterseits oft rötlich. Sie treibt willig Ausläufer.
Hervorragend geeignet für Pflanzengruppen im Mittelgrund und an den Seiten des Aquariums.

Cryptocoryne ciliata
(Gewimperter Wasserkelch)
Diese bis zu 50 cm hoch werdende Pflanze braucht für ein gutes Wachstum ausreichend Licht. Sie ist gut für die Gruppenpflanzung im Hintergrund geeignet. Die Temperaturen liegen zwischen 22–28°C, die Wasserwerte sind nicht entscheidend – der Gewimperte Wasserkelch gedeiht selbst noch im Brackwasser.

Cryptocoryne petchii **(Petchis Wasserkelch)**
Die aus Ceylon (Sri Lanka) stammende

Bild 41. **a** Eichhornia crassipes, **b** Cryptocoryne affinis, **c** Cryptocoryne balansae, **d** Cryptocoryne wendtii, **e** Cryptocoryne ciliata, **f** Cryptocoryne willisii.

Pflanze besitzt bräunliche, etwa 10 cm lange, schwach gewellte Blätter. Dekorativ!
Auch in mittelhartem Wasser treibt sie noch willig Ausläufer.

Cryptocoryne usteriana
(Hammerschlag-Wasserkelch)
Dieser Wasserkelch treibt bis zu 80 cm große, stark gebuckelte, grüne Blätter. Die Pflanze stammt von den Philippinen und ist ziemlich anpassungsfähig – eignet sich aber natürlich nur für größere Behälter.
Die etwas kleinere *Cryptocoryne balansae* sieht ähnlich aus und ist ebenfalls leicht zu pflegen.

Cryptocoryne wendtii
(Wendts Wasserkelch)
Wendts Wasserkelch ist in mehreren Varietäten bekannt. Die Blätter sind oberseits olivgrün und oft mit bleigrauen Flecken besetzt. Die Art ist genügsam in Hinblick auf Wasserbeschaffenheit, Lichtmenge und Bodengrund. Sie vermehrt sich durch Bodenausläufer und eignet sich gut für Gruppenpflanzung im Mittelgrund.

Lagenandra-Arten
Hier handelt es sich um eng mit Cryptocorynen verwandte Sumpfpflanzen aus Asien, die sich an die untergetauchte Lebensweise allerdings wesentlich schlechter anpassen als die Wasserkelche. *Lagenandra*-Arten wachsen daher im Aquarium nur langsam. Für das Paludarium dagegen sind sie bei Kultur als halbemerse Pflanzen ideal.

Anubias-Arten (Speerblatt)
Die Anubias-Arten stammen aus Afrika und ähneln im Aussehen und in der Haltung den ihnen verwandten Cryptocorynen – allerdings sind sie weniger anpassungsfähig an submerse Bedingungen. Wegen ihres langsamen Wachstums eignen sie sich für Aquarianer, die sich mit dem Jäten und Vermehren der Pflanzen keine Arbeit machen wollen. Nur für gut eingefahrene Becken geeignet!
Am empfehlenswertesten ist *Anubias barteri* var. *nana,* das in Westafrika beheimatete Zwergspeerblatt.

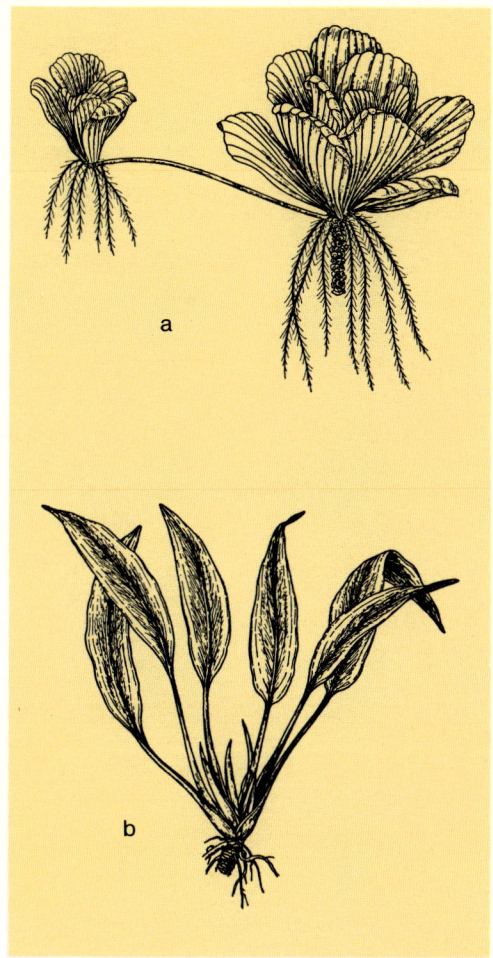

Bild 42. **a** Pistia stratiotes, **b** Lagenandra thwaitesii.

Pistia stratiotes (Muschelblume)
Pistia ist eine dekorative Schwimmpflanze, die allerdings aus der üblichen Aquarienperspektive weniger wirkt als von oben. Ihr hoher Lichtbedarf macht sie für das Aquarium wenig geeignet – dagegen kann man sie im Sommer mühelos an sonnigen Stellen im Freiland kultivieren.

Wasserlinsengewächse

Lemna minor (Kleine Wasserlinse)
Die gelegentlich auch als „Entengrütze" bezeichneten Wasserlinsen bedecken als kleine

Bild 43. Wasserlinsen sind so wuchsfreudig, daß sie bald den ganzen Wasserspiegel bedecken. Das Foto zeigt die Kleine Wasserlinse *(Lemna minor)* und die größere *Spirodela polyrhiza.* Aufnahme Vierke

Schwimmpflanzen unsere Teiche oft in dicken Schichten. Sie werden leicht mit Lebendfutter oder Pflanzen ins Aquarium eingeschleppt. Auch hier vermehren sie sich oft so schnell, daß sie zur Plage werden. Wir müssen sie dann wiederholt abschöpfen – nach einigen Monaten verschwinden sie dann schließlich von selbst. Anstelle von Wasserlinsen sollten wir zur Abschattung des Bodengrundes lieber leichter kontrollierbare Pflanzen (z. B. *Riccia, Ceratopteris, Salvinia)* verwenden.

Die größere *Spirodela polyrhiza* fällt uns weniger zur Last, aber auch sie ist als Aquarienpflanze nicht zu empfehlen. Sie unterscheidet sich von der Kleinen Wasserlinse vor allem durch ihre rotgefärbte Unterseite.

Schnecken im Aquarium

Ob man will oder nicht, jeder Aquarianer wird nach einiger Zeit mit Wasserschnecken Bekanntschaft machen: Man schleppt sie zunächst unfreiwillig beim Kauf von Wasserpflanzen oder mit dem Tümpelfutter ein.

Unter den Schnecken gibt es einige, die uns im Aquarium durchaus willkommen sind, aber auch solche, die wir möglichst verbannen sollten. – Wenn die Schnecken gar zu sehr überhandnehmen, können wir sie entweder einzeln absammeln oder ihnen durch schneckenfressende Fische den Garaus machen. Kugelfische z.B. sind eingefleischte Schneckenliebhaber; leider aber können diese Fische u.U. auch anderen Fischen das Leben schwer machen, indem sie die Flossen anknabbern. Kugelfische zur Schneckenbekämpfung sind daher nicht das Ei des Kolumbus!

Zumeist genügt es, überzählige Schnecken abzusammeln. Mit der Ködermethode ist das nicht schwer: Wenn wir ein größeres Kartoffel- oder Möhrenstück ins Wasser legen, finden sich hier nach wenigen Stunden viele Schnecken ein, die wir nun bequem absammeln können.

Spitzschlammschnecke *(Lymnaea stagnalis)*

Die einzige Schnecke, die sich häufiger an unseren Wasserpflanzen vergreift, ist die Spitzschlammschnecke, die in unseren Tümpeln beheimatet ist. Wir erkennen sie leicht an ihrem einfarbigen, großen, spitz zulaufenden Gehäuse. Spitzschlammschnecken werden bis zu 6 cm groß.

Zu verwechseln wäre diese Art höchstens mit der ebenfalls einheimischen, lebendgebärenden Sumpfdeckelschnecke *(Viviparus viviparus),* die aber ein braungebändertes Gehäuse hat, das sie durch einen Deckel verschließen kann.

Beide Schneckenarten sind interessante Ob-

jekte für ein Tümpelaquarium – eignen sich jedoch nicht für ein Pflanzenbecken!

Malaiische Turmdeckelschnecke
(Melanoides tuberculata)

Auch diese Schnecke hat ein spitz zulaufendes Gehäuse, das jedoch viel schlanker ist als das der Spitzschlammschnecke. Die Malaiischen Turmdeckelschnecken werden auch kaum länger als 1 cm. Sie leben tagsüber im Bodengrund des Aquariums und sind als Resteverzehrer und gleichzeitige Bodenwühler nütz-

Bild 44. **a** Posthornschnecke, **b** Spitzschlammschnecke, **c** Turmdeckelschnecke.

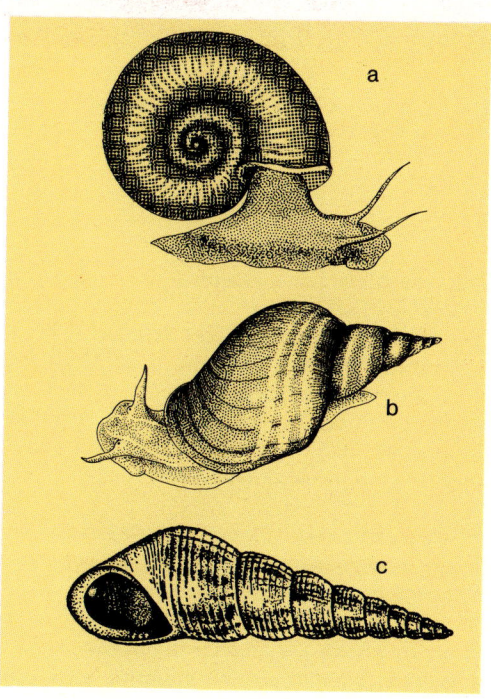

Bild 45. Die Apfelschnecke *(Ampullaria australis)* ist dekorativ und interessant, vergreift sich aber manchmal an zarten Aquarienpflanzen. Aufnahme Vierke

lich. Sie halten den Boden locker, ohne die Pflanzen zu schädigen.

Die lebendgebärenden Tiere können sich gelegentlich sehr stark vermehren, werden aber auch dann nicht schädlich. Wenn sie auch bei Licht den Boden verlassen, so ist dies ein Zeichen dafür, daß der Boden stark verschmutzt und erneuerungsbedürftig ist.

Posthornschnecke *(Planorbarius corneus)*

Die posthornartig aufgerollten, rötlich oder schwärzlich gefärbten Posthornschnecken gehören zu den häufigsten Schnecken im Aquarium. Ihre Rolle als Algenvertilger wird jedoch meist überschätzt, auf der anderen Seite sind die Posthornschnecken jedoch auch nicht gefährlich für die Aquarienbepflanzung – nur bei Massenvermehrung können sie schädlich werden.

Am beliebtesten sind die roten Posthornschnecken *(Helisoma)* aus dem tropischen Südamerika.

Apfelschnecken *(Ampullaria australis)*

Die bis zu 10 cm groß werdende, tropische Apfelschnecke ist ein interessanter Aquarienbewohner: Sie ist in der Lage, mit einem schnorchelartigen Fortsatz atmosphärische Luft aufzunehmen. Ihre Eier legt sie außerhalb des Wassers in Laichpaketen ab – meist an der Deckscheibe des Aquariums. Auch Apfelschnecken fressen Algen – sie brauchen aber auch Fischfutter, um gut wachsen und sich fortpflanzen zu können. Erwachsene Tiere fressen gerne Kopfsalat und vergreifen sich gelegentlich auch an zarten Wasserpflanzen.

Womit füttern wir unsere Fische?

Vielfach wird geglaubt, daß man die Güte oder Eignung eines Fischfutters direkt am Freßverhalten der Fische ablesen könne. Glauben Sie keiner Reklame, die nach dem Motto argumentiert „Die Fische stürzen sich geradezu auf unser Futter – daher ist es gut!". Fische gewöhnen sich sehr schnell an bestimmte Futtersorten (unabhängig davon, ob diese ihnen letztlich gut oder schlecht bekommen) und brauchen manchmal einige Zeit, wenn man sie auf andere Sorten umstellen will oder muß.

Trockenfutter

Wohl die meisten Aquarianer verfüttern Trockenfutter. Diese Methode ist bequem, und die Fische zeigen, daß ihnen das Futter schmeckt. Trockenfutter gibt es in verschiedenen Ausführungen: als Dosenfutter in Flockenform, als Futtertabletten oder gefriergetrocknet.

Flockenfutter ist das Allround-Futter, und die meisten Aquarienfische können alleine mit Flockenfutter ernährt werden.

Dieses Dosenfutter wird aus verschiedenen tierischen und pflanzlichen Materialien, Spurenelementen und Vitaminen hergestellt. Gutes Flockenfutter sollte keine Trübstoffe ans Wasser abgeben und nicht zu schnell in kleinste Teilchen zerfallen. Die meisten handelsüblichen Flockenfuttersorten erfüllen voll die Ansprüche für die tägliche Fischpflege.

Futtertabletten eignen sich vor allem für größere Fische, die man mit dem üblichen Flockenfutter nicht mehr sattbekommt, und die die Tabletten mit einem Biß aufschnappen. Auch kleinere Fische (z. B. Welse) raspeln sich gerne kleinere Stückchen von den Tabletten ab. Mit den üblichen Futtertabletten wird allerdings die Fütterung großer Buntbarsche, Buschfische oder Schlangenkopffische auf die Dauer recht teuer werden. Hier können wir jedoch auf das billigere Schildkrötenfutter oder auf die Pellets, die die Forellenzüchter verwenden, zurückgreifen.

Gefriergetrocknetes Futter besteht aus Futtertieren (z. B. Tubifex, Mückenlarven, Salinenkrebsen), denen man durch Gefriertrocknung Wasser entzogen hat. Die Nährstoffe und der Geschmack bleiben dabei erhalten. Gefriergetrocknetes Futter ist bei trockener Lagerung nahezu unbegrenzt haltbar – allerdings ist diese Futtersorte wegen der recht aufwendigen Konservierungsart auch nicht billig.

Fleisch

Große Fische nehmen gelegentlich gern frisches Fleisch als Nahrung an. In Maßen und nicht zu häufig kann man mageres Fleisch an Großfische verfüttern. Besonders in Streifen feingeschnittenes Rinderherz und magerer gekochter Schinken eignen sich ausgezeichnet. Ideal ist natürlich Fischfleisch, da es besonders gut verdaulich ist. Fischrogen wird auch von kleineren Fischen gerne gefressen. Wer seine Fische nur mit Fleisch füttert, ohne ihnen gelegentlich Lebendfutter oder andere Futtersorten anzubieten, muß mit dem Auftreten von Mangelerscheinungen bei seinen Fischen rechnen.

Tiefkühlfutter

Viele Fische nehmen kein Trockenfutter, sondern sind reine Lebendfutterfresser. Nun wird aber in den meisten Fällen nicht das ganze Jahr über Lebendfutter zur Hand sein, so daß wir uns einen Vorrat von tiefgefrorenem Lebendfutter anlegen müssen. Die Futtertiere werden lebend, mit so wenig Wasser wie irgendmöglich eingefroren. Je schneller dies geht, d. h. je tiefer die Temperatur der Tiefkühltruhe beim Einfrieren eingestellt ist, desto besser wird die Qualität der Tiefkühlkost.

Auch der Handel bietet verschiedene Futtertierarten an, die wir monatelang in der Tiefkühltruhe lagern können.

Beim Verfüttern von Tiefkühlkost ist unbedingt darauf zu achten, daß das Futter völlig aufgetaut ist – eine Nachlässigkeit kann zu Darmentzündungen und anderen Krankheiten bei den Fischen führen!

Lebendfutter

Einige besonders gut für die Aquarienhaltung geeignete Zierfische kann man ihr Leben lang nur mit Trockenfutter ernähren, ja sogar züchten. Die Mehrzahl unserer Fische aber gedeihen besser, wenn man ihnen wenigstens gelegentlich Lebendfutter oder zumindest Tiefkühlfutter anbietet. Einige Fischarten sind sogar völlig auf Lebendfutter angewiesen, da erst die Bewegung ihrer Beute als Schlüsselreiz zum Zuschnappen dient. In einigen Zoofachgeschäften kann man Lebendfutter fast das ganze Jahr über bekommen. Hier handelt es sich zumeist um Tubifex oder Rote Mückenlarven, gelegentlich erhält man auch Wasserflöhe. – Für größere Fische bekommt man „Mehlwürmer", Grillen und gelegentlich noch andere Insektenlarven. In Angelfachgeschäften sind vielfach auch Fliegenmaden und Regenwürmer erhältlich.

Zur Verfütterung von Lebendfutter gilt entsprechendes wie beim Trockenfutter: Es sollte nur so viel Futter ins Aquarium gegeben werden, wie in kurzer Zeit aufgefressen werden kann. Daß wir, vor allem beim Verfüttern der Wasserflöhe, unseren Filter abstellen müssen, ist sicher selbstverständlich.

Wenn man die Möglichkeit hat, sollte man sich das Lebendfutter selbst beschaffen und „tümpeln" gehen.

Wasserflöhe (Daphnien) lassen sich zeitweilig in großen Mengen mit dem Netz aus unseren Seen und Tümpeln herausfangen. Diese Tiere ernähren sich von feinen Schwebeteilchen (Mikroorganismen), die sie über ein gut organisiertes Filtersystem aus dem Wasser filtrieren. Aus diesem Grund kann man die Wasserflöhe sehr gut als lebende Filter für das Aquarium benutzen: In einigen Stunden kann ein Trupp Wasserflöhe ein von Schwebealgen getrübtes Aquarium klären.

Der Nährwert der Daphnien wird oft unterschätzt. Neben tierischen Eiweißen enthalten frischgefangene Wasserflöhe in ihrem Verdauungsapparat auch pflanzliche Stoffe, die für viele Fische von großer Bedeutung sind. Ihr Chitinpanzer ist gleichzeitig ein ausgezeichneter Ballaststoff.

Wasserflöhe sind recht sauerstoffbedürftig. Gibt man zu viele Tiere auf einmal ins Aquarienwasser, so sterben überzählige Tiere bald ab. Kühlgestellt kann man die Wasserflöhe einige Tage aufbewahren (zusätzliche Durchlüftung ist vorteilhaft!), der Nährwert dieser Tiere ist jedoch nicht mehr mit dem frischgefangener Daphnien zu vergleichen.

Hüpferlinge (Cyclops) kann man zu allen Jahreszeiten in großen und kleinen Wasseransammlungen mit dem Netz fangen (selbst im Winter trifft man sie gelegentlich unter dem Eis der Seen an). Vor allem die kleinen *Cyclops*-Larven (Nauplien) sind für die Aufzucht von Jungfischen von großer Bedeutung.

Wenn man allerdings von ihnen so viele ins Aquarium gibt, daß nicht alle gefressen werden, dann wachsen sie schneller heran als die Fischbrut und werden ihr gefährlich!

Salzkrebse (Artemien) gehören zum wichtigsten Lebendfutter der Aquarianer. Das gilt vor allem für die Fischzüchter, da die im Handel erhältlichen Artemia-Eier ohne Schwierigkeiten zum Schlupf gebracht werden können und dann ein hervorragendes Aufzuchtfutter für allerkleinste Fischlarven bieten. Die geschlüpften Nauplien (Schlüpfen der Nauplien

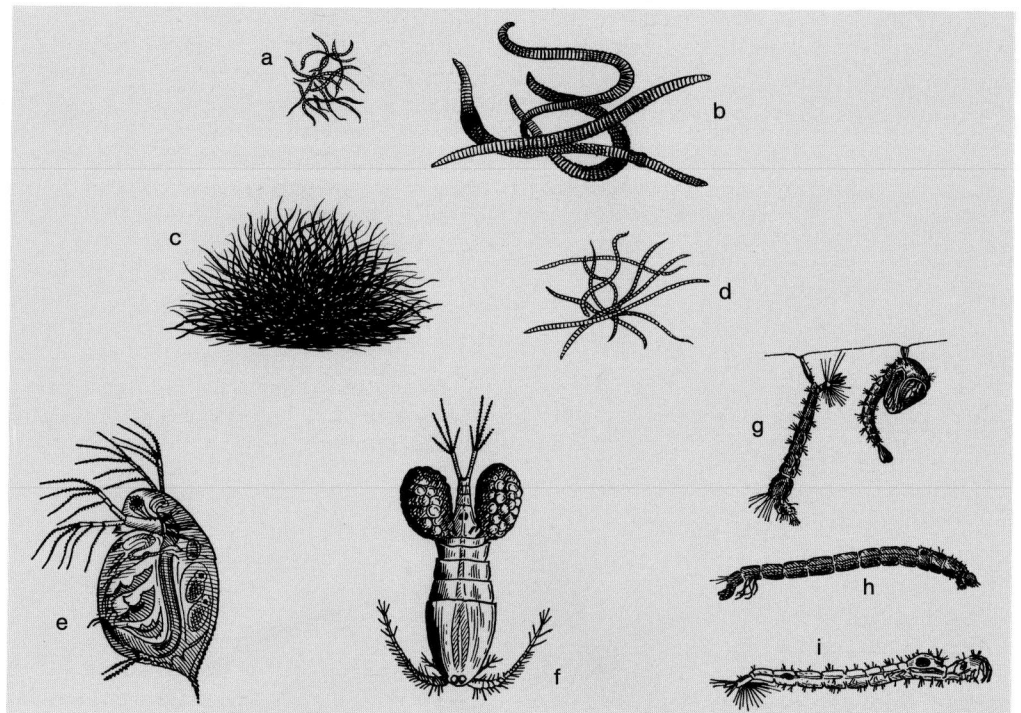

Bild 46. **a** Grindalwürmchen, **b** Regenwürmer, **c** Bachröhrenwürmer (Tubifex), **d** Enchytraeen, **e** Wasserfloh, **f** Cyclops-Weibchen mit Eipaketen, **g** Schwarze Mückenlarve (mit Puppe), **h** Rote Mückenlarve, **i** Weiße Mückenlarve.

s. Seite 268) kann man in Salzwasser (15–20 g jodfreies Kochsalz pro Liter Wasser) mit im Handel erhältlichem Spezialfutter aufziehen: Die geschlüpften Nauplien werden am einfachsten in ein kleines Plastikbecken oder eine größere Schüssel überführt. Das Wasser sollte nicht durchlüftet werden, die Temperatur kann zwischen 18–28 °C liegen. Eine besondere Bestrahlung ist nicht erforderlich. Die Tiere müssen jedoch regelmäßig gefüttert werden: Dazu gibt man etwa 1 Messerspitze des staubartigen Artemien-Futters ins Wasser und rührt um. Das nun getrübte Wasser wird von den Krebschen zur Nahrungsaufnahme durchgefiltert. Erst wenn das Wasser wieder klar ist, darf nachgefüttert werden. Den Bodensatz müssen wir regelmäßig entfernen.

Die Artemien-Zucht ist unproblematisch, haben wir die ersten Jungtiere erst einmal großbekommen. Wer die Möglichkeit hat, sollte sich einen Zuchtansatz aus alten und halbwüchsigen Tieren besorgen. Ansonsten kann man die Startschwierigkeiten mit einem speziellen Erstfutter für Artemia-Nauplien überbrücken.

Die erwachsenen Artemien werden gut 10 cm groß und sorgen ständig für Nachwuchs.

Rote Mückenlarven, d. h. die rotgefärbten Larven der Zuckmücken *(Chironomus)* leben am Bodengrund von Seen und Tümpeln. Das Fangen dieser Tiere ist keine Sache für den Normalaquarianer, da man dazu spezielle „Kratzkescher" und Siebe benötigt. Rote Mückenlarven werden aber im Handel häufig angeboten. Sie kommen allerdings manchmal aus stark verschmutzten Gewässern, weshalb bei der Verfütterung der an sich sehr nahrhaften Tiere eine gewisse Vorsicht geboten ist. Man sollte die Mückenlarven 1–2 Tage vor dem Verfüttern wässern – zumindest wenn man empfindliche Fische hat.

Schwarze Mückenlarven, d. h. die Larven und Puppen der Stechmücken *(Culex)* sind ein ganz hervorragendes Fischlebendfutter. Im Frühjahr und in einigen Sommermonaten findet man diese Mückenlarven oft sehr zahlreich in kleinen Laubwald-Tümpeln oder auch in Regentonnen. Die Tiere hängen mit ihren Atemröhren an der Wasseroberfläche, streben aber bei der kleinsten Erschütterung nach unten. Wir können sie mit gewöhnlichen Wasserflohnetzen leicht herausfangen.

Beim Verfüttern muß man nur insofern aufpassen, als die Larven sich im warmen Wasser recht schnell entwickeln: Wer zu reichlich füttert, holt sich eine Stechmückenplage ins Zimmer!

Weiße Mückenlarven, die Larven der Büschelmücke *(Corethra),* sind ebenfalls ein ideales Fischfutter. Die an Glasstäbchen erinnernden Tiere schweben waagerecht im Wasser von Seen und Tümpeln und kommen manchmal in großer Zahl vor. Vereinzelt trifft man sie sogar in der kalten Jahreszeit noch an.

Weiße Mückenlarven sind sehr nahrhaft, fördern die Laichwilligkeit der Fische und werden außerordentlich gerne gefressen. Sie können ohne Durchlüftung an einem kalten Ort für längere Zeit aufbewahrt werden. Falls doch einmal Mücken aus den verpuppten Larven schlüpfen sollten – keine Angst, Büschelmücken stechen nicht!

Mehlkäferlarven, besser bekannt als ,,Mehlwürmer" sind im Zoofachhandel immer zu bekommen. Eigentlich sind sie als Futter für Vögel oder Reptilien gedacht, aber sie eignen sich auch sehr gut für größere Fische, denn sie sind fett und nahrhaft. Als Alleinfutter sind Mehlwürmer allerdings ungeeignet, da die Fische verfetten würden!

Enchyträen sind kleine, weiße Borstenwürmer (20–30 mm lang), die sich als fett- und eiweißhaltige Aufzuchtnahrung für schnellwachsende Fische sehr gut eignen. Aber auch hier heißt es: ,,Einseitige Fütterung vermeiden, da die Tiere leicht verfetten könnten!"

Wer im Keller genügend Platz hat, sollte es einmal mit einer Enchyträen-Zucht versuchen. Wir benötigen dazu eine 20 × 20 cm große Kiste, die etwa 10 cm hoch sein sollte (Holz oder Styropor). Direkt auf den Boden legen wir als Abdeckung eine Glasscheibe und füllen dann ungedüngte Blumenerde ein. Die Erde muß stets feucht (nicht naß!) gehalten werden. Auf die Erde geben wir das Futter für die Enchyträen: gekochte Haferflocken, Brot, geriebene Äpfel oder Mohrrüben. Dann decken wir die Kiste mit einer Glasscheibe ab. Nicht gefressene Futterreste müssen entfernt werden, damit die Erde nicht säuert oder verdirbt. In einer guten Kultur sammeln sich die Würmer am Futter rein an. Da die Kultur nach einiger Zeit immer von Schädlingen befallen wird, sollte sie regelmäßig erneuert werden. Am besten hält man mehrere Zuchtkästen gleichzeitig. (Zuchtansätze bekommt man beim Zoohändler oder auf dem Versandweg. In Aquarienzeitschriften findet man fast ständig Angebote.)

Grindalwürmchen sind tropische Zwergenchyträen, die nur knapp 10 mm groß werden und sich daher besonders für Jungfische eignen. Sie sind bei Zimmertemperatur zu züchten und brauchen nur kleine Zuchtkästen (etwa 10 × 10 × 5 cm). Als Kultursubstrat verwenden wir ungedüngte Gartenerde oder Torf. Die Pflege und Fütterung erfolgt wie bei den großen Enchyträen.

Tubifex (Bachröhrenwürmer) ist das häufigste im Handel angebotene Lebendfutter für Aquarienfische. Die roten Würmer sind in kühlerem Wasser, das häufig gewechselt werden sollte, einige Tage gut zu halten. Am besten und längsten halten sie jedoch, wenn wir sie unter ständig schwach fließendes Leitungswasser stellen. Die meisten Fische fressen Tubifex gern und vertragen dieses Futter auch, selbst wenn es manchmal aus stark verunreinigten Gewässern stammt. Wer sehr empfindliche Fische hat, sollte seine Tubifex vor dem Verfüttern auf jeden Fall 1–2 Tage wässern. Tubifex können auch mit einer Rasierklinge kleingehackt werden und so als Aufzuchtfutter für Jungfische dienen.

Regenwürmer sind für größere Fische eine begehrte und wertvolle Nahrung. Mistbeetwürmer sollten jedoch nicht in zu großen Mengen verfüttert werden, da sie u.U. unbekömmlich sein können.

Das Gesellschaftsaquarium

Das Gesellschaftsaquarium – ein schön bepflanztes Aquarium, dekorativ mit Wurzeln und Steinen gestaltet und mit vielen verschiedenen friedlichen und pflanzenfreundlichen Fischen besetzt – ist der bei weitem am häufigsten anzutreffende Aquarientyp. (Aus diesem Grund sind meine bisherigen Ausführungen zur Einrichtung und Wartung eines Aquariums in erster Linie für Gesellschaftsaquarien gedacht.)

Eines sei hier aber nocheinmal besonders betont: Ein Gesellschaftsaquarium sollte nicht weniger als 70 Liter Wasser fassen – möglichst mehr. Je größer das Becken ist, desto pflegeleichter ist es für uns.

Bei der Zusammenstellung der Pflanzen und Fische dürfen wir uns nur von einem Gesichtspunkt leiten lassen: Die Ansprüche der Pflanzen und Fische müssen mit den Möglichkeiten übereinstimmen, die wir ihnen bieten können! Bei Pflanzen ist dies nicht ganz so schwierig. Durch eine vorausschauende Planung können wir dafür sorgen, daß besonders anspruchsvolle Arten genügend Platz und Licht bekommen und daß wir Pflanzen zusammensetzen, die bei gleichen Temperaturen und Wasseransprüchen gehalten werden können.

Bei der Zusammenstellung der Fische heißt es wesentlich mehr Fingerspitzengefühl zu zeigen. Gewisse Fische, die zwar die gleichen Ansprüche an Wasserqualität, Temperatur und Bepflanzung stellen, lassen sich einfach nicht miteinander halten. Und während man von Anfang an gar nicht zu viel Pflanzen haben kann, zeigt sich beim Fischbesatz in der Mäßigung der Meister.

Für die richtige Kombination von Fischarten gibt es leider keine Faustregeln. Es ist daher nur schwer, hier Allgemeines zu sagen. Eine grundsätzliche Beziehung ist jedoch klarzustellen: Wir unterscheiden zwischen Schwarmfischen und Fischen, die in der Regel als Alttiere keine Schwärme bilden. (Natürlich gibt es hier auch Übergänge!) Typische Schwarmfische sind untereinander verträglich und dürfen nie alleine oder in Kleinstgruppen gehalten werden.

Es gibt aber auch Fische, die gerade ihre Artgenossen auf das Erbittertste bekämpfen. (Das gilt vor allem für die Männchen, wenn sie in Fortpflanzungsstimmung kommen!) Solche Fische müssen dann einzeln oder besser noch paarweise gehalten werden. Da sie sich den Angehörigen anderer Arten gegenüber meist sehr gesittet benehmen, kann man sie auch gut vergesellschaften.

Unter Aquarianern gibt es immer wieder große Diskussionen, ob man Fische und Pflanzen nach geographischen Gesichtspunkten miteinander kombinieren sollte. Ich kann es sehr gut nachfühlen, wenn man sich bei der Auswahl seiner Tiere und Pflanzen von geographischen Gesichtspunkten leiten läßt. Ich selbst tue das gelegentlich auch, bin in dieser Hinsicht aber nicht „strenggläubig".

Wie immer man zur geographisch „richtigen" Zusammenstellung seiner Fische stehen mag, über eines sollte man sich klar sein: Die Auswahl nach Erdteilen, ja selbst nach Biotopen, kann nicht im entferntesten dazu führen, eine verträgliche, gut abgestimmte Besetzung zu bekommen. Oft ist gerade das Gegenteil der Fall. Ein Beispiel soll dies zeigen:

Aus einem Teich in Südwest-Thailand fing ich zwei Kampffische *(Betta splendens)*, einen kleinen Kletterfisch *(Anabas)*, einen Punktierten Fadenfisch *(Trichogaster trichopterus)* und einige Knurrende Guramis *(Trichopsis vittatus)*. Sie kamen in ein (zu!) kleines Aquarium, in dem sich nach wenigen Tagen der Fadenfisch zum Tyrannen aufspielte und durch seine ständigen Jagereien überaus lästig wurde. Als ich ihn herausgefangen hatte, begann bald das Kampffisch-Männchen seine Nachfolge anzutreten.

Auch diesen Fisch holte ich aus dem Becken. Nun begann der Kletterfisch den Guramis zuzusetzen...

Man sieht, eine gemeinsame Herkunft garantiert keineswegs friedliches Zusammenleben.

Gestaltungs- und Besetzungsvorschläge

Für den Anfänger ist es oft nicht leicht, sich ohne detaillierte Hilfe ein Aquarium gut einzurichten und richtig zu besetzen. Der Leser möge die folgenden Vorschläge als Hilfen an-

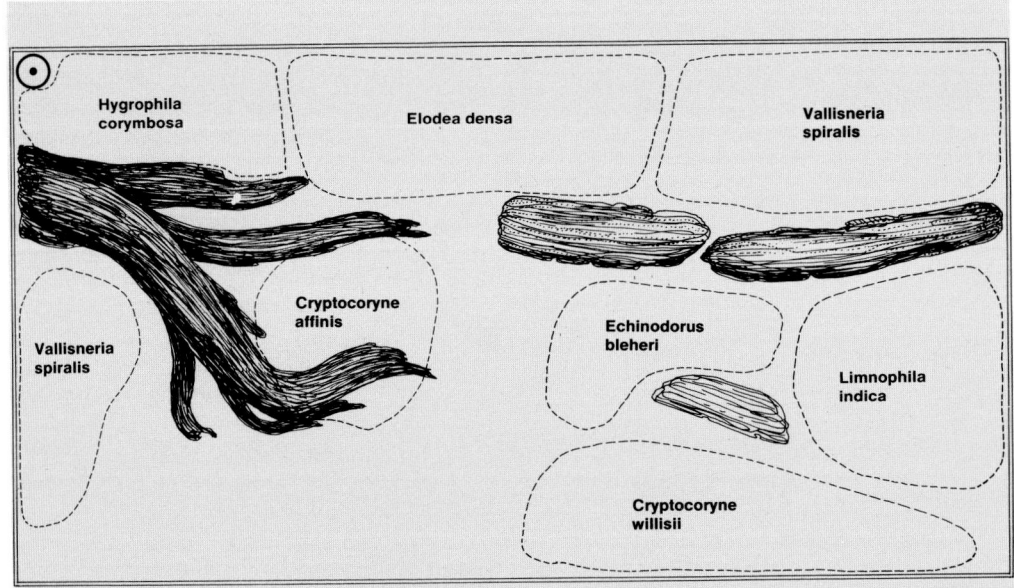

sehen, die ihm im Zusammenhang mit den Hinweisen im Kapitel „Die Einrichtung des Aquariums" einen guten Einstieg in unser Hobby ermöglichen. Selbstverständlich sind der Phantasie bei der Gestaltung eines Gesellschaftsaquariums keine Grenzen gesetzt, und der fortgeschrittene Aquarianer wird bei der Verwirklichung seiner Vorstellungen eigene Wege gehen.

Als Beispiel für die Gestaltung sei hier ein Vorschlag für ein 80–120 Liter Becken gegeben. (Becken dieser Größe sind etwa 80–100 cm lang.)

Beleuchtung: 2 oder 3 20-Watt-Leuchtstoffröhren

Weitere technische Hilfsmittel: 1 Heizer (40 bis 60 Watt), 1 Regler, 1 Thermometer und möglichst einen Filter

Dekoration: 1 bizarre Moorkienholzwurzel, 3 gut handgroße, flache Steine.

Die Wurzel kommt in den linken Teil des Aquariums (sie dient uns als Versteck für technische Geräte). Zwei der Steine benutzen

Bild 47 (links oben). Pflanzplan, Aufsicht. Vorschlag für ein 80–120-Liter-Becken. Erstbepflanzung mit wüchsigen, relativ billigen Pflanzen. (○ Regelheizer)

Bild 48 (links unten). Ansicht des Beckens von Bild 47.

Bild 49 (unten). Pflanzplan, Aufsicht. Wie Bild 47, aber jetzt mit anspruchsvolleren Pflanzen, die die Erstbepflanzung ergänzt und teilweise ersetzt haben.

wir, um in der hinteren rechten Ecke eine kleine Terrasse zu bauen.

Bepflanzung: Die Bepflanzung erfolgt nach dem Schema von Bild 47. Dazu brauchen wir eine *Echinodorus bleheri* (oder *E. parviflorus, E. amazonicus*) und 2–3 Stengel *Hygrophila corymbosa* (oder *H. difformis, H. stricta*). Von den anderen Pflanzen sollte man wenn möglich jeweils mindestens 5 Exemplare nehmen – lieber mehr. Nach oben ist da kaum eine Grenze gesetzt. Ich habe relativ billige Pflanzen ausgewählt, die sich schnell vermehren und von denen man auch am ehesten Ableger von befreundeten Aquarianern oder aus Vereinen bekommen kann. Lediglich die Vordergrundpflanze *(C. willisii)* ist etwas anspruchsvoller. Sie kann aber auch durch *Echinodorus tenellus* ersetzt werden. Alternativ zur wüchsigen Wasserpest eignet sich das nicht weniger schnellwachsende Hornkraut. Anstelle von *Limnophila indica* kann man auch *Ludwigia repens* nehmen.

Wer günstig an andere Pflanzen herankommen kann, dem steht es natürlich frei, sie unter Berücksichtigung ihrer Bedürfnisse noch zusätzlich oder alternativ einzuplanen.

Wenn nach mehreren Wochen das Aquarium eingefahren ist, und die Pflanzen gut wachsen, kann man nach und nach einige weniger wertvolle Arten durch schönere ersetzen, beispielsweise so, wie es der Bepflanzungsvor-

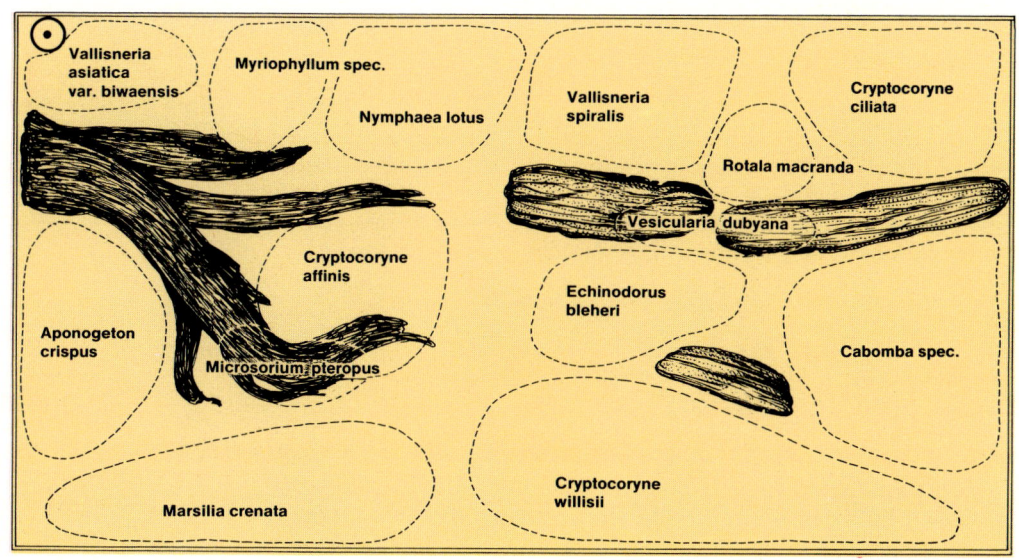

schlag Bild 49 zeigt. Vielfach nimmt man dann bewußt Pflanzen hinzu, die im Wasser nicht oder nur langsam wachsen, wie *Anubias* und *Lagenandra.* Man erleichtert sich so die Wartungsarbeiten.

Bei der Bepflanzung haben wir keinerlei geographische Gesichtspunkte berücksichtigt. Wir haben genügsame und schöne Pflanzen genommen und sie nach dekorativen Gesichtspunkten zusammengestellt.

Fischbesatz: Für den Fischbesatz möchte ich 5 alternative Vorschläge geben.

1. Völlig unproblematische Arten aus aller Welt

Guppy (Poecilia reticulata)	3 Männchen, 2 Weibchen
Platies (Xiphophorus maculatus)	2 Paare
Zebrabärbling (Brachydanio rerio)	10 Tiere
Königscichlide (Pelvicachromis pulcher)	1 Paar
Punktierter Panzerwels (Corydoras paleatus)	6 Tiere

Hierbei handelt es sich um sogenannte „Anfängerfische", deren Haltung aber interessant ist und Freude bereitet. Die meisten Fische sind ständig in Bewegung und attraktiv. Vielleicht werden wir gelegentlich junge Guppys und Platies aus dem Aquarium fischen und vor den Nachstellungen der anderen Aquarienbewohner retten können. Dem Königscichliden-Paar sollten wir eine Höhle ins Becken geben. (Wir können dafür eine halbierte Kokosnußschale verwenden, die wir schräg mit der Öffnung nach unten in den Boden stellen, so daß nur ein kleiner Eingang frei bleibt.) Anstelle der Königscichliden können wir aber auch ein Paar *Pelmatochromis thomasi* nehmen – diese Tiere benötigen keine Höhle. – Wassertemperatur 24°C.

2. Dekorative Fische aus dem Süden Asiens und Amerikas

Segelflosser (Pterophyllum scalare)	4 Tiere
Mosaikfadenfisch (Trichogaster leerii)	4 Tiere
Kirschflecksalmler (Hyphessobrycon erythrostigma)	7 Tiere
Kampffisch (Betta splendens)	1 Paar
Harnischwels (Plecostomus)	2 Tiere

Der Name täuscht: Auch wenn wir einen Kampffisch im Becken halten, haben wir hier eine Zusammenstellung besonders ruhiger und friedlicher Fische, die ohne Ausnahme von der Farbe und Gestalt her prächtig wirken. Zusätzlich zur empfohlenen Bepflanzung verankern wir im linken Drittel des Aquariums einen schwimmenden Sumatrafarn *(Ceratopteris).* – Wassertemperatur 28°C.

3. Weichwasserbecken für südamerikanische Fische

Segelflosser (Pterophyllum scalare)	4 Tiere
Schmetterlingsbuntbarsche (Papiliochromis ramirezi)	2 Paare
Rote Phantomsalmler (Megalamphodus sweglesi)	8 Tiere
Schrägschwimmer (Thayeria boehlkei)	8 Tiere
Blauer Antennenwels (Ancistrus dolichopterus)	3 Tiere

Ich habe hier Fische ausgewählt, die nicht zu den extremen Weichwasserfischen gehören. Sie sind bei 14° dGH durchaus zu halten – wenngleich weicheres Wasser natürlich günstiger wäre. Die Salmler können natürlich auch durch andere Arten ersetzt werden. Allerdings sollten die Tiere nicht zu klein sein, da erwachsene Segelflosser gern kleine Salmler fressen. Aus diesem Grund habe ich hier auch keine Neonfische empfohlen! (Sie brauchen überdies auch niedrigere Temperaturen als die anderen hier angegebenen Arten.) – Wassertemperatur 27°C.

4. Fische für härteres Wasser

Zwerggregenbogenfisch (Melanotaenia maccullochii)	10 Tiere
Grüner Schwertträger (Xiphophorus helleri)	1 Männchen, 2 Weibchen
Tanganjika-Zwergbuntbarsche (Julidochromis ornatus)	4 Tiere
Schützenfisch (Toxotes chatareus)	1 Tier
Kupfermaulbrüter (Pseudocrenilabrus philander)	1 Männchen, 2 Weibchen

Wo das Wasser mit mehr als 20°C dGH aus der Leitung fließt, wird man sich klugerweise nicht für Weichwasserfische entscheiden, da die notwendige Wasseraufbereitung für größere Becken recht teuer und umständlich wäre. Die oben aufgeführten Fische dagegen brauchen relativ hartes Wasser, wenn sie sich wohlfühlen sollen. Anstelle der Kupfermaulbrüter können wir auch den Kleinen Maulbrüter *(P. multicolor)* nehmen. Für die Tanganjika-Zwergbuntbarsche müssen wir zusätzlich links neben der Wurzel und rechts vor der Terrasse noch je eine Steinhöhle bauen. Der vorgeschlagene Schützenfisch ist weniger unproblematisch als die anderen Fische (s. Seite 105). – Wassertemperatur etwa 23°C.

5. Fische aus dem tropischen Asien

Rotschwanzbärbling (Rasbora borapetensis)	10 Tiere
Dornauge (Acanthophthalmus)	4 Tiere
Bitterlingsbarbe (Puntius titteya)	8 Tiere
Zwergfadenfisch (Colisa lalia)	1 Paar
Feuerschwanz (Labeo bicolor)	1 Tier
Knurrende Guramis (Trichopsis vittatus)	4 Tiere
Siamesische Rüsselbarbe (Epalzeorhynchus siamensis)	3 Tiere

Dieses Becken vereint dekorative mit hochinteressanten (Knurrende Guramis!) Fischen. Anstelle der Rotschwanzbärblinge können wir auch andere nicht zu groß werdende Rasbora-Arten nehmen. Im linken Drittel des Aquariums sollten wir als Schwimmpflanze eine *Ceratopteris*-Art verankern. – Wassertemperatur zwischen 26 und 29°C.

All diese Vorschläge haben eines gemeinsam: Es handelt sich hier mit ganz wenigen Ausnahmen um Fische, die aus guten Gründen beliebt und daher leicht zu bekommen sind. Sie stellen nur verhältnismäßig geringe Ansprüche an den Pfleger und lassen die Pflanzen unbehelligt.
Ich nehme an, daß es mit ein wenig Phantasie nun nicht schwerfallen wird, diese Planung auf entsprechend größere Anlagen zu übertragen.

Das Minibecken

Als Minibecken bezeichne ich ein Aquarium, das nur etwa 15–40 Liter Wasser faßt. Es handelt sich aber beileibe nicht um ein Anfängerbecken oder ein Kinderbecken! Denn wie ich schon mehrfach angesprochen habe, ist es sehr viel leichter, ein größeres Aquarium erfolgreich zu betreiben als ein kleines.

Ein Minibecken ist also etwas für Leute, die bereits Erfahrungen mit anderen Aquarien gesammelt haben.

Ein besonderer Vorteil des Minibeckens ist die geringe Wassermenge – das macht sich vor allem dann bemerkbar, wenn man für seine Fische Wasser einer speziellen Qualität braucht, das man sich erst mühsam und zumeist teuer beschaffen muß (z.B. sehr weiches Wasser). Auch wer Fische halten will, die ausschließlich

Bild 50. Minibecken sind nur dann für Kinder geeignet, wenn Vater oder Mutter mit Rat und Tat zur Seite stehen können. Aufnahme Vierke

Bild 51. Ein mit Javafarn, Javamoos, Zwergamazonas-
pflanzen und *Cabomba* bepflanztes Geröllbecken für
Zwergbuntbarsche.

Besetzungsvorschläge

Es gibt Kleinfische, die im großen Gesellschaftsaquarium regelrecht untergehen würden, die man aber wegen ihrer Schönheit oder
aufgrund ihres interessanten Verhaltens gerne
halten möchte. Damit meine ich weniger, daß
diese Arten im Gesellschaftsaquarium gejagt
oder gar gefressen werden würden, aber sie
bleiben versteckt zwischen den Pflanzen, sind
unscheinbar und schüchtern, und eines Tages
sind sie verschwunden – in den meisten Fällen
bemerkt man ihren Abgang gar nicht mehr.
Solche Fische sind am besten in einem kleinen
Artaquarium aufgehoben, in dem nur Mitglieder der eigenen Art gehalten werden.
Nehmen wir als Beispiel den aus Nordamerika
stammenden **Zwergkärpfling** *(Heterandria
formosa)*. Diese Fischchen, die nur maximal
3 cm groß werden (die Männchen bleiben in
der Regel noch 1 cm kleiner), fühlen sich im
Artaquarium am wohlsten. Wir bepflanzen das
Minibecken mit zartfiedrigen Pflanzen, wie
Myriophyllum oder *Cabomba*. Zusätzlich lieben die Fischzwerge mit Javamoos bewach-
sene Wurzeln und etwas *Riccia* oder andere

auf Lebendfutter angewiesen sind, wird diese
in ein Minibecken setzen. Lebendfutter gibt es
nicht zu allen Jahreszeiten in größeren Mengen, und billig ist es auch nicht. Wer also neben
Barben, Salmlern und anderen „Auch-Trok-
kenfutter-Fressern" z.B. Blaubarsche halten
will, der wird auf längere Sicht im Gesellschaftsbecken Schwierigkeiten haben, die
Blaubarsche ausreichend zu ernähren. Wenn
sie genügend Lebendfutter bekommen, dann
fressen alle anderen Fische mit! Im nur mit ein
oder zwei Arten besetzten Minibecken kann
man dagegen gezielt füttern.
Natürlich ist der regelmäßige Teilwasserwechsel auch im Minibecken fällig! Er muß hier sogar in kürzeren Abständen erfolgen als üblicherweise – wenn man es nicht vorzieht, die
Wasserqualität regelmäßig auf Härte und
Nitritgehalt zu prüfen.
Kleine Wassermengen sind labiler als große!

Schwimmpflanzen an der Wasseroberfläche. Die Tiere bekommen zerkrümeltes Trockenfutter. Wir sollten ihnen aber zwischendurch auch immer wieder Artemia-Nauplien anbieten. Auf die Wasserhärte und -temperatur brauchen wir im Zimmeraquarium keine Rücksicht zu nehmen; die Nordamerikaner brauchen keine zusätzliche Heizung. Die Fischchen gehören zu den Lebendgebärenden Zahnkarpfen, bei denen auch ohne unsere Mithilfe immer wieder Junge großkommen.

Auch die ebenfalls aus Nordamerika stammenden **Zwergsonnenbarsche** *(Elassoma evergladei)* sind im Minibecken am besten untergebracht. Sie stellen die gleichen geringen Ansprüche wie die Zwergkärpflinge, fressen allerdings nur Lebendfutter. Auch hier kommen die Jungen meist ohne unser Zutun groß. (Die schwarzen, leuchtendblau-gefleckten Männchen wirken bei ihren Balztänzen ganz allerliebst.) Als weiterer Fischzwerg eignet sich vorzüglich der schon erwähnte **Blaubarsch**

(Badis badis) für das Minibecken. Wir richten das Becken wie oben beschrieben ein, bringen aber zusätzlich noch zwei Steinhöhlen ein. Hier können wir Balz, Paarung und Brutpflege dieser schönen Fischchen beobachten. Da die Jungen in der Regel nicht von den Eltern verfolgt werden, können auch hier gewissermaßen nebenbei Jungtiere großwerden. Blaubarsche sind reine Lebendfutterfresser und brauchen Temperaturen zwischen 22 und 28 °C.

Das Minibecken muß natürlich nicht mit dem kleinen Artaquarium identisch sein. Es ist nicht nur möglich, gelegentlich ist es sogar empfehlenswert, zwei oder drei Arten auch im Minibecken zu kombinieren. Wer ein Paar oder ein Trio Zwergbuntbarsche im Minibecken unterbringen will, sollte sie mit einigen

Bild 52. Nordamerikanische Zwergbarsche *(Elassoma evergladei)* pflegen wir am besten ohne weitere Beifische im Minibecken. Aufnahme Kahl

Bild 53. Der Tanganjika-Zwergbuntbarsch *(Julidochromis ornatus)* kommt erst im Artbecken richtig zur Geltung. Aufnahme Vierke

Salmlern (Spritzsalmler, Beilbauchfische) oder Platies vergesellschaften. Die Anwesenheit dieser stets im freien Wasser schwimmenden Tiere ermutigt auch die Zwergbuntbarsche, aus ihren Verstecken herauszukommen. Zwergbuntbarsche sind im Vergleich zu den übrigen Buntbarschen zwar wirklich klein, aber so winzig wie die zuvor beschriebenen Fischzwerge sind selbst die kleinsten unter ihnen nicht. Darüber hinaus brauchen sie als Tiere mit ausgeprägten Revieren eigentlich größere Aquarien. Wenn man den Raum aber extrem stark gliedert, ist auch ein Minibecken für Zwergbuntbarsche gut geeignet. Als Beispiel für ein derartiges **Zwergcichliden-Becken** möchte ich hier ein Geröllaquarium beschreiben:

Das Geröllbecken besteht zu etwa 25% nur aus Steinen. (Auch in ihrer südamerikanischen Heimat leben einige der *Apistogramma*-Arten im Lückensystem zwischen dem Geröll der Bäche.) Die etwa faustgroßen, runden Steine werden so im Aquarium gestapelt, daß sie in den beiden hinteren Ecken fast den Wasserspiegel erreichen, in den vorderen Ecken sollen sie etwa bis zur halben Höhe gehen. Im Vordergrund bleibt etwa in der Mitte ein freier Raum, der mit feinen Pflanzen besetzt wird. Die Steine müssen gut verkeilt sein, damit unser Gebilde nicht zusammenstürzen kann, und sie sollten direkt auf dem Aquarienboden liegen. Erst dann wird Sand eingefüllt.

In einem derart eingerichteten 30-Liter-Becken wäre Platz für ein *Apistogramma*-Männchen und zwei Weibchen sowie für einen kleinen Schwarm von etwa 6 Beilbauchfischen oder Spritzsalmlern. Das Wasser muß weich und leicht sauer sein, die Temperatur zwischen 24 und 28 °C liegen.

Ganz entsprechend können wir uns ein Becken für die kleinen *Julidochromis*-Arten einrichten, den Zwergbuntbarschen aus dem Tanganjikasee. Das Wasser sollte hier ruhig hart sein, auf Beifische können wir verzichten. Hier macht es sich sehr gut, wenn wir das Geröll durch schrägstehende Schieferplatten mit einem entsprechenden Spaltensystem ersetzen.

Als Besatz für ein derartiges Minibecken bis hin zum 1-Meter-Becken reicht ein einziges Paar *(J. transcriptus, J. ornatus, J. dickfeldi)*. Im Verlauf einiger Monate sorgt der Nachwuchs für den Restbesatz.

Leider sind die Geschlechter kaum zu unterscheiden. Hier kann ich nur den Tip geben, notfalls nicht harmonierende Partner auszutauschen. Vorher sollte man jedoch die Trennscheiben-Methode versuchen, denn vielfach vertragen sich zunächst auch *Julidochromis*-Paare nicht: Die streitenden Tiere werden durch eine quer ins Aquarium gestellte Glasscheibe getrennt; entfernt man die Scheibe nach einigen Tagen wieder, so haben sich die Tiere oft aneinander gewöhnt.

Es gibt eine Unzahl von reizvollen Kombinationen für ein mit zarten Pflanzen, einer kleinen Baumwurzel und einigen Steinen eingerichtetes Kleinaquarium. Hier ein paar weitere Vorschläge:

Gut läßt sich ein kleiner Trupp **Panzerwelse mit einigen zierlichen Salmlern** *(Nannostomus, Poecilobrycon)* vergesellschaften. Diese Tiere brauchen weiches, leicht saures Wasser.

Gute farbenprächtige Gespanne aus Asien bilden **Honigfadenfische** *(Colisa chuna)* – 1 Männchen, 1–2 Weibchen – **und Rote Spitzschwanzmakropoden** *(Pseudosphromenus dayi)* oder **Dornaugen und ein kleiner Schwarm Keilfleckbarben** *(Rasbora heteromorpha* oder *R. hengeli)*.

Vergessen wir nicht die **Killifische**, die für das Miniaquarium geradezu geschaffen sind! Ein mit feinfiedrigen Pflanzen eingerichtetes und mit Javamoos ausgestattetes Kleinbecken mit mehreren „Kap Lopez" *(Aphiosemion australe)* oder anderen *Aphiosemion*-Arten ist eine Augenweide. Hier sollte das Wasser weich und leicht sauer sein, die Temperatur 24 °C betragen.

Auch besonders seltene Fische wird man bevorzugt im Artbecken halten, weil man hier ihre oft höheren Ansprüche leichter erfüllen kann. Wer das Glück hat, seltene Klein-Labyrinther *(Malpulutta, Parosphromenus,* Wildbettas), Süßwasserschollen, ausgefallene Zwergbuntbarsche oder andere Kostbarkeiten aufzutreiben, wird ihnen im Minibecken seine besondere Aufmerksamkeit schenken.

Das Schulaquarium

Aquaristik und Schule – das ist ein weites Feld. Ein großes, schön eingerichtetes Gesellschaftsaquarium, in der Pausenhalle oder im Biologieraum aufgestellt, ist nicht nur ein besonders hübscher Blickfang, sondern kann die Schüler zu Beobachtungen anregen und ihnen die Natur näherbringen.

Da ein solches Schauaquarium immer repräsentativ sein sollte, muß es allerdings leicht zu pflegen sein, d.h., es müssen vor allem Wasseranschlüsse (möglichst auch für Warmwasser) und -abflüsse in der Nähe sein, damit der Wasserwechsel erleichtert wird. Für die technischen Hilfsmittel (Beleuchtung, Heizung, Filter usw.) müssen genügend Steckdosen zur Verfügung stehen. Dann finden sich bald vertrauenswürdige Schüler, die nach entsprechender Anleitung einen Teil der Pflegearbeiten übernehmen. Sie müssen ungehindert ans Aquarium gelangen können, andererseits müssen Unbefugte daran gehindert werden. Zur Einrichtung des Aquariums soll hier nichts Weiteres gesagt werden – der Biologielehrer wird sicher viele Möglichkeiten finden, das Aquarium und seine Bewohner sinnvoll in den Unterricht einzuplanen und dementsprechend auch den Besatz vornehmen.

Gelegentlich kommen jedoch auch die verschiedensten Tümpeltiere in die Hände des Biologielehrers: Kaulquappen, Molche, Insektenlarven und vieles mehr. Für diese Tiere eignen sich vorzüglich kleinere bis mittelgroße Plastikaquarien, die schnell mit Kies und Wasserpest eingerichtet werden können. Diese Becken müssen vor direkter Sonneneinstrah-

Bild 54. Ein Zwergfadenfisch-Paar *(Colisa lalia)* – hier die Zuchtform Regenbogen-Lalia – kurz vor der Paarung unter dem Schaumnest. Die Art ist ausgezeichnet für verhaltenskundliche Beobachtungen geeignet. Aufnahme Vierke

lung geschützt und so aufgestellt werden, daß die Temperatur längerfristig nicht auf über 20°C ansteigt. Eine gesonderte Beleuchtung erübrigt sich zumeist.

Für mehrwöchige Beobachtungen im Artaquarium eignen sich im Frühjahr besondere Molche (Balz, Paarung, Eiablage), Grasfrösche (Kaulquappen-Entwicklung) und Stichlinge (Balz, Eiablage, Brutpflege). Es erübrigt sich wohl zu sagen, daß die Tiere nach der Beobachtungszeit alle wieder an ihren Fangplatz gebracht und in Freiheit entlassen werden müssen!

Während der anderen Jahreszeiten eignen sich der Maulbrüter *Haplochromis burtoni* und der Zwergfadenfisch *Colisa lalia* sehr gut für verhaltenskundliche Beobachtungen – diese Tiere haben den Vorzug, daß sie das ganze Jahr über laichwillig sind. Im Folgenden will ich in Kürze ein paar leicht durchzuführende verhaltenskundliche Experimente wiedergeben. Sie sind als Arbeitsanregungen für den Biologielehrer gedacht, aber auch für die Aquarianer, die nicht nur an verhaltenskundlichen Beobachtungen, sondern auch an entsprechenden Experimenten Interesse haben. Die hier vorgeschlagenen Versuche beziehen sich auf das Schwarmverhalten, das Kampfverhalten und das Lernverhalten und haben den Vorteil, daß sie, anders als Versuche zum Brutpflegeverhalten, ohne längeren zeitlichen Vorlauf durchgeführt werden können.

(Ausführliche Angaben zum Verhalten von Fischen findet der Leser im Kosmos-Handbuch der Aquarienkunde, Seite 508–579).

Schwarmverhalten bei Fischen

Ein Fischschwarm ist durch folgende Beziehungen ausgezeichnet: Die Mitglieder eines Schwarmes kennen sich untereinander persönlich nicht, ihre Zahl ist nach oben offen, und sie suchen die Gemeinschaft ihresgleichen (soziale Attraktion). Der Schwarm ist nicht an einen bestimmten Ort gebunden.

Zur Untersuchung des Schwarmverhaltens eignen sich besonders die kleineren Arten unter den Salmlern und Bärblingen.

Wir brauchen für unsere Versuche von zwei Arten jeweils etwa 10 Tiere. Es versteht sich, daß wir möglichst billige und harte Fische nehmen (z. B. Rote vom Rio, Laternenträger, Zebrabarben, Kardinalfische, Sumatrabarben). Für unsere Experimente reicht ein 80 cm langes Becken, das völlig ohne Einrichtung bleibt.

Versuch 1 Wir setzen die Fische artweise getrennt in je ein hohes Becherglas von 1–2 Liter

Bild 55. Experiment zum Schwarmverhalten von Fischen.

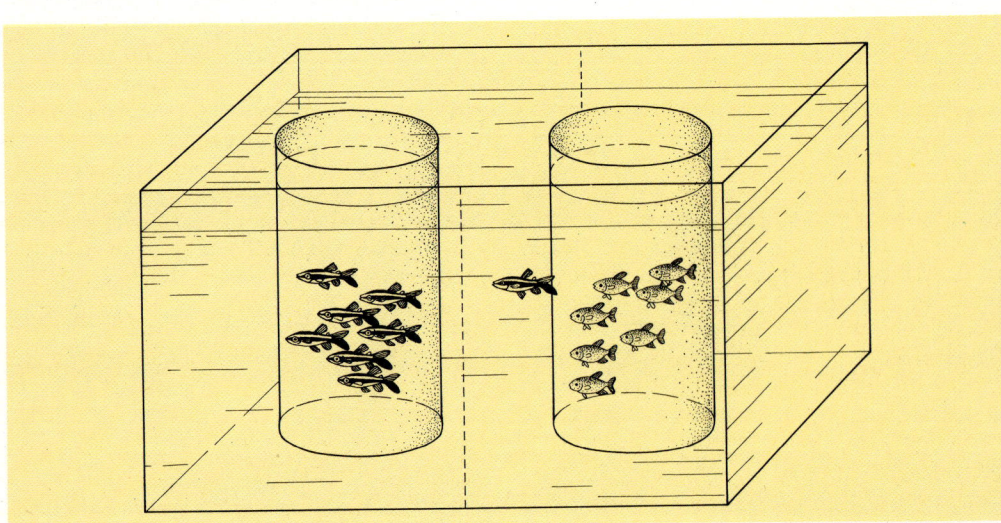

Inhalt. Die Bechergläser werden weit voneinander entfernt in das Aquarium gestellt und
das Aquarium durch einen Strich mit dem Filz-
schreiber an der Frontscheibe (Vorsicht bei
Plastikbecken!) in zwei Hälften geteilt. Wir
setzen nun für 15 Minuten einen Testfisch in
die Mitte des Beckens ein und notieren, wie oft
er die Grenzen der Beobachtungsräume
durchquert und wie lange er sich in den einzelnen Bezirken aufhält (in Prozent der Beobachtungszeit). Anschließend führen wir die Beobachtung mit einem Testfisch der anderen Art
durch.

Versuch 2 Versuchsdurchführung wie Versuch 1, nur benützen wir diesmal nur die 10
Tiere einer Art. Davon kommen 7 Tiere in das
eine Becherglas, 2 Tiere in das andere, und ein
Fisch wird der Testfisch. Der gleiche Versuch
wird anschließend mit der anderen Art auch
durchgeführt.

Versuch 3 Zur qualitativen Beobachtung des
Schwarmverhaltens werden beide Fischarten
frei ins Becken gesetzt. Mischen sich die
Schwärme, haben sie bevorzugte Aufenthalts-
orte, gibt es Leittiere, gibt es Kämpfe? Wie
reagieren die Fische auf Erschütterungen, wie
auf das Einsetzen eines großen Goldfisches?

Kampfverhalten
von Betta splendens

Tierisches Verhalten wird von inneren und von
äußeren Reizen bestimmt. Bei den inneren
Reizen handelt es sich häufig um Hormone
oder um sich rhythmisch selbst aktivierende
Zentren im Zentralnervensystem. Von Bedeutung ist ferner die vorangegangene Zeitdauer,
in der die Handlung nicht ausgeführt wurde.
Beim Kampfverhalten von *Betta splendens* soll
– unter Beachtung der anderen Faktoren – die
Bedeutung der äußeren Reize untersucht werden. (Äußere Reize, die eine Instinkthandlung
auslösen, werden Schlüsselreize genannt.)
Das Kampfverhalten der Kampffisch-Männchen steigert sich vom Sich-Nähern über Kie-
mendeckelabspreizen beim Frontalimponie-

Bild 56. Versuch zum Kampfverhalten von *Betta splendens*.

ren, Seitwärtsimponieren und Flossenschlagen
bis zum Rammstoß.
Es handelt sich dabei also nicht in erster Linie
um Beschädigungskämpfe, sondern um hoch-
ritualisierte Kommentkämpfe, die in Freiheit
kaum je zum „Endkampf" führen. Wenn einer
der Kampffische zum Luftwechseln seiner Labyrinthhöhle an den Wasserspiegel muß, wird
er nicht angegriffen. Meist nutzt der Gegner
die Zeit, um selbst zum Luftholen nach oben zu
schwimmen.
Kurzzeitig kann man zur Demonstration dieses
Verhaltens zwei Kampffisch-Männchen zusammensetzen – doch wir sollten sie wieder
isolieren, bevor die Flossen zerfetzt werden!
Hier beginnt die Tierquälerei! Die eigentlichen „Kampf-Kampffische" der Thais haben
nämlich nicht die unseren Zierbettas ange-
züchteten langwallenden und leicht verletzli-
chen Schleierflossen. Unser durch die Zucht-
wahl veränderter Fisch paßt nicht mehr zu seinem Verhalten. Aus diesem Grund unternehmen wir besser Spiegel- und Attrappenversu-
che.
Die Attrappen werden aus Plastilin ungefähr
in Kampffisch-Form geknetet und mit wasser-
fester Farbe bemalt: dunkelblau, rot, mit anliegenden Kiemendeckeln, mit roten abge-
spreizten Kiemendeckeln.
Wir können auch versuchen, ob die Fische

99

auch auf Papp-Attrappen reagieren, die wir von außen direkt an die Aquarienscheibe halten.

Rote Betta-Männchen sollten wir für unsere Versuche übrigens nicht kaufen, da sie oft ein verändertes Verhalten zeigen und sehr leicht balzen.

(Wir halten die Kampffisch-Männchen jedes einzeln in einem kleinen Aquarium, das nur spartanisch ausgestattet zu sein braucht.)

Versuch 1 Wir bereiten eine Tabelle vor mit den Spalten: – Kiemendeckelspreizen – Flossenschlagen – Rammstoß –. Nun wird an die Seitenscheibe des Kampffisch-Beckens ein Spiegel gestellt (am besten direkt ins Wasser). Das Verhalten wird in den folgenden 20 Minuten durch in die jeweilige Spalte eingetragene Striche registriert. Jeweils nach 2 Minuten ziehen wir einen waagerechten Strich, so daß wir später in einer graphischen Darstellung die Abhängigkeit der verschiedenen Handlungen von der Zeit zeigen können.

Dieser Versuch sollte möglichst mit verschiedenen Tieren und jeweils bei verschiedenen Wassertemperaturen (zwischen 16 und 32 °C) gemacht werden.

Versuch 2 Wie reagieren die Fische auf verschiedene Attrappen? Ist die Bewegung der Attrappen von Bedeutung, ihre Größe, ihre Form, ihre Farbe?

Lernverhalten von Kampffischen

Schlüsselreize können von Mitgliedern der eigenen Art oder von anderen Umweltfaktoren gesendet werden. Bei einer entsprechenden inneren Verfassung reagieren die Tiere darauf mit instinktmäßig festgelegten Handlungen. Diese Instinkthandlungen sind allerdings gerade dann, wenn sie auf die außerartliche Umwelt bezogen sind, keineswegs starr festgelegt. Die Tiere sind zum Lernen befähigt (sich wandelnde Umweltbedingungen machen dies nötig).

Den folgenden Versuch kann man nicht nur mit dem Kampffisch *Betta splendens,* sondern auch mit Fadenfischen, Cichliden und manchen anderen Fischen machen. Wichtig ist jedoch, daß die Tiere vor dem Pfleger keine zu große Scheu haben. Die Fische sollen von der normalen Fütterung her schon Tubifex kennen, müssen für den Versuch aber hungrig sein.

Es wird jetzt eine kleine Tubifex-Kugel in einem durchsichtigen Plastikbeutel verschlossen und vor dem Fisch ins Wasser getaucht. Der Fisch wird darauf zuschwimmen und nach den Würmern schnappen. Die Würmer werden in regelmäßigen Abständen für jeweils eine Minute angeboten. Dabei werden die Schnappbewegungen des Fisches gezählt. Zur Erholung werden nach jeder Darbietung 10 Minuten Pause eingelegt. Nach einer Stunde (wenn der Fisch vorher nicht mehr reagiert, schon früher) wird eine dreistündige Pause eingelegt und der Versuch dann wiederholt.

Wenn wir unsere Ergebnisse graphisch darstellen, erhalten wir typische Kurven, die sich durch Habituation (Gewöhnung) und Abdressur ergeben. Der Fisch lernt, daß die Tubifex für ihn nicht erreichbar sind. Ganz entsprechende Versuche kann man auch mit beutespuckenden Fischen machen. Schützenfische *(Toxotes)* und *Colisa*-Arten sind in der Lage, sich Beutetiere aus dem Luftraum durch geschickt vom Wasserspiegel aus abgespuckte Wassertropfen bzw. -strahlen ins Wasser zu schwemmen. Das gelingt auch mit Trockenfutter. Hierfür eignet sich vor allem der Zwergfadenfisch *Colisa lalia.* (Allerdings sind diese Experimente nicht so einfach wie die vorher geschilderten, da das Spuckverhalten unter Aquarienverhältnissen nicht von allen Tieren gezeigt wird.)

Das Spezialaquarium

Es gibt Tiere, die sich nicht für ein Gesellschaftsbecken eignen, die aber dennoch so interessante Pfleglinge sind, daß es sich lohnt, ihnen ein gesondertes Aquarium einzurichten. Genaugenommen ist auch das Minibecken ein Spezialaquarium, die hier zu besprechenden Fische werden aber größer und benötigen Aquarien, die nicht unter 70 cm Seitenlänge liegen sollten.

Das Stichlingsbecken

Es ist nicht übertrieben, Stichlinge gehören zu den interessantesten, gleichzeitig auch zu den schönsten Fischen. Jeder Aquarianer sollte sich im Frühjahr einmal Stichlinge besorgen. (Da sie in Zoogeschäften nur selten angeboten werden, müssen wir sie selbst fangen. An Kleinfischen interessierte Tropenreisende – vom Gelegenheitstümpler bis hin zum routinierten Ichthyologen – wissen, wie man am effektivsten fängt: Man läßt sich von den Einheimischen helfen. Auch zu Hause können wir auf diese Weise am ehesten an Stichlinge, Molche und andere Tümpeltiere herankommen. Aber wie schon gesagt: Nach dem Beobachten müssen wir die Tiere am Fangplatz wieder in die Freiheit entlassen!)

Wir haben in den mitteleuropäischen Süßgewässern zwei Stichlingsarten: den Dreistacheligen Stichling *(Gasterosteus aculeatus)* und den Neunstacheligen Stichling *(Pungitius pungitius)*. Auch wenn beide Arten in freier Natur gelegentlich nebeneinander vorkommen, sie sind als sehr nahe Verwandte Konkurrenten und sollten daher im Aquarium auf keinen Fall gemeinsam gehalten werden.

Der mit schwächeren Stacheln ausgestattete Neunstachelige Stichling lebt bevorzugt in schmalen, pflanzenreichen Gräben, während der Dreistachelige Stichling eher in breiten Gräben und Fließgewässern vorkommt. Seine Stacheln lassen ihn für Hechte und andere Fischfresser als wenig attraktiv erscheinen, auch wenn sie ihn vor Nachstellungen nicht schützen.

Der Dreistachelige Stichling
Die Männchen dieser Stichlingsart sind im Frühjahr so prächtig gefärbt wie nur wenige Tropenfische: Die Unterseite ist knallrot, die Oberseite und die Augen glänzen im Sonnenschein leuchtend grünblau!

Bild 57. Dreistacheliger Stichling

In einem Aquarium von 80 cm Seitenlänge ist leider nur Platz für ein Männchen (die unterlegenen Geschlechtsgenossen werden vom Reviermännchen ständig gejagt). Am besten setzen wir in ein 70–80-cm-Aquarium ein Männchen und 2–3 laichvolle, etwa gleich große Weibchen. Wir sollten für unser Becken aber nicht die allergrößten Tiere auswählen. (Die mittelgroßen Stichlinge stellen die Mehrzahl der fortpflanzungsreifen Tiere. Sie sind erst zweijährig, und viele von ihnen sterben am Ende der Fortpflanzungsperiode. Nur wenige Stichlinge erreichen ein Alter von 3 Jahren – am ehesten die Weibchen.)

Das Stichlingsaquarium sollte an einen kühlen Platz gestellt werden. Die Wassertemperatur sollte 20°C nicht wesentlich übersteigen, das Wasser darf auch nicht zu weich sein! – Wenn

101

unsere Fische schweratmend am Wasserspiegel stehen, müssen wir zusätzlich entlüften. Wollen wir die Fische im Zimmer züchten, so müssen wir darauf achten, daß sie unter Langtagbedingungen gehalten werden, denn bei zu kurzer Beleuchtungsdauer laichen sie nicht. Bei einer täglichen Beleuchtungszeit von mehr als 16 Stunden sollen die Fische selbst im Herbst und Winter laichen.

Wer Platz hat, kann das Aquarium auch im Garten oder auf dem Balkon aufstellen. Wenn es an eine Nordwand gestellt wird, bleibt es kühl, bekommt im Frühjahr und im Frühsommer spätnachmittags und abends aber noch so viel direktes Sonnenlicht, daß man die Männchen in ihrer ganzen Pracht leuchten sieht. Wir bepflanzen das Aquarium dicht mit Wasserpest, Vallisnerien, Hornkraut und anderen Pflanzen. Für das Weibchen müssen wir Versteckmöglichkeiten einbringen. Im Vordergrund bleibt eine sandige Fläche unbepflanzt. Sie wird vom Männchen als Neststandort ausgewählt. Als Baumaterial müssen wir ihm Quellmoos (Fontinalis), Javamoos (Vesicularia), Wasserschlauch (Utricularia), Fadenalgen oder Torffasern anbieten. Ersatzweise werden sogar Wollfäden genommen.

Stichlinge brauchen viel Nahrung. Kunstfutter ist ungeeignet, Tiefkühlfutter wird jedoch genommen. Am besten sind jedoch Mückenlarven – aber auch Kleinkrebse, Tubifex und kleine Regenwürmer werden gefressen.

Stichlinge sind in der Natur vom April bis in den Juni hinein laichbereit. Dann errichtet das Männchen am Boden aus Pflanzenfasern ein Nest. Immer wieder gleitet es propellernd über die Fasern. Dabei scheidet es ein sich verfestigendes Nierensekret aus, das die Pflanzenteile miteinander verkittet. Zum Schluß durchbohrt das Männchen den Pflanzenhaufen, indem es sich gewaltsam durch ihn hindurchzwängt und so einen Eingang und einen Ausgang schafft. Jetzt sucht das Männchen durch zuckendes Führungsschwimmen ein Weibchen zum Nest zu leiten. Es zeigt ihm den Nesteingang, und wenn das Weibchen in der entsprechenden Stimmung ist, schwimmt es ein und laicht ab. Sofort anschließend gleitet das Männchen über den Laich und befruchtet ihn. Nach der Eiablage wird das Weibchen nicht länger in der Nähe des Nestes geduldet. Am besten fangen

wir es heraus und bringen es wieder zum Fangort zurück. Oft laicht das Männchen anschließend noch mit den anderen Weibchen ab (auch diese müssen wir dann wieder aussetzen!).

Der Vater ist ein überaus eifriger Brutpfleger. Ständig steht er am Nest, um mit kräftigen Brustflossenschlägen Frischwasser zur Brut zu fächeln. Auch wenn die Jungen nach 5–14 Tagen geschlüpft sind (je nach Temperatur) und schließlich freischwimmen, ist der Vater noch eine Weile mit der Brut beschäftigt. Da er bald aber seine Jungen mit Futter verwechselt, müssen wir auch ihn wieder aussetzen.

Die Jungstichlinge lassen sich mit Artemia-Nauplien aufziehen – normalerweise wird man darauf aber verzichten und die Tiere an den Fundort der Eltern zurückbringen!

Der Neunstachelige Stichling

Diese Art wird auch Zwergstichling genannt, obwohl sie mit 6 cm Länge an den Dreistacheligen Stichling heranreicht.

Sie ist jedoch zierlicher als ihr wehrhafter Verwandter.

Die Zahl der zu kleinen Stacheln umgewandelten Hartstrahlen der Rückenflosse schwankt zwischen 7 und 12.

Wenn das Aquarium gut bepflanzt ist, können wir in ein 60–80-cm-Becken zwei gleich große Männchen und 3–4 Weibchen einsetzen. Die Haltung und Pflege des Neustacheligen Stich-

Bild 58. Zwergstichlinge am Nest (oben das Männchen). Nach Tinbergen

lings entspricht der des Dreistacheligen – vielleicht sind die Neunstachler sogar noch etwas anspruchsloser.

Wenn wir zwei Männchen im Aquarium haben, können wir das interessante Revierverhalten der zeitweilig nun samtschwarzen Männchen beobachten. Sie errichten z. B. ihre meist 4 cm großen Nester aus Torffasern, Fadenalgen und dgl. vorzugsweise hängend in Wasserpflanzen und unterscheiden sich auch noch in einigen weiteren Details von ihren dreistacheligen Verwandten.

Ein Aquarium für Bitterlinge und Muscheln

Für ein Bitterlingsaquarium brauchen wir, wenn wir Einblick in ihr interessantes Fortpflanzungsverhalten gewinnen wollen, Muscheln. – Allerdings muß ich gleich von vornherein anmerken, daß man bei der Haltung von Bitterlingen und Muscheln zwar schöne Beobachtungen machen kann, daß man aber nur mit etwas Glück den ganzen Brutverlauf von der Eiablage bis zum Freischwimmen der Jungbitterlinge beobachten wird. Das hängt nämlich nicht nur von den Bitterlingen, sondern – wie wir gleich sehen werden – auch von den Muscheln ab.

Für die Bitterlingszucht sollen sich alle einheimischen Süßwassermuscheln eignen, sogar die Wandermuschel (*Dreissena polymorpha*), am besten eignet sich jedoch die Teichmuschel (*Anodonta*). Flußmuscheln der Gattung *Unio* sind zwar ebenfalls ideal, sie sind jedoch besonders sauerstoffbedürftig. – Um eine leichte Durchlüftung des Aquariums kommen wir allerdings ohnehin nicht herum!

Die Zuchterfolge beim Bitterling hängen in erster Linie von der guten Verfassung der Muscheln ab. Als Kleinstplanktonfiltrierer können wir die Muscheln jedoch nicht auf Dauer im Aquarium halten. Wir können jedoch versuchen, ihren Kräfteverfall mit aufgelöstem Trockenfutter zu verlangsamen, das wir vorsichtig mit der Pipette an die Einströmöffnung heranführen.

In unseren Breiten sind Bitterlinge Ende April bis Anfang Mai laichbereit. Die Männchen sind im Hochzeitskleid mit dezenten violetten, stahlblauen und rötlichen Farben geschmückt. Im Frühjahr haben sie am Vorderkopf leuchtend weißen Laichausschlag.

Für ein Bitterlings-Paar und etwa 3 Muscheln sollten wir mindestens ein 40-Liter-Aquarium verwenden. (In ein 50- oder 60-Liter-Becken können wir auch 2 Männchen und 2–3 Weibchen und entsprechend viele Muscheln einsetzen.)

Zur Einrichtung des Aquariums: Als Bodengrund nehmen wir am besten feinen Sand, den wir ca. 10 cm hoch einfüllen. Durch eine schräg durch das Becken geführte Steinbarriere wird ein vorderer unbepflanzter Sandteil von einem hinteren, bepflanzten Teil abgetrennt. Der vordere Teil ist die „Sandkiste" unserer Muscheln, die durch die Steinbarriere daran gehindert werden sollen, die Pflanzen herauszuwühlen.

Als Bepflanzung nehmen wir – möglichst dicht gesetzt – Wasserpest, Hornkraut oder Sumpfschraube. Der Pflanzenteil kann auch ruhig mit grobem Kies versehen sein.

Das Wasser sollte nicht zu weich sein, die Temperatur zwischen 16 und 22 °C liegen.

Mit Rücksicht auf die Muscheln dürfen wir auf keinen Fall filtern – dagegen brauchen wir eine Durchlüftung.

Wir sollten das Bitterlings-Aquarium möglichst schon einen Monat vor der Laichzeit einrichten, also Ende März.

Wir bevölkern es zunächst für 3 Wochen nur mit Daphnien und Cyclops, setzen dann die Muscheln ein, und erst nach einer weiteren Woche gesellen wir die Bitterlinge hinzu.

Schon bald nach dem Einsetzen der Fische werden wir sehen, daß sich diese intensiv für die Muscheln zu interessieren beginnen. Bei den Weibchen verlängert sich bald die Legeröhre auf 3–5 cm. Einen Tag später laichen die Fische meist ab. Mit blitzschnellen Bewegungen setzt das Weibchen seine Legeröhre in die Ausströmöffnung der Muschel und versieht sie derart mit ihrem Laich. Wenig später samt das Männchen über der Einströmöffnung ab. Die 3 mm großen Eier werden also im Innern der Muschel befruchtet. Hier, in der Kiemenhöhle des „Ammentieres", entwickelt sich wohlbehütet die Brut.

Bild 59. Eiablage des Bitterlings.

Nach etwa 2 Woche sind die Jungfische bereits erstaunlich groß und verlassen als selbständig gewordene Fischchen ihre Muschel. Zweifellos werden die Muscheln – auch in freier Natur – durch dieses Verhalten der Bitterlinge geschädigt. Andererseits sind sie aber bei ihrer Vermehrung auch auf Fische angewiesen, da die Muschellarven (Glochidien) sich in der Haut von Fischen parasitär entwickeln müssen, bevor sie ihr Leben im Schlamm und Sand am Gewässergrund aufnehmen können. Die Muschelentwicklung wird man im Aquarium aber wohl kaum beobachten können, da die Muscheln – im Hinblick auf ihre besondere Ernährungsweise – im Normalaquarium nicht lange bei Kräften gehalten werden können.

Bild 60. Oben: *Toxotes chatareus* hat einen typischen Rückenfleck zwischen den beiden ersten Körperstreifen – Unten: *Toxotes jaculatrix* ist deutlich schlanker als *T. chatareus* gebaut.

Schützenfische im Aquarium

Schützenfische sind aufgrund ihres Verhaltens (mit zielsicher abgespritzten Wasserstrahlen können sie Landinsekten ins Wasser spülen) besonders interessant. Leider wird ihnen immer wieder nachgesagt, sie seien kompliziert in der Haltung. Das ist falsch: Weder ihre Ernährung noch ihre Wasseransprüche kennzeichnen sie als schwierige Fische!
Derzeit sind 5 oder 6 Schützenfisch-Arten bekannt. Unter ihnen gibt es Arten, die über einen halben Meter groß werden. Die meisten sind quergestreift, einige sind aber auch längsgestreift oder völlig ungezeichnet.
Uns sollten nur die regelmäßig in den Handel kommenden Arten *Toxotes jaculatrix* und *T. chatareus* interessieren. Beide Arten stammen aus Südostasien, kommen aber normalerweise nicht nebeneinander vor: *T. jaculatrix* bewohnt die Brackwasserzonen der Flüsse, *T. chatareus* wird nur im Süßwasser angetroffen. Beim Zoohändler wird leider oft kein Unterschied zwischen beiden Arten gemacht – dabei wäre das wichtig, denn *T. chatareus* ist für unser Süßwasseraquarium die bei weitem geeignetere Art.
T. jaculatrix und *T. chatareus* sind jedoch leicht voneinander zu unterscheiden: Es gibt neben Unterschieden im Körperbau (Körperform,

relative Augengröße, Anzahl der Stachelstrahlen in der Rückenflosse) vor allem ein Zeichnungsmerkmal, an dem auch der Laie sofort den *T. chatareus* herausfinden kann: den „chatareus-Fleck" (s. Bild 60 oben), der immer zwischen dem ersten und dem zweiten Körperstreifen anzutreffen ist!
Wenn wir die Wahl haben, sollten wir uns einen nicht zu dunkel gefärbten *Toxotes* aus dem Händlerbecken herausfangen lassen. Die Schwarzfärbung ist das Nachtkleid der Schützenfische, gleichzeitig aber auch die Färbung der unterdrückten Tiere. Solche Tiere können zwar völlig gesund sein, sind aber schwächer als die dominierenden und können, da sie schwerer an das Futter herangekommen sind, auch hinfälliger sein.
Wie schon der Blick ins Händlerbecken zeigt, sind Schützenfische untereinander oft unverträglich, d. h. für uns: Entweder wir wählen für ein großes Aquarium (1,50 m oder länger) gleich 5 oder mehr Schützenfische und dekorieren es mit bis an die Wasseroberfläche reichenden Wurzeln so, daß den Fischen gleich mehrere getrennte Reviere sowie Verstecksplätze vorgegeben sind, oder wir begnügen uns mit der Einzelhaltung im Gesellschaftsaquarium bzw. Paludarium.

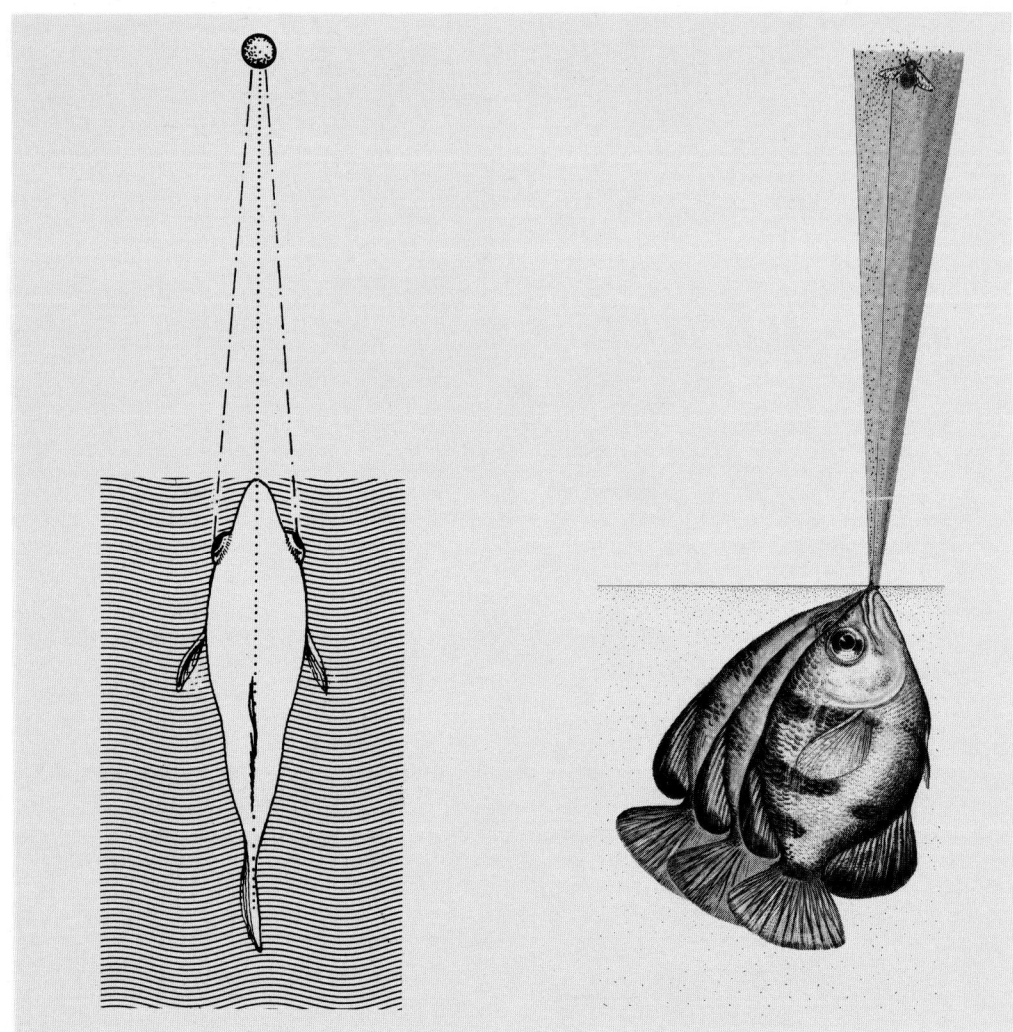

Bild 61. **a** Binokulares Anzielen: Wenn der Schützenfisch sein Ziel mit beiden Augen gleichzeitig ausmacht, kann er sein Ziel seitlich nicht verfehlen. **b** Zielvorgang beim Schützenfisch von der Seite gesehen: Während der Wasserstrahl ausgespritzt wird, stellt sich der Fisch steiler. Da sich der Winkel zwischen Körperlängsachse und Richtung des Spuckstrahls nicht ändert, bestreicht der Spuckstrahl das Ziel.

Eine Unterbringung im Gesellschaftsaquarium ist durchaus reizvoll – allerdings sollten wir unserem *Toxotes* nicht allzu kleine Fischchen beigesellen. Wenn wir ihn gut ernähren, kann er auf 15 cm heranwachsen, und sein Maul ist dann riesig! Aber zum Trost: Von

Haus aus ist er kein Fischfresser; er lauert auf Anflugnahrung. Wir werden sehen, daß er ständig in Bewegung ist und sich immer in der Nähe der Wasseroberfläche aufhält. In mittleren und unteren Wasserschichten sind auch kleine Fischchen ungefährdet. Dennoch sollte man große Schützenfische nicht mit Zebrabarben, Kardinalfischen und Neons vergesellschaften. Ideal wären alle Fadenfische sowie größere Schmerlen und Barben.
Das Aquarium für Schützenfische sollte einen größeren pflanzenfreien Raum – vor allem an der Wasseroberfläche haben, um dem Schwimmbedürfnis der Tiere entgegenzu-

kommen. Die Wassertemperatur kann zwischen 23 und 28 °C liegen. Beim Wasserwechsel oder beim Umsetzen in ein anderes Aquarium heißt es aufpassen: Wenn der Fisch im neuen Wasser „umkippt", muß er sofort wieder ins alte Wasser zurückgesetzt werden! An die Ernährung stellen die Schützenfische keine großen Ansprüche, jedoch muß das Futter genügend groß sein. Kleine Schützenfische fressen anstandslos auch Flockenfutter, größere werden allerdings davon nicht mehr satt. Ihnen gibt man, solange sie noch nicht eingewöhnt sind, reichlich Mückenlarven. Zusätzlich kann man Mehlwürmer, Wachsmaden oder Heuschrecken auf die Wasseroberfläche legen. Tubifex wird nur ungern genommen. Ist ein *Toxotes* erst einmal eingewöhnt, macht seine Ernährung keinerlei Schwierigkeiten mehr: Er frißt Fischfleisch (rohes oder gekochtes), Garnelen, rohes Fleisch und selbst gekochten Schinken. Man reicht ihm alles in entsprechend portionierter Form – sofort wird das Tier auf das Futter zuschießen und es schnappen. Es macht viel Spaß, einen Schützenfisch zu füttern – aber Vorsicht vor dem Überfüttern! Besonders mit der Verfütterung von Säugerfleisch sollte man sich etwas zurückhalten! Bei guter Pflege werden Schützenfische mehrere Jahre alt. Sie können mit der Zeit richtig zahm werden und nehmen dem Pfleger das Futter aus der Hand.

Bekannt und berühmt ist der Schützenfisch durch seine Fähigkeit geworden, mit Wasser nach Beute im Luftraum zu spritzen. Fliegende Tiere können sie allerdings nicht treffen, der Anzielvorgang dauert einige Sekunden. Zunächst stellt sich der Fisch so an den Wasserspiegel, daß er seine Beute mit beiden Augen gleich gut sehen kann. Dann ist seine Körperlängsachse direkt auf das Beutetier ausgerichtet und damit auch die wie ein Gewehrlauf wirkende Spuckrinne, die im Oberkiefer des Fisches liegt. Wenn der Fisch jetzt auch sein Ziel seitlich nicht verfehlen kann, es bleibt kompliziert, den richtigen Abspuckwinkel zu finden. Aufgrund physikalischer Gesetze werden die Lichtstrahlen an der Wasser-Luft-Grenze bei Schrägeinfall gebrochen. Dann muß dem Fisch sein Ziel höher erscheinen, als es tatsächlich ist. Zunächst hält der Fisch den Fehler dadurch klein, daß er sich möglichst steil unter sein

Beuteobjekt stellt. Die noch bleibende Differenz wird durch einen Trick überspielt: Der Schützenfisch spuckt nicht nur einen Tropfen, sondern einen ganzen Strahl nach seiner Beute. Während des Spuckens verreißt er den Strahl in Längsrichtung, indem er seine Körperstellung ändert. Vermenschlicht gesagt: Der Fisch spuckt „sicherheitshalber" gleichzeitig etwas zu hoch und etwas zu flach.

Wer das Schießen des Schützenfisches beobachten will, muß entweder den Wasserspiegel seines Gesellschaftsaquariums um etwa 15 cm unter den Oberrahmen senken oder gleich ein Paludarium einrichten. Es ist auch nur sinnvoll, mit gut eingewöhnten, einigermaßen zahmen Tieren zu „arbeiten". Wir füttern sie zunächst sparsam mit Leckerbissen, z.B. Roten Mückenlarven. Dann heften wir ein paar Mückenlarven an die Scheibe (etwa 2–5 cm hoch über dem Wasserspiegel). Das sollte an der dem Fisch bekannten Futterstelle erfolgen. Wenn der Fisch die Mückenlarven nicht bemerkt, werfen wir hier nochmals ein oder zwei Mückenlarven direkt ins Wasser. Meist wird der Fisch zunächst versuchen, die an der Scheibe klebenden Beutetiere im Sprung zu holen. Dann kleben wir die nächste Portion Larven noch einige Zentimeter höher an die Scheibe. Mit viel Geduld bringt man mit dieser Methode über kurz oder lang den Schützenfisch zum Spucken. Das Erstauslösen des Wasserspuckens ist am schwierigsten, später wird man dieses Verhalten immer leichter auslösen können.

Halten wir den Schützenfisch zusammen mit *Colisa lalia* und *C. labiosa,* so können wir manchmal ein regelrechtes Wettspucken beobachten. Auch die Fadenfische spucken bekanntlich Wassertropfen nach Beutetieren – allerdings schleudern sie ihre Spucktropfen nur etwa bis 5 cm hoch in die Luft, sind also keine ernsthafte Konkurrenz für den Schützenfisch.

Auch in einem Paludarium, bei einem Wasserstand von 15–20 cm, können wir Schützenfische halten. Hierfür eignet sich wieder *Toxotes chatareus,* den man im Paludarium günstig mit *T. leerii,* aber auch mit Buschfischen vergesellschaften kann. Dann sollte das Wasser weich bis mittelhart sein, die Temperatur bei etwa 27 °C liegen.

Ein Paludarium für Schlammspringer

Die possierlichen Schlammspringer sind Anziehungspunkte eines jeden Schauaquariums. Wer beim Händler Schlammspringer angeboten sieht und zuhause ein einigermaßen großes Becken besitzt (mindestens 1,20 m lang), sollte sich einige dieser Tiere mitnehmen. Schlammspringer erinnern mit ihren weit über den Kopf herausragenden Augen an Frösche – sie sind aber echte Fische und gehören zu den Grundeln. Es gibt viele verschiedene Arten, die u. a. zu den Gattungen *Periophtalmus, Periophtalmodon* und *Boleophthalmus* gestellt werden. Am häufigsten wird wohl der von den Küsten Ostafrikas, Asiens und Australiens stammende *Periophthalmus barbarus* eingeführt.

Schlammspringer leben im sandigen und schlickigen Gezeitenbereich der Flußmündungen und Lagunen. Die tropischen Wattzonen sind hier von Mangroven und Nipapalmen bewachsen. Gelegentlich erklettern die Fische deren Luftwurzeln, um Ausschau zu halten. Für gewöhnlich kriechen sie jedoch auf ihren beinartig ausgebildeten Brustflossen nahrungssuchend auf dem Schlamm herum. Bei Gefahr können sie mit blitzschnellen Sprüngen entfliehen. Als richtige Fische sind sie jedoch auch darauf angewiesen, gelegentlich das Wasser aufzusuchen, um Haut und Kiemen feucht zu halten.

Zur Fortpflanzung errichten die Schlammspringer Territorien, die sie eifrig gegen Artgenossen verteidigen. Die Gelege liegen in tiefen, selbstgegrabenen Schlammhöhlen. – Man kann sich anhand dieser Beschreibung denken, daß die Aquarienzucht dieser Fische noch nicht gelungen ist.

Ein Schlammspringer-Aquarium mit einer Grundfläche von 120 × 40 cm ist für 5–6 Schlammspringer geeignet. Es kann ruhig flach gebaut sein, wichtig ist, daß es eine gut schließende Deckscheibe besitzt – sonst können die gut kletternden Fische ohne weiteres entweichen! Vor allem aber benötigen die Tiere eine hohe Luftfeuchtigkeit, die sich nur in gut abgedeckten Aquarien hält. Die Temperatur sollte zwischen 25 und 30 °C liegen.

Da Schlammspringer im Gezeitenbereich der Flüsse leben, sind sie tolerant im Hinblick auf die Wasserzusammensetzung. Alle Arten können zeitweilig Süßwasser vertragen – aller-

Bild 62. Paludarium für Schlammspringer. Landteil bepflanzt mit Cyperngras (*Cyperus*, rechts) und Wasserfreund (*Hygrophila corymbosa*, Mitte). **a** (unten) Grundriß **b** (rechts) Seitenansicht.

dings sind die meisten für eine Gabe Kochsalz (1 EL pro Liter Wasser) dankbar.

Das Aquarium muß mit einem ansehnlichen Landteil ausgestattet sein. Aus flachen, quergestellten Steinen bauen wir eine Terrasse, die wir weitgehend pflanzenfrei lassen, an einigen Stellen aber emers mit *Cryptocoryne affinis, C. wendtii* oder Zyperngras bepflanzen können. Der niedrigere Teil unseres Paludariums wird zum Wasserteil. Er wird mit größeren Steinbrocken versehen, die teilweise aus dem Wasser herausragen sollen und den Tieren zusätzliche Ruheplätze bieten. Eine große, weit aus dem Wasser herausstehende Kienholzwurzel bildet den Abschluß der Dekoration. Den freien Wasserraum bepflanzen wir in einer Ecke lediglich mit einem großen Sumatrafarn. (Eventuell können wir noch eine dekorative Philodendron-Wurzel in das Becken leiten.) Der Bodengrund braucht im tiefsten Teil nur 2–5 cm hoch zu sein – im Landteil dagegen benötigen wir 10–15 cm Höhe. Er sollte möglichst aus feinem Sand bestehen. Das Wasser füllen wir soweit auf, daß der Landteil gerade noch unbedeckt bleibt. Vermutlich werden wir

dann beobachten, daß das eine oder andere Tier sich hier eine flache Grube als zusätzlichen Badeplatz gräbt. Der mittlere Wasserstand beträgt etwa 10 cm.

Schlammspringer fressen Flockenfutter, werden davon allerdings nicht satt. Kleinere Arten können mit Wasserflöhen gefüttert werden (gern werden Mückenlarven genommen!). Sie nehmen die Nahrung ohne Zögern aus dem Wasser auf. Kleine Regenwürmer und Insekten werden in schnellem Sprung aus dem Wasser geholt und dann an Land verzehrt. Gut eingewöhnte Schlammspringer erweisen sich als recht vertraut und nehmen dem Pfleger die Leckerbissen aus der Pinzette. Hierfür eignet sich vor allem aufgetaute Tiefkühlkost (Mysis, Muschel-, Fisch- und Krebsfleisch).

Es ist artweise und nach dem Herkunftsgebiet recht verschieden, wie die Tiere auf einen gelegentlichen oder regelmäßigen Salzzusatz reagieren und welche Nahrung sie bevorzugen. Für einen regelmäßigen Wasserwechsel sind sie aber alle sehr dankbar.

Als Fische, die in den Wasserteil des Paludariums Leben bringen, eignen sich die vielen im

Bild 63. Schlammspringer sind possierliche Fische, die sich gut zur Haltung im Paludarium eignen. Aufnahme Vierke

Bild 64. Blinde Höhlensalmler wirken am besten in einem speziell für sie eingerichteten Artbecken. Aufnahme Vierke

Handel angebotenen Schläfergrundeln, hier vor allem *Batanga lebretonis, Mogurna mogurna,* aber auch *Eleotris*-Arten. Wir können aber die Schlammspringer auch mit Schützenfischen vergesellschaften.

Blinde Höhlensalmler im Aquarium

Erst 1936 wurde in Zentralmexiko bei Ciudad Valles in dem Kalkstein-Höhlensystem Cueva Chica eine völlig blinde Fischart, der Blinde Höhlensalmler *(Anoptichthys jordani)* entdeckt. Bei diesem Fisch sind durch die ewige Finsternis der Höhlen die Augen verkümmert, die Hautpigmente fehlen. Das durchscheinende Blut läßt den Fisch etwas rosa und irgendwie nackt erscheinen. Diese Salmler-Art leitet sich von der pigmentierten und sehtüchtigen Art *Astyanax fasciatus* ab (von vielen Autoren wird sie auch als eine Unterart von *A. fasciatus* angesehen).
Die Jungfische haben in den ersten Tagen noch voll funktionstüchtige Augen. Erst mit zunehmendem Alter werden die Augen zurückgebildet. Trotz ihrer vollständig zugewachsenen

Augen können jedoch auch die erwachsenen Fische noch etwas Licht wahrnehmen.
Unter den üblichen Aquarienbedingungen fühlen sich die Blinden Höhlensalmler nicht richtig wohl. Zum vollen Wohlbefinden brauchen sie Dämmerlicht – dies wiederum schließt eine Bepflanzung des Beckens aus. Das Aquarium braucht aber dennoch nicht kahl auszusehen: Aus bizarr geformtem Kalkgestein läßt sich ihr Höhlenbiotop vorzüglich nachbilden. Wenn wir entsprechendes Gestein finden, können wir durch überhängende Decken noch zusätzlich für Dämmerlicht sorgen.
Im Gegensatz zu anderen Salmlern und den allermeisten anderen Tropenfischen dürfen wir beim Höhlensalmler für die Aquarien-Einrichtung ruhig das dekorative Kalkgestein benutzen – die Fische benötigen mittelhartes bis hartes Wasser. Dazu brauchen sie die für Höhlentiere ungewöhnlich hohen Temperaturen von 15–28 °C. Der pH-Wert des Wassers sollte bei 7,5–8 liegen – also basisch sein. Wenn wir Kalkgestein zur Dekoration benutzen und auf die das Wasser durch Huminsäuren ansäuernden Kienholzwurzeln verzichten, dürften sich diese Wasserwerte bei normalem Leitungswasser von selbst einstellen.
Das ganze Becken sollte nur mit einer schwachen Glühlampe beleuchtet werden – es wirkt dann irgendwie geheimnisvoll und ist, in einer

dunklen Ecke des Wohnzimmers untergebracht, besonders abends von eigentümlichem Reiz.

Höhlensalmler-Becken sind sehr pflegeleicht. Die Fische sind besonders wenig sauerstoffbedürftig – eine Durchlüftung und ein ständig laufender Filter erübrigen sich also. Das enthebt uns natürlich nicht eines regelmäßigen Wasserwechsels!

Die Blinden Höhlensalmler sind ständig in Bewegung. Sie müssen zu mehreren gehalten werden, schwimmen aber nicht direkt im Schwarm. Sie orientieren sich mit Hilfe ihres Seitenliniensystems, das die Strömungsreize wahrnimmt, die sie bei ihren Schwimmbewegungen selbst erzeugen und die von Gegenständen reflektiert werden. Sie bewegen sich so geschickt, daß der Betrachter es zunächst kaum glauben kann, blinde Fische vor sich zu haben. Darüber hinaus ist ihr Geruchssinn ausgezeichnet entwickelt. Mit seiner Hilfe finden sie auch leicht ihre Nahrung. (Auch in dieser Hinsicht sind die Höhlensalmler sehr anspruchslos, besonders gern fressen sie jedoch Tubifex!)

Die Zucht der Blinden Höhlensalmler ist recht einfach, da der Laich sehr unempfindlich ist. Allerdings sind die Eltern und die Beckenmitgenossen arge Laichräuber!

Die Jungen schlüpfen bei 28 °C nach gut 2 Tagen. Zunächst hängen die Larven aber noch weitere 48 Stunden an den Steinen und der Scheibe. Dann ist der Dottersack aufgezehrt, und sie beginnen freischwimmend nach Futter zu suchen. Die Jungfische nehmen zerquetschte Tubifex und Wasserflöhe, gehen aber auch an feingeriebenes Flockenfutter. Die Jungen sind – wie die Eltern – im Hinblick auf die Wasserwerte anspruchslos und bei genügend hohen Temperaturen sehr schnellwüchsig.

Buntbarsche im Aquarium

Die Buntbarsche oder Cichliden gehören zu den beliebtesten Aquarienfischen. Es ist hoffnungslos, hier auch nur einen annähernden Überblick über die mehr als 600 bisher beschriebenen Arten zu verschaffen (siehe hierzu „Staeck, Handbuch der Cichlidenkunde").

Buntbarsche sind an die verschiedensten Umweltverhältnisse angepaßt und daher auch im Aquarium unter sehr verschiedenen Bedingungen zu halten. Wegen ihrer Popularität möchte ich hier aber doch einige Vorschläge zur Cichlidenhaltung geben. Aufgrund ihrer Größe unterscheiden wir Zwergcichliden, mittelgroße Cichliden und Großcichliden.

Zwergcichliden

Zwergbuntbarsche bleiben generell unter 10 cm Länge und sind durchweg pflanzenfreundlich. Sie stammen aus Südamerika und Afrika. Die farbenprächtigen Tiere bieten eine ausgesprochene Bereicherung für das Gesellschaftsaquarium und bilden auch wegen ihres Verhaltens einen angenehmen Kontrast zu den

Bild 65. Schmetterlingsbuntbarsche *(Papiliochromis ramirezi)* passen in jedes gut bepflanzte Gesellschaftsbecken. Sie brauchen zum Wohlbefinden allerdings hohe Temperaturen. Aufnahme Kahl

agilen Schwarmfischen. Gelegentlich kann man sie selbst im Gesellschaftsaquarium bei ihrer Brutpflege beobachten.

Verallgemeinernd darf man sagen, daß südamerikanische Zwergcichliden weicheres Wasser bevorzugen, die Afrikaner (mit Ausnahme der *Nanochromis*-Arten) dagegen mittelhartes bis hartes. Hinweise zur Haltung von Zwergcichliden im Gesellschaftsbecken finden Sie auf Seite 90. In der dort aufgeführten Vergesellschaftung von Vorschlag 3 würden sich auch südamerikanische *Apistogramma*-Arten einfügen. (Diese Fische brauchen aber mehr Steinhöhlen!) Eher als eine paarweise Haltung empfiehlt sich hier die Zusammenstellung von 1 Männchen mit 2–3 Weibchen. *Apistogramma*- und *Julidochromis*-Arten eignen sich auch zur Haltung im Minibecken.

Mittelgroße und große Cichliden

Mittelgroße und besonders große Cichliden bereiten manchmal Schwierigkeiten, da sie gelegentlich die Bepflanzung im Aquarium zerstören: Einige legen die Pflanzen durch ihre Wühltätigkeit frei, andere fressen sie sogar. Wenn man die Pflanzen mit Steinen richtig einfaßt oder sie sogar noch in gesonderte Blumentöpfe einpflanzt, dann haben auch die großen Wühler keine Chance – das hilft allerdings nichts gegen die Pflanzenfresser. Die südamerikanischen Arten der Gattungen *Aequidens*, *Cichlasoma* und *Geophagus* z. B. lassen hartblättrige Pflanzen (*Echinodorus*, *Sagittaria*, Riesenvallisnerien) meist in Ruhe.

In einem Becken von etwa 1,50 m Kantenlänge kann man etwa 3 größerwerdende Cichliden-Arten aus Südamerika halten – am besten paarweise.

Beispiel: 1 Paar Cichlasoma meeki, 1 Paar Aequidens pulcher, 2–4 Geophagus hondae.

C. meeki und *A. pulcher* werden als Fische, die ihr Gelege frei auf Steinen oder Wurzeln ablegen (Offenbrüter), ein größeres Brutrevier verteidigen, das für andere Fische tabu bleibt. Die maulbrütenden *Geophagus* dagegen bean-

Bild 66. Viele südamerikanische Buntbarsche – wie dieser Rotbrustbuntbarsch *(Cichlasoma meeki)* – sind mit etwas Fingerspitzengefühl gut in größeren Cichliden-Becken zu vergesellschaften. Aufnahme Kahl

spruchen nur sehr kurzfristig (zum Ablaichen) Reviere. Das Weibchen trägt dann die Eier im Maul mit sich herum, bis die Jungen nach etwa 20 Tagen freigelassen werden.

Wenn ein derartiges Cichliden-Becken mit zu vielen Buntbarschen besetzt ist, kann es darin zwar durchaus friedlich zugehen, aber die Offenbrüter sind dann nicht in der Lage, Reviere zu gründen, können uns dann also nicht ihr interessantes Fortpflanzungsverhalten zeigen. Im mäßig besetzten Becken können wir dagegen mit Glück gleichzeitig drei brutpflegende Paare nebeneinander beobachten.

Als Bodengrund verwenden wir groben Kies, doch sollte an einigen Stellen auch Sand sein. Wir füllen Sand vor allem im Vordergrund ein – das gibt dann die „Buddelkiste" der Geophagus, die den Sand auf der Suche nach Freßbarem durchkauen. Mehrere große Steinbrokken und eine massige, knorrige Kienholzwurzel, die bis zum Wasserspiegel reicht, vervollständigen die Einrichtung.

In den Hintergrund pflanzen wir einige harte Pflanzen (Echinodorus, Vallisneria), die jedoch mindestens eine Woche einwurzeln sollten, ehe wir Fische einsetzen. Seitlich angelegte Steine erschweren es den Fischen, die Pflanzen auszugraben. Auf der Kienholzwurzel befestigen wir Javafarn und als Schwimmpflanze verwenden wir Sumatrafarn.

Für den Betrieb des Aquariums benötigen wir noch einen gut funktionierenden Filter!

Beim Fischbesatz können wir auch statt Geophagus hondae eine andere Geophagus-Art einsetzen, statt Cichlasoma meeki auch C. nigrofasciatum, C. spilurum oder C. severum, statt Aequidens pulcher auch den friedlichen A. maroni.

Wer keinen Wert auf geographisch korrekte Zuordnung legt, kann mit diesen drei größeren südamerikanischen Cichliden-Arten auch den dekorativen Ceylon-Makropoden (Belontia signata) vergesellschaften. – Kleinfische fühlen sich bei den Großcichliden natürlich nicht wohl!

Ich habe hier zwar relativ harmlose Großcichliden als Beispiel angeführt, wir müssen aber trotzdem anfangs aufpassen, denn nichtharmonisierende Tiere können sich arg bekämp-

Bild 67. Mit einer Größe von maximal nur 6 Zentimetern gehört der Zwergschneckenbarsch *Pseudotropheus lanisticola* zu den kleinsten Cichliden aus dem Malawi-See. Bei Gefahr sucht er in leeren Gehäusen von Wasserschnecken Zuflucht. Aufnahme Vierke

Bild 68. Für jeden Zierfischfreund ein Erlebnis: Buntbarscheltern, die sich oft rührend um ihre Brut kümmern (hier Segelflosser mit Jungen). Aufnahme Vierke

fen. Auch nachträglich hinzugesetzte Fische haben es oft schwer.

Andere Cichliden-Arten, wie die schönen, aber auch sehr groß werdenden Perlcichliden *(Herichthys cyanoguttatus)*, *Cichlasoma biocellatum* oder gar der riesige Pfauenaugenbuntbarsch *(Astronotus ocellatus)* und die agressiven *Crenicichla*-Arten eignen sich doch besser für das Artaquarium.

Amerikanische und afrikanische Arten sollten wegen ihrer oft verschiedenen Wasseransprüche, aber vor allem wegen ihres unterschiedlichen Verhaltens möglichst nicht miteinander gehalten werden. Auch hier gibt es Tiere, die wegen ihrer Agressivität ins Artbecken gehören (z. B. *Hemichromis fasciatus*).

Die meist sehr farbigen **Mbuna-Cichliden** aus dem Malawi-See werden gelegentlich als „Korallenfische des Süßwassers" bezeichnet. Sie sind relativ leicht miteinander zu vergesellschaften, da sie als Maulbrüter keine ausgeprägten Revieransprüche stellen. In einem Becken mit einer Grundfläche von 100×40 cm können wir 2–3 Arten *(Pseudotropheus,*

Melanochromis, Labeotropheus) halten. Wir pflegen am besten von jeder Art nur ein Männchen mit etwa 3 Weibchen. Die Fische lassen sich zumeist leicht vermehren – wenngleich es auch hier Ausnahmen gibt.

Mbundas brauchen härteres, alkalisch reagierendes Wasser (wie es aus den meisten Wasserleitungen fließt). Wir können ihr Becken daher auch gut mit dem bizarren Kalkgestein dekorieren. Ob diese Fische harte Pflanzen tolerieren, oder ob sie sie als Zusatznahrung ansehen, muß sich von Fall zu Fall zeigen.

Grundsätzlich ist zu allen Buntbarschen zu sagen:

Je größer die Aquarien sind, je besser sie durch die Dekoration gegliedert sind, desto weniger Schwierigkeiten wird es bei der Vergesellschaftung von Cichliden geben.

Segelflosser oder **Skalare** *(Pterophyllum scalare)*, große und besonders dekorative Buntbarsche, kann man in sehr vielen Gesellschaftsaquarien finden. Diese majestätisch-ruhigen, bizarr gebauten Fische sind in der Tat eine Zierde für das Gesellschaftsaquarium. Sie sind genügsam und pflanzenfreundlich, und es gibt sie in den verschiedensten Zuchtformen (Schleierskalare, Rauchskalare, Marmorskalare). – Ich persönlich halte die zu Unrecht als „gewöhnlich" verpönte Naturform, von der es besonders schöne, hochflossige Tiere gibt, für schöner als die Zuchtrassen.

Segelflosser brauchen gut bepflanzte Becken ab 1 m Seitenlänge. Sie stellen keine besonderen Ansprüche, sollten aber gelegentlich Lebendfutter bekommen. Wer sie mit zu kleinen Fischen vergesellschaftet, muß erleben, daß ausgewachsene Segelflosser versuchen, die kleinen Mitbewohner zu fressen. Kleinen Neonfischen wird besonders gern nachgestellt – diese oft gesehene Kombination scheitert in dem Moment, in dem die Segelflosser groß genug geworden und auf den Geschmack gekommen sind. Eine andere, ebenfalls gern vorgenommene Kombination ist ebenfalls gefährlich: Segelflosser und Kopfsteher *(Anostomus)*, da die Kopfsteher manchmal entdecken, daß der Hautschleim der Segelflosser außerordentlich gut schmeckt. Sie beginnen dann, die im Manövrieren weniger geschickten Skalare regelrecht abzuweiden. Dabei können sie die Haut so aufreißen, daß die Buntbarsche daran zugrunde gehen können. – Ansonsten aber kann man die Segelflosser mit Zahnkarpfen und allen nicht zu kleinen Schwarmfischen ausgezeichnet vergesellschaften. Unter den Buntbarschen eignen sich zur gemeinsamen Haltung vor allem die kleinen Schmetterlingsbuntbarsche und die Flaggenbuntbarsche.

Erwachsene Segelflosser laichen oft selbst im Gesellschaftsaquarium ab. Die Eier werden entweder auf ein größeres Blatt, einen Stein oder eine Wurzel geklebt. (Man kann nun das Gelege in ein gesondertes Becken überführen, es dort zum Schlupf bringen und die Jungen aufziehen. Allerdings ist es viel schöner, die natürliche Aufzucht zu beobachten.)

Zur natürlichen Aufzucht muß das laichwillige Segelflosser-Paar in ein gesondertes, gut bepflanztes Becken ohne weitere Mitbewohner

Bild 69. So ein schöner Schwarm Blauer Diskus *(Symphysodon aequifasciata haraldi)* ist der Wunschtraum vieler Aquarianer. Aufnahme Kahl

umgesetzt werden. Das Wasser sollte weich (bis 10°dGH) und leicht sauer sein. – Leider pflegen nur wenige unserer Aquarien-Skalare ihre Brut zufriedenstellend, so daß man nicht oft erleben kann, ein harmonisierendes, schönes Segelflosser-Paar mit seinen Jungen zu beobachten.

Als besonders begehrenswerte Buntbarsche sind die tellerförmigen, oft sehr farbenprächtigen **Diskusfische** *(Symphysodon aequifasciata* und *S. discus)* bekannt. Es sind weitaus anspruchsvollere Tiere als die vorhergenannten Buntbarsche. Aber auch Diskusfische sind für das Gesellschaftsaquarium geeignet, wenn man einen gut funktionierenden Filter hat und für weiches, saures Wasser und gelegentliche Lebendfuttergaben sorgt.

Die ausgewachsenen Tiere wirken aber in einem speziell für sie eingerichteten Aquarium mit Wurzelwerk und schönem Pflanzenwuchs besser, man kann hier auch auf ihre speziellen Bedürfnisse besser eingehen.

Zur Zucht der Diskusfische wählen wir allerdings am besten ein steriles Becken von mindestens 80–90 cm Länge. Aus Gründen der besseren Hygiene verzichten wir auch auf Bodengrund und Pflanzen. Zum Ablaichen bewähren sich umgekehrt stehende Blumentöpfe oder tönerne Grabvasen. Die Fische brauchen jetzt unbedingt abwechslungsreiches Lebendfutter – möglichst weiße und schwarze Mückenlarven. Das Wasser muß weich sein und einen pH-Wert zwischen 5,5 und etwa 6 haben.

Die Jungen sind nach dem Freischwimmen auf ihre Eltern angewiesen, da sie sich die ersten Tage ausschließlich vom Hautschleim der Alttiere ernähren. Erst nach etwa 10 Tagen beginnen sie auch Artemien zu fressen.

Ein Aquarium für Schlangenköpfe

Manchmal hört man von Aquarienfreunden, dieser oder jener Fisch sei ein „Räuber". Gemeint sind dann oft Sumatrabarben, die den Fadenfischen an den Flossenfäden knabbern, Buntbarsche und Makropoden, die andere Fische aus ihrem Brutrevier vertreiben oder gar Pflanzenfresser, die sich an der Dekoration gütlich tun. So unangenehm diese Eigenschaften im falsch (!) eingerichteten oder fehlerhaft (!) besetzten Aquarium sein mögen, Raubfische in der eigentlichen Bedeutung des Wortes sind sie nicht. Unter Raubfischen versteht man Fische, die vorwiegend auf das Fressen anderer Fische eingestellt sind, so z.B. Hechte oder Schlangenkopffische. (Ein Pflanzenfresser ist also kein Räuber, sondern im Gegenteil ein typischer Friedfisch – daß er im gut bepflanzten Gesellschaftsaquarium nichts zu suchen hat, ist eine andere Sache.)

Hin und wieder werden im Handel Schlangenkopffische angeboten. Wenn man ein gesondertes Aquarium von etwa 80 cm Länge zur Verfügung hat, sollte man die Gelegenheit beim Schopfe fassen und die Fische erwerben. Man kann sich hier nämlich wirklich pflegeleichte Raubfische ins Haus holen, die bald zutraulich werden. Wegen der zum Teil nicht unbeträchtlichen Größe, die die Schlangenkopffische erreichen, bekommt man ein ganz anderes Verhältnis zu den Tieren als z.B. zu einem Kleinfisch. Da die Schlangenkopffische kein ausgesprochenes Bewegungsbedürfnis haben, kommt man auch mit vergleichsweise kleinen Becken aus. Der Bodengrund eines Aquariums für Schlangenköpfe sollte aus grobem Kies bestehen. Zur Bepflanzung wählen wir robuste Arten wie *Crinum, Vallisneria* oder – auch wenn es geographisch nicht paßt – Amazonaspflanzen. Als Schwimmpflanze eignet sich sehr gut der Sumatrafarn *(Ceratopteris thalictroides).*

Sicherheitshalber können wir die Pflanzen in kleine Blumentöpfe setzen, die wir so in den Kies eingraben, daß man die Töpfe nicht mehr sieht. Jetzt können die Fische die Pflanzenwurzeln nicht mehr freilegen. Da die Fische als Labyrinth-Atmer regelmäßig atmosphärische Luft aufnehmen, brauchen wir weder eine Durchlüftung noch einen Filter. Wer jedoch ständig klares Wasser haben will, wird auf einen kräftigen Filter nicht verzichten können. Unseren Regelheizer stellen wir auf etwa 27 °C ein.

Die Ernährung eines Schlangenkopffisches bereitet keine Schwierigkeiten, im Gegenteil: Alles was irgendwie fleischlicher Natur ist, wird

Bild 70. Ein Aquarium für einen einzelnen Schlangenkopffisch braucht nicht groß zu sein. Wir statten es mit einer Wurzel und Steinen aus. Zur Bepflanzung ist hier Javafarn und schwimmender Hornfarn vorgeschlagen; in größeren Becken werden auch gut eingewurzelte Pflanzen nicht behelligt.

verzehrt – allerdings sollte das Futter (Reste von gekochtem und rohem Fisch- und Säugetierfleisch) nicht zu fett sein! Pellets, die wir beim Forellenzüchter besorgen können, werden ebenso gerne gefressen. Wer mehr Geld ausgeben kann und will, kann im Zoofachhandel auch Futtertabletten kaufen.

Unsere Schlangenköpfe kommen völlig ohne lebende oder frischtote Futterfische aus – sind aber dennoch dankbar, wenn sie gelegentlich Guppys oder andere Kleinfische angeboten bekommen. Zumindest sollte man ihnen hin und wieder Regenwürmer und Mehlwürmer ins Becken werfen! Einige Arten (wie der Kleine Schlangenkopf) fressen auch gerne Wasserschnecken.

Der empfehlenswerteste Schlangenkopffisch für das Aquarium ist wohl der über das ganze tropische Asien verbreitete Kleine Schlangenkopffisch *(Channa orientalis)*. Er wächst im Laufe von etwa 2 Jahren zu knapp 20 cm Länge heran, und ist damit der kleinste der bekannten Schlangenkopfarten. Er ist ansprechend gefärbt, völlig anspruchslos und wird nach einiger Zeit so vertraut, daß er sich sogar streicheln läßt!

In einem 80 cm-Becken können zwei erwachsene *Channa orientalis* gehalten werden. Sollten sich die Tiere anfangs nicht vertragen, so muß man es mit der Trennscheiben-Methode (s. Seite 96) versuchen. (Die Art ist bisher noch nicht im Aquarium gezüchtet worden, doch dürfte das nicht allzuschwer sein.)

Die meisten anderen asiatischen Schlangenkopffische werden recht groß und wachsen schnell in das „Großaquarien-Stadium". Wenn wir sie auch noch als erwachsene Fische pflegen wollen, müssen wir für sie schon ein 1,20 m langes Becken bereitstellen. Die Fische sind noch temperamentvoller als Channa orientalis und auch noch im Alter durch ihre oft aparte Musterung und ihre schlangenähnliche Erscheinung attraktiv. Das gilt vor allem auch für die Afrikaner unter ihnen *(C. obscura,*

Bild 71. Ein liebenswerter Räuber für das Artaquarium: der Gestreifte Schlangenkopffisch *Channa striata* aus Südostasien. Aufnahme Vierke

C. africana, C. insignis), die nur knapp 35 cm groß werden. Für diese Arten reichen zur paarweisen Haltung auch 80 cm-Becken. (Afrikanische Schlangenkopffische wurden im Aquarium schon gezüchtet.)

In genügend großen Becken können wir Schlangenkopffische auch mit robusten Fischarten vergesellschaften. Hier eignen sich vor allem die Kletterfische *(Anabas testudineus)*, Inselmakropoden (*Belontia*-Arten) und große Buschfische wie *Ctenopoma kingsleyae*, aber auch größere Cichliden.

Vom Urwald ins Wohnzimmeraquarium

Wer träumt nicht gelegentlich von der tropischen Heimat unserer Zierfische, wenn er vor seinem Wohnzimmeraquarium sitzt: vom geheimnisvollen, von vielen Stimmen erfüllten Dunkel, das von den lianenverhangenen Urwaldriesen erzeugt wird, von den fischreichen kleinen, oft durch Baumleichen und Laub fast zugeschütteten Bächen und von den lichtdurchfluteten, lauwarmen Tümpeln und Flußbuchten, die stellenweise mit violettblau- und knallrotblühenden Schwimmpflanzen bedeckt sind.

Zwar kommen sehr viele Aquarienfische aus den Zuchtkellern unserer Fischzüchter oder aus den Freilandteichen und Wannen der vielen Züchter in Ost- und Südostasien – viele haben jedoch tatsächlich den tropischen Regenwald kennengelernt. Nun sind die Verhältnisse im Einzelfall natürlich sehr verschieden, wir wollen hier aber einmal verfolgen, welchen Weg unsere aus freier Natur stammenden Schokoladenguramis, Mosaikfadenfische und Dornaugen, Schmerlen und Stachelaale zurückgelegt haben:

In ihrer Heimat Malaysia und Indonesien leben sie in klaren, aber durch Humusstoffe bräunlich gefärbten Bächen und Flußbetten in den Urwäldern. Das Wasser ist hier meist sauer mit einem pH-Wert von 5–6 und einem Leitwert, der unter $30\,\mu S$ liegt. (Eine Wasserhärtemessung mit den üblichen Aquarien-Reagenzien ist hier sinnlos, sie würde immer Null ergeben.) Die Wassertemperaturen liegen bei 24–26°C. Dort, wo in stillstehenden Buchten und Seen die Sonne ungehindert auf das Wasser scheinen kann, steigen sie auch auf 30°C und mehr an.

Im Dschungel Südmalaysias beschäftigen sich einige Asli-Stämme mit dem Zierfischfang. Die Asli sind ein kleinwüchsiges Volk, die eigentlichen Ureinwohner der Halbinsel, die

sich vor den eingewanderten Malaiien in den unwegsamen Regenwald zurückgezogen haben. Hier leben sie abgeschlossen nach ihren alten Gebräuchen, mit eigener Sprache und ihrer Naturreligion als Fischer und Jäger, die noch mit dem Blasrohr und vergifteten Pfeilen auf die Jagd gehen. Die kleinen, locker verstreuten Pfahlhütten stehen in der Nähe der Flüsse. Würde jemand diese freundlichen und liebenswürdigen Leute besuchen, müßte er feststellen, daß hier als fast einziger Tribut an die westliche Zivilisation Sauerstoffflaschen und Plastikbeutel zu finden sind – wichtige Utensilien für den Transport lebender Zierfische! Mit großen Stellnetzen und kleineren Handnetzen werden hier Fische gefangen – große für den Markt, kleine für die Zierfisch-Exporteure im fernen Singapur. In regelmäßigen Abständen zu fest verabredeten Terminen kommen Chinesen zu den Aslis. Ihre Vorfahren waren als Arbeiter auf den Kautschukplantagen und in den Zinnbergwerken eingewandert. Die meisten sind jetzt in den Städten Händler – so auch die Fischaufkäufer bei den Aslis, die die Naturmenschen vor allem mit Kleidern und Metallgegenständen versorgen. Dafür nehmen sie die Fische mit in die nächste größere Stadt, nach Kluang – dort kommen die großen Tiere auf den Fischmarkt. Es sind lebende Schlangenkopffische, Welse, seltener auch Wasserschildkröten. Die Tiere müssen lebendig sein, denn für tote Tiere erhält man nur den halben Preis – in dem feuchtheißen Klima könnten sie zumindest aus der Sicht der Käufer schon verdorben sein.

Die Zierfische kommen in einige der großen Aquarien, die einer der Händler dort unter freiem Himmel stehen hat. Hier schwimmen aber auch Segelflosser, Zebrabarben, Schwertträger und Goldfische. Gleichzeitig ist er nämlich auch Zoohändler für die einheimi-

sche Bevölkerung. Offenbar herrscht dort keine geringere Nachfrage als in deutschen Zoogeschäften. Daher also die Segelflosser, die Goldfische und Panzerwelse. Der Prophet gilt nichts im eigenen Land! Es kümmert weder die einheimischen Aquarianer noch den Zoohändler oder seine Fänger, daß in den Gräben gleich nebenan Deissners Zwergmakropoden und andere Raritäten leben, nach denen sich viele europäische Kenner die Finger lecken würden. Ein einzelner Fisch oder auch 10 Fischchen sind für den Großhändler ohnehin wertlos, es müssen mindestens 50 oder 100 sein.

Chinesen sind außerordentlich gewissenhaft, deshalb findet man die von vielen so begehrten Beifänge wohl in Südamerika-Exporten – nicht aber in Sendungen aus Südostasien. Penibel nach Arten sortiert, machen die Händler sich einmal wöchentlich auf die Reise. Es geht mit dem eigenen Wagen nach Singapur, um dort die Fische an den Exporteur weiterzuverkaufen.

Dieser Mann, wieder ein Chinese, ist Mr.

Choo. In seinem Auftrag arbeiten die Fänger und Zwischenhändler auf der Malaien-Halbinsel, auf Borneo und auf Sumatra. Es gibt aber noch viele weitere chinesische Händler in Singapur. Ihre Fische werden nach Japan, Amerika und in alle Staaten Europas geliefert.

Mr. Choo hat ein großes Gelände mit mehreren Freilandteichen für die Fischhaltung, daneben weit über 50 Betonbecken ($3 \times 2,4$ m) und für die besonderen Seltenheiten große Aquarien. Alles steht im Freien, lediglich durch Wellblechdächer gegen das grelle Sonnenlicht und die damit verbundene Hitzeeinstrahlung und gegen die tropischen Wolkenbrüche geschützt. Die Betonbecken sind außerdem durch eine Schwimmpflanzenschicht (Wasserhyazinthen) gegen zu starke Erhitzung geschützt. Die Wassertemperaturen liegen ganzjährig bei 26–29°C – eigentliche Jahreszeiten gibt es hier nicht.

Hier in Singapur wird aber auch gezüchtet, auf der Fischfarm selbst und in vielen Privathäusern. Die Züchter liefern ihre Fische meist halbwüchsig an den Exporteur, der sie dann großfüttert. Bei den Nachzuchten handelt es sich größtenteils um südamerikanische Fische (Segelflosser, Platies, Guppys, Salmler), doch auch um Kampffische. Allein auf dieser Fischfarm sind ständig 7000–8000 Kampffisch-Männchen vorrätig. Jedes von ihnen lebt in einem separaten Glas!

Auch Wasserpflanzen werden in Singapur in großen Mengen gezüchtet – submers und emers.

Im vollklimatisierten Büro in Singapur gehen ständig Telefonate und Bestellungen per Fernschreiber ein. In der überdachten Halle sind Chinesen dabei, Fische in großen Plastikbeuteln zu verpacken, sie zusätzlich mit Sauerstoff zu versorgen und in große Styroporboxen zu verstauen. Dann geht es zum Flughafen. 17 Stunden später ist die Fracht in Frankfurt. Hier wird sie entweder direkt abgeholt oder zu einem anderen Flughafen weitergeleitet. Die Großimporteure holen sich ihre Tierfracht ab und versorgen sie in ihren Kellern und Lagerhallen.

Wer einmal einen deutschen Importeur besucht, ist beim ersten Mal erschlagen von der Unzahl der Aquarien, von der Menge der Tiere in den Becken, die großenteils artweise sortiert sind, und von der Fülle auch seltener Tiere, die man bei manchem Zoohändler nie zu sehen bekommt. Diese Importeure erhalten ihre Fische nicht nur aus Singapur, auch aus Bangkok, Hongkong, Manaus und wer weiß woher.

Die Zoohändler suchen sich nun – entweder aus Listen oder als Selbstabholer – ihre Waren beim Großimporteur aus. Wie der Weg unserer tropischen Pfleglinge weitergeht bis in unser Tropenbecken, das weiß jeder Aquarienfreund. Für die allermeisten Fische ist dieser Weg eine Sackgasse oder eine Einbahnstraße.

Bild 73. Auf einer Fischfarm in Singapur. Viele tausend tropischer Zierfische werden hier in Betonbecken und Aquarien gezüchtet und gehalten. Sie werden an Interessenten in aller Welt verkauft. Aufnahme Vierke

Schön aber ist es, wenn es dem Liebhaber-Aquarianer gelingt, die eine oder andere Art doch zur Vermehrung zu bringen. Das ist zumeist nicht leicht, denn in der Regel stellen die Fische ganz bestimmte Ansprüche an den Züchter. Wenn es dann aber doch gelingt, einige Fische zu züchten und dem Zoohändler zurückzubringen, dann kann man das Gefühl haben, daß man seine Tiere offenbar unter guten Bedingungen gehalten hat und daß man mehr als nur ein Konsument tropischer Fische ist!

Unsere Fische

Aquarientechnik, Wasserchemie und Futterkunde haben den Sinn, den Fischen optimale Lebensbedingungen im Aquarium zu ermöglichen. Die Fische sind jedoch die Hauptsache – ihnen soll daher hier auch der meiste Raum gewidmet werden. Von den vielen Arten, die bisher in Liebhaber-Aquarien gehalten wurden, kommt nur ein Bruchteil regelmäßig in den Handel. (Zum ständigen Sortiment der Händler gehören nur etwa 100 Arten.)

Bei der Abhandlung der Gattungen und Arten unserer Zierfische habe ich mich bemüht, dem Leser einerseits einen umfassenden Überblick zu verschaffen, ihn andererseits aber auch auf wichtige und interessante Eigenarten der Tiere aufmerksam zu machen. – Die häufiger angebotenen Fischarten werden natürlich besonders berücksichtigt.

Wir kaufen uns neue Fische

Viele Zoohändler sind bereit, ihren Kunden auf spezielle Bestellung auch seltenere Fische zu beschaffen – so diese auf den Listen der Großimporteure stehen. Einige seltene Arten kann man auch bekommen, wenn man in den Liebhaberzeitschriften – besser noch in den Publikationen spezieller Fachgruppen – inseriert.

Beim Kauf achte man selbstverständlich darauf, gesunde Tiere zu erhalten: Wir nehmen keine Fische mit abgefressenen, verklebten oder geklemmten Flossen oder sonst offensichtlich kranke Tiere.

Es wird auch immer wieder geraten, neuerworbene Tiere nicht gleich ins Gesellschaftsbecken zu setzen, sondern sie zunächst etwa 1 Woche im Quarantänebecken zu halten. Hier sind dann eventuell auftretende Krankheiten leichter zu bekämpfen, vor allem aber werden unsere anderen Fische nicht angesteckt! Andererseits aber brechen diese Krankheiten vielfach auch nur in einem derartigen, meist nur kleinen Becken aus! Ich selbst verzichte auf die grundsätzliche Quarantäne der Neuerworbenen – und habe es nur selten bereut!

Der Zoohändler verpackt die Fische üblicherweise in Plastikbeuteln. Wir sollten die Neuerwerbungen aber nicht sofort aus den Transportbeuteln ins Aquarium setzen. Damit sich die Wassertemperaturen angleichen, legen wir den Beutel etwa eine Viertelstunde auf die Wasseroberfläche des Aquariums. (Fische, die ständig voller Panik versuchen, aus dem Beutel herauszukommen, sollten wir allerdings schneller befreien, da sie sonst unter Umständen schwere Schäden nehmen könnten!) Auch wenn die Temperaturen zwischen dem Transportwasser und dem Aquarienwasser identisch sind, sollte man die Fische nicht direkt umsetzen. Wir füllen den Transportbeutel langsam mit Aquarienwasser auf, solange, bis das Aquarienwasser überwiegt. Auf diese Weise gewöhnen sich die Fische langsam an die neuen Wasserverhältnisse.

Jeder neu in ein bereits besetztes Becken eingesetzte Fisch ist zunächst den anderen unterlegen, selbst wenn er objektiv stärker sein sollte. Die fremde Umgebung schüchtert ihn ein; sein Organismus muß sich an neue Wasserbedingungen anpassen. Auch wenn er anfangs von den anderen Fischen gejagt wird, so findet er normalerweise doch bald seinen Platz im Becken.

Grundsätzlich hat man sich vor jedem Fischkauf zu informieren, welche Pflegeansprüche die Fische stellen, ob man sie ihnen erfüllen kann und ob diese Ansprüche mit denen der

Bild 74. Verschiedene Schwertträger (oben und links: Wagtail-Simpson-Lyratail – Mitte: Lyratail – unten: „Berliner" Zuchtform). Aufnahme Kahl

Das natürliche System

Mitpfleglinge zu vereinbaren sind. Diesem Zweck sollen die folgenden Seiten dienen.
Zur umfassenden Information sollte der Leser nicht nur nach den Angaben beim Artnamen schauen, sondern auch nachlesen, was in der Gattungsbeschreibung und der dazugehörenden Familienbeschreibung steht!

Die Wissenschaftler ordnen die Tiere und Pflanzen nach verschiedenen Kategorien (Familien, Gattungen, Arten u. a.). Im natürlichen System ist dabei ihr oberster Grundsatz, einander verwandte Formen in die entsprechenden Gruppen einzuordnen. Mit anderen Worten: Das System soll die Abstammung der Lebewesen widerspiegeln.

Für Wissenschaftler und Laien ist das in mehrfacher Hinsicht praktisch: Einmal kann auf diesem Weg eine allgemein verbindliche und übersichtliche Ordnung geschaffen werden. Zum andern ähneln sich die zu bestimmten Gruppen gestellten Tiere, denn ihre übereinstimmenden Merkmale im Aussehen, im Verhalten und in ihren Ansprüchen haben sie von einem gemeinsamen Vorfahren. Die Vorteile bedingen allerdings auch Nachteile:

Wenn sich aufgrund neuer Erkenntnisse herausstellt, daß eine früher vorgenommene Zuordnung nicht den Abstammungsverhältnissen entspricht, muß sie von der Wissenschaft korrigiert werden. Das ist der Grund für die immer wieder auftretenden Änderungen in der wissenschaftlichen Namensgebung. Auch wenn sich herausstellt, daß ein bisher für gültig angesehener Name nur die Zweitbeschreibung einer bisher nicht beachteten Erstbeschreibung repräsentiert, muß der Name geändert werden. Hier gilt das Recht des älteren Namens (Prioritätsregel), auch wenn sich der andere Name noch so gut eingebürgert hat.

Ein wissenschaftlicher Name besteht aus zwei Teilen, dem Gattungs- und dem ihm nachgestellten Artnamen. Wenn die Art noch unterteilt werden muß, kann als drittes noch ein Unterartname angefügt werden. Für genaue Bearbeitungen ist es wichtig, auch den Namen des Erstbeschreibers zu wissen und das Jahr der Erstbeschreibung. Beides wird oft hinter dem wissenschaftlichen Namen angegeben – so auch bei den im folgenden beschriebenen Fischen. Stehen diese Angaben in Klammern, dann bedeutet das, daß der betreffende Autor diese Art damals unter einem anderen als dem jetzt gültigen Gattungsnamen beschrieben hat. Die wissenschaftlichen Namen sind wichtig, auch wenn man sie als Aquarianer nicht zu behalten braucht. Andererseits werden für manche Arten im Aquarianerjargon ausschließlich diese Bezeichnungen gebraucht! Ob nun leicht oder schwer zu erlernen – die wissenschaftlichen Namen sind unmißverständlich und international verbindlich. Wer beispielsweise Tiere und Pflanzen bestellen will, sollte auch und gerade die wissenschaftlichen Namen angeben.

Erklärung der Symbole

17 cm	Maximale Gesamtlänge (Schnauzenspitze bis Ende Schwanzflosse) unter den üblichen Aquarienbedingungen. In der Natur oder in sehr großen Becken wird dieser Wert oft beträchtlich überschritten (dies ist dann im Text gesondert vermerkt)
23°C	Mittlerer Temperaturanspruch. Dieser Wert kann unbedenklich um ± 2°C verändert werden
G	Für das Gesellschaftsaquarium geeignet (Voraussetzung sind Mitbewohner in entsprechender Größe und mit entsprechenden Pflegeansprüchen)
A	Artbecken vorteilhaft oder nötig
S	Schwarmfisch oder sehr geselliger Fisch. Haltung zu mehreren nötig
H	Bevorzugt hartes und leicht alkalisches Wasser
W	Bevorzugt weiches und etwas saures Wasser
N	Vorzugsweise in mittelhartem und etwas härterem Wasser (9–15°dGH) zu halten
( )	Angaben in Klammern bedeuten Einschränkungen. Näheres ist aus dem Text ersichtlich

Beschreibungen der Familien, Gattungen und Arten

Klasse Chondrichthyes (Knorpelfische)

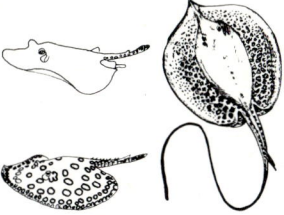

Dasyatidae (Stechrochen)

Gelegentlich werden verschiedene Süßwasserarten aus Südamerika (Süßwasserrochen *Potamotrygon laticeps,* Pfauenaugen-Stechrochen *Potamotrygon motoro*) und Südostasien (*Dasyatis*-Arten) eingeführt.
Wegen ihres gefährlichen Giftstachels sind diese Tiere mit äußerster Vorsicht zu behandeln. Unfälle können zu schweren, sehr schmerzhaften Wunden führen!
Diese lebhaften Bodenfische werden alle recht groß. Der tellerartige Körper wird auch bei den kleinsten Arten bis zu 30 cm breit. Mitbewohnern gegenüber verhalten sich die Stechrochen zumeist friedlich.
Haltung: Die Tiere brauchen ausreichend Schwimmraum und feinen, sandigen Boden (in den sie sich gelegentlich eingraben). Von Natur aus sind sie Muschel- und Krebsfresser. Im Aquarium nehmen sie auch Regenwürmer, Tubifex, Fischfleisch und Futtertabletten.

Klasse Osteichthyes (Knochenfische)

Lepidosirenidae (Molchfische)

Zu dieser Familie zählen der Südamerikanische Lungenfisch *Lepidosiren paradoxa* und die 4 afrikanischen Arten der Gattung *Protopterus,* alle 5 Arten besitzen zwei Lungen! Die 4 *Protopterus*-Arten überstehen die Trockenzeit im erhärteten Schlamm ihrer ausgetrockneten Gewässer in einem mehrmonatigen Trockenschlaf. In solchermaßen encystiertem Zustand können die Tiere völlig trocken verfrachtet werden. Durch sehr vorsichtige Wasserzugaben (Lungenatmer können ersticken!) weckt man sie wieder auf.
Haltung: Molchfische sind in jeder Hinsicht

anspruchslose Tiere, die allerdings wegen ihrer Unverträglichkeit einzeln gehalten werden müssen. Bodengrund aus grobem Kies, robuste Pflanzen. Temperatur 26–30°C. Fleischliche Nahrung (rohes oder gekochtes Fleisch und Fischfleisch) oder Futtertabletten.

Ceratodidae (Australische Lungenfische)

Lungenfische mit nur einer Lunge. Die einzige rezente Art *Neoceratodus forsteri* steht unter strengem Naturschutz und dürfte derzeit kaum nach Europa gelangen!

Unterklasse Actinopterygii (Strahlenflosser)

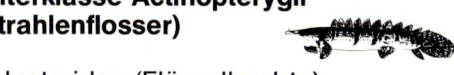

Polypteridae (Flösselhechte)

Heimat: Afrika
Die Flösselhechte haben einen langgestreckten Körper und sind vor allem durch die in viele, mit Häuten versehene Strahlen der Rückenflosse ausgezeichnet.
Haltung: Diese trägen, dämmerungsaktiven aber räuberischen Tiere eignen sich in erster Linie für das Artaquarium. Haltung und Pflege ansonsten wie bei den Schlangenköpfen und den Molchfischen.

Polypterus
Diese Gattung besitzt mehrere Arten, von denen gelegentlich die farbigeren *Polypterus ornatipinnis* und *Polypterus delhezi* angeboten werden. Beide Arten werden bis zu 35 cm lang. Flösselhechte können auch im Aquarium nachgezogen werden. Die Jungtiere machen ein Larvenstadium mit äußeren Kiemen durch.

Calamoichthys calabaricus (Flösselaal)

Die langgestreckten, dekorativen Flösselaale eignen sich auch für das Gesellschaftsaquarium mit großen Fischen. (Kleinere Fische werden von den bis zu 90 cm lang werdenden Flösselaalen gefressen!) An der Zahl der Afterflossenstrahlen lassen sich die Geschlechter unterscheiden: Männchen haben 12–14, Weibchen 9–12.

Acipenseridae (Störe)

Acipenser ruthenus
Linné, 1758
Sterlet

20 cm	17°C	H-G

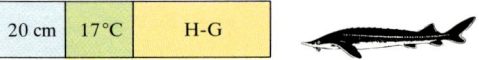

Ungarische Fischzuchtstationen liefern gelegentlich die noch fast schwarz gefärbten Jungtiere. Sterlets stammen aus den Zuflüssen des Schwarzen und des Kaspischen Meeres, sind also reine Süßwasserfische, die aber niedrigere Temperaturen bevorzugen. Im Freiwasser werden sie bis zu 1 m groß.
Haltung: Die Sterlets sind ständig in Bewegung, brauchen also viel freien Schwimmraum (Aquarium nicht zu klein!). Ihr Futter (Tubifex, Enchyträen, Schnecken, Fleischstückchen) wühlen sie gern aus dem weichen Sandboden. Keinen groben Kies oder scharfkantige Einrichtungsgegenstände verwenden, da die Fische leicht ihre vorgestreckte Schnauze verletzen! Trotz des haiartigen Aussehens völlig friedlich gegen andere Fische (falls diese nicht zu klein sind!).

Amiidae (Kahlhechte)

Amia calva
Linné, 1766
Kahlhecht

70 cm	3–20°C	A-H-(N)

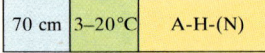

Räuberischer, nachtaktiver Fisch aus Nordamerika. Die Tiere können atmosphärische Luft atmen und längere Zeit auch außerhalb des Wassers am Leben bleiben.
Die Männchen haben einen Augenfleck in der oberen Schwanzwurzel.
Interessante Brutpflege (Vaterfamilie). Nachzucht im Aquarium noch nicht bekannt.
Haltung: Paarweise Haltung nur in großen Schauaquarien möglich. Sehr gefräßig (Fische, Schnecken, Regenwürmer, Fleisch).

Lepisosteidae (Knochenhechte)

Räuberische Großfische, die sich nur für Schaubecken eignen (Fleischfutter!). Zusätz-

lich zur Kiemenatmung veratmen die Fische mit Hilfe der Schwimmblase auch noch atmosphärische Luft.

Lepisosteus osseus
(Linné, 1758)
Gemeiner Knochenhecht

100 cm	18°C	A-H-(N)

Heimat: Nordamerikanische Große Seen
Durch seine langgezogene Form (vor allem der Schnauze) und sein Muster sehr dekorativ für Schauaquarien.
Haltung: Jungtiere fressen auch Mehlwürmer und grobes Tümpelfutter.

Lepisosteus tristoechus
(Bloch und Schneider, 1801)
Kaimanfisch

100 cm	23°C	A-H-(N)

Heimat: Mittelamerika
Wird im Freiwasser bis zu 3,5 m lang und 90 kg schwer. Geht in Natur auch ins Seewasser.

Esocidae (Hechte)

Esox lucius
Linné, 1758
Europäischer Hecht

80 cm	5–20°C	A-H-(N)

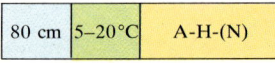

Als Jungtier reizvoll im Artaquarium.
Haltung: Aquarien gut bepflanzen, durchlüften. Häufiger Wasserwechsel nötig. Zunächst Tümpelfutter, später Kleinfische.

Umbridae (Hundsfische)

14 cm	19°C	W-N

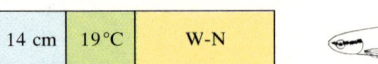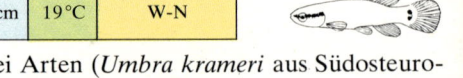

Zwei Arten (*Umbra krameri* aus Südosteuropa, *Umbra limi* aus Nordamerika), die sich bei kühlerer Haltung als ausdauernde Tiere gut für die Aquarienhaltung eignen. Die Männchen von *Umbra limi* werden im Frühjahr gelb bis orangerot. Brutpfleger.
Haltung: Dichte Bepflanzung (Vallisnerien,

Hornkraut, Wasserpest), leicht torfiges, weiches Wasser. Lebendfutter!

Osteoglossidae
(Knochenzüngler)

Von den 6 Arten gelangen 4 gelegentlich auch in Privathände.
Haltung: Sehr große Behälter (entsprechend der Fischgröße und der Schwimmlust). Artbecken oder besser Gemeinschaftsbecken mit sehr großen Fischen (Scheibensalmler, Großcichliden). Springlustig, Behälter sicher abdecken! Kleinere Tiere werden mit Mehlwürmern, Kleinfischen, Pellets und größere Tiere mit Mäusen, Ratten, Schweine- und Rindfleisch ernährt.

Scleropages formosus
(SCHLEGEL UND MÜLLER, 1829)
**Ostasiatischer
Knochenzüngler**

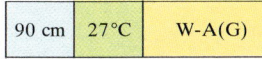 

90 cm	27 °C	W-A(G)

Bild 75. Schmetterlingsfisch *(Pantodon buchholzi).* Aufnahme Vierke

Sehr dekorativer, großschuppiger Fisch, der verschiedentlich über Singapur eingeführt wurde. In der Heimat (Malaysia, Indonesien) Speisefisch (wird auch „Arawana" genannt). Maulbrüter im weiblichen Geschlecht.
Haltung: Braucht weiches Wasser (nicht über 14 °dGH).

Osteoglossum bicirrhosum
VANDELLI, 1829
Gabelbart

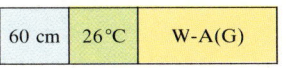 

60 cm	26 °C	W-A(G)

Heimat: Südamerika
Soll Maulbrüter im männlichen Geschlecht sein. Sonstige Angaben wie bei *Scleropages formosus*. Die gabelartige Verlängerung am Unterkiefer ist jedoch länger als bei *Scleropages formosus*. Nachzucht in Gefangenschaft schon gelungen.

Osteoglossum ferreira
KANAZAWA, 1966
Schwarzer Knochenzüngler

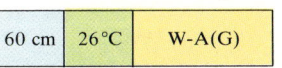 

60 cm	26 °C	W-A(G)

Heimat: Südamerika

Ähnelt *O. bicirrhosum* in Aussehen und Pflegeansprüchen, aber Jungfische mit dunkleren Flossen und zwei dunklen Längsbinden.

Arapaima gigas
(CUVIER, 1829)
Arapaima

120 cm	26°C	W-A

Dekorativer Riesenfisch aus dem Amazonasgebiet, der nur für sehr große Schauaquarien geeignet ist. Soll in Freiheit gut 3 m Länge erreichen. Speisefisch!

Pantodontidae
(Schmetterlingsfische)

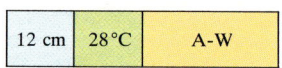 

12 cm	28°C	A-W

Pantodon buchholzi, der Schmetterlingsfisch, ist der einzige Vertreter dieser Fischfamilie. Der bizarr geformte, dämmerungsaktive Fisch ist im tropischen Westafrika beheimatet und lebt dort hauptsächlich von Anflugnahrung. Ist zum Gleitflug über mehrere Meter fähig. Geschlechter sind an der unterschiedlich geformten Afterflosse zu erkennen. Deren Hinterkante ist beim Weibchen gerade, beim Männchen tief eingekerbt. Nachzucht möglich.
Haltung: Im Gesellschaftsaquarium Fütterungsprobleme! Dort werden auch unter Umständen kleine Fische gefressen. Am besten in Paludarium oder flachem Artbecken halten. Untereinander verträglich. Futter (Mehlwürmer, Grillen, Fliegen, auch Trockenfutter) wird nur direkt von der Oberfläche genommen. Kunstfutter allein reicht auf Dauer nicht aus. Frißt aber auch tote Insekten, die tiefgekühlt aufbewahrt werden können.
Wasser warm, sauer, weich (bis 12° dGH).

Notopteridae
(Altweltliche Messerfische)

Die Familie umfaßt recht groß werdende, nächtlich lebende Räuber. Typisch ist ihr hinten spitz zulaufender Leib. Die lange Afterflosse ist mit der Schwanzflosse verwachsen und bildet einen einheitlichen Flossensaum, dessen rhythmisch wellenartige Bewegungen

dem Tier Vor- und Rückwärtsschwimmen gestatten. Mit Hilfe der Schwimmblase kann auch atmosphärische Luft veratmet werden. Die Nachzucht einer Art ist bereits im Aquarium geglückt. Brutpfleger.
Haltung: Stein- und Wurzelverstecke sind nötig, nicht nur zur Zucht!

Notopterus chitala
(HAMILTON-BUCHANAN, 1822)
Indischer Fähnchen-Messerfisch

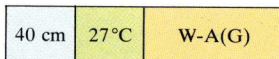 

40 cm	27°C	W-A(G)

Die in ihrer hinterindischen Heimat über 1m lang werdende Art ist nach ihrer fahnenartigen Rückenflosse benannt. Farbmuster variabel, im Alter sind im hinteren Teil oft mehrere kreisrunde Flecken aufgereiht.
Haltung: Die Fische bevorzugen weiches Wasser, fressen auch Trockenfutter. Größere Tiere brauchen Fische und Fleisch.

Notopterus notopterus
(PALLAS, 1780)
Gemeiner Fähnchen-Messerfisch

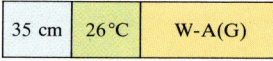 

35 cm	26°C	W-A(G)

Die einheitlich dunkelgefärbte Art ist in Vorder- und Hinterindien zu Hause.
Haltung: Kleiner als die vorige Art, daher eher für den Liebhaberaquarianer geeignet. Artbecken oder Vergesellschaftung mit Fischen entsprechender Größe.

Notopterus afer
GUENTHER,1868
Afrikanischer Fähnchen-Messerfisch

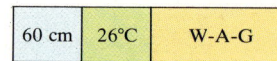 

60 cm	26°C	W-A-G

Die Art stammt aus den Gewässern des tropischen Westafrikas. Die Jungtiere sind auf braunrotem Grund ansprechend marmoriert. Alttiere einfarbig violettbraun. Im Alter oft unverträglich.
Haltung: Weiches, leicht saures Wasser. Frißt nur Lebendfutter.

Bild 76. Elefantenrüsselfisch *(Gnathonemus petersii)*.
Aufnahme Kahl

Xenomystus nigri
(GUENTHER, 1868)
Afrikanischer Messerfisch

20 cm	26°C	W-A-G

Im Gegensatz zu den *Notopterus*-Arten fehlt *Xenomystus* die Rückenflosse. Die Art ist in der Lage, kurze, bellende Töne zu erzeugen. **Haltung:** Kleiner und daher leichter zu halten. Bevorzugt Lebendfutter und weiches, leicht saures Wasser. Lichtscheu, braucht Wurzelunterstände.

Mormyridae (Nilhechte)

Zu dieser afrikanischen Fischfamilie gehören gut 130 verschiedene Arten. Sie sind wenig farbenprächtig, aber in vieler Hinsicht interessant. Ihre Gestalt ist oft ausgefallen.
Als interessanter Aspekt sei hier die besondere Ausbildung des Gehirns erwähnt. Vielleicht hängt hiermit der ausgeprägte Spieltrieb mancher Nilhechte zusammen, den man bei anderen Fischen nicht beobachtet hat. Beispielsweise können sie sich unter Umständen stundenlang mit einem Blatt oder einem Hölzchen beschäftigen.
Im Schwanzstiel haben die meisten Nilhechte ein schwaches elektrisches Organ, das ihnen zusammen mit ihren im Kopfbereich liegenden spezifischen Sinnesorganen ermöglicht, sich auch im trüben Wasser zu orientieren. Darüber hinaus dienen ihre fortlaufend ausgeschickten Impulse der Revierabgrenzung. Wir können die elektrischen Signale nicht direkt wahrnehmen, wohl aber die Mitbewohner im Gesellschaftsaquarium. Anfangs sind sie irritiert, bald aber gewöhnen sie sich daran.
Haltung: Nilhechte sind gewöhnlich untereinander unverträglich, sie sollten daher einzeln oder zu zweit (gleichstarke Tiere!) gehalten werden. Dagegen sind sie gegen andere, auch gegen recht kleine Mitbewohner völlig friedlich. Sie brauchen Höhlenunterschlüpfe und möglichst recht hohe Temperaturen. Die Wasserwerte sind ansonsten nur von geringer Bedeutung. Viele haben einen Rüssel, mit dem sie am Boden nach Mückenlarven, Tubifex und dergleichen wühlen. Einige Tiere nehmen auch Trockenfutter. Da sie dämmerungsaktiv sind, erst abends füttern.

Gnathonemus petersii
(GUENTHER, 1862)
Elefantenrüsselfisch

22 cm	26°C	G-A

Wohl die am häufigsten gepflegte Nilhecht-

Art. Der „Rüssel" wird nur von der verlängerten Unterlippe gebildet. Tiere dunkel-blaugrau, auf Schwanzseiten großer, hell eingefaßter Fleck.
Haltung: Geschlechtsunterschiede unbekannt. Zuchterfolge bisher nicht bekannt geworden. Vergesellschaftung mit seinesgleichen auch in großen Becken problematisch. Gegen andere Mitbewohner jedoch völlig friedlich.
G. elphas, G.ibis und andere haben im Gegensatz zu *G. petersii* einen richtigen Rüssel. Ihre Maulöffnung liegt an der Spitze dieses Organs.

Gnathonemus schilthuisiae
BOULENGER, 1899

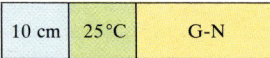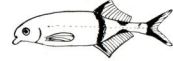

10 cm	25 °C	G-N

Klein bleibende Art, erinnert in Körperform und Zeichnung an *G. petersii,* hat anstelle des Rüssels aber nur ein wulstig vorspringendes Kinn. Leichter mit artgleichen Tieren zu vergesellschaften als andere Nilhechte; ausgeprägter Spieltrieb.
Haltung: Wie *G. petersii.*

Mormyrus kannume
FORSKAL, 1775
Tapirfisch

50 cm	25 °C	G!-N

Tapirfische unterscheiden sich von den *Gnathonemus*-Arten durch ihre längere Rückenflosse, die meist schon vor den Bauchflossen ansetzt. Sie kommen gelegentlich als Jungtiere in den Handel. Alle *Mormyrus*-Arten werden aber so groß, daß sie nicht als Fische für das übliche Gesellschaftsaquarium anzusehen sind. Dagegen eignen sich *Haplochromis*-Arten und andere größere Buntbarsche als Beifische. Auch die ähnliche Art *M. tapirus* wird als Tapirfisch bezeichnet.

Cypriniformes (Karpfenartige)

Zu dieser Ordnung gehören die meisten Aquarienfische. Die Karpfenartigen sind durch den Besitz des sogenannten Weberschen Apparates (umgebildete Wirbel, die eine schalleitende

Verbindung zwischen der Schwimmblase und dem Innenohr herstellen) ausgezeichnet. Funktionell ist das mit den Hörknöchelchen im Mittelohr des Menschen zu vergleichen. Die Fische hören besser, gleichzeitig werden sie durch die Schwimmblase über Druckänderungen des Wassers informiert.

Characidae
(Echte Amerikanische Salmler)

Diese artenreiche Familie stellt eine sehr große Zahl farbenschöner und klein bleibender Zierfische. Es sind alles Schwarmfische, die man zumindest in Sechsergruppen, möglichst natürlich zu noch mehr Exemplaren halten sollte. Alle Salmler sind eierlegend. Nur bei wenigen Gattungen (z.B. *Boehlkea*) erfolgt eine innere Besamung. Einige Salmler verstreuen ihre Eier frei ins Wasser oder zwischen feinfiedrige Pflanzen, andere kleben sie auf Blätter. Es gibt auch Arten mit intensiver Brutpflege, doch sind das Ausnahmen. Die Larven schlüpfen 1–3 Tage nach der Besamung. Sie heften sich mit ihren am Kopf sitzenden Klebdrüsen an Pflanzen oder Steinen fest, bis sie ihren Dottersack verbraucht haben. Nach etwa 5 Tagen streben sie zur Wasseroberfläche, füllen ihre Schwimmblase mit Luft und beginnen selbständig schwimmend nach Nahrung zu suchen.
Haltung: Entsprechend ihrer Herkunft bevorzugen die Tiere mit wenigen Ausnahmen weiches und saures Wasser. Die meisten erwachsenen Tiere sind in Aquarien aber problemlos noch bei Härten bis zu 15°dGH zu halten. Zum Ablaichen und für die Ei- und frühe Larvenentwicklung sind allerdings die optimalen Wasserbedingungen erforderlich.

Aphyocharax
Schlanke, typische Salmler. Von den etwa 20 Arten hat sich nur eine richtig im Aquarium einführen können:

Aphyocharax anisitsi
EIGENMANN u.KENNEDY, 1903
Rotflossensalmler

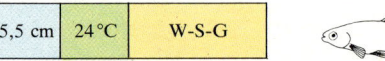

5,5 cm	24 °C	W-S-G

Heimat: Rio Parana und Argentinien

Silbriges, schwach bläulich glänzendes Fischchen, an der Basis der Flossen rötlich gefärbt. Nur Brustflossen farblos. Männchen schlanker und zur Laichzeit kräftiger gefärbt.

Die Bezeichnung „A. affinis" und „A. rubripinnis" sind Synonyme, also ungültige Zweitbeschreibungen dieser Art.

Haltung: Zur Zucht paarweiser Ansatz in weichem, schwach saurem Wasser. Temperatur um 2°C erhöhen, feine Wasserpflanzen hinzugeben. Niedriger Wasserstand vorteilhaft. Laichrost einsetzen, da starker Laichräuber.

Astyanax fasciatus
(CUVIER, 1819)

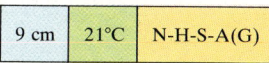 

9 cm	21°C	N-H-S-A(G)

Zur Gattung Astyanax werden rund 70 Arten gezählt, die alle recht farblos sind und daher relativ selten eingeführt werden. Die Fische sind aber hart, auch ihre Zucht ist nicht schwierig. Vielleicht nur eine Unterart von A. fasciatus ist der Blinde Höhlensalmler, der im allgemeinen noch als Anoptichtys jordani bezeichnet wird. Mehr zu diesem zwar farblosen, aber auf Grund seines Verhaltens und seiner Zähigkeit empfehlenswerten Fischchen auf S. 110! Es gibt in Mittelamerika noch weitere eng hiermit verwandte Höhlenfische.

Boehlkea

Langgestreckte Salmler, die der Gattung Glandulocuda ähneln. Schwimmfreudige, anspruchslose Salmler mit innerer Befruchtung. Nach der Befruchtung setzen die Weibchen ihre Eier ohne Beisein eines Männchens an Pflanzenblättern ab.

Boehlkea fredcochui
GERY, 1966
Blauer Tetra

5 cm	25°C	W-S-G

Heimat: Rio Maranon von Iquitos bis Letitia

Die Körperseiten der Tiere sind leuchtend blau, bei den Männchen leuchten sie prächtig violett. Die Art wurde früher fälschlich als Microbrycon cochui angesprochen.

Charax

Diese Raubsalmler sind hochrückig und haben teilweise einen regelrechten Buckel. Auffallend die besonders lange Afterflosse. Als wenig schwimmfreudige Tiere stehen sie gern mit dem kleinen Kopf schräg nach unten gerichtet ruhig im Wasser.

Charax gibbosus
(LINNÉ, 1758)
Buckelsalmler

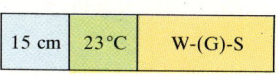 

15 cm	23°C	W-(G)-S

Heimat: Guayana, mittlerer und unterer Amazonas, Rio Paraguay.

Die zart gelblich-braunen, etwas transparenten Tiere werden gelegentlich auch als „Glassalmler" bezeichnet. Hinter dem Kiemendeckel haben sie einen länglichen, dunklen Schulterfleck. Ist einerseits als fischfressender Raubsalmler mit nadelscharfen Zähnen zu charakterisieren, andererseits wird ihm nachgesagt, er sei seinen Mitbewohnern gegenüber friedlich. Männchen schlanker und kleiner als Weibchen.

Diese Art wird gelegentlich mit dem ähnlich aussehenden und auch entsprechend zu haltenden Roeboides guatemalensis verwechselt. Der Guatemala-Glassalmler hat jedoch kleinere Schuppen.

Haltung: Große, stellenweise dicht bepflanzte Aquarien. Zur Zucht großes, mit Pflanzen versehenes Aquarium. Weiches Wasser! Laichabgabe in der Abenddämmerung.

Cheirodon

Bis auf den Roten Neon handelt es sich um sehr unauffällige Arten, die keine besondere Verbreitung im Aquarium finden.

Cheirodon axelrodi
SCHULTZ, 1956
Roter Neon

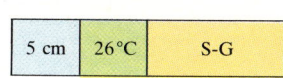 

5 cm	26°C	S-G

Heimat: Zuflüsse des Rio Negro und des Orinoco.

Die Wasserwerte sind hier so extrem, daß sie im Gesellschaftsaquarium auch nicht annä-

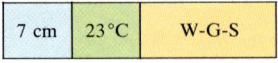

Bild 77. Rote Neonfische *(Cheirodon axelrodi)*. Aufnahme Kahl

hernd nachgeahmt werden können: pH 5, Härte unter 1°dGH, Leitfähigkeit unter 10µS. Die Wassertemperaturen liegen dort bei 26–28°C. Schwarmfische, die besonders in etwas dunkleren Becken (Schwimmpflanzen, Rückwand!) über dunklem Bodengrund wirken.

Beim Roten Neon dürfte es sich um die farblich auffallendste und begehrteste Salmler-Art handeln.

Haltung: Friedlich und in der Haltung einfach. Im Gesellschaftsaquarium beanspruchen die Roten Neons keineswegs die heimatlichen Wasserwerte. Zur Zucht muß man aber versuchen, ihnen nahezukommen! Zucht problematisch. Weiches, saures Wasser (pH 5–5,5) von etwa 2°dGH (Karbonathärte höchstens 1°) sind Voraussetzung. Laichakt in freiem Wasser in der Nähe feinfiedriger Pflanzen spät abends oder nachts. Eier und Brut vor Licht schützen. Larven schlüpfen bei 27–28°C nach 18–20 Stunden und schwimmen nach etwa 5 Tagen frei.

Coelurichthys
Diese Gattung ist mit den Gattungen *Glandu-* *locauda* und *Mimagoniates* nahe verwandt. Ihre systematische Stellung ist noch nicht endgültig geklärt.

Coelurichthys microlepis
(STEINDACHNER, 1876)
Kleinschuppensalmler

7 cm	23°C	W-G-S

Heimat: Klarwasserflüsse und -bäche Brasiliens von Rio de Janeiro bis zum Rio Itapocu. Farblich wenig interessant. *Danio*-ähnliche Körperform. Die untere Körperhälfte ist bläulich schillernd, oberseits gelblichbraun. Fortpflanzungsverhalten wie *Coelurichthys tenuis*.

Coelurichthys tenuis
NICHOLS, 1913
Blaubandsalmler

4,5 cm	23°C	W-G-S

Oberseits bläulich silbern mit breitem, tiefblauem Längsband direkt unterhalb der Mittellinie, das sich bis zum Ende der Schwanzflosse erstreckt und dort im oberen Teil der unteren Hälfte endet. Langgestreckter Fisch mit weit nach hinten versetzten Flossen, der an einen Danio erinnert. Die Art lief lange Zeit un-

132

ter dem falschen Namen *Mimagoniates barberi* - eine zwar existente Art, die aber wohl aquarisch noch nicht in Erscheinung getreten ist. Innere Befruchtung, der eigenartige Paarungstänze des Männchens vorangehen. Die Eiablage kann Tage oder Wochen danach erfolgen. Das Weibchen klebt die Eier an die Unterseite von Wasserpflanzenblättern. Die Larven schlüpfen nach 24–30 Stunden.

Haltung: Lebhafte Art, die weiches Wasser braucht. Etwas empfindlich.

Corynopoma

Die Gattung enthält nur eine Art, die vielfach auch „Stevardia" genannt wird.

Corynopoma riisei
GILL, 1858
Zwergdrachenflosser

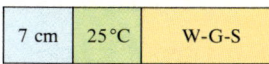 

7 cm	25 °C	W-G-S

Die Tiere sind nicht sonderlich farbig, werden daher auch nicht häufig angeboten. Andererseits sind die Männchen durch schön verlängerte Rücken- und Schwanzflossen ausgezeichnet. Während der Balz wirken sie ausgezeichnet. Ihr Fortpflanzungsverhalten verdient besondere Beachtung: Bei der Balz öffnen die Männchen weit ihre Kiemendeckel, wodurch ein langer, löffelförmiger Kiemendeckelanhang abgespreizt wird. Das Ende dieses farblosen „Löffels" ist jetzt dunkel gefärbt. Das Weibchen fällt auf diese im freien Wasser zitternde Naturattrappe herein: Es hält sie für ein Beutetier und schnappt danach. Dabei muß es parallel neben dem balzenden Männchen schwimmen, das nun die Gelegenheit nutzt, sich mit dem Weibchen zu paaren. Es erfolgt nun eine innere Befruchtung. Das Weibchen speichert die Samenpakete in seinem Körper. Eine einmalige Begattung kann gewährleisten, daß das Weibchen für den Rest seines Lebens befruchtete Eier ablegt. – In früheren Zeiten hatte man dieser Art „Jungfernzeugung" zugeschrieben, als man beobachtete, daß die Weibchen in Abwesenheit der Männer befruchtete Eier ablegen können.

Haltung: Anspruchslose Art. Für biologisch Interessierte besonders zu empfehlen. Zucht einfach.

Ctenobrycon

Aus dieser Gattung findet man gelegentlich die folgende Art in Aquarien.

Ctenobrycon spilurus
(VALENCIENNES, 1849)
Talerfisch

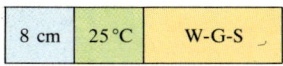 

8 cm	25 °C	W-G-S

Heimat: Nördliches Südamerika an der Ostküste.

Der Fisch hat seinen deutschen Namen nach seiner runden, seitlich zusammengedrückten Körperform. Weibchen mit kräftigerem Leib, meist blasser gefärbt. Zucht leicht. Eier werden nach heftigem Treiben im Pflanzendickicht abgelegt. Brut schnellwüchsig.

Haltung: Die anspruchslosen Tiere lieben stellenweise dicht bepflanzte, nicht zu kleine Aquarien.

Exodon

Die Gattung besitzt nur 1 Art.

Exodon paradoxus
MUELLER u. TROSCHEL, 1844
Zweitupfensalmler

15 cm	26 °C	W-(G)-S

Heimat: Nordöstliches Südamerika.

Der Fisch ist durch die kräftige Bezahnung seiner Lippen ausgezeichnet. Zwei große, tiefschwarze Flecken auf der Schwanzwurzel und im Schultergebiet kennzeichnen den Jungfisch, später verblassen die Flecken. Weibchen zur Laichzeit dicker. Zucht möglich, Aufzucht der Jungen schwieriger.

Haltung: Für die Aquarienhaltung nur mit Einschränkung geeignet. Nicht mit kleinen Salmlern vergesellschaften. Auch größere Salmler können belästigt werden, da *Exodon* oft versucht, die Schuppen der Beckengenossen zu fressen. Vergesellschaftung mit Welsen und Schmerlen möglich. Vergreift sich manchmal auch an Pflanzen. In zu kleinen Becken auch Beißereien untereinander möglich. Trotzdem Schwarmhaltung, gut bepflanzte Becken (harte Pflanzen) mit Versteckmöglichkeiten. Häufigere Lebendfuttergaben sind wichtig. Aquarium abdecken, da

springlustig. Wasser nicht zu hart und leicht
sauer.

Gephyrocharax
Hier sind einige wenige Arten zusammengefaßt, die unter anderem durch eine weit hinten
ansetzende Rückenflosse ausgezeichnet sind.
Die Geschlechter sind am untersten Flossen-
strahl der Schwanzflosse leicht zu unterscheiden: Er ist beim Männchen frei, beim Weibchen dagegen dornartig ausgebildet. Innere
Befruchtung, die eine Anwesenheit des Männchens beim eigentlichen Laichvorgang überflüssig macht.

Gephyrocharax atricaudata
(MEEK u. HILDEBRAND, 1916)
Sichelflecksalmler

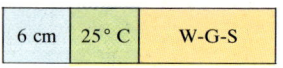 

6 cm	25° C	W-G-S

Heimat: Panama
Körpergrundfarbe zartgrün und bläulich. Körperlängsstreifen, der sich nach hinten ver-
stärkt, in der Schwanzflossenwurzel verbreitert und hier einen stark irisierenden, grün-
blauen Fleck umfaßt.
Gelegentlich ist auch eine zweite, ähnliche Art
anzutreffen: *Gephyrocharax valencia,* der Va-
lenciasalmler. Ihm fehlt jedoch die schöne
Zeichnung auf der Schwanzflossenbasis.
Haltung: Lebhafte, anspruchslose und friedliche Art, der man allerdings neben Trockenfutter gelegentlich auch Lebendfutter geben sollte. Größere, gut bepflanzte Aquarien mit teilweiser Schwimmpflanzendecke vorteilhaft.

Glandulocauda
Typisch für diese Gattung ist ein drüsenartiges,
von Schuppen abgedecktes Gebilde auf der
Basis der Schwanzflosse, dessen Funktion
noch nicht eindeutig geklärt ist. Vielleicht
hängt es mit der Vorratsbefruchtung zusammen, die hier wie auch in den verwandten Gattungen *Corynopoma* und *Gephyrocharax* auf-
tritt.

Glandulocauda inequalis
EIGENMANN, 1911
Breitschwanzsalmler

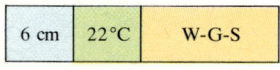 

6 cm	22°C	W-G-S

Heimat: Uruguay, Südbrasilien
Weibchen kleiner, Männchen mit asymmetri-
scher Schwanzflosse (unterer Lappen breiter).
Schön gefärbt.
Zucht nicht schwer, allerdings nicht sonderlich
produktiv (maximal 70 Eier bei einer Ablage).
Befruchtung der Eier bereits im Eierstock der
Weibchen. Eiablage zumeist an der Unterseite
von Wasserpflanzenblättern.
Bemerkenswert ist, daß dieser Salmler über
die Möglichkeit verfügt, atmosphärische Luft
zu veratmen. Wenn er die Luft herausdrückt,
kann ein langgezogener, zirpender Ton wahrgenommen werden.
Haltung: Anspruchsloser und lebhafter Fisch.
Frißt Trockenfutter, braucht aber häufiger
auch Lebendfutter zum Wohlbefinden. Größeres, gut bepflanztes Aquarium.

Gymnocorymbus
Gedrungene Fischchen mit kräftig ausgebildeten Rücken- und Afterflossen, die an *Mega-
lamphodus*-Arten erinnern. Der Gattungs-
name bedeutet „nackter Scheitel" und bezieht
sich auf die unbeschuppte Nackenlinie.

Gymnocorymbus ternetzi
(BOULENGER, 1895)
Trauermantelsalmler

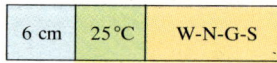 

6 cm	25°C	W-N-G-S

Heimat: Mato-Grosso-Gebiet, Parana
Beliebter Aquarienfisch, der auch als Schleier-
form gezüchtet wird. Hinterer Körperteil
schwarz, bei älteren Tieren grau. Männchen
etwas kleiner mit weißen Spitzen an der
Schwanzflosse. Im durchschimmernden Licht
erkennt man, daß ihre Leibeshöhle nach hinten spitz ausläuft (bei den Weibchen ist sie hinten abgerundet). Zucht auch Anfängern möglich.
Haltung: Abwechslungsreiches Lebendfutter,
häufiger Wasserwechsel. Gruppenweiser
Ansatz mit leichtem Männchenüberschuß günstig. Wasser leicht sauer, weich (nicht über
8°dGH). Eltern nach Laichabgabe entfernen,
Laichräuber. Die Jungtiere sind schnellwüchsig.

Bild 78. Trauermantelsalmler *(Gymnocorymbus ternetzi).*
Aufnahme Kahl

Gymnocorymbus socolofi
FOWLER, 1972

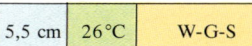

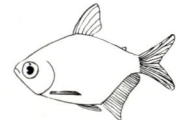

5,5 cm	26°C	W-G-S

Eine neue Art, die uns gelegentlich als Beifang aus Kolumbien erreicht. Die Tiere haben einen einfarbig silbrigen Körper, der zum Rücken hin dunkelgrau wird ohne weitere Zeichnung. Die Flossen mit Ausnahme der Brustflossen sind rot gefärbt und schwarz gesäumt.

Hemigrammus
Heimat: Stehende und fließende Gewässer in Mittel- und Südamerika

Ein sehr großer Teil der kleinen, farbenprächtigen Salmler unserer Aquarien gehört in diese Fischgattung. Die Geschlechter sind nicht immer leicht zu unterscheiden, da sie in der Färbung nicht oder oft nur unwesentlich differieren. In vielen Fällen sind die Männchen aber deutlich schlanker und kräftiger gefärbt. Wenn diese Unterscheidungsmöglichkeit versagt, halte man die Tiere im einzelnen Glas gegen das Licht und achte auf den Verlauf der Schwimmblase sowie ihrer Lage zur Leibeshöhle. Beim Weibchen ist die Schwimmblase schmal und scheint in der Genitalpapille zu enden. Beim Männchen dagegen endet sie rundlich und ist vor allem viel höher gelagert. Darüber hinaus ist bei den Männchen gewöhnlich ein freier Raum zwischen der Schwimmblase und den anderen inneren Organen vorhanden. Dieser Raum ist bei den Weibchen durch die Eierstöcke ausgefüllt.

Haltung: Die Tiere sind allesamt sehr friedlich und anspruchslos. Dennoch sollte man einige Grundsätze beherzigen, um die Tiere in ihren schönsten Farben und ihrem munteren Treiben zu erleben: Fische auf jeden Falle artweise zu mehreren Exemplaren (mindestens 6) halten. Das Aquarium sollte mindestens 30 Liter fassen, möglichst natürlich mehr. Weiches, glasklares Wasser zwischen 5 und 15° dGH. Am besten säuert man das Wasser mit Torfextrakt noch an. Neben ausreichend freiem Schwimmraum lieben die Fische auch reichlich Pflanzen. Über dunklem Bodengrund wirken sie am besten. Auch gelegentliche Lebendfuttergaben wirken sich auf Färbung und Verhalten positiv aus.

Zur Zucht, die bei Beachtung einiger Regeln nicht sonderlich schwer ist, eignen sich kleine 10-l-Kunststoffbecken.

Hemigrammus caudovittatus
AHL, 1923
Rautenflecksalmler

12 cm	23 °C	W-G-S

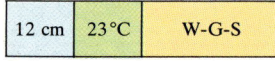 

Heimat: La-Plata-Stromgebiet

Typisch für die Art ist der helle Längsstreifen und der schwarze, rautenförmige Fleck in der Schwanzflossenbasis.

Haltung: Der sehr schöne Salmler braucht relativ viel Futter, sonst vergreift er sich an weichen Pflanzen. Kopfsalat oder Tiefkühlspinat zufüttern! Aquarium nur mit harten Gewächsen bepflanzen (*Echinodorus*, Vallisnerien). Seiner Größe entsprechend braucht er ein nicht zu kleines Aquarium. Nicht mit zu kleinen Beckengenossen halten, da gelegentlich etwas zänkisch. Hinsichtlich der Wasserwerte anspruchslos. Leicht zu züchten.

Hemigrammus erythrozonus
DURBIN, 1909
Glühlichtsalmler

4,5 cm	25 °C	W-G-S

Heimat: Guayana

Einer der schönsten Salmler mit seiner rotglühenden Längsbinde, die von der Schnauze bis in die Schwanzflosse reicht. Wirkt besonders gut in größerem Schwarm.

Es gibt auch eine goldfarbene Mutante. Diese Tiere sind so wie die Normalform zu halten und zu züchten.

Haltung: Zur Zucht Zusatz von Torfextrakt; Karbonathärte höchstens 1° dKH. Zuchttemperatur 28 °C. Feinfiedrige Wasserpflanzen (Javamoos) hinzugeben. Laicht willig. Jungfische nehmen nach dem Freischwimmen gleich frischgeschlüpfte Artemia-Nauplien.

Bild 79. Kupfersalmler *(Hemigrammus nanus)*. Aufnahme Kahl

Hemigrammus hyanuary
DURBIN, 1918
Grüner Neon

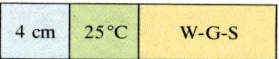 

4 cm	25 °C	W-G-S

Heimat: Mittleres Amazonasstromgebiet. Benannt nach dem Lago Hyanuary bei Manaus. Sehr lebhafter Fisch, der gelegentlich aber auch furchtsam und scheu sein kann.
Haltung: Dichte Bepflanzung und Gesellschaft anderer lebhafter Fische. Dämmerungslaicher. Die Zucht ist nicht immer einfach.

Hemigrammus marginatus
ELLIS, 1911
Bassamsalmler

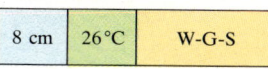 

8 cm	26 °C	W-G-S

Die früher beliebte Art ist von farbigeren Formen vielfach aus den Aquarien verdrängt worden.
Haltung: In jeder Hinsicht ein genügsamer Fisch, dessen Zucht allerdings manchmal Probleme bereitet.

Hemigrammus nanus
LUETKEN, 1874
Kupfersalmler

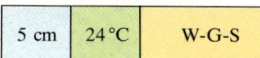 

5 cm	24 °C	W-G-S

Fundgebiet: Rio San Francisco in Ostbrasilien Gelbbraun gefärbt mit weißen Flossenspitzen. Etwa in der Körpermitte beginnt ein schwarzer Längsstreifen, der in der Schwanzflosse endet. Zur Laichzeit bekommt das Männchen schöne braunrote Farben. Oft fehlt der Art die salmlertypische Fettflosse, die sich üblicherweise zwischen Rücken- und Schwanzflosse befindet. Die Art laicht abends, am besten bei

Bild 80. **a** Hemigrammus ocellifer ocellifer, **b** Hemigrammus ocellifer falsus.

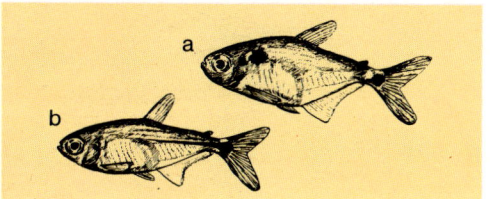

schwachem Kunstlicht. Früher war der Kupfersalmler unter dem Synonym *Hasemania marginata* bekannt.

Hemigrammus ocellifer
STEINDACHNER, 1882
Laternenträger

4,5 cm	25 °C	W-N-G-S

Heimat: Amazonas-Stromgebiet und Guayana
In nicht zu hellen Aquarien attraktiv durch seinen roten Leuchtfleck in der oberen Iris und vor dem dunklen Schwanzwurzelfleck. Die Unterart *H. ocellifer ocellifer* zeigt einen großen schwarzen Schulterfleck, hinter dem sich noch ein weiterer Leuchtfleck befindet. Die meist schlanker gebaute Unterart *H. ocellifer falsus* hat diesen Fleck nur angedeutet oder er fehlt ganz.
Haltung: Stellt für Salmler recht geringe Ansprüche an die Wasserqualität und bereitet auch bei der Zucht keine Probleme. Er wirkt aber nur im dunklen Becken. Stellenweise die Oberfläche mit Schwimmpflanzen abdecken!

Hemigrammus pulcher
LADIGES, 1938
Karfunkelsalmler

5 cm	26 °C	W-G-S

Heimat: Oberer peruanischer Teil des Amazonas
Schöne, ruhige, auffallend gedrungen gebaute Salmlerart. Es werden zwei Unterarten unterschieden: die Nominatform *H. pulcher pulcher* und die Form *H. pulcher haraldi*. Letztere ist durch ein bedeutend kürzeres Längsband auf der unteren Hälfte des Schwanzstiels ausgezeichnet. Die Männchen sind an der Vorderseite der Afterflosse weiß.
Haltung: Nicht zu helle Aquarien. Eine teilweise Abdeckung durch Schwimmpflanzen ist günstig.
Die Zucht ist nicht einfach. Man braucht ein größeres Plastikaquarium (30–50 Liter Inhalt), denn das Männchen treibt sehr heftig. Nicht laichreife Weibchen werden zu Tode gejagt.

Bild 81. Karfunkelsalmler *(Hemigrammus pulcher)*. Aufnahme Kahl

Hemigrammus rhodostomus
AHL, 1924
Rotmaulsalmler

4,5 cm	24 °C	W-G-S

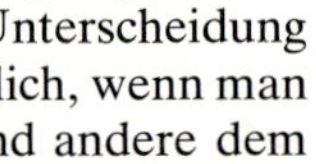

Heimat: Unterer Amazonas

Schlanker Salmler. Typisch sind der rote Kopf und drei auffallende schwarze Flecken bzw. Streifen in der Schwanzflosse. Die Art wird oft mit der sehr ähnlichen *Petitiella georgiae* verwechselt. Tatsächlich ist die Unterscheidung auch fast nur im Vergleich möglich, wenn man nicht gerade die Bezahnung und andere dem Aquarianer nicht zugängliche Bestimmungsmerkmale heranziehen will. Bei *H. rhodostomus* sind die schwarzen Schwanzflossenflecken enger beieinander, die äußeren Streifen reichen weniger weit an die Schwanzflossenenden. Das Rot des Kopfes reicht oft noch keilförmig an den Körperseiten entlang bis fast unter den Ansatz der Rückenflosse. Wie viele andere Salmler kann man die Männchen leicht daran erkennen, daß sie mit ihren Häkchen an der Afterflosse im Fangnetz hängenbleiben.

Haltung: Die lebhaften Schwarmfische brauchen klares, weiches Wasser, dessen pH-Wert im leicht sauren Bereich liegen sollte.

Bild 82. Unterschiede im schwarz-weißen Zeichnungsmuster in der Schwanzflosse der beiden rotköpfigen Salmler. Oben *Petitiella georgiae*, unten *Hemigrammus rhodostomus* (nach GÉRY).

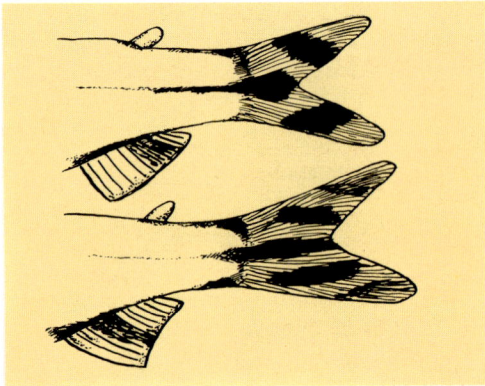

Hemigrammus rodwayi
DURBIN, 1909
Kirschflecksalmler

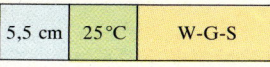 

| 5,5 cm | 25 °C | W-G-S |

Heimat: Unterer Amazonas und Guayana
Schöner, aber nur selten eingeführter
Schwarmfisch. Typisch für die Art ist ein
schwarzer, runder Fleck in der Schwanzwurzel,
der bei den Männchen kirschrot eingefaßt ist.
Eine pathologische Varietät dieser Art ist
(nach GÉRY) der Goldtetra („H. armstrongi").
Wildfänge der Goldtetras haben einen herrlichen Goldton, der bei den Nachzuchten leider
fehlt. Die Goldfärbung soll durch parasitische
Saugwürmer hervorgerufen werden, die im
Aquarium wegen fehlender Zwischenwirte
nicht mehr die Nachzuchttiere befallen können!

Hemigrammus ulreyi
(BOULENGER, 1895)
Flaggensalmler

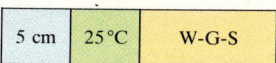 

| 5 cm | 25 °C | W-G-S |

Heimat: Mato-Grosso-Gebiet und Paraguayfluß

Selten eingeführter Fisch, der nicht mit dem
häufigen „Falschen Ulrey" oder Dreibandsalmler verwechselt werden sollte. Die Fische
sind unscheinbar hellgrünlich gefärbt und mit
einem dünnen, weißlichen, manchmal rötlich
angehauchten Längsband versehen, das am
oberen Kiemendeckelrand beginnt und in der
Schwanzflossenbasis endet. Dieser Streifen ist
von einem weiteren dunklen Band unterlegt.

Hemigrammus unilineatus
(GILL, 1858)
Schwanzstrichsalmler

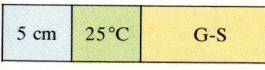 

| 5 cm | 25 °C | G-S |

Heimat: Kleine Gewässer in Trinidad und dem
nördlichen Südamerika
Seine geringe aquaristische Verbreitung erklärt sich aus seiner relativ unscheinbaren Färbung. Der Fisch ist durchsichtig grünlichgrau

und mit einer oft kaum erkennbaren goldfarbenen Längslinie versehen.
Haltung: Friedlicher Fisch, der in Haltung und
Zucht problemlos ist.

Hyphessobrycon
Hierzu gehören eine Vielzahl der zu Recht beliebtesten Aquarienfische. Die Fische dieser
Gattung gleichen sehr der vorstehend besprochenen Gattung *Hemigrammus*. Die Unterschiede beziehen sich vor allem auf die Beschuppung der Schwanzflossenbasis, die bei
dieser Gattung im Gegensatz zu *Hemigrammus* fehlt, und auf die Bezahnung. (Das sind
aber Merkmale, die dem Aquarianer nicht auffallen.)
Die Unterschiede in der Ausprägung der Geschlechter sind in dieser Gattung oft deutlicher
als bei *Hemigrammus*. Gelegentlich findet man
einen ausgeprägten Geschlechtsdimorphismus. Auch im Verhalten gibt es Unterschiede.
Die Männchen dieser Gattung leiten ihre Balz
durch einen typischen Flattertanz ein, der bei
Hemigrammus völlig fehlt.
In den Ansprüchen gibt es zwischen diesen
beiden aquaristisch wichtigsten Familien der
Salmler keine Unterschiede. Ich verweise hier
auf das zur Gattung *Hemigrammus* Geschriebene.
Haltung: Das ideale Salmleraquarium hat größere dunkle Partien, die durch Wurzeln und
Schwimmpflanzen abgedeckt sind, und freie,
lichtdurchflutete Räume.
Von den vielen zu dieser Gattung gezählten
Arten können auch hier nur die aquaristisch
wichtigeren gesondert angesprochen werden.

Hyphessobrycon bifasciatus
ELLIS, 1911
Gelber von Rio

| 5 cm | 22 °C | W-G-S |

Heimat: Küstennahe Regionen des südöstlichen Brasiliens
Seine Körperform erinnert an den Roten von
Rio. Der Fisch ist zart durchscheinend gelblich
gefärbt und durch zwei längliche, querstehende, dunkle Schulterflecke ausgezeichnet. Flossen der Jungtiere rötlich. Die Färbung verblaßt
aber mit zunehmendem Alter.

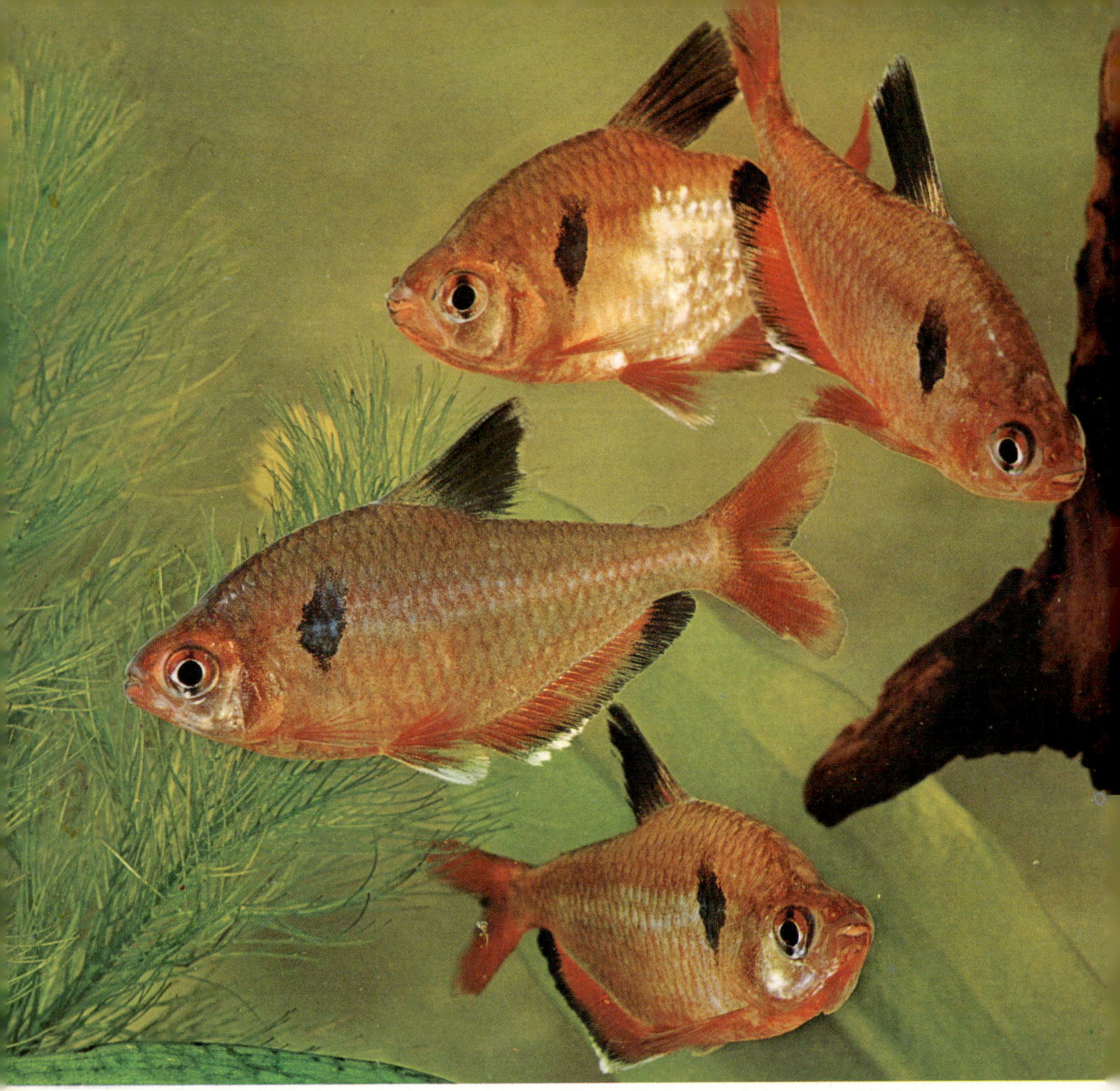

Die Männchen sind schlanker und haben eine größere, ausgebuchtete Afterflosse. Afterflosse des Weibchens eingebuchtet.
Haltung: Sehr anspruchslose Schwarmfische, die gelegentlich auch niedrigere Temperaturen bis 16 °C ertragen. Zur Zucht Werte um 24 °C. Zucht sehr einfach.

Hyphessobrycon callistus
(BOULENGER, 1900)
Blutsalmler

4 cm	25 °C	W-G-S

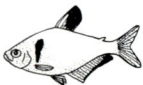

Heimat: Paraguay-Becken

Bild 83. Blutsalmler *(Hyphessobrycon callistus)*. Aufnahme Kahl

Lebhaft, manchmal auch revierbildend. Dann stehen die Tiere unter Pflanzen, den Kopf leicht nach unten geneigt, und greifen Fische, die ihnen zu nahe kommen, an. Dabei kommt es bei anderen Salmlern (Neonfische, Glühlichtsalmler) oft zu Flossenschäden. Schöner und begehrter Aquarienfisch.
Die kräftig rot gefärbten Tiere werden oft mit äußerlich sehr ähnlichen anderen Arten verwechselt. Der Blutsalmler ist durch einen kräf-

tigen Schulterfleck und durch eine schwarz-gezeichnete Afterflosse ausgezeichnet. Vom ähnlich gezeichneten Serpasalmler unterscheidet er sich vor allem durch den größeren Schulterfleck und den viel größeren Schwarzanteil in der Rückenflosse. Die Art zeigt keinen Geschlechtsdimorphismus. Die Weibchen sind zur Laichzeit fülliger.
Haltung: Zur Zucht 27°C, Torfextrakt.

Hyphessobrycon erythrostigma
(FOWLER, 1943)
Perezsalmler

12 cm	26°C	G-S

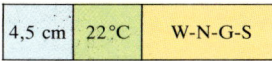

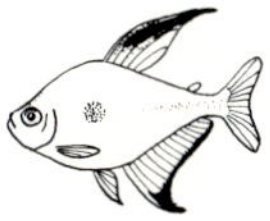

Heimat: Kolumbien
Die oft auch als Kirschflecksalmler bezeichnete Art lief lange unter dem Synonym *H. rubrostigma*; sie fällt durch ihre gattungsuntypische Größe auf. Die Männchen haben eine sichelförmig verlängerte Rückenflosse und sind größer als die Weibchen. Sie wirken sehr dekorativ. Die Fische sind trotz ihrer Größe friedlich und auch untereinander harmlos, obwohl sich die Männchen oft stundenlang mit gespreizten Flossen androhen können. Die Zucht dieser schönen Art gelingt leider nur selten.

Bild 84. Perezsalmler *(Hyphessobrycon erythrostigma)*. Aufnahme Vierke

Hyphessobrycon flammeus
MYERS, 1924
Roter von Rio

4,5 cm	22°C	W-N-G-S

Heimat: Umgebung von Rio de Janeiro
Farbschöner und friedlicher Fisch, der sehr hart und völlig anspruchslos ist. Geschlechtsunterschiede: Männchen mit durchgehend schwarz gesäumter Afterflosse.
Haltung: Sicherlich die am leichtesten zu züchtende Salmlerart, daher sollten sich auch Anfänger hierin versuchen. Zur Zucht schöne Elterntiere aussuchen! Man braucht ein etwa 20 Liter fassendes, gut gereinigtes Aquarium. Feinfiedrige Pflanzen (z.B. Javamoos) beigeben. Boden am besten mit Laichrost oder größeren Kieseln abdecken, da die Eltern sehr laichräuberisch sind. Wasser vorteilhafterweise etwas sauer und weich (4–6° dGH); Zucht aber auch in mittelhartem Wasser möglich. Die normale Hälterungstemperatur wird um etwa 2°C erhöht. Die Fische laichen paarweise oder auch im Schwarm. Alttiere nach Ablaichen entfernen. Eier glasklar durchsichtig. Junge schlüpfen nach 1–1½ Tagen. Nach weiteren 5 Tagen schwimmt die Brut frei. Anfüttern mit kleinstem Lebendfutter. Aufzuchterfolge können aber auch mit feinstgeriebenem Trockenfutter, das zu Boden sinkt, erzielt werden. Häufigeren Teilwasserwechsel nicht vergessen!

Hyphessobrycon georgettae
GÉRY, 1961

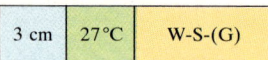 

3 cm	27°C	W-S-(G)

Heimat: Südsurinam, wo er in verkrauteten Tümpeln in der Paru-Savanne vorkommen soll
Haltung: Die kleinen, sehr friedlichen Fischchen stellen lediglich an die Wassertemperaturen erhöhte Ansprüche, die anderen Wasserwerte sind weniger wichtig. Am besten färben sich die Schwarmtiere im Artbecken aus oder wenn sie mit anderen klein bleibenden Fischen vergesellschaftet werden, die sie nicht stören, z.B. *Corydoras pygmaeus*. Dann können sie kräftig rote Farben annehmen. Häufiger Wasserwechsel!
Das Zuchtbecken sollte nicht unter 10 Liter Inhalt haben. Viele Ablaichpflanzen einbringen und stark treibenden Männchen ein zweites Weibchen beigeben.

Hyphessobrycon griemi
HOEDEMANN, 1957
Roter Goldflecksalmler

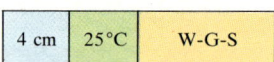 

4 cm	25°C	W-G-S

Heimat: Brasilien bei Goyaz
Die Tiere ähneln *H. flammeus,* sind allerdings weniger rot, ihre Schulterflecken sind kleiner, und sie haben weiße Flossenspitzen an Bauchflossen und Afterflosse.
Haltung: Fast so anspruchslos wie *H. flammeus* und entsprechend einfach nachzuzüchten.

Hyphessobrycon herbertaxelrodi
GÉRY, 1961
Schwarzer Flaggensalmler

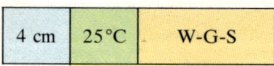 

4 cm	25°C	W-G-S

Heimat: Im Rio Taquary bei Coxim in Brasilien
Lebhafter, munterer Schwarmfisch. Friedlich. Der Fisch besitzt unterhalb der Mittellinie ein schwarzes Band, das individuell verschieden breit sein kann.
Haltung: Zur Zucht leicht saures, weiches Wasser (Nichtkarbonathärte bis 4°, Karbonathärte 0°). Jungtiere sehr schnellwüchsig.

Hyphessobrycon heterorhabdus
(ULREY, 1864)
Dreibandsalmler

5 cm	25°C	W-G-S

Heimat: Unterer Amazonas, Rio Tocantins
Häufig gepflegter Schwarmfisch, der eine dreifarbige Längsbinde hat, die von den Kiemendeckeln bis zum Schwanzflossenansatz reicht. Der obere Teil der Binde ist rot, darauf folgt eine schmale reinweiße Zone. Unten schließt die Binde mit einem schwarzen Parallelband ab.
Ausdauernde und friedliche Art. Weibchen größer und dicker. Die Zucht ist nicht immer einfach.

Hyphessobrycon ornatus
AHL, 1934
Schmucksalmler

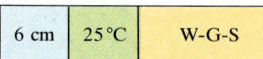 

6 cm	25°C	W-G-S

Heimat: Von den Guayana-Ländern bis zum unteren Amazonas verbreitet
Schöne, rot getönte Art, ausdauernd und friedlich, daher ausgezeichnet für das Gesellschaftsbecken geeignet. Die Männchen haben eine fahnenartig ausgezogene Rückenflosse. Ohne Schulterfleck! Es ist denkbar, daß der Schmucksalmler in Zukunft mit *H. bentosi* bezeichnet werden muß.
Haltung: Die Zucht ist für Geübte nicht schwer, wenn man für die entsprechenden Wasserverhältnisse sorgt: 28°C, möglichst wenig Karbonathärte, Zusatz von Torfextrakt, pH neutral oder nur schwach sauer. Die Jungtiere fressen sofort nach dem Freischwimmen frischgeschlüpfte Artemia-Nauplien. Häufiger Wasserwechsel wichtig, da die Jungen gegen Nitrit sehr empfindlich sind.

Hyphessobrycon pulchripinnis
AHL, 1937
Zitronensalmler

5 cm	25°C	W-G-S

Heimat: Kleine Bäche in Mittelbrasilien.
Schwach gelblich gefärbter Schwarmfisch mit

Bild 85. Schmucksalmler *(Hyphessobrycon ornatus)*. Aufnahme Kahl

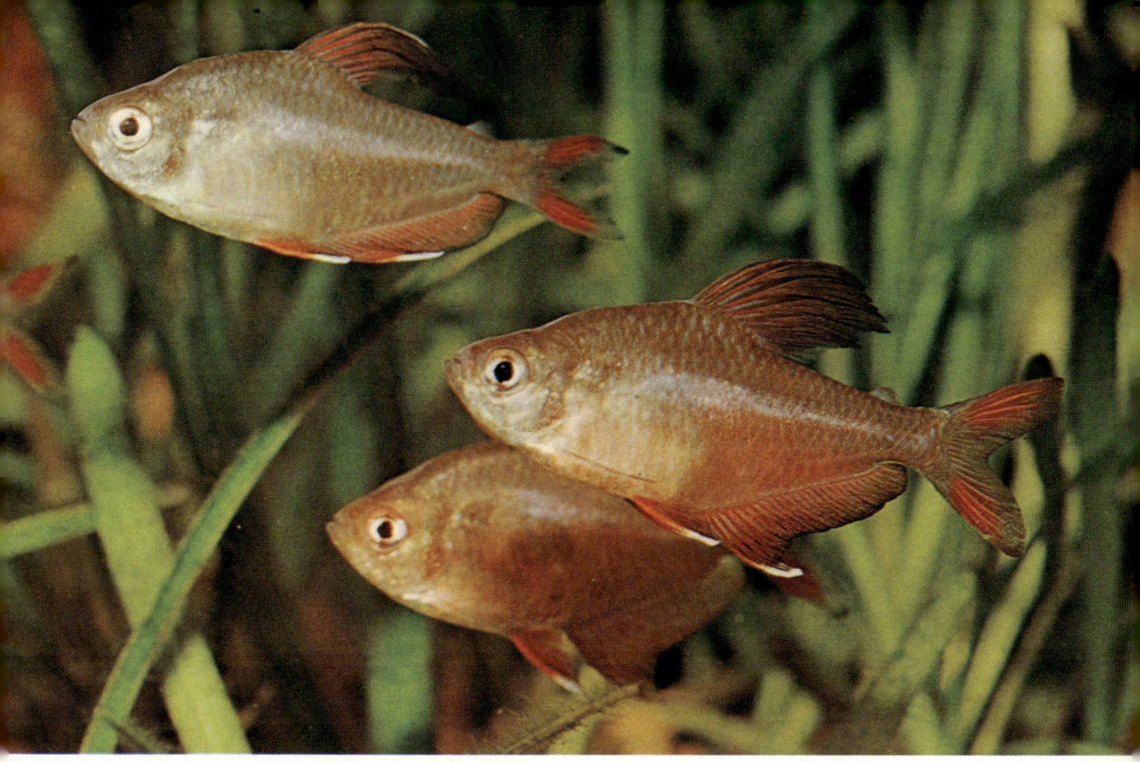

schön rot gefärbter Iris und Schwarzzeichnung in Rücken- und Afterflosse. Vorderkante der After- und Bauchflossen sowie Teile der Rükkenflosse gelb. Afterflosse der Weibchen nur schwach oder nicht gesäumt; beim Männchen deutlicher schwarzer Rand.
Haltung: Friedlicher Fisch für das Gesellschaftsbecken. Zucht nicht immer einfach.

Hyphessobrycon rosaceus
DURBIN, 1909
Rosensalmler

4 cm	25 °C	W-G-S

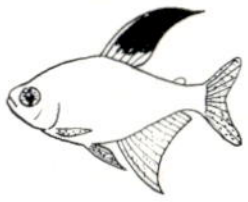

Heimat: Westliches Guayana
Sehr nahe mit dem Schmucksalmler *H. ornatus* verwandt, oft auch mit *H. serpae* verwechselt.
Haltung und Zucht: wie *H. ornatus*.

Hyphessobrycon serpae
DURBIN, 1908
Serpasalmler

5 cm	25 °C	W-G-S

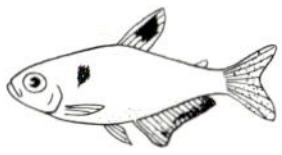

Heimat: Amazonasbecken
Oft mit dem Blutsalmler *H. callistus* verwechselt (Unterschiede siehe dort). Es gibt blutrote Aquarienformen, die von den Aquarianern fälschlich als „*H. minor*" bezeichnet werden. Weibchen blasser gefärbt als Männchen.

Hyphessobrycon simulans
GÉRY, 1963
Blauer Neon

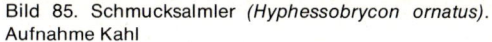

3,5 cm	23 °C	W-G-S

Heimat: Rio Iufaris, ein Nebenfluß des Rio Negro
Prächtig gefärbtes Fischchen, das aber wegen seiner Ähnlichkeit mit dem noch kräftiger gefärbten Neonsalmler immer in dessen Schatten bleiben wird. Weibchen größer und dicker. Zucht schwer!

Markania
Die Gattung enthält 2 Arten, von denen eine gelegentlich in unsere Aquarien kommt. Die Tiere sind relativ kleinköpfig und haben eine nur kleine, asymmetrische Schwanzflosse, deren oberer Lappen spitz ausgezogen ist, während der untere abgerundet ist.

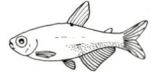

Markania nigripinnis
(PERUGIA, 1891)
Orangeflossensalmler

15 cm	26°C	W-G-S

Heimat: Gebiet des oberen Paraguay, Parana
Die Tiere haben einen dunklen Schulterfleck
sowie einen Fleck im Ursprung der Schwanzflosse. Mit zunehmendem Alter verblassen die
Flecken. Robuste Fische, vergreifen sich gelegentlich an Wasserpflanzen. Flossen der
Männchen rötlich; bei Weibchen mehr gelblich
getönt.
Haltung: Große Aquarien mit harten Pflanzen. Gelegentliche Zukost von gebrühtem Salat oder Tiefkühlspinat. Zucht nicht schwierig.

Megalamphodus
Die Gattung wurde auf Grund anatomischer
Besonderheiten aufgestellt, die dem Aquarianer nicht auffallen. Sie ist nahe verwandt mit
Hyphessobrycon, und die Tiere sind auch entsprechend zu halten. Die Männchen erinnern
mit ihrer wimpelartigen Beflossung besonders
an *H. ornatus* und seine Verwandten. Tatsächlich ist es sogar schon gelungen, *Megalampho-
dus megalopterus* mit *Hyphessobrycon ornatus*
zu kreuzen.

Megalamphodus megalopterus
EIGENMANN, 1915
Schwarzer Phantomsalmler

4,5 cm	24°C	W-G-S

Bild 86. Schwarzer Phantomsalmler *(Megalomphodus megalopterus),* **links** Männchen, **rechts** Weibchen. Auf-
nahmen Vierke

Heimat: Rio Guapore im Mato-Grosso-Hoch-
land
Lebhafter, ausdauernder Schwarmfisch, der
sich bevorzugt in unteren Wasserschichten
aufhält. Kräftiger, hell eingefaßter, schwarzer
Schulterfleck; große, dunkel getönte Flossen.
Rückenflosse des Männchens hoch, weitgefä-
chert. Weibchen mit kleineren Flossen, weniger Graufärbung, oft rötlichen Farben.
Haltung: Liebt dichte Bepflanzung und dunkle
Zonen im Aquarium. Wünscht auch zur Haltung weicheres Wasser. Zucht wie bei *Hyphessobrycon*-Arten. Laichräuber, Eier lichtemp-
findlich!

Megalamphodus sweglesi
GÉRY, 1961
Roter Phantomsalmler

4 cm	22°C	W-G-S

Heimat: Oberer Rio Meta in Kolumbien
Ähnelt in Körperform und Zeichnungsmuster
(Schulterfleck) dem Schwarzen Phantomsalmler, hat aber anstelle der Grautöne eine schöne
Rotfärbung. Die einfarbig rote Rückenflosse
des Männchens ist größer als die des Weibchens, aber nicht so fächerförmig groß wie
beim Schwarzen Phantomsalmler. Die Rükkenflosse des Weibchens ist farbenprächtiger:

Die Vorderkante ist an der Basis rot, dann folgt eine tiefschwarze Zone; die Spitze ist weiß.

Haltung: Am besten in einem etwas dämmerigen Becken in nicht zu hartem Wasser. Zur Zucht wird besonders weiches, schwach saures Wasser benötigt. Nachzuchten sind schwieriger als beim Schwarzen Phantomsalmler zu erzielen.

Moenkhausia

Eine etwa 40 Arten umfassende Gattung. Die Schwanzflosse ist an der Basis mit kleinen Schuppen besetzt. Das Laichverhalten ähnelt im Hinblick auf die Flattertänze der Männchen der Gattung *Hyphessobrycon*.

Moenkhausia pittieri
EIGENMANN, 1920
Brillantsalmler

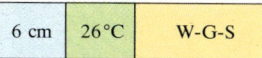 

6 cm	26 °C	W-G-S

Heimat: Venezuela
Hochrückige Tiere mit bei den Männchen sichelartig verlängerten Rückenflossen. Farblich uninteressant (blaugrau), aber im Alter mit auffallenden Glanzschuppen (deutscher Name!). Friedliche, lebhafte Fische.

Moenkhausia sanctaefilomenae
(STEINDACHNER, 1907)
Rotaugen-Moenkhausia

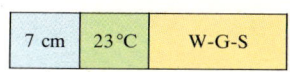 

7 cm	23 °C	W-G-S

Heimat: Gebiet des Rio Paraguay und Paranaiba-Becken
Die großen Körperschuppen sind dunkel gerandet, so daß die Flanken wie von einem Netz überzogen scheinen. Der Oberrand der Iris ist leuchtend rot, der basale Teil der Schwanzflosse tiefschwarz. Vergreift sich in seltenen Fällen an zarten Wasserpflanzen. Geschlechtsunterschiede: Weibchen größer und dicker.

Haltung: Zur Zucht weiches, leicht saures Wasser. Nicht zu kleine Zuchtbecken.

Nematobrycon
Diese Gattung umfaßt 2 Arten, die durch spitz ausgezogene Schwanzflossenlappen ausgezeichnet sind sowie durch eine fadenartige Verlängerung der mittleren Flossenstrahlen, die bei den Männchen ausgeprägter sind. Eine

Bild 87. Brillantsalmler *(Moenkhausia pittieri)*. Aufnahme Kahl

Fettflosse fehlt diesen Salmlern. Beide Arten sehen bestechend schön aus, benötigen aber auch zur Haltung ausgesprochen weiches Wasser (1–4 ° dGH) und einen leicht sauren pH-Wert – sind also keine Fische für jedermann.

Nematobrycon lacortei
WEITZMAN und FINK, 1971
Regenbogensalmler

6 cm	25 °C	W-G-S

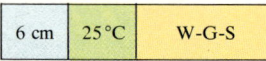

Heimat: Kolumbien
Erst vor wenigen Jahren beschriebene Art, die sich vom bekannteren Kaisersalmler dadurch unterscheidet, daß ihre Längsbinde nach oben hin in einzelne Flecken aufgelöst ist und die Iris kräftig rot gefärbt ist.
Haltung: Wie Kaisersalmler.

Nematobrycon palmeri
EIGENMANN, 1911
Kaisersalmler

6 cm	25 °C	W-G-S

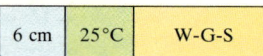

Heimat: Rio San Juan und seine Nebenflüsse (Kolumbien)
Durch Körperform und Färbung bestechende Art: Unterhalb der Körpermitte tiefschwarzes Längsband, das sich in die verlängerten mittleren Schwanzflossenstrahlen hineinzieht. Oberhalb dieser Linie schön bläulich glänzend. Iris blaugrün schillernd. Lebhaft und friedlich. Eine farbliche Variante des Kaisersalmlers aus dem Rio Atrato in Westkolumbien wird als *N. p. amphiloxus* bezeichnet.
Haltung: Dichte Bepflanzung mit ausreichendem Schwimmraum. Ältere Männchen bilden zeitweilig Reviere und liefern sich harmlose Kämpfe. – Zucht schwierig und wenig ergiebig. Sehr weiches, saures Wasser nötig. Paarweiser Ansatz oder Daueransatz (s. S. 264).

Paracheirodon
Einige Besonderheiten in der Bezahnung führten zur Aufstellung dieser Gattung. Zu ihr gehört nur eine bisher zu *Hyphessobrycon* gezählte Art.

Paracheirodon innesi
(MYERS, 1936)
Neonsalmler

4 cm	22 °C	W-G-S

Heimat: Amazonasoberlauf in Peru und andere Teile des Amazonasbeckens
Einer der bekanntesten Aquarienfische. Prachtvoll blauschillernd und rot. Im Gegensatz zum Roten Neon (*Cheirodon axelrodi*) Rotfärbung nur in der hinteren Körperhälfte. Weibchen deutlich dicker.
Haltung: Anspruchsloser als Roter Neon, darf aber nicht zu warm gehalten werden!
Zur Zucht nicht zu alte Tiere nehmen. Nach Geschlechtern getrennt bei 18–22 °C halten und gut füttern (Schwarze oder Weiße Mückenlarven). Einen Tag vor Einsetzen ins Zuchtbecken Füttern einstellen! Ansatz bei etwa 23 °C in gut gereinigtem 10-Liter-Vollglasbecken. pH zwischen 6,3 und 6,8, weiches Wasser (1–2 ° Nichtkarbonathärte, keine Karbonathärte). Feine Laichpflanzen beigeben, die vorher kurzzeitig in Kaliumpermanganat desinfiziert wurden. Becken abdunkeln, da Dämmerungslaicher. Larven schlüpfen nach 24 Stunden. Nach Freischwimmen mit Infusorien, dann mit Artemia-Nauplien füttern. Bei Beachtung dieser Regeln heute Zucht nicht mehr allzu problematisch.

Petitella georgiae
GÉRY und BOUTIERE, 1964
Rotkopfsalmler

6 cm	25 °C	W-G-S

Heimat: Amazonas-Oberlauf
Einziger Vertreter dieser Gattung. Er sieht dem *Hemigrammus rhodostomus* sehr ähnlich, daher oft Verwechslungen. Unterschiede siehe dort (S. 138). Weibchen größer und dicker.
Haltung: Zucht in weichem, leicht saurem Wasser. Paarweiser Ansatz. Wenig produktiv.

Poptella
Hierzu gehören einige scheibenförmige Fische, die früher als *Ephippicharax* bezeichnet wurden. Die Erscheinung dieser und der nahe

Bild 88. Kaisersalmler *(Nematobrycon palmeri)*. Aufnahme Kahl

verwandter Fische wie den Angehörigen der Gattung *Stethaprion* wird treffend durch den amerikanischen Namen ausgedrückt: Silverdollar-fishes.

Poptella orbicularis
VALENCIENNES, 1849
Diskus-Salmler

12 cm	25 °C	W-G-S

Heimat: Weite Teile des tropischen Südamerikas

Ein lebhafter, ausdauernder Schwarmfisch, der größere Aquarien braucht. Körperform rundlich (Name!). Die Tiere sind recht unscheinbar silbrig, schillern aber bei günstigem Lichteinfall farbig. Die Zucht ist schon mehrfach gelungen.

Prionobrama filigera
(COPE, 1870)
Glasrotflossensalmler

6,5 cm	25 °C	W-G-S

Heimat: Rio Madeira, südlicher Nebenfluß des mittleren Amazonas

Lebhafter, glasartig transparenter Fisch mit roter Schwanzflosse. Flanken oft bläulich irisierend. Die ersten Strahlen der Afterflosse sind weißlich und oft fadenartig ausgezogen. **Haltung:** Lebhafte Schwarmfische für geräumigere Aquarien, die sich gern in Oberflächennähe aufhalten. Bevorzugen weiches, leicht saures Wasser.

Pristella
Diese nur 2 Arten umfassende Gattung steht in morphologischer und verhaltenskundlicher Hinsicht zwischen den Gattungen *Hemigrammus* und *Hyphessobrycon*.

147

Pristella maxillaris
(ULREY, 1894)
Sternflecksalmler

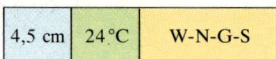 

| 4,5 cm | 24 °C | W-N-G-S |

Heimat: Venezuela, Guayana und am unteren Amazonasstrom in Bächen und kleinen Savannenflüßchen

Besser bekannt unter seinem früheren Namen: *P. riddlei*. Seine schwarz-weiß-gelben (Rücken- und Afterflosse) und roten (Schwanzflosse) Farben haben ihm den deutschen Namen Wasserstieglitz eingebracht. Männchen kleiner, schlanker. Geschlechtsreife Männchen und Weibchen sind nicht beliebig zur Zucht kombinierbar.

Haltung: Robuster Fisch, der auch noch in härterem Wasser gezüchtet werden kann. Grund: Auch seine natürlichen Vorkommen in Südamerika erstrecken sich vielerorts auch auf Brackwasserzonen. Becken nicht zu hell, dunkler Bodengrund. Manchmal scheu. Am besten sollten sich die Paare im Schwarm finden. Zuchtbecken abschatten und gegen Störungen schützen. Als Laichsubstrat feinfiedrige Pflanzen einbringen. Sehr produktiv, Zucht nicht schwer.

Pseudocorynopoma
Mit der Gattung *Corynopoma* (Zwergdrachenflosser!) verwandt, jedoch keine innere Befruchtung.

Pseudocorynopoma doriae
PERUGIA, 1891
Drachenflosser

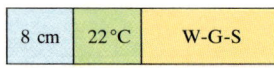 

| 8 cm | 22 °C | W-G-S |

Natürliches Vorkommen: Südbrasilien und La-Plata-Staaten

Sein deutscher Name bezieht sich auf die stark ausgezogenen Rücken- und Afterflossen der Männchen. Farblich wenig attraktiv.

Haltung: Anspruchslos. Guter Springer, Aquarium gut abdecken. Zucht produktiv (bis zu 1000 Eier).

Thayeria
Die Fische dieser Gattung sind durch ihre schräg mit dem Kopf nach oben gerichtete Ruhelage ausgezeichnet. Unterstrichen wird dieses Verhalten durch einen verlängerten unteren Schwanzflossenlappen und durch einen dort endenden schwarzen Körperstreifen.

Haltung: wie *Hemigramms*.

Thayeria boehlkei
WEITZMANN, 1957
Schrägschwimmer

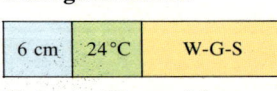 

| 6 cm | 24 °C | W-G-S |

Heimat: Oberer Maranon

Die am häufigsten eingeführte Art aus dieser Gattung. Wird zumeist fälschlich als „T. obliqua" bezeichnet. Körperlängsbinde beginnt am oberen Kiemendeckelrand. Geschlechter in der Zeichnung gleich. Geschlechtsreife Weibchen voller. Geschlechter auch an der Form der Schwimmblase zu erkennen (s. *Hemigrammus,* S. 135).

Haltung: Lebhafte Art, die genügend freien Schwimmraum braucht. Fische stehen auch gern ruhig in der Nähe der Wasseroberfläche unter Pflanzenblättern. Gute Springer. Aquarium sorgfältig abdecken. – Zucht in nicht zu kleinen Becken. Wasser etwa 3–5° dGH, keine Karbonathärte. Optimale Zuchttemperatur 26 °C. Günstigster Ansatz: 3–5 Weibchen und 1–2 Männchen. Ablaichen im freien Wasser. pH-Wert darf bis zum Schlüpfen der Jungen nicht unter 7,0 absinken, sonst sterben die Embryonen (nach FRANK). Nach dem Freischwimmen zunächst Infusorien-Fütterung, später Artemia-Nauplien.

Thayeria obliqua
EIGENMANN, 1908
Halbbinden-Schrägschwimmer

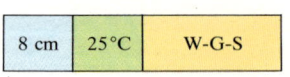 

| 8 cm | 25 °C | W-G-S |

Heimat: Stromgebiet des Amazonas

Oft mit *Thayeria boehlkei* verwechselt. Bei dieser Art Längsbinde aber nur im Schwanzbereich deutlich, beginnt verschwommen etwa auf Höhe der Fettflosse, gelegentlich etwas früher.

Haltung: wie *T. boehlkei*.

Weitere Arten: Es wird angenommen, daß es

Bild 89. Schrägschwimmer *(Thayeria boehlkei)*. Aufnahme Vierke

sich bei *T. santaemariae* um ein Synonym von *T. obliqua* handelt. *T. ifati* (Längsbinde beginnt kurz vor dem Ursprung der Rückenflosse) ist offenbar noch nicht eingeführt.

Triporteus

Die Gattung umfaßt derzeit 9 Arten. Sie sind in den Flüssen ganz Südamerikas weit verbreitet. Mit ihrer tief heruntergezogenen Bauchlinie und den langausgezogenen Brustflossen erinnern sie an die allerdings viel extremer gebauten Beilbäuche. Die *Triporteus*-Arten sollen mit Hilfe ihrer Brustflossen fliegen können, doch ist z. Z. näheres zum Fluchtfliegen dieser Arten nicht bekannt.

Triporteus elongatus
(GUENTHER, 1864)

20 cm	25 °C	W-G-S

Heimat: Weitverbreitet am Amazonas und in den nördlich anschließenden Stromgebieten Silbrig, oberseits grünlich schillernd. Wegen ihrer Größe und der nur wenig attraktiven Färbung nur selten gehalten und wohl noch nicht nachgezüchtet.
Haltung: Eignet sich nur für größere Aquarien. Hier aber sehr genügsam.

Alestidae
(Echte Afrikanische Salmler)

Die Afrikasalmler und die Südamerikasalmler werden von vielen Wissenschaftlern noch in einer gemeinsamen Gruppe geführt. Auf jeden Fall sind beide Familien noch eng miteinander verwandt. Die meisten eingeführten Arten erreichen Längen von 10 cm und mehr.

Alestes

Es sind ausnahmslos farblose, kleinköpfige Arten, die größere Flüsse bewohnen und in der Körperform fast an Heringe erinnern. Teilweise Nutzfische. Abgesehen von gelegentlich rot gefärbten Schwanzflossen sind die Tiere einfarbig silbrig und ohne typische Zeichnungsmuster. Früher zu dieser Gattung gezählte Arten gehören jetzt zu den Gattungen *Brycinus*, *Micralestes* und *Phenacogrammus*.
Haltung: Da die Tiere dieser Gattung recht groß werden (bis zu 45 cm!) und darüber hinaus sehr bewegungslustig sind, können sie nur in größeren Aquarien gehalten werden.

149

Brycinus
Artenreiche Salmlergattung mit relativ großen Schuppen. Als typisches Zeichnungsmuster ist ein Fleck im Ursprung der Schwanzflosse anzusehen, der sich auf die betreffenden mittleren Schwanzflossenstrahlen ausdehnt.

Brycinus bimaculatus
(BOULENGER, 1899)
Zweigefleckter Afrikasalmler

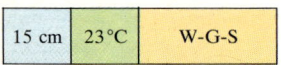 

| 15 cm | 23°C | W-G-S |

Heimat: Oberer Kongo
Vor dem gattungstypischen Schwanzfleck ein seitlicher Körperfleck kurz hinter der Rückenflosse.
Ähnlich gestaltet ist der bis zu 25 cm groß werdende *Brycinus nurse,* dessen – allerdings verschwommener – Körperfleck weit nach vorne verlagert ist (schräg über dem Brustflossenansatz).
Haltung: Beide Arten sind dekorative Fische für große, gut bepflanzte Becken.

Brycinus longipinnis
(GUENTHER, 1864)
Langflossensalmler

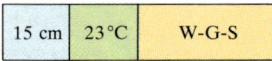 

| 15 cm | 23°C | W-G-S |

Heimat: Tropisches Westafrika aus schnellfließenden Gewässern
Lebhafter, dekorativer Schwarmfisch. Das Männchen hat eine fahnenartig verlängerte Rückenflosse und eine große, konvexe Afterflosse mit weißlichem Saum. Weibchen bleiben etwas kleiner, mit geradliniger oder eingebuchteter Afterflosse.
Haltung: Lebendfutter wird bevorzugt gefressen (vor allem Insekten und Insektenlarven). – Zur Zucht weiches Wasser. Eier 2,5 mm groß. Brut schlüpft nach etwa 6 Tagen, frißt dann sofort Artemia-Nauplien.
Die Art ist der ebenfalls aus Westafrika importierten *B. chaperi* so ähnlich, daß die Tiere normalerweise nicht unterschieden werden (*B. longipinnis* hat 26–27 Schuppen auf der Seitenlinie, *B. chaperi* dagegen 28–30).

Arnoldichthys
Die Gattung enthält nur eine Art. Sie ist spindelförmig langgestreckt mit auffallend großen Schuppen an den Flanken und an der Körperoberseite. Unterseits kleine Schuppen.

Arnoldichthys spilopterus
(BOULENGER, 1909)
Arnolds Rotaugensalmler

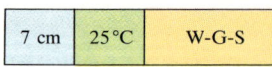 

| 7 cm | 25°C | W-G-S |

Heimat: Nigeria und Kamerun
Schnellschwimmende, lebhafte Art. Soll im Freiwasser bis etwa 12 cm groß werden.
Rücken- und Afterflossen mit schwarzer, hell eingefaßter Zeichnung.
Haltung: Die Tiere brauchen viel freien Schwimmraum, aber auch dichtere Pflanzenbestände, in denen sie sich verstecken können. Gelegentlich springfreudig, Aquarium gut abdecken. Wasser nicht zu hart. Nachzucht bisher nur in wenigen Fällen gelungen.

Micralestes
Bisher 14 afrikanische Arten bekannt, von denen allerdings nur wenige im Aquarium gehalten wurden. Die Arten sind alle sehr ähnlich und selbst für Spezialisten oft nur schwer zu bestimmen. Alle Arten sind relativ kleinbleibend und haben ein fahldunkles Längsband. Ansonsten sind sie recht farblos.

Phenacogrammus
Diese nahe mit *Micralestes* verwandten Fische leben ausschließlich im Kongobecken.

Phenacogrammus interruptus
(BOULENGER, 1899)
Kongosalmler

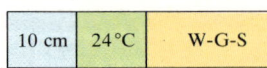 

| 10 cm | 24°C | W-G-S |

Sehr dekorative Art, deren Männchen im Alter sehr schön langentwickelte Flossen (Ausnahme Brustflossen) bekommen können. Besonders Rücken- und Schwanzflossen können schön schleierartig verlängert sein.
Haltung: Zur vollen Flossenentfaltung gehören geräumige, gut bepflanzte Becken. Wichtig ist ferner eine häufigere Fütterung mit Insek-

ten und deren Larven und ein regelmäßiger Wasserwechsel. Die Fische brauchen leicht saures, nicht zu hartes Wasser (bis 10° dGH). Schwarmhaltung notwendig! Die Zucht gelingt nur mit optimal gehaltenen Tieren. Dazu ist ein großes Aquarium von mindestens 50 Liter Fassungsvermögen nötig. Jungfische schlüpfen nach 6–7 Tagen und brauchen dann sofort Futter. Zucht auch im Daueransatz möglich (s. S. 264).

Hemigrammopetersius
Eine etwa 15 Arten umfassende Gattung afrikanischer Salmler. Am häufigsten gehalten wird die folgende, früher als *Petersius caudalis* bezeichnete Art.

Hemigrammopetersius caudalis
(BOULENGER, 1899)
Gelber Kongosalmler

7 cm	23 °C	W-G-S

Die Männchen haben einen gelblich getönten Körper und gelbe Rücken- und Schwanzflossen. Mittlere Schwanzflossenstrahlen dunkel und etwas ausgezogen. Afterflosse des Männchens breit weiß gesäumt.
Haltung und Zucht: Wie Kongosalmler.

Bild 90. Kongosalmler *(Phenacogrammus interruptus)*. Aufnahme Kahl

Serrasalmidae (Sägesalmler)

Die Sägesalmler sind hohe, teilweise sogar scheibenförmige Fische aus Südamerika, die sich durch ihren vom Afterflossenansatz nach vorn reichenden Bauchkiel auszeichnen. Ihre Bauchflossen sind klein. Die Kiefer sind mit kräftigen, teilweise sehr scharfen Zähnen ausgestattet. Geschlechtsunterschiede nur gering. Alle Arten werden recht groß.
Man unterscheidet drei Unterfamilien: Bei der Unterfamilie Myleinae mit den Gattungen *Colossoma*, *Mylossoma* und *Metynnis* handelt es sich um Fische, die mit ihren starken Zähnen ins Wasser fallendes Laub und Früchte sowie Wasserpflanzen fressen. In einigen Teilen Südamerikas stehen sie unter Naturschutz, da sie die Flüsse von unerwünschten Schwimmpflanzen freihalten. – Zur Unterfamilie Serrasalminae gehören die Piranhas, Großsalmler, die auf Fleischnahrung eingestellt sind und mit ihren Zähnen Fleisch aus Fischen und Säugern herausbeißen können. – Die dritte Unterfamilie (Catoprioninae) besteht nur aus der einen Art *Catoprion mento*, die sich in freier Natur

teilweise von den Schuppen anderer Fische ernähren soll.

Colossoma

Die in ihrer Heimat als „Pacus" bezeichneten Großsalmler sind als ausgezeichnete Speisefische bekannt. Aquaristisch sind sie ohne Bedeutung. In Schauaquarien beeindrucken sie manchmal durch ihre bullige Form und Größe. *Colossoma brachipodium* wird bis zu 60 cm groß. Pacus sind reine Pflanzenfresser.

Metynnis
(Scheibensalmler)

Unterscheiden sich von den anderen, ähnlich gebauten Großsalmlern durch ihre auffallend große Fettflosse, deren Ansatzlinie etwa so groß wie die Länge der Brustflossen ist.
Die Artbestimmung ist außerordentlich schwierig, da sich alle Arten sehr ähnlich sind. Selbst die Wissenschaftler sind sich nicht einig. Ihre Angaben zur Zahl der Arten in dieser Gattung schwanken zwischen 20 und 6.
Haltung: Alle Scheibensalmler sind in erster Linie Pflanzenfresser. Sie eignen sich für Artbecken, in denen man von vornherein auf Bepflanzung verzichtet. Statt dessen dekoriert man mit bizarren Wurzeln und großen Steinen. Als Nahrung reiche man die verschiedensten Blätter und Früchte. Kopfsalat wird besonders gern genommen. (Die benötigten Mengen sind enorm!) Gelegentlich sollte man auch Lebendfutter anbieten.

Metynnis argenteus
AHL, 1924
Silberner Mühlsteinsalmler

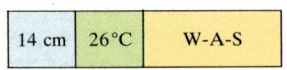

14 cm	26°C	W-A-S

Heimat: Guayana und östliches Amazonasbecken
Klein bleibende Art, die nur im großen Schwarm wirkt. Gelegentlich auf oberer Körperhälfte mit schwach angedeuteten Tupfen versehen, sonst silbrig.

Metynnis hypsauchen
(MUELLER und TROSCHEL, 1844)
Dickkopf-Scheibensalmler

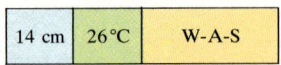

14 cm	26°C	W-A-S

Heimat: Ganzes tropisches Südamerika, in stehenden, stark verkrauteten Gewässern. Oft in riesigen Schwärmen
Silbrig, Flossen gelegentlich gelblich. Je nach Herkunft mehr oder weniger deutlich ausgebildeter Schulterfleck. Fälschlich gelegentlich als *M. schreitmuelleri* bezeichnet. Wurde schon verschiedentlich gezüchtet. Laicht im freien Wasser. Sehr produktiv (bis 2000 nicht klebende Eier). Keine Laichräuberei.

Metynnis maculatus
(KNER, 1859)
Gefleckter Scheibensalmler

12 cm	25°C	W-A-S

Heimat: Einzugsgebiet des Rio Madeira, ein südlicher Nebenfluß des mittleren Amazonas
Durch viele schwarze Körperflecken ausgezeichnet, die etwa dem Durchmesser der Pupille entsprechen oder etwas größer sind. Sonst silberfarben. Männchen mit schwarzgesäumter Schwanzflosse, rötlicher Innensaum. Weibchen zur Laichzeit deutlich dicker.
Haltung: Laicht in Myriophyllumbüscheln. Junge fressen gleich nach dem Freischwimmen am 4. oder 5. Tag bereits mittelgroße Cyclops-Nauplien.
Ganz ähnlich sieht die ebenfalls aus dem Amazonasbecken stammende Art *M. lippincottianus* aus. Beide Arten werden fälschlich gelegentlich auch als *M. roosevelti* bezeichnet.

Mylossoma
(Mühlsteinsalmler)

Pflanzenfressende Großsalmler mit weit ausladender Brustlinie. Typisch der besonders flach abfallende Rücken nach dem Beginn der Rückenflosse.
Haltung: Wie *Metynnis*, jedoch insofern problematischer, als die Tiere alle etwa 25 cm Länge erreichen und entsprechend große Aquarien brauchen.

Myleus

Groß werdende, pflanzenfressende Salmler. Nur für Schauaquarien geeignet!
Attraktiv ist *M. schomburgki*, deren Männchen dunkel gefärbte Flossen haben und einen breiten schwarzen Streifen, der vom Ansatz

der Rückenflosse quer über den Körper zur Analöffnung zieht.

Serrasalmus
(Piranha)

Scharfe Zähne und eine sehr kräftige Kaumuskulatur ermöglichen es diesen Fischen, Fleisch aus größeren Körpern herauszureißen. Gemeinschaftsangriffe von Schwarmpiranhas in den Flüssen Südamerikas führten verschiedentlich auch bei Menschen zu Todesfällen. Viele Reiseberichte sind allerdings übertrieben. Piranhas sind üblicherweise Fischfresser, die auf Fische ihrer eigenen Größe Jagd machen. Geschützt auf Grund von Instinktmechanismen sind Fische von runder Körpergestalt. Das hindert sie – jedenfalls im Freiwasser –, sich gegenseitig anzufallen; aber auch die pflanzenfressenden Sägesalmler sind hierdurch geschützt.

Im Aquarium nur mit Artgenossen halten. Alte Piranhas der Arten *S. rhombeus, S. striolatus* und *S. hollandi* sollen Einzelgänger sein, die ihresgleichen sofort angreifen. Sie sind zumindest im Alter nur noch einzeln zu halten. Besser für die Aquarienhaltung eignen sich Schwarmpiranhas der Arten *S. nattereri, S. spilopleura* und *S. piraya,* die besonders gefürchtete Art aus dem Rio San Francisco in Ostbrasilien. Trotz ihrer Instinkthemmung fallen sie kranke oder geschwächte, sich also unnatürlich benehmende Artgenossen an. Gelegentlich gelingt aber sogar eine Vergesellschaftung mit anderen Fischen.

Die Piranha-Haltung ist in den USA verboten! Sie ist in der Tat nicht ungefährlich. Vor allem beim Herausfangen der Tiere mit dem Kescher ist äußerste Vorsicht angebracht. Erwachsene Piranhas springen gelegentlich nach den Fingern ihrer Pfleger. Andererseits kenne ich Piranhapfleger, die beim Scheibenreinigen jahrelang ungestört mit der Hand im Wasser hantierten. Einer von ihnen hat jetzt eine große Narbe an der Hand!

Serrasalmus nattereri
(KNER, 1859)
Roter Piranha

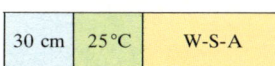 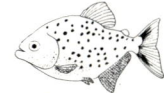

30 cm	25 °C	W-S-A

Heimat: Amazonasbecken, Orinoco-System
Grundfarbe grau, Kehle, Brust-, Bauch- und

Bild 91. Roter Piranha *(Serrasalmus nattereri).* Aufnahme Vierke

Afterflosse kräftig rot. Bulliger Kiefer. Wohl die in Aquarien am häufigsten gehaltene Piranha-Art.
Haltung: Zu mehreren halten. Jungtiere nehmen jedes Lebendfutter. Alttiere reagieren unterschiedlich (Würmer, Fleisch, tote Fische). Großes Aquarium!
Die Zucht ist in größeren Schauaquarien schon häufig gelungen. Die Tiere laichen gern im Wurzelfilz von Wasserhyazinthen ab.

Serrasalmus rhombeus
(LINNÉ, 1766)
Schwarzer Piranha

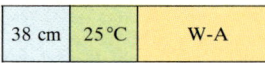 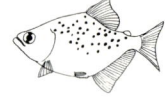

38 cm	25°C	W-A

Heimat: Amazonasbecken und weiter nördlich bis in die Guayana-Länder
Jungtiere rhombenförmig, silbrig mit Tüpfeln. Im Alter viel untersetzter, fast scheibenförmig. Sie sind dann als Einzelgänger nicht mehr in der Gruppe zu halten. Werden dann fast schwarz, daher fälschlich oft als „*S. niger*" bezeichnet. Die Tiere haben dann oft tiefrote Kehlen und Kiemendeckel.

Catoprion
Zu dieser Gattung gehört nur die folgende, sehr attraktive und harmlose Art.
Catoprion mento
MÜLLER und TROSCHEL, 1844
Wimpelpiranha

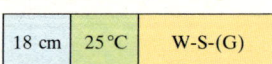 

18 cm	25°C	W-S-(G)

Heimat: Guayana-Länder und Amazonasbecken
Auffallende, sehr schöne, ungefährliche Art (soll allerdings gelegentlich die Schuppen von Mitbewohnern fressen). Typisch sind die wimpelartig verlängerten vorderen Flossenstrahlen in der Rückenflosse. Vorspringender Unterkiefer. Körperfarbe silbrig. Auf Kiemendeckel orangeroter Fleck, Afterflosse orangefarben. Schwanzflossenbasis und äußere Schwanzflossenstrahlen schwarz. Wird leider kaum einmal eingeführt.
Haltung: Der Fisch soll hart sein und Lebendfutter jeder Art nehmen.

Gasteropelecidae (Beilbauchfische)

Beilbauchfische sind durch ihre Körperform ausgezeichnet, die ganz auf ihr Fluchtfliegen zugeschnitten ist. Sie haben eine fast gerade Rückenlinie mit weit hinten ansetzender Rückenflosse. Die Bauchlinie bildet einen halbkreisförmigen Bogen. Gebildet wird er vom vergleichsweise riesigen Schultergürtel, an dem die mächtig entwickelte Brustflossenmuskulatur ansetzt. Die Brustflossen sind flügelartig langgestreckt und ragen in der Ruhehaltung weit über die Rückenlinie hinaus. Die Tiere können durch schwirrende Schläge mit den Brustflossen den Wasserspiegel durchbrechen und meterweit in der Luft fliegen. (Bei Gefahr können sie ihren Feinden fliegend entkommen.) Der Bauchkiel ist so scharf, daß er beim Wiedereintreffen auf das Wasser die Oberfläche zerteilt, so daß die Fische elegant wieder eintauchen können.
Haltung: Lebenselement der Beilbauchfische ist ausschließlich der Wasserspiegel. Er sollte nicht durch zu viele Schwimmpflanzen oder an der Oberfläche treibende Blätter eingeengt sein. Andererseits brauchen sie aber auch die Möglichkeit, sich im Schutz von Blättern direkt am Wasserspiegel aufzuhalten. Es versteht sich von selbst, daß das Aquarium bestens abgedeckt sein muß. Die Temperaturansprüche sind recht hoch. Trockenfutter wird angenommen, besser aber Lebendfutter, das vorzugsweise direkt vom Wasserspiegel genommen wird. Wenn man Wasserflöhe und Mückenlarven an der Luft kurzzeitig etwas trocknen läßt, bleiben sie am Wasserspiegel hängen. Zur Vergesellschaftung im Gesellschaftsaquarium sind vor allem die kleineren Beilbaucharten nur mit ruhigen und nicht zu großen Fischen geeignet. Im übrigen sind die Tiere wie *Hemigrammus* zu halten (S. 135).

Carnegiella
Kleinbleibende Beilbauchfische ohne Fettflosse. Bisher sind 3 Arten bekannt.

Carnegiella marthae
MYERS, 1927
Schwarzschwingen-Beilbauchfisch

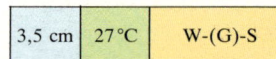 

3,5 cm	27°C	W-(G)-S

Heimat: Nördliches und zentrales Südamerika
Silbriges Fischchen, dessen Brust- und Bauchkiel schwarz gesäumt sind. Vom Kiemendeckel
bis zur Schwanzflosse führt ein dunkler Streifen, der oberseits silbrig oder golden begrenzt
wird.
Haltung: Wasser bis 12° dGH. Empfindliche
Art, die aber in Gefangenschaft schon vermehrt wurde. Nur mit zarten Fischen vergesellschaften!

Carnegiella myersi
FERNANDEZ-JEPEZ, 1950
Glasbeilbauchfisch

2,5 cm	27°C	W-(G)-S

Heimat: Oberer Amazonas
Kleinster Beilbauchfisch, ohne besondere
Zeichnung.

Haltung: Nur mit kleinen, harmlosen Fischen
vergesellschaften. Sehr zart, aber nicht so empfindlich wie *C. marthae.*

Carnegiella strigata
GUENTHER, 1864
Marmorierter Beilbauchfisch

4,5 cm	27°C	W-G-S

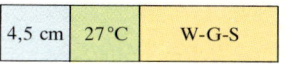 

Heimat: Kleine Waldbäche am Amazonas und
in Guayana
Silbrig mit je nach Herkunft gröberer oder feinerer Marmorierung. Schattenliebend. Harmlos und ausdauernd. Soll in Oberflächennähe
in feinen Pflanzen laichen. Aufzucht wie bei
Hemigrammus-Arten.

Bild 92. Marmorierter Beilbauchfisch *(Carnegiella stri-gata).* Aufnahme Kahl

Gasteropelecus
Alle 3 Arten dieser Gattung haben Fettflossen.

Gasteropelecus maculatus
STEINDACHNER, 1879
Gefleckter Silberbeilbauchfisch

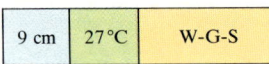 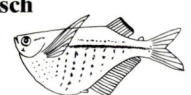

| 9 cm | 27°C | W-G-S |

Heimat: Äußerster Norden Südamerikas
Unterhalb eines Körperlängsstreifens mehrere aus Punkten zusammengesetzte Querbinden. Rückenflosse dunkel gesäumt.

Gasteropelecus sternicla
(LINNÉ, 1758)
Gemeiner Silberbeilbauchfisch

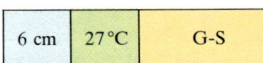 

| 6 cm | 27°C | G-S |

Heimat: Tropisches Südamerika.
Von *G. levis* im Leben kaum zu unterscheiden. Beide Arten sind gut ausdauernd. Silbrige Körperfärbung mit schwarzer Längsbinde, die in eine hellere Zone eingebettet ist.

Thoracocharax
Besonders tief gebaute Beilbauchfische. Afterflosse weit hinten ansetzend. Deutlich größere Schuppen als die anderen Gattungen. Fettflosse vorhanden.

Thoracocharax securis
(FILIPPI, 1853)
Platinbeilbauchfisch

| 9 cm | 26°C | W-G-S |

Heimat: Zentrales Südamerika
Sehr weit ausladende Bauchlinie. Bei alten Tieren entspricht die Körperhöhe fast der Körperlänge (ohne Schwanzflosse). Silbrig glänzend mit dunklem Körperlängsband, das je nach Lichteinfall blau oder grün schimmert. Leider nicht sehr häufig angeboten.

Thoracocharax stellatus
(KNER, 1859)
Diskus-Beilbauchfisch

| 7 cm | 24°C | W-G-S |

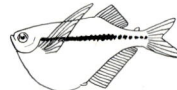

Heimat: Ruhige Flüsse von Zentralbrasilien bis Argentinien
Flacher gebaut als vorherige Art. Zusätzlich mit einem schwärzlichen Fleck im Vorderteil der Rückenflosse.

Erythrinidae (Raubsalmler)

In Brasilien als „Trahiras" gefürchtete Großsalmler. Sie fallen durch ihre für Salmler völlig untypische Gestalt auf. Langgestreckte Fische mit abgerundeter Schwanzflosse, kurzer Afterflosse und fehlender Fettflosse. Mit ihren nadelspitzen Zähnen können sie ihre Beute festhalten und töten. Allerdings können sie damit nicht wie die Piranhas Fleisch aus ihren Opfern herausreißen. Einige Arten werden sehr groß und sind ungeheuer bissig. Ein zusätzliches Atemorgan ermöglicht ihnen den Verbleib auch in sehr sauerstoffarmem Wasser. Oft bleiben sie in der Trockenzeit in den Resttümpeln austrocknender Bäche und Flüsse zurück.
Als typische Aquarienfische nicht zu empfehlen, aber interessant für Schauaquarien oder für Liebhaber richtiger Raubfische.

Hoplias
Die Gattung enthält 3 oder 4 Arten, die 25–100 cm groß werden. Äußerst bissig und aggressiv! Die Fische springen! Nicht ins Aquarium fassen!

Hoplias malabaricus
(BLOCH, 1794)
Tigersalmler

| 60 cm | 25°C | W |

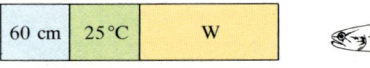

Heimat: Im ganzen tropischen Südamerika in strömungsarmem und stillstehendem Wasser
Jungtiere werden gelegentlich eingeführt: auf dem Rücken rötlichbraun, zur Bauchseite hin gelblicher. Quer über den Kopf rote Bänder, ein grünliches Band entlang der Seiten. Erwachsen schmutziggrün mit unregelmäßiger, dunkler Zeichnung. Alle Flossen mit dunklen, linienartigen Fleckenmustern.
Haltung: Einzeltierhaltung! Versteckt sich gern zwischen Pflanzen und Wurzelwerk. Futter: lebende Fische, große Würmer (tote Tiere,

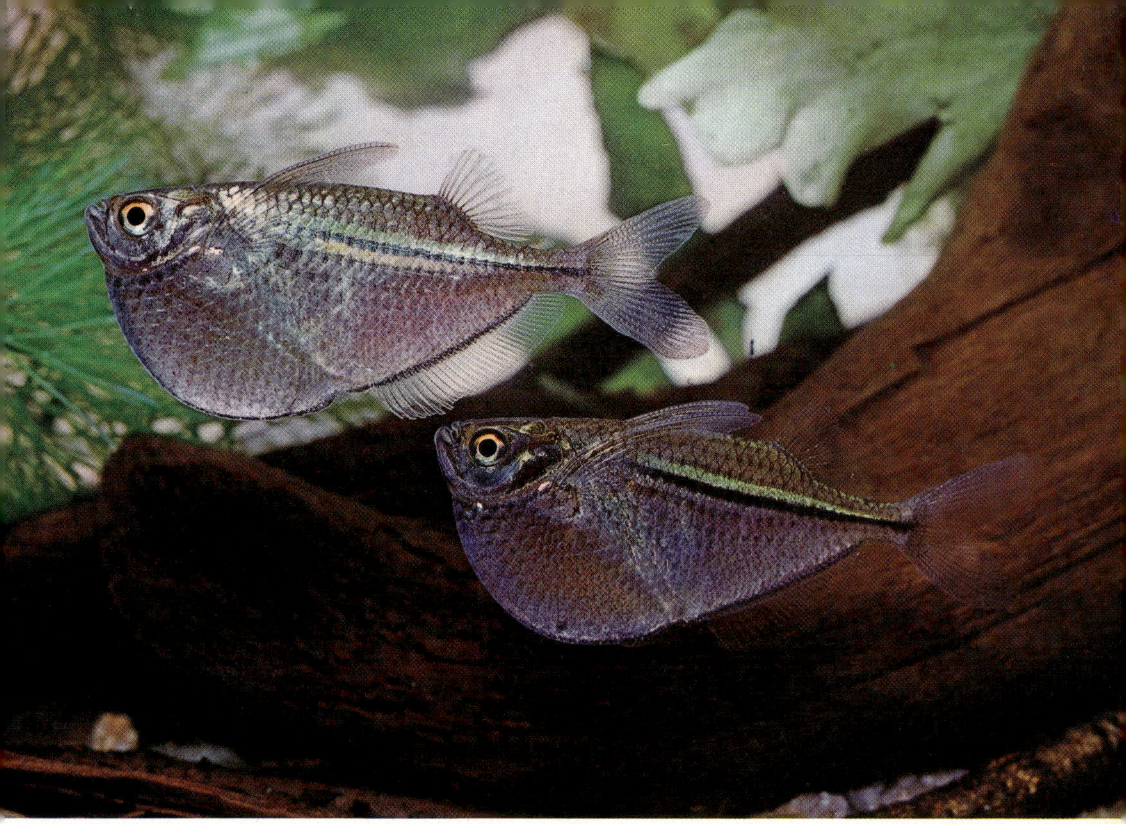

Fleisch?). Stellt keine besonderen Ansprüche an die Wasserzusammensetzung.

Zucht wohl nur in großen Schaubecken möglich. Laicht in verkrauteten, flachen Tümpeln. Baut ein Nest und bewacht seine Jungen.

Erythrinus
Die Gattung besitzt nur die folgende Art:

Erythrinus erythrinus
(SCHNEIDER, 1801)
Lachssalmler

25 cm	25 °C	(A)-W	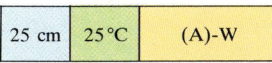

Heimat: Südamerika und Trinidad
In der Färbung variierend, oft farbig mit hellen Flecken an der Seite. Rücken- und Afterflosse oft gefleckt. Dunkles Körperlängsband. Rückenflosse der Männchen verlängert. Dämmerungstier.
Haltung: In großen Aquarien vermutlich auch

Vergesellschaftung mit gleich großen, artgleichen Tieren möglich, da wesentlich weniger bissig als *Hoplias*. Futter: lebende Fische, große Würmer (tote Tiere, Fleisch?).
Nahe verwandt mit dieser Art ist der bis 30 cm lang werdende *Hoplerythrinus unitaeniatus*. Der Fisch sieht ähnlich aus, hat aber in beiden Geschlechtern eine kurze Rückenflosse.
Haltung: Ähnlich wie *E. erythrinus*.

Ctenoluciidae (Hechtsalmler)

Hechtförmige Raubsalmler aus Südamerika mit Fettflosse und verlängerten Kiefern. Zwischenkiefer oder Kinn mit einem Fortsatz. Je nach Artzugehörigkeit 20–100 cm lang. Sie gehören den Gattungen *Boulengerella* und *Ctenolucius* an.
Haltung: Temperaturen um 25 °C. Da die Fische scheu und schreckhaft sind, brauchen sie große, gut bepflanzte Aquarien. (Verletzen sonst leicht ihre Schnauze.) Nicht mit üblichen Zierfischen vergesellschaften! Fressen vorwiegend lebende Fische, nach Eingewöhnung auch grobes Tümpelfutter.

Ctenolucius hujeta wurde bereits gezüchtet. Die 14–15 cm großen Zuchttiere erzeugten pro Laichvorgang 1000–3000 Eier (nach FRANKE).

Chalceidae (Glanzsalmler)

Langgestreckte, großschuppige Salmler aus Südamerika, die in Form und Beschuppung an *Arnoldichthys* erinnern.

Chalceus

Aus dieser Gattung sind 2 Arten bekannt. Die munteren Schwarmfische werden bis zu 35 cm groß und brauchen daher sehr große Becken und die entsprechende Nahrung (Regenwürmer, Fleischstückchen). Gierige Fresser.

Crenuchidae (Prachtsalmler)

Südamerikanische Salmler mit lang ansetzender Rückenflosse (in der Gestalt an Kärpflinge erinnernd). Ausgeprägter Geschlechtsdimorphismus.

Crenuchus spilurus
GUENTHER, 1863
Kleiner Raubsalmler

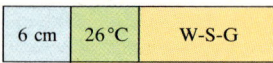

6 cm	26 °C	W-S-G

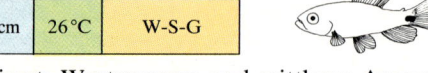

Heimat: Westguayana und mittlerer Amazonas

Prächtiger, friedlicher Fisch, der mit seinem großen Maul an Raubfische erinnert. Die Rückenflosse der größeren Männchen ist fahnenartig verlängert. Auch ihre Afterflosse ist größer als bei den Weibchen. Arttypisch ist ein augengroßer schwarzer, runder Fleck im unteren Teil des Schwanzflossenursprungs.
Haltung: Empfindliche Art, die weiches, leicht saures Wasser braucht. Die Aquarien sollten gut bepflanzt und nicht zu hell sein. Bisher keine Zuchtberichte.

Characiidae (Bodensalmler)

Kleine, langgestreckte Fische, die in Südamerika die ökologische Nische besetzt haben, die in Eurasien von den Schmerlen bewohnt wird. Die Familie besteht aus mehreren, nur schwer zu unterscheidenden Arten.

Characidium fasciatum
REINHARDT, 1866
Gebänderter Bodensalmler

10 cm	20 °C	W-S-G

Heimat: Tropisches Südamerika
Mit dunkler Körperlängsbinde und mehreren Querbinden. Geschlechtsunterschiede: Männchen wesentlich schlanker, oft mit feinen braunen Punkten an der Basis der Rückenflosse. Friedlicher, ausdauernder Schwarmfisch. Hält sich gern am Boden oder auf größeren Steinen auf. Liebt Steine auch als Unterstand. Bewegt sich bei der Futtersuche ruckartig über den Boden.
Haltung: Keine besonderen Wasseransprüche. Liebt aber Frischwasser. Eier werden zwischen Pflanzen abgelegt. Schlupf nach 30–40 Stunden.

Lebiasinidae (Schlanksalmler)

Langgestreckte Salmler, die in Südamerika weitverbreitet sind. Sie werden in zwei Unterfamilien (Lebiasininae und Pyrrhulininae) eingeteilt. Alle aquaristisch interessanten Fische gehören zur letztgenannten Gruppe.

Copeina

Zu dieser Gattung werden zur Zeit nur noch 2 Arten gerechnet, wobei noch nicht sicher ist, ob es sich dabei nicht um die Unterarten einer Art handelt. Fettflosse fehlt. Kein Geschlechtsdimorphismus. Körper untersetzter als bei *Copella*. Schwanzflosse völlig oder nahezu symmetrisch.

Copeina guttata
(STEINDACHNER, 1875)
Forellensalmler

15 cm	25 °C	W-G-S

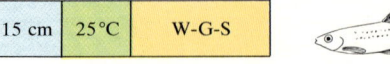

Heimat: Mittleres Amazonasgebiet und seine Nebenflüsse
Friedlicher, harter Fisch, gelegentlich aber scheu. Rötlichsilbern gefärbt, bläulich schillernd. Großschuppig. Auf jeder Schuppe an der Flanke ein roter Fleck. Unpaare Flossen und Bauchflossen rötlich. In Rückenflosse oft

schwarzer Fleck. Die Geschlechter sind kaum zu unterscheiden. Nur zur Laichzeit Weibchen mit stärkerer Bauchseite. Oft ist das Männchen auch etwas kräftiger rot gepunktet oder sein oberer Schwanzflossenlappen ein kleines bißchen verlängert. Fortpflanzung: Männchen fächeln Grube aus, in der abgelaicht wird (bis zu 2000 Eier!). Gelegentlich wird auch auf flachen Steinen oder auf Blättern abgelaicht. Weibchen nach Ablaichen aus Zuchtbecken entfernen. Männchen hütet das Gelege und sorgt durch ständiges Fächeln für Frischwasserzufuhr. Bewacht auch die geschlüpften Jungen noch einige Zeit.

Haltung: Guter Springer, Becken sorgfältig abdecken. Bei Schwarmhaltung in größeren Aquarien attraktive Art.

Copella
Eine nicht sehr einheitliche Gattung mit mehreren Arten, deren Bestimmung in vielen Fällen auch die Experten vor Probleme stellt. Langgestreckte Fische ohne Fettflosse.

Schwanzflosse in beiden Geschlechtern mit verlängerten oberen Lappen. Geschlechtsdimorphismus: Männchen mit verlängerten Flossen.

Haltung: Alle Arten bevorzugen weiches, leicht saures Wasser. Gelegentlich scheu. Schwimmpflanzen einbringen! Aquarien gut abdecken, da alle *Copella*-Arten gute Springer sind.

Copella arnoldi
(REGAN, 1912)
Spritzsalmler

8 cm	23 °C	W-G-S	

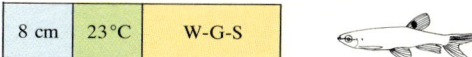

Heimat: Unteres Amazonas-Gebiet, im Rio Para und in Guayana beheimatet
Ein friedlicher, eleganter Fisch mit besonders

Bild 94. Spritzsalmler *(Copella arnoldi)*, oben zwei Männchen. Aufnahme Kahl

bei Männchen rötlich gefärbten Flossen. Dunkler Fleck im Mittelteil der Rückenflosse. Zu hohe Temperaturen werden nicht vertragen. Besonders interessante Brutpflege: Die Tiere laichen außerhalb des Wassers an über dem Wasser hängenden Blättern oder an der Deckscheibe des Aquariums. Dazu springen beide Partner wiederholt eng aneinandergeschmiegt aus dem Wasser, um die Eier an der Unterlage anzukleben und zu besamen. Nach dem Ablaichen bewacht das Männchen die Laichstelle. Außerdem ist es ständig bestrebt, das Gelege feucht zu halten. Dazu bespritzt es die Eier mit der Schwanzflosse. Die Brut schlüpft nach 24–36 Stunden und fällt dann mit dem Spritzwasser ins Aquarium. Jetzt sind die Eltern zu entfernen!

Copella metae
(EIGENMANN, 1914)
Zickzack-Salmler

6 cm	25 °C	W-G-S

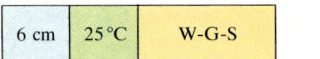

Heimat: Rio Meta in Kolumbien
Vom Maul über das Auge bis zur Schwanzwurzel verläuft ein deutliches Zickzack-Band. Beim Männchen oberer Schwanzflossenlappen deutlich verlängert. Die Fische laichen auf der Oberseite von großen Wasserpflanzenblättern, die vorher gründlich vom Männchen gesäubert werden. Brutpflege wird ausschließlich vom Vater ausgeführt, der die Eier bewacht und befächelt.

Copella nattereri
(STEINDACHNER, 1875)
Blaupunktsalmler

5 cm	25 °C	W-G-S

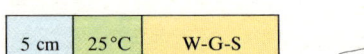

Heimat: Mittlerer Amazonas
Kleinbleibende, langgestreckte Art, ähnelt in Färbung und Form dem Spritzsalmler. In der Mitte der Rückenflosse großer schwarzer Fleck, darunter oft rötlich. – Fortpflanzung wie bei *C. metae*.
Eine ähnliche Zeichnung in der Rückenflosse hat die enge Verwandte *C. vilmae,* deren Körper besonders an der Unterseite intensiv rötlich gefärbt ist.

Nannobrycon
Eine aus nur 2 Arten bestehende Gattung. Fettflosse fehlt. Die Tiere schwimmen mit schräg nach oben gerichtetem Körper. Sie sind durch eine dunkle Längsbinde ausgezeichnet, die in den ebenfalls schwarzen unteren Schwanzflossenlappen hineingeht.

Nannobrycon eques
(STEINDACHNER, 1876)
Spitzmaulsalmler, Schrägsteher

5 cm	25 °C	W-G-S

Heimat: Mittlerer Amazonas
Vielgepflegte Art. Bildet in Ufernähe in Wasserpflanzen Schwärme. Liebt im Aquarium auch dichte Bepflanzung. Schwimmpflanzen! Mit friedlichen Fischen gut im Gesellschaftsbecken zu halten. Wird erst in der Dämmerung richtig lebhaft. Die Art ist durch zwei eng beieinanderstehende Parallelstreifen in der unteren Körperhälfte zu charakterisieren. Nachtfärbung diagonal gestreift.
Weibchen dicker, Bauchflossen durchsichtig. Bauchflossen der Männchen mit hellem Saum und milchigweißen Spitzen.
Haltung: Zucht im 10-Liter-Aquarium (ohne Bodengrund!) einfach. Wasser weich, pH etwa neutral oder leicht sauer. Nicht sehr empfindlich. Cryptocoryne mit Stein am Boden befestigen. Die Eier werden unter die Blätter geklebt. Schlupf nach 24–36 Stunden, nach weiteren 5–6 Tagen schwimmen die Tiere frei. Schwimmen von Anfang an mit dem Kopf schräg nach oben. Fressen dann sofort Artemia-Nauplien.

Nannobrycon unifasciatus
(STEINDACHNER, 1876)
Einbandsalmler

6,5 cm	25 °C	W-G-S

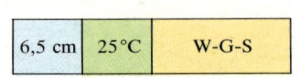

Heimat: Mittlerer Amazonas, Rio Negro, Orinoco, Guayana-Länder
Im Gegensatz zu *N. eques* nur ein Längsband. Bei einer Variante ist im Mittelteil der Schwanzflosse ein augenfleckartiges Gebilde. Sie wurde früher als „*N. ocellatus*" bezeichnet.

Bild 95. Zwergregenbogenfische *(Melanotaenia maccullochi)* (s. Seite 221). Aufnahme Vierke

— Auch diese Art wurde schon wiederholt nachgezüchtet.

Nannostomus
(Ziersalmler)

Mit *Nannobrycon* eng verwandte, südamerikanische Fische, aber gerade schwimmend. Mit oder ohne Fettflosse. Spindelförmig gestreckter Körper. Geschlechtsunterschiede: Weibchen zur Laichzeit voller, Afterflosse gerade. Afterflosse beim Männchen gerundet. Etwa 7 Arten. Sie haben sehr kleine Mäuler, bewältigen aber auch größere Beute.

Haltung: Fressen sowohl lebendes als auch Kunstfutter. Die Gesellschaft zu unruhiger Fische macht sie scheu und läßt sie nicht recht zur Geltung kommen. Die Wasserhärte sollte 15° dGH nicht übersteigen; zur Zucht noch wesentlich weicher (5° dGH oder weniger).

Nannostomus beckfordi
GUENTHER, 1872
Längsbandziersalmler

7 cm	25 °C	W-G-S

Heimat: Nördliches Südamerika
Ein breites, schwarzes Längsband zieht vom Maul bis in den unteren Teil der Schwanzflossenbasis. Die Schwanzflosse selbst ist hell. Bei einer Unterart können balzende Männchen am ganzen Körper lebhaft rot werden. Diese Tiere wurden früher als „*N. aripirangensis*" bezeichnet, die weniger farbige Variante als „*N. anomalus*".

Haltung: Wie alle Ziersalmler brauchen sie dicht bepflanzte Aquarien mit Schwimmpflanzen. Selbst im Gesellschaftsbecken kommen gelegentlich Junge groß. Zuchtbecken nicht zu hell. Als Laichsubstrat werden Wasserpflanzen benötigt. Die Eier kleben aber nicht immer. Die Eltern sind Laichräuber. Schlupf nach etwa 30 Stunden. Nach weiteren 3 Tagen schwimmen die Jungen frei. Zunächst mit Infusorien füttern, später mit Artemia-Nauplien.

Nannostomus bifasciatus
HOEDEMANN, 1954
Zweibindenziersalmler

6 cm	25°C	W-G-S

Heimat: Surinam
Ähnlich wie vorherige Art gefärbt, aber mit einer weiteren, jedoch viel feineren Binde, die parallel dazu in der Rückenzone verläuft. Keine Rottönung am Körper, alle Flossen transparent.
Haltung: Zucht problematisch.

Nannostomus espei
(MEINKEN, 1956)
Barren-Ziersalmler

3,5 cm	25°C	W-G-S

Heimat: Guayana
Kleiner Ziersalmler, der sich durch 5 dunkle, unterseits nach vorne gerichtete Diagonalbänder auszeichnet.
Haltung und Zucht: Wie *N. beckfordi*. Trotz seiner Zierlichkeit ein relativ harter Fisch. Mit nicht zu großen und lebhaften Arten vergesellschaften.

Nannostomus harrisoni
(EIGENMANN, 1909)
Bleistiftfisch

6 cm	25°C	W-G-S

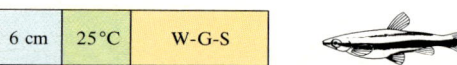

Heimat: Guayana-Länder und mittlerer Amazonas
Schnauze wesentlich länger als bei den anderen Arten der Gattung. Tiefschwarze Längsbinde vom Maul bis zum unteren Schwanzflossenursprung, wo sie in einer rötlichen Schwanzflossenzone endet.
Haltung: Wie *N. beckfordi*.

Nannostomus marginatus
EIGENMANN, 1909
Zwergziersalmler

4 cm	25°C	W-G-S

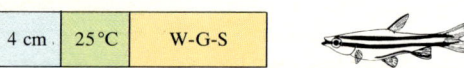

Heimat: Nördlicher Teil Südamerikas

Deutlich gedrungener als die anderen *Nannostomus*-Arten. Zwei Körperlängsbinden, von denen die obere oft dünner ist, ziehen bis in die Schwanzflosse. Unterseits noch ein dritter, schwächerer schwarzer Streifen, der in einen schwarzen Afterflossensaum übergeht. Rücken-, Bauch- und Afterflossen mit rötlichen Anteilen. Schwarze Rückenflossen-Vorderkante. Die Männchen haben in den Bauchflossen mehr Rotanteile.
Haltung: Die Zucht gelingt schon in kleinen Ablaichbecken ab 3 Liter Inhalt. Am besten läßt man die Tiere an feinfiedrigen Pflanzen ablaichen. Gleich nach dem Ablaichen müssen die Alttiere entfernt werden, da sie arge Laichräuber sind! Die Jungfische können gleich nach dem Freischwimmen mit Artemia-Nauplien gefüttert werden. – Relativ harte Art.

Nannostomus trifasciatus
STEINDACHNER, 1876
Dreibinden-Ziersalmler

6 cm	25°C	W-G-S

Heimat: Oberer Amazonas
Schöne Art, ähnelt in der Zeichnung *N. marginatus,* aber ihre Längsstreifen dehnen sich nicht auf die Schwanzflosse aus. Die Schwanzflosse ist in Teilen rot, die Rückenflosse ohne schwarze Kante. Bauch- und Afterflossen mit hellblauem Saum. Der Dreibinden-Ziersalmler gehört zu den empfindlichen *Nannostomus*-Arten. Seine Zucht gilt als sehr schwierig.

Pyrrhulina
Von den nahestehenden Gattungen *Copella* und *Copeina* durch andere Bezahnung unterschieden. Die Flossen der *Pyrrhulina*-Arten, speziell die Schwanz- und Rückenflossen, sind abgerundeter als bei den Verwandten. Pflege und Zucht wie bei *Copella* und *Copeina* angegeben.
Mehrere Arten, die teilweise schwer zu be-

Bild 98. Brachsensalmler *(Abramites hypselonotus)*. Aufnahme Kahl

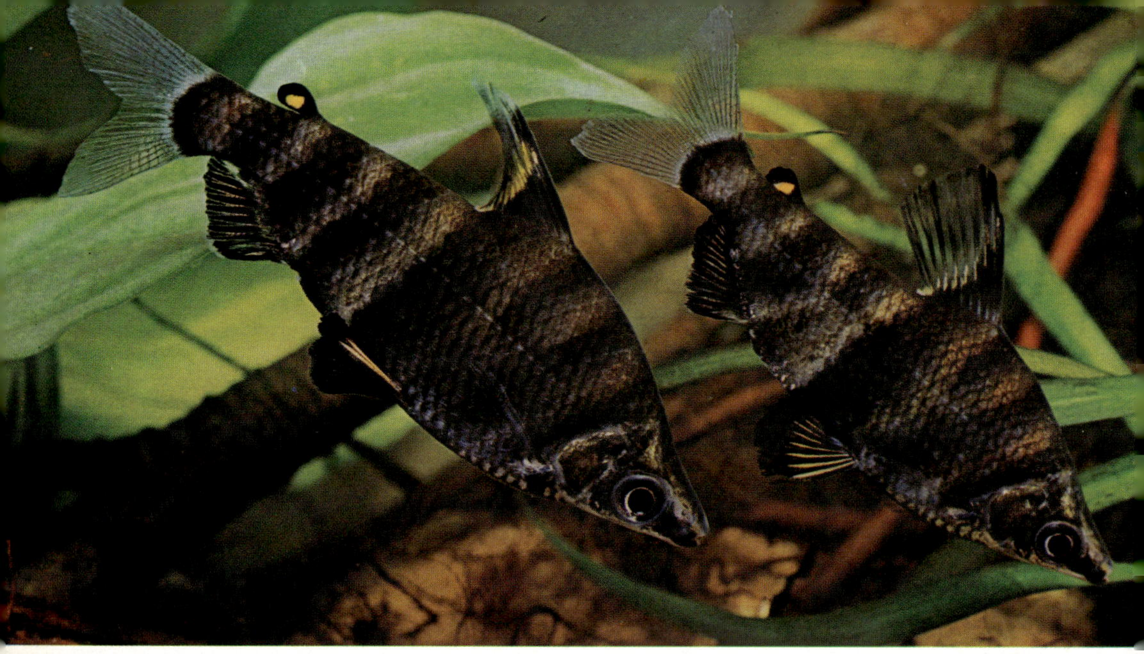

stimmen sind. Von aquaristischer Bedeutung sind vor allem die folgenden Arten:

Pyrrhulina rachoviana
MYERS, 1926
Augenstrich-Salmler

5 cm	25 °C	W G S

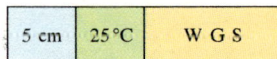

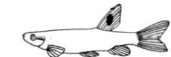

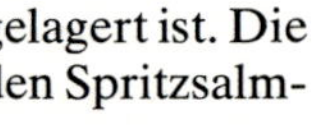

Heimat: Unterer Parana und La Plata
Die Art ist häufiger im Handel. Durch das Auge führt ein kurzes Band, das kaum über den Kopf hinausgeht. Einziges weiteres Zeichnungsmuster ist ein schwarzer Rückenflossenfleck, dem eine helle Kante vorgelagert ist. Die Fische erinnern im Habitus an den Spritzsalmler *Copeina arnoldi*.
Die laichwilligen Weibchen sind deutlich dikker als die Männchen. Das Fortpflanzungsverhalten und die Zucht gleichen sehr dem des Forellensalmlers *(C. guttata)*.

Pyrrhulina vittata
REGAN, 1912
Gebänderter Schlanksalmler

7 cm	25 °C	G-S

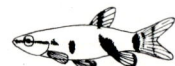

Heimat: Amazonen-Strom und Rio Tapajoz
Hat wie der Augenstrichsalmler einen Augenstrich und zusätzlich auf rötlich getöntem Grund drei schräg nach hinten gerichtete Körperquerbänder, die manchmal eher nach großen Flecken als nach Bändern aussehen. Die Männchen etwas größere obere Schwanzflossenlappen.
Haltung: Als lebhafter, friedlicher und harter Fisch ist er für das Gesellschaftsaquarium zu empfehlen, braucht aber Lebendfutter. Leider eine kurzlebige Art. Die Art laicht gelegentlich schon im Gesellschaftsaquarium. Das Gelege wird vom Männchen bewacht und befächelt. Es ist zumeist auf der Oberseite eines Pflanzenblattes. Wenn man das Blatt mit dem Gelege in ein kleines Becken mit Wasser von gleicher Zusammensetzung überträgt, hat man 6 Tage nach der Eiablage die freischwimmenden Jungen. Sie sind sehr klein und fressen zunächst Einzeller. Bald nehmen sie auch Cyclops-Nauplien und Artemien.
Ähnlich gefärbt ist *P. spilota*. Im Unterschied zu *P. vittata* hat diese Art noch einen weiteren Fleck, der auf dem Augenstrich direkt über dem Brustflossenansatz liegt.

Anostomidae (Engmaulsalmler)

Gestreckte, torpedoförmige Fische. Lediglich in der Gattung Abramites gibt es etwas hoch-

rückigere Arten. Die enge Maulspalte ist bei den Gattungen *Anostomus*, *Synaptolaemus* und *Gnathodolus* steil nach oben gerichtet. Beide Kiefer sind mit kräftigen Zähnen besetzt.

Abramites
Die Gattung enthält vergleichsweise hochrükkige Tiere. Sie besteht nur aus 2 Arten.

Abramites hypselonotus
(GUENTHER, 1868)
Brachsensalmler

13 cm	25°C	W-G-S

Heimat: Amazonas und Guayana-Länder (allerdings nirgendwo sehr häufig. Eine Unterart, früher als *A. solarii* bezeichnet, lebt weiter südlich im Rio Parana und im Rio Paraguay.)
Die Zeichnung ist im einzelnen variabel. Sie besteht aus etwa 8 unregelmäßig breiten Querbinden. Die schwarze Fettflosse enthält einen auffallenden gelben Fleck. Die Brachsensalmler stehen gern zwischen Pflanzen mit zum Boden gesenktem Kopf. Zumeist friedlich, aber ältere Exemplare können unverträglich werden. Die Zucht ist bisher noch nicht geglückt. Die Art wurde früher als „*A. microcephalus*" bezeichnet.
Aquaristisch kaum bekannt ist die zweite Art: *Abramites eques*. Sie ist im Rio Magdalena in Kolumbien beheimatet.
Haltung: Jedes Futter wird bereitwillig angenommen, gern wird auch Spinat und Kopfsalat gefressen.

Anostomus
Langgestreckte, fast drehrunde Fische. Sie stehen gern schräg mit dem Kopf nach unten gerichtet im Wasser, können aber auch pfeilschnell davonschießen.

Anostomus anostomus
(LINNÉ, 1758)
Prachtkopfsteher

18 cm	25°C	W-N-G-S

Heimat: Nördlicher Teil Südamerikas, Amazonas-Gebiet

Bild 99. Prachtkopfsteher *(Anostomus anostomus)*. Aufnahme Kahl

Der Körper ist von drei schwarzen, breiten Längsstreifen überzogen. Dazwischen befinden sich zwei dünnere, gelbliche Zonen. Rükken- und Schwanzflosse rötlich gefärbt. Sehr ausdauernde und harte Art. Geschlechter nur am größeren Leibesumfang der Weibchen zu erkennen. Die Zucht soll ausnahmsweise schon geglückt sein, doch fehlen Berichte.
Haltung: Sehr beliebte Art, die gut bepflanzte, mit Wurzeln dekorierte Aquarien braucht. Die Fische raspeln gern Aufwuchs (Algen u.a.) von Blättern, Wurzeln und Aquarienscheiben ab. Nehmen jedes Futter, sollten aber gelegentlich auch Tiefkühlspinat oder überbrühte Salatblätter bekommen, da sie sonst an Pflanzen gehen. Trotz seiner Größe friedlich gegen andere Fische und seinesgleichen. Eine Vergesellschaftung mit großen und wenig wendigen Fischen (Skalar, Diskus) ist allerdings riskant, da *Anostomus* die Tiere gern „abweidet". Die Verletzungen können dann verpilzen und zum Tode führen.

Anostomus ternetzi
FERNANDEZ-YEPEZ, 1949

| 12 cm | 25 °C | W-G-S |

Heimat: Nordöstlicher Teil Südamerikas
Wird oft mit *A. anostomus* verwechselt. Ihre
mittlere dunkle Längsbinde im Bereich des
Vorderkörpers ist jedoch glatt begrenzt, nicht
zackenartig. *A. ternetzi* fehlt das schöne Rot in
den Flossen, das ältere Prachtkopfsteher zeigen.

Anostomus trimaculatus
(KNER, 1859)
Dreipunktkopfsteher

| 15 cm | 25 °C | W-G-S |

Heimat: Guayana-Länder und unterer Amazonas
Im Freiwasser erreicht der Fisch Längen von
bis zu 20 cm.
Schlank und spitzköpfig, aber mit wulstigen,
nach oben gerichteten Lippen. Einheitlich
grünlichgrau gefärbt und drei mehr oder
weniger kräftig ausgebildete Körperflecken
(Name!). Flossen rötlich.
Die Art wird häufig mit *A. gracilis* verwechselt,
einer wirklich sehr ähnlichen Art, die aber nur
10 cm Länge erreicht.

Leporinus
Zu dieser Gattung werden etwa 50–60 Arten
gezählt. Sie sind taxonomisch noch völlig unzu-
reichend bearbeitet. Um einigermaßen einen
Überblick zu bekommen, werden die Arten
vorläufig zu 4 verschiedenen Gruppen zusammengefaßt (nach GÉRY): 1. mit Querstreifen-
muster, 2. mit Fleckenmuster, 3. mit Längsstreifen und 4. ohne auffällige Muster. Das ha-
senschnutenartige Maul einiger Arten führte
zur Bezeichnung der Gattung (*Leporinus* =
Häschen). Es gibt Arten mit ober-, unter- oder
endständigen Mäulern.
Zu dieser Gattung gehören sehr schöne Fische,
die jedoch für den Durchschnittsaquarianer zu
groß werden, sich aber ideal für Schauaquarien
eignen. Alle Arten sind gute Springer. Aquarium abdecken! Die beiden häufigsten Arten
seien hier gesondert aufgeführt:

Leporinus fasciatus
(BLOCH, 1794)
Gebänderter Leporinus

| 30 cm | 25 °C | W-(G)-S |

Heimat: Ganzes tropisches Südamerika
Eine wirklich schöne Art, die immer wieder
eingeführt wird. Körperseiten prächtig gelb
gefärbt mit zehn tiefschwarzen Querbinden.
Die erwachsenen Männchen sind schlanker
und zeigen oft eine rötliche Kehlpartie.
Haltung: Wird bei Einzelhaltung leicht zänkisch. Daher nur zur Schwarmhaltung in wirklich großen Aquarien zu empfehlen. Die Tiere
brauchen pflanzliche Zukost (Kopfsalat, Haferflocken) und einen häufigeren Teilwasserwechsel. Leider gehen manche Tiere auch an
die Aquarienpflanzen.

Leporinus striatus
KNER, 1859
Gestreifter Leporinus

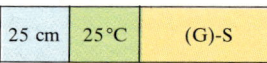 

| 25 cm | 25 °C | (G)-S |

Heimat: Weite Teile des tropischen Südameri-
kas
Mit drei schwarzen Längsstreifen versehene
Art. Die Grundfärbung ist silbrig-beige.
Schwanz- und Afterflossen sind rötlich, alle
anderen Flossen durchsichtig.
Sehr ähnlich ist *L. arcus* aus Westguayana, die
sich dadurch unterscheidet, daß ihre mittlere
Längsbinde erst hinter dem Auge beginnt. Bei
L. striatus fängt sie bereits an der Maulöffnung
an. Auch sind ihre Flossen kräftiger rötlich ge-
färbt.

Curimatidae (Barbensalmler)

In dieser gattungs- und artenreichen Familie
gibt es wieder richtige Kopfsteher. Viele Arten
ernähren sich von Mulm und Pflanzenresten,
ihr Mund ist unbezahnt. Von aquaristischer
Bedeutung ist eigentlich nur die folgende Art:

Bild 100. Punktierter Kopfsteher *(Chilodus punctatus)*.
Aufnahme Kahl

166

Chilodus punctatus
MÜLLER und TROSCHEL,
1845
Punktierter Kopfsteher

12 cm	25°C	W-G-S

Heimat: Guayana, Surinam, Loreto-Gebiet in Peru

Kopfsteher! Auge mit schön rot gefärbter Iris. Große Schuppen mit jeweils schwarzem Punkt. Rückenflosse schwarz punktiert, übrige Flossen transparent. *Chilodus* soll kurze, knackende Töne erzeugen. Die Weibchen sind größer als die Männchen und zur Laichzeit wesentlich dicker.

Haltung: Für den bewegungslustigen Schwarmfisch werden größere Becken gebraucht mit vielen Wurzeln und Steinen. Der Pflanzenwuchs braucht nicht dicht zu sein. Pflanzliche Zusatznahrung (Kopfsalat, Haferflocken) wird gerne genommen. Friedlicher Fisch, jagt aber gelegentlich seine Artgenossen. Dennoch Schwarmhaltung! Die Zucht ist verschiedentlich schon gelungen. Pflanzennahrung und Lebendfutter sind wichtig. Die Tiere brauchen schwach saures, weiches Wasser. Zum Ablaichen werden Algenpolster, feinfiedrige Pflanzen oder am Boden angebrachtes Perlongespinst gebraucht. Die Jungen schlüpfen nach drei bis vier Tagen und sind mit Rädertierchen und Artemia-Nauplien leicht aufzuziehen. Die Jungtiere bleiben im Schwarm beisammen und stehen als typische Kopfsteher senkrecht im Wasser.

Aus dem oberen Rio Maroni ist die Unterart *C. p. zunevei* bekannt, der das dunkle Längsband der Nominatform fehlt.

Hemiodidae (Keulensalmler)

Keulensalmler sind elegante, torpedoförmige Flußfische aus Südamerika. Sie haben eine große, tief gegabelte Schwanzflosse. Die Fische erinnern teilweise an *Anostomus*- und *Leporinus*-Arten, schwimmen aber gerade oder nur wenig mit dem Vorderteil nach oben gerichtet. Da sie relativ groß werden, sind sie aquaristisch von geringem Interesse. Sie sollten im Schwarm gehalten werden, um richtig zur Geltung zu kommen. Dazu brauchen die großen, bewegungslustigen und sehr schnellen Fische aber wirklich große Aquarien (300 l Fassungsvermögen und mehr). Sie sind anderen Fischen gegenüber friedlich, fressen aber gelegentlich Pflanzen an. Harte Pflanzen (Vallisnerien, Cryptocorynen, auch Javafarn und Javamoos) werden aber in Ruhe gelassen. Man sollte Pflanzennahrung zufüttern. – Hier sind nur die beiden häufigsten Arten gesondert aufgeführt.

Hemiodopsis gracilis
(GUENTHER, 1864)
Schlanker Halbstreifensalmler

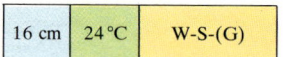 

Heimat: Amazonas, Rio São Francisco und Guayana
Ein auffallender schwarzer Streifen beginnt mit einer Verdickung etwa auf dem halben Wege zwischen Rücken- und Fettflossen. Er endet in der oberen Hälfte des unteren Schwanzflossenlappens. Seine untere Hälfte ist leuchtendrot. Auch der obere Lappen kann gelegentlich rot gefärbt sein. Sonst ist der Fisch unscheinbar silbrig.
Ein ganz entsprechendes Zeichnungsmuster hat *H. semitaeniatus*. Ihm fehlt allerdings das kräftige Rot in der Schwanzflosse.

Hemiodopsis quadrimaculatus
(PELLEGRIN, 1908)

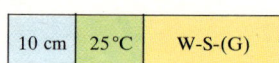 

Heimat: Oberer Amazonas, Guayana und Surinam
Typisch sind drei schwarze Körperquerbänder und ein weiterer Fleck im Schwanzflossenursprung, der sich in den unteren Schwanzflossenlappen fortsetzt. Die Fettflosse ist oft rötlich. Auch die Rasse *H. q. vorderwinkleri* wird zu dieser Art gezählt.
Ähnliche Zeichnungsmuster haben die Arten *H. sterni* und *H. huraulti*.

Citharinidae (Geradsalmler)

In dieser Familie werden verschiedene, recht unterschiedlich gestaltete afrikanische Salmler zusammengefaßt, die alle eine gerade Seitenlinie besitzen. Die kleinen Arten eignen sich z.T. gut für das Heimaquarium, größere sind schöne Schaustücke für öffentliche Aquarien.

Distichodus
Flußfische mit kleinem Kopf und dahinter stark ansteigendem Rücken, die vorwiegend bodennahe Bereiche bewohnen. Sie werden meist sehr groß (bis zu 70 cm!), aber auch die kleiner bleibenden Arten sind als überzeugte Vegetarier eine Gefahr für bepflanzte Becken. Friedlich auch gegenüber kleineren Fischen. Einige der größeren Arten wie *D. sexfasciatus* und *D. lusosso* aus dem Kongogebiet sind attraktive Großfische für Schauaquarien.

Nannaethiops
Die mit *Neolebias* eng verwandte Gattung stellt nur eine Art:

Nannaethiops unitaeniatus
GUENTHER, 1871
Afrikanischer Einstreifensalmler

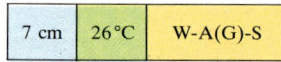 

Heimat: Ganzes äquatoriales Afrika
Silbrig mit einem dunklen Körperlängsstreifen, der einen direkt darüber liegenden goldfarbenen Streifen begleitet. Männchen schlanker. Beim Laichen vorderer Teil der Rückenflosse und oberer Schwanzflossenlappen blutrot.
Haltung: Die friedlichen Schwarmfische sind anspruchslos, fressen aber bevorzugt Lebendfutter. In Gesellschaft oft scheu und schreckhaft, aber ausdauernd. Am besten wirken sie im bepflanzten Artbecken mit feinem Sandbo-

Bild 101. Junge *Distichodus sexfasciatus*. Aufnahme Kahl

den. Zur Zucht größeres Becken (40–50 Liter) mit feinem Sandboden (vorher abbrühen!) und einem Büschel Pflanzen. Weiches Wasser. Sehr produktiv, laichen meist bei Morgensonne. Laichräuber. Jungfischchen schwimmen nach 6 Tagen frei.

Nannocharax
In West- und Äquatorialafrika mit mehreren Arten beheimatet.

Nannocharax ansorgii
BOULENGER, 1911

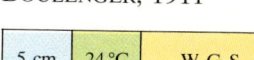
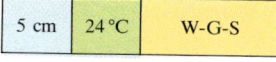

5 cm	24 °C	W-G-S

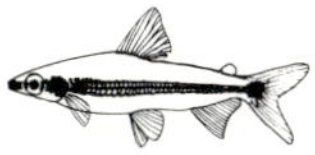

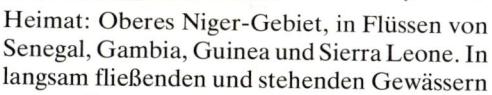

Heimat: Oberes Niger-Gebiet, in Flüssen von Senegal, Gambia, Guinea und Sierra Leone. In langsam fließenden und stehenden Gewässern anzutreffen.
Von den anderen Gattungsangehörigen durch eine an Kopfsteher erinnernde Körperform ausgezeichnet, Maul aber unterständig. Von der Schnauzenspitze bis in die Schwanzflos-

senwurzel führt ein breites dunkles Längsband.
Haltung: Bevorzugt schattige, gut bepflanzte Becken mit Sandboden. An die Wasserzusammensetzung werden keine besonderen Ansprüche gestellt.

Nannocharax fasciatus
GUENTHER, 1867
Afrikanischer Bodensalmler

7,5 cm	23 °C	W-(G) A-S

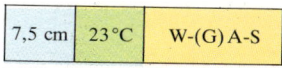

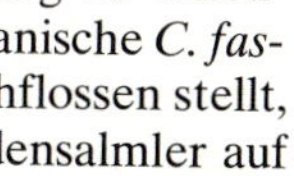

Heimat: Liberia bis zur Kongomündung
Westafrikanischer Bodenfisch, der leicht mit dem südamerikanischen Bodensalmler *Characidium fasciatum* zu verwechseln, jedoch an seiner bevorzugten Körperhaltung zu erkennen ist. Während der südamerikanische *C. fasciatum* sich auf Brust- und Bauchflossen stellt, stützt sich der Afrikanische Bodensalmler auf Bauchflossen, Afterflosse und die Schwanzflosse. Die Brustflossen werden hochgehalten. Auch beim ruhigen Schwimmen bleibt der Körper mit dem Kopf immer schräg nach oben gestellt.
Die Art hat ein unterständiges Maul, eine ge-

169

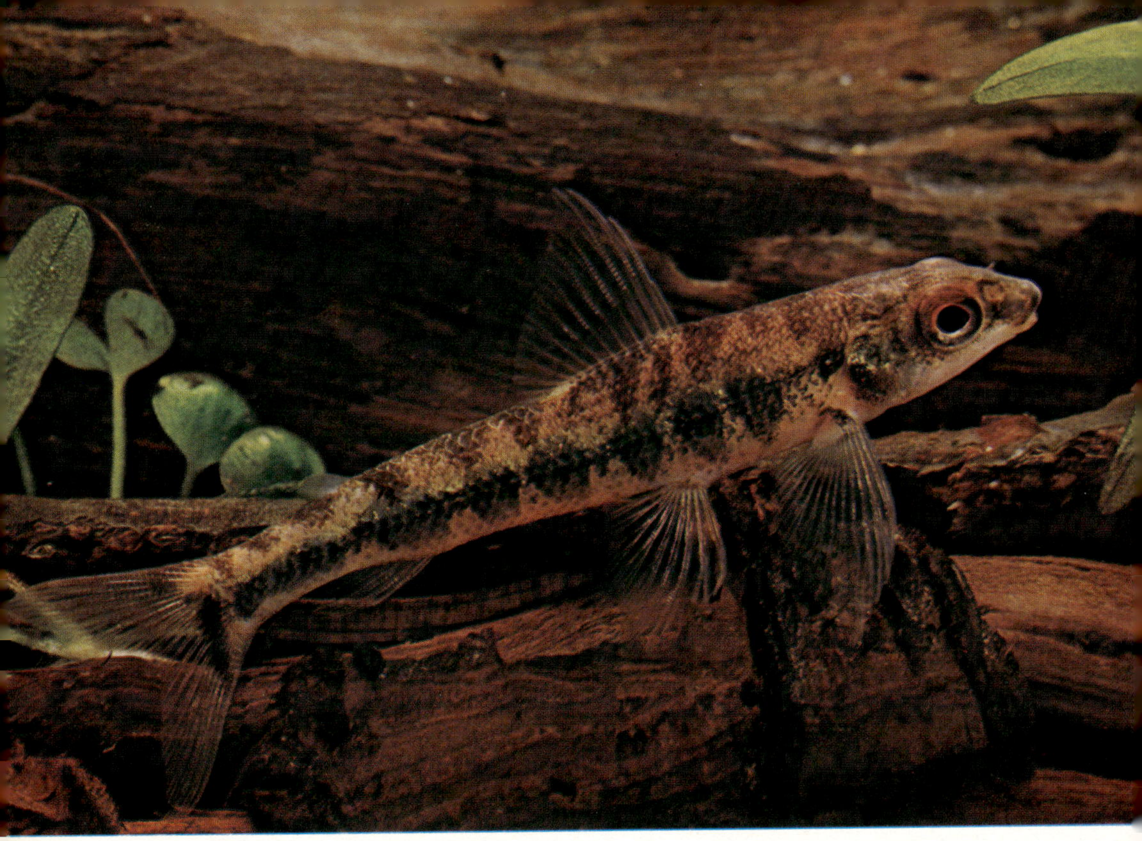

Bild 102. Afrikanischer Bodensalmler *(Nannocharax fasciatus)*. Aufnahme Kahl

rade Bauchlinie und mehrere unregelmäßige Querstreifen. Es gibt in Afrika eine Vielzahl ähnlicher *Nannocharax*-Arten, die nicht immer leicht auseinanderzuhalten sind.
Haltung: Man kann die friedlichen Tiere im Gesellschaftsaquarium unterbringen. Viel besser ist aber ein Artbecken, es kann ruhig klein sein. Es wird nur lebende Nahrung direkt vom Boden aufgenommen (Tubifex, Cyclops)! Keine Ansprüche an die Wasserzusammensetzung.

Neolebias
Derzeit aus 7 Arten bestehende afrikanische Gattung. Die beiden am häufigsten in Aquarien zu sehenden Arten sind hier beschrieben.

Neolebias ansorgii
GUENTHER, 1912
Grüner Neolebias

3,5 cm	23 °C	W-A (G)

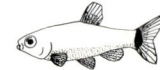

Heimat: Waldgebiete des unteren Kongo und Kameruns

Körper schön grünglänzend, Flossen rot. Zur Laichzeit Männchen auf der ganzen Unterseite rot. Gewöhnlich zeigen die Fische einen dunklen Körperlängsstreifen und an der Schwanzflossenbasis einen senkrechten Strich.
Schöne Art, die aber oft scheu ist und sich am Boden versteckt aufhält. Weibchen fülliger, Männchen größer.
Haltung: Zum Wohlbefinden Versteckmöglichkeiten. Häufigere Lebendfuttergaben sind nötig. Am besten hält man den Fisch paarweise im Artaquarium. Zucht ähnlich *Nannaethiops unitaeniata*. Härte bis etwa 8 °dGH. Anfüttern der Brut mit Infusorien (Pantoffeltiere, Rädertierchen), nach einer Woche Artemia-Nauplien.
Die bekanntere Form stammt aus Kamerun. Eine weniger farbige Variante aus dem Kongogebiet wurde *N. landgrafi* genannt.

Neolebias trilineatus
BOULENGER, 1899
Afrikanischer Dreistreifensalmler

4 cm	23°C	W-(G)

Heimat: Kongobecken
Silbriger Salmler mit drei Körperlängsstreifen. Ähnlich gefärbt sind *N. trewavasae* und *N. unifasciatus*, aber deren Grundfärbung soll mehr ins Gelbliche gehen.
Haltung und Zucht: Wie *N. ansorgii*.

Phago
(Schnabelsalmler)

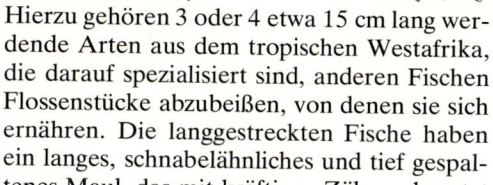

Hierzu gehören 3 oder 4 etwa 15 cm lang werdende Arten aus dem tropischen Westafrika, die darauf spezialisiert sind, anderen Fischen Flossenstücke abzubeißen, von denen sie sich ernähren. Die langgestreckten Fische haben ein langes, schnabelähnliches und tief gespaltenes Maul, das mit kräftigen Zähnen besetzt ist.
Haltung: Artbecken! Futter: kleine Fische, Wasserinsekten und Insektenlarven. Sie brauchen gute Versteckmöglichkeiten (Pflanzen, Wurzeln) und Temperaturen um 27°C. Besondere Ansprüche an die Wasserzusammensetzung haben sie nicht.
Am häufigsten gelangt die Art *P. maculatus* in die Becken der Aquarianer.

Gymnotoidei (Nacktaalähnliche)

Gymnotidae (Messeraale)
Rhamphichthyidae
(Amerikanische Messerfische)
Apteronotidae (Amerikanische Fahnenmesserfische)

Südamerikanische Fische mit langer Afterflosse, deren wellenartige Bewegung Vorwärts- und Rückwärtsschwimmen gleichermaßen erlaubt. Die Afteröffnung ist weit nach vorne gerückt („kehlständig").
Haltung: Messeraale und Messerfische werden fast alle sehr groß und eignen sich nur als Jungtiere für den Liebhaber-Aquarianer. Neben Lebendfutter fressen sie auch Fleischstück-

chen. Größere Fische sind zur Vergesellschaftung geeignet; Artgenossen vertragen sich im Aquarium nur selten. Als Dämmerungstiere brauchen sie dunkle Verstecke, in die sie sich zurückziehen können.

Eigenmannia virescens
(VALENCIENNES, 1847)
Grüner Messerfisch

30 cm	25°C	W-A (G)

Langsam wachsende Art, die bis zu 45 cm groß werden kann. Die Afterflosse läuft zusammen mit dem Schwanzstiel in eine geißelartige Spitze aus. Schwanzflosse, Rückenflosse und Bauchflossen fehlen. Mehr oder weniger durchsichtig und bläulich oder grünlich irisierend. Jungtiere oft mit unregelmäßigen Querstreifen.

Gymnotus carapo
LINNÉ, 1758
Gebänderter Messeraal

60 cm	25°C	W-A (G)

Heimat: Mittel- und Südamerika
Anspruchsloses Dämmerungstier, das sich in der Jugend durchaus für das Zimmeraquarium eignet. Ähnlich gebaut wie vorherige Art, aber mit Bändermuster.
Ganz ähnlich sieht auch die wesentlich kleiner bleibende, aber bissigere Art *Steatogenys elegans* aus.

Sternarchella schottii
(STEINDACHNER, 1868)
Amerikanischer Fahnenmesserfisch

22 cm	25°C	W-(G)

Heimat: Oberer Amazonas, Rio San Francisco
Mit familientypischer, wimpelartig lang ausgezogener Rückenflosse, die in eine Furche auf der Rückenmitte eingelegt werden kann. Afterflosse und Schwanzflosse sind nicht miteinander verschmolzen. Zart lehmfarben bis bräunlich.
Ähnlich gestaltet ist die bis zu 50 cm groß werdende Art *Apteronotus albifrons*, die ein-

heitlich schwarz gefärbt ist. Lediglich auf dem Schwanzstiel sind zwei elfenbeinfarbene Querbänder.

Electrophoridae (Elektrische Aale)

Der Zitteraal *Electrophorus electricus* (LINNÉ, 1766) ist aus Schauaquarien bekannt. Das unförmige, aalartig gestreckte Tier wird bis 2,5 m lang. Es ist in weiten Teilen Südamerikas in kleinen Flüssen, Gräben und Bächen beheimatet. Zitteraale haben ein aus umgewandelten Muskelfasern bestehendes elektrisches Organ, das eine Spannung bis zu 800 V entwickeln kann. Die Stromstöße töten oder lähmen die Beutetiere und wehren stärkere Gegner ab.
Haltung: In Aquarien können eingewöhnte Zitteraale mit magerem Warmblüter- und Fischfleisch gefüttert werden. Sie brauchen weiches oder mittelhartes Wasser mit Temperaturen um 26 °C.

Cyprinoidei (Karpfenähnliche)

Cyprinidae (Karpfenfische)

Weltweit verbreitete, sehr artenreiche (ca. 1250 Arten) Fischfamilie, die nur in Südamerika und Australien fehlt. Typisch für diese Fische sind die Mahlsteine (Fortsätze am hinteren Ende der Schädelbasis, die als Widerlager für die Schlundzähne dienen).
Um einen Überblick über diese große Familie zu gewinnen, wird sie in Unterfamilien gegliedert. Besonders die Unterfamilien der Cyprininae (Karpfen im engeren Sinne) und der Rasborinae (Bärblinge) stellen sehr viele beliebte Aquarienfische. Ihre Ernährung bereitet keine Schwierigkeiten, da sie sowohl Kunst- als auch Lebendfutter anstandslos fressen. Auch die Zucht ist zumeist nicht schwierig.

Abraminae (Brachsenkarpfen)

Hier handelt es sich vor allem um Bewohner gemäßigter Breiten. Von aquaristischem Interesse sind besonders südostasiatische Arten aus der Gattung *Chela* und das einheimische Moderlieschen.

Chela

Karpfenfische mit relativ gerader Rückenlinie und einer gekielten, weit ausgebuchteten Brust- bzw. Bauchlinie. Oberflächenfische, die in dieser Hinsicht an die südamerikanischen Beilbauchfische erinnern.

Chela laubuca
(HAMILTON-BUCHANAN, 1822)
Indische Glasbarbe

6 cm	25 °C	W-N-G-S

Heimat: Südostasien, weitverbreitet in stehenden und fließenden Gewässern
Friedlich, lebendig. Zart durchsichtiger Fisch. Guter Springer!
Haltung: Nimmt jedes Futter, allerdings nur in Oberflächennähe. Zur Zucht reicht mittelhartes Wasser. Dämmerungslaicher. Brut nimmt anfangs Infusorien, aber auch fein zerriebenes Trockenfutter.
Gelegentlich werden noch weitere *Chela*-Arten eingeführt, die ganz entsprechend zu halten sind.

Leucaspius

Zu dieser Gattung gehört ein unscheinbares, aber vom Fortpflanzungsverhalten her besonders interessantes Fischchen:

Leucaspius delineatus
(HECKEL, 1843)
Moderlieschen

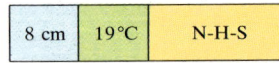

8 cm	19 °C	N-H-S

Heimat: Mittel- und Osteuropa. Schwarmfische in Seen und kleinen Flüssen.
Wird im Freien (selten!) bis zu 12 cm groß. Langgestreckt, ohne Barteln, Schuppen fallen leicht aus. Silberglänzend mit ausgeprägter bläulich irisierender Längsbinde. Von der ähnlich aussehenden Ukelei *(Alburnus alburnus)* durch viel kürzere Afterflosse unterschieden. Männchen schlanker und etwas kleiner.
Haltung: Friedlicher, munterer Kaltwasserfisch. Braucht genügend Platz zum Ausschwimmen, Aquarium seitlich aber gut bepflanzen! Nimmt Lebend- und Trockenfutter. Keine besonderen Wasseransprüche. Wenn

Bild 103.   Indische Glasbarbe *(Chela laubuca).* Aufnahme Kahl

die Temperatur 21 °C übersteigt, kann Durchlüftung nötig werden. Zuchttiere kalt überwintern! Zur Zucht 3–4 Paar ansetzen. Schilfstengel in das Becken stellen! Weibchen setzt Laichschnur spiralig um die Stengel, Männchen betreibt Brutpflege: hält Stengel durch Antupfen in Bewegung (Frischwasserzufuhr!) und bestreicht das Gelege mit bakterienhemmendem Körperschleim.
(Früher wurden die Schuppen zur Herstellung künstlicher Perlen benutzt.)

Cyprinidae
(Karpfen im engeren Sinne)

Sehr artenreiche Unterfamilie mit Fischen von unterschiedlichstem Habitus. Fast alle Arten sind anspruchslose Allesfresser und auch in den übrigen Ansprüchen unproblematisch.

Die Geschlechter sind am fülligeren Körperbau der Weibchen zumeist unschwer zu erkennen. Auf eventuelle andere Geschlechtsunterschiede wird in den Artenbesprechungen hingewiesen.
Zur Zucht und Aufzucht weiches bis mittelhartes Wasser. Die Eier werden zwischen Wasserpflanzen verstreut und nicht von den Eltern betreut. Laichräuber! Die Aufzucht der nach 2–4 Tagen freischwimmenden Brut gelingt unschwer, da sie zumeist gleich Artemia-Nauplien oder ausgesiebte, kleine Cyclops fressen, viele nehmen auch eine Aufschwemmung von feinzerriebenem Trockenfutter an.

Balantiocheilus
Hierzu gehört nur die als Haibarbe bekannte Art *B. melanopterus* aus den Fließgewässern Südostasiens. Sie wird im Freien bis zu 35 cm lang, ist als schneller Schwimmer also nur für das wirklich große Heimaquarium geeignet,

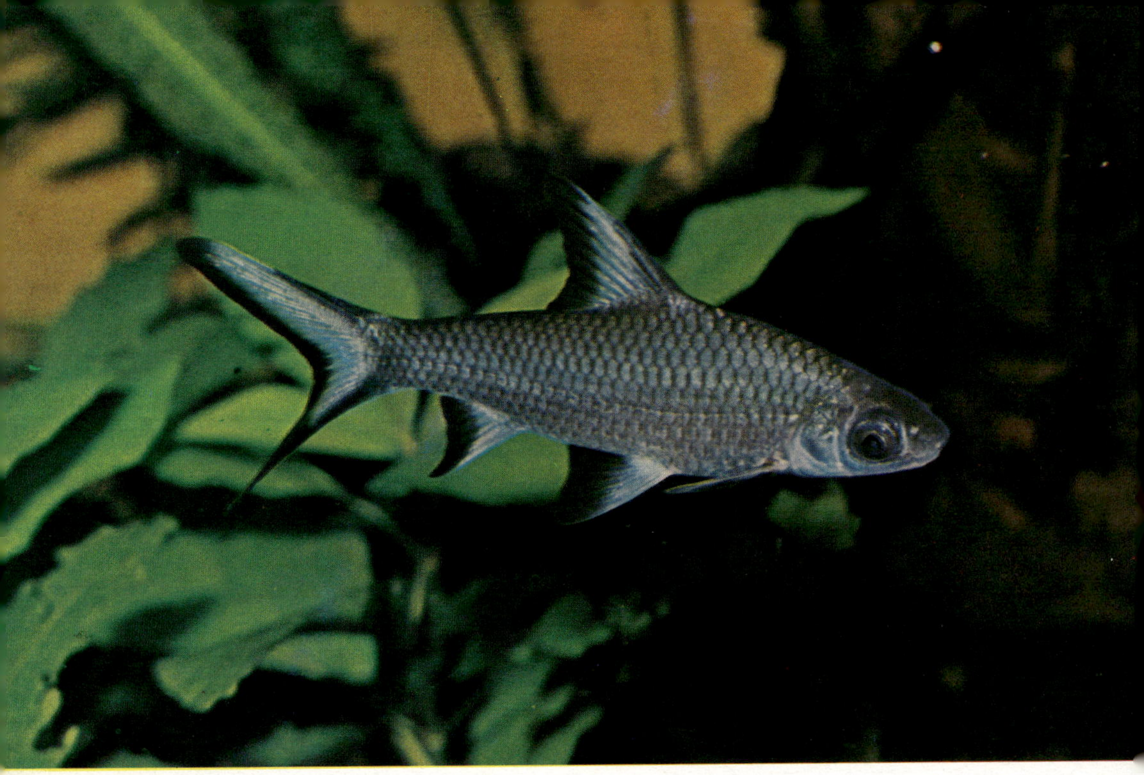

Bild 104. Haibarbe *(Balantiocheilus melanopterus)*. Aufnahme Vierke

zumal sie im Schwarm gehalten werden sollte. Einzeltiere könnten andere Aquarienbewohner belästigen. Sonst friedlich und genügsam und durch ihr Aussehen (Körper grau, Flossen grau oder gelb mit schwarzem Rand) attraktiv. Springt gern. Abdeckung! – Die Zucht soll in entsprechend großen Becken möglich sein.

Barbus
Um die Fülle dieser Arten zu ordnen, wurde der Versuch gemacht, die Fische dieser Gattung nach der Anzahl ihrer Barteln und einigen anderen Merkmalen zu ordnen:

1. *Barbus:* Vier Barteln am Oberkiefer, kleine Schuppen (60–70 in einer Längsreihe)
2. *Barbodes:* Vier Barteln am Oberkiefer, größere Schuppen (25–50 in einer Längsreihe)
3. *Capoeta:* Zwei Barteln am Oberkiefer, große Schuppen (weniger als 30 in einer Längsreihe)
4. *Puntius:* Keine Barteln, große Schuppen (selten über 30 in einer Längsreihe)

Nach den Untersuchungen von MYERS (1956) ist diese Unterteilung aber weder praktikabel, noch zeigt sie wahre Verwandtschaftszusammenhänge. Wir bleiben hier also bei der herkömmlichen Einteilung, zumal die Aufteilung auf 4 Gattungen auch für den Aquarianer keine Hilfe bedeutet.
Die Arten bewohnen vorwiegend die Tropenzonen der Alten Welt. Zu ihnen gehören eine Vielzahl geselliger Fischchen, die sich ausgezeichnet für die Pflege im Aquarium eignen. Sie sollten artweise im Schwarm gehalten werden, d.h. von jeder Art sollte man mindestens 6–8 Exemplare haben. Die Futter- und Wasseransprüche sind meist gering.

Barbus arulius
(JERDON, 1849)
Prachtglanzbarbe

12 cm	23 °C	W-N-G-S

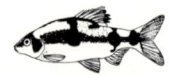

Heimat: Süden und Südosten Vorderindiens
Großschuppiger, schön bläulich glänzender Fisch. Ältere Männchen mit dunkelrot gefärbter Rückenflosse, deren Strahlen weit über den Rand hinaus verlängert sind.

Bild 105. Zweifleckbarbe *(Barbus bimaculatus)*. Aufnahme Vierke

Haltung: Für bepflanztes Gesellschaftsbecken gut geeignet, jedoch ohne zu zarte Pflanzen! Unterstände aus Moorkienwurzeln. Freilaicher in Pflanzendickicht. Männchen zur Laichzeit mit Laichausschlag in der Schnauzenregion (kleine weiße Spitzen). Zucht nicht sehr ergiebig.

Barbus barilioides
BOULENGER, 1914
Blaustrichbarbe

6 cm	21 °C	W-G-S	

Heimat: Pflanzenreiche Bäche in Angola, Sambia und im südlichen Zaire
Der kleine, sehr langgestreckte Fisch ist am ganzen Körper und in den Flossen rostrot und mit 12–15 dunkelblauen oder schwarzen Querstrichen gezeichnet. Männchen kleiner.
Haltung: Zur Zucht neutrales, weiches Wasser (bis 3 °dGH), Temperatur 24–26 °C. Jungfische fressen nach dem Freischwimmen gleich Artemia- und Cyclops-Nauplien.

Barbus bimaculatus
(BLEEKER, 1864)
Zweifleckbarbe

7 cm	25 °C	W-N-S-G	

Heimat: Bäche in Sri Lanka
Typisch sind zwei schwarze Flecken: einer am Grund der Rückenflosse, ein weiterer im Ursprung der Schwanzflosse. Männchen mit breitem rotem Längsstreifen. Großschuppige Art.
Haltung: Gut bepflanzte Becken mit Versteckmöglichkeiten.
Nicht zu hell halten. Schwimmlustig, oft scheu. Ein friedlicher Fisch, der sich gelegentlich an zarten Wasserpflanzen vergreift. Dann gebrühten Salat, Tiefkühlspinat oder ähnliches zufüttern.

Barbus conchonius
(HAMILTON-BUCHANAN, 1822)
Prachtbarbe

8 cm	22 °C	W-N-G-S	

Heimat: Fließende und stehende Gewässer im nördlichen Vorderindien. Erreicht dort Längen bis zu 15 cm!

175

Typisch ist ein schwarzer Fleck auf dem vorderen Schwanzstiel. Die Schleierprachtbarben sind Mutanten dieser Art. Sie haben auffallend lange, schleierartige Flossen.
Männchen zur Laichzeit an Brust und Bauch leuchtend rot. Schöner Fisch, darüber hinaus völlig anspruchslos und friedlich.
Haltung: Die Zucht kann auch Anfängern auf Anhieb gelingen: Ablaichen erfolgt schon in kleinen, mit Pflanzen besetzten Becken. Möglichst Laichrost, da Eltern Laichräuber. Zuchttemperatur 23–24°C. Eltern nach dem Ablaichen entfernen. Brut schwimmt nach etwa 6 Tagen frei und kann auch mit zerriebenen Tubifex oder Trockenfutter großgezogen werden.

Barbus cumingi
(GUENTHER, 1868)
Ceylonbarbe

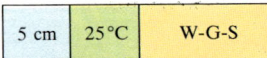 

5 cm	25°C	W-G-S

Heimat: Bergwaldbäche Sri Lankas
Zu erkennen an zwei schwarzen Querbinden, deren vordere länger ist. Rückenflosse mit zarter schwarzer Zeichnung.
Haltung: Zur Zucht weiches Wasser (bis 5° Nichtkarbonathärte, höchstens 1° Karbonathärte). Jungtiere schnellwüchsig.

Barbus everetti
BOULENGER, 1894
Clownbarbe

10 cm	26°C	W-N-G-S

Heimat: Malaiische Halbinsel, Borneo
Auf den Seiten unregelmäßige blauschwarze Flecken. Flossen rot.
Haltung: Lebhafter Schwarmfisch für nicht zu kleine Aquarien. Auch zur Zucht sind größere Becken nötig. Weiches Wasser!
Sehr ähnlich in Habitus und Haltung ist *B. dunckeri.*

Barbus gelius
(HAMILTON-BUCHANAN, 1822)
Fleckenbarbe

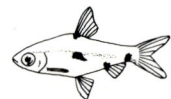

4 cm	21°C	W-S-G

Heimat: Vorderindien
Schwarmfisch bewachsener Uferzonen. Kleinbleibend mit verschiedenen Körperflecken.
Haltung: Eignet sich nur zur Vergesellschaftung mit anderen zarten Formen. Fleckenbarben sind Haftlaicher, die ihre Eier an die Unterseite von Wasserpflanzenblättern ankleben sollen. Nur voll ausgereifte Tiere zur Zucht nehmen. Aufzucht auch mit angefeuchtetem, zerriebenem Trockenfutter möglich.

Barbus lateristriga
CUVIER und VALENCIENNES, 1842
Schwarzbandbarbe

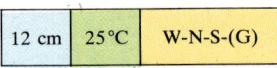 

12 cm	25°C	W-N-S-(G)

Heimat: Südostasien
Hat im Vorderteil des Körpers eine oder zwei Querbinden, auf dem Schwanzstiel dagegen einen Längsstreifen. Sie wird nach dieser Zeichnung auch T-Barbe genannt.
Haltung: Als schnellwüchsiger und groß werdender Fisch (in Freiheit bis 20 cm!) nur für wirklich große Aquarien und entsprechende Mitbewohner geeignet!

Barbus nigrofasciatus
GUENTHER, 1868
Purpurkopfbarbe

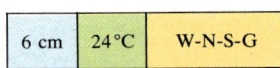 

6 cm	24°C	W-N-S-G

Heimat: Sri Lanka
Hochrückige, in Aquarien weitverbreitete Barbe. Friedlicher, sehr anspruchsloser Schwarmfisch. Zur Fortpflanzungszeit sind die Männchen im Vorderteil leuchtend purpurrot, in hinteren Körperzonen rauchschwarz und am Rücken moosgrün.
Haltung: Die Becken sollten nicht zu hell stehen und stellenweise dicht bepflanzt sein. Versteckmöglichkeiten, Schwimmpflanzen (Sumatrafarn!). Zucht im Frühjahr nicht schwer, wenn die Tiere kühl (15–18°C) überwintert wurden.

Bild 106. Eilandbarbe *(Barbus oligolepis)*. Aufnahme Kahl

Barbus oligolepis
(BLEEKER, 1853)
Eilandbarbe

5 cm	23 °C	W-N-S-G

Heimat: Sumatra
Sehr anspruchsloser, friedlicher Fisch. Männchen perlmuttfarben glänzend mit schwarzen Flossenrändern.
Haltung: Wie *B. nigrofasciatus*. Zuchtansatz paarweise. Laichen bevorzugt an feinfiedrigen Pflanzen ab. Aufzucht problemlos.

Barbus pentazona
(BOULENGER, 1894)
Fünfgürtelbarbe

5,5 cm	25 °C	W-N-S-G

Heimat: Südostasien
Kommt in einigen Unterarten vor. Neben einem Augenstreifen und einem Streifen direkt am Beginn der Schwanzflosse haben die Tiere auf rötlichem Grundton drei schwarze Körperquerbänder.
Haltung und Zucht: Wie *B. tetrazona*.

Barbus schwanefeldii
BLEEKER, 1853
Brassenbarbe

20 cm	24 °C	W-N-S-(G)

Heimat: Südostasien
Hochrückig, erreicht in Freiheit bis zu 35 cm Länge. Gelegentlich werden Jungtiere angeboten. Sie sind aber sehr schnellwüchsig und daher für das übliche Heimaquarium nicht geeignet! Es sind aber herrliche Schautiere mit attraktiven roten Flossen.

Bild 107. Brassenbarben *(Barbus schwanefeldii).* Aufnahme Kahl

Barbus semifasciolatus
GUENTHER, 1868
Messingbarbe

8 cm	22°C	N-S-G

Heimat: Südöstliches China
Gelbmetallisch schillernder Körper mit etwa 6 nicht sonderlich kräftig ausgeprägten, unterschiedlich langen Querbändern. Rötliche Flossen.
Haltung: Sehr anspruchslose Art. Die Temperaturen können zwischen 16–26°C schwanken. Zucht nicht schwer, wenn das Zuchtbecken ausreichend groß ist.
Die hellorangefarbene Zuchtform „*B. schuberti*", die Brokatbarbe, wird als Abkömmling der Messingbarbe angesehen. Ihr fehlen die Querstreifen, stattdessen hat sie mehrere unregelmäßige schwarze Punkte und Flecken. Die Brokatbarbe bleibt kleiner als die Messingbarbe und braucht höhere Temperaturen (nicht unter 20°C).

Barbus tetrazona
(BLEEKER, 1855)
Sumatrabarbe

7 cm	24°C	S-G

Heimat: Südostasien
Einer der beliebtesten Aquarienfische, vielfach auch als Viergürtelbarbe bezeichnet. Es gibt zwei Unterarten: Die Nominatform *B. t. tetrazona* stammt aus Sumatra und hat neben der Augenbinde und der Binde auf dem Schwanzflossenansatz zwei Körperquerbänder. Die Rückenflosse ist in der unteren Hälfte schwarz. (Häufigere Form.)
Ganz ähnlich gefärbt ist *B. t. partipentazona* aus Thailand, deren Rückenflossenzeichnung auf den Körper übergreift und einen Bindenansatz zeigt. (Es gibt auch eine albinotische Zuchtform mit roten Augen.)
Haltung: Lebhafte, gesellige Schwarmfische, die nur geringe Ansprüche stellen. Wünschen geräumige, gut bepflanzte Becken. Bei der Vergesellschaftung beachten, daß sie gelegentlich größeren, weniger wendigen Fischen (z.B. Segelflossern, Schmetterlingsfischen) durch Flossenzupfen sehr lästig werden können! Zur Zucht weiches Wasser. Nicht alle erwachsenen Tiere eignen sich für den Zuchtansatz. Nicht harmonierende Partner austauschen.

Barbus ticto
(HAMILTON-BUCHANAN, 1822)
Sonnenfleckbarbe

6 cm	24 °C	W-N-S-G

Heimat: Südostasien
Ausdauernder, lebhafter Fisch. Wird im Freien bis 10 cm lang. Typisches Merkmal: Zwei schwarze Körperflecken (einer direkt hinter dem Kiemendeckel, einer auf dem Schwanzstiel). Rückenflosse der Männchen getüpfelt. Auch hier gibt es zwei Rassen: Aus

Bild 108. Sonnenfleckbarbe *(Barbus ticto)*. Aufnahme Kahl

Ceylon und Indien stammt die Nominatform *B. t. ticto,* aus Burma die nicht ganz sicher zu unterscheidende *B. t. stoliczkae.*
Die „Odessabarbe" ist eine Zuchtform dieser Art. Die Männchen zeigen im Prachtkleid einen unscharf begrenzten, breiten, kräftig roten Seitenstreifen. Ihre beiden Körperflecken sind dann verblaßt.

Barbus titteya
(DERANIYAGALA, 1929)
Bitterlingsbarbe

5 cm	24 °C	W-N-S-G

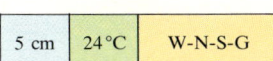

Heimat: Sri Lanka
Männchen zur Laichzeit kräftig violettrot,

Weibchen mit hellem, schwärzlich unterlegtem Körperlängsstreifen. Es gibt rassisch bedingte Unterschiede in der Ausprägung der Rotfärbung.
Haltung: Wie *B. bimaculatus*. Zucht: Ansatz paarweise, nicht sehr ergiebig. Laichräuber.

Barilius
Aquaristisch wenig bekannte Oberflächenfische, die sich durch torpedoförmige Gestalt und eine große, tief gespaltene Mundöffnung auszeichnen.

Barilius christyi
BOULENGER, 1920
Goldmäulchen

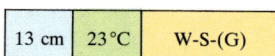 

13 cm	23 °C	W-S-(G)

Heimat: Kongogebiet
Eleganter, schnellschwimmender Schwarmfisch von fast lachsartiger Gestalt. Die Seiten sind mit 10–18 schmalen Querbändern überzogen. Die Anzahl der Querbinden soll mit dem Alter zunehmen. Auf dem Oberkiefer befindet sich ein auffallend goldroter Fleck (Name!).
Haltung: Als Oberflächenfisch wird die Nahrung vorwiegend vom Wasserspiegel genommen. Weiches Wasser!

Barilius neglectus
STIELER, 1907
Japanbarbe

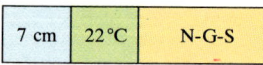 

7 cm	22 °C	N-G-S

Heimat: Japanische Inseln
Anspruchsloser Oberflächenfisch. Gedrungener als *B. christyi*. Unscheinbar gefärbt mit blasser, silbrigglänzender, oben und unten fein bläulich begrenzter Längsbinde.
Haltung: Kann bei 15–18 °C überwintert werden. Zur Zucht etwa 23 °C. Sehr produktiv.

Caecobarbus
Vertreten durch die Blindbarbe *C. geertsi*, die in unterirdischen Gewässern von Thysville in Zaire lebt. Der maximal bis 10 cm große Fisch ist wie der Höhlensalmler blind und unpigmentiert. Er sieht blaß silberrosa aus, hat lange

Barteln und ist vom Höhlensalmler leicht durch die fehlende Fettflosse zu unterscheiden.
Haltung: Bei 21 °C. Wurde seit langem nicht mehr importiert!

Carassius
(Karauschen)
Eine den Karpfen *(Cyprinus)* nahe verwandte Gattung, die sich u. a. durch das Fehlen der Barteln unterscheidet. Karauschen sind in Europa und im nördlichen Asien beheimatet und kommen dort vorwiegend in stillstehenden oder nur langsamfließenden Kleingewässern vor. Außerordentlich zäh und genügsam.

Carassius auratus
(LINNÉ, 1758)
Goldfisch

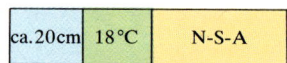 

ca. 20 cm	18 °C	N-S-A

Stammform des Goldfisches ist der in Europa und Asien weitverbreitete Giebel *(Carassius auratus gibelio)*. Die Chinesen pflegen schon seit über 1000 Jahren Goldfische und ihre Abarten. Goldfische sind weniger Teichfische als die Zierkarpfen (S. 182), aber auch sie sind ursprünglich für die Draufsicht, nicht zum Betrachten von der Seite gezüchtet (frühere Haltung in irdenen Schalen, Holzkübeln etc.).
Viele teils sehr groteske Zuchtformen, zumeist mit verdoppelten Schwanzflossen: Schleierschwänze (rundliche Körper, stark verlängerte, nach unten wallende Flossen), Eierfische (runder Körper, ohne Rückenflosse, kurze Schwanzflosse), Kometenschweif (mit einfacher, aber sehr stark verlängerter Schwanzflosse), Himmelsgucker (wie Eierfisch, aber mit nach oben gerichteten, kugelig hervortretenden Augen), Löwenkopf (wie Eierfisch, aber mit blasenartigen Wucherungen am Kopf). Es gibt weitere Formen. Erstklassige Zuchttiere sind sehr wertvoll. Internationale Bewertungsrichtlinien! Im Schwimmen oder bei der Futtersuche benachteiligte Tiere – das gilt für die meisten Zuchtformen – getrennt von vitaleren Formen halten!
Haltung: Vorteilhafteste Haltung zu mehreren im geräumigen Artbecken. „Goldfisch-Gläser" sind ungeeignet! Kaltwasserfische, die

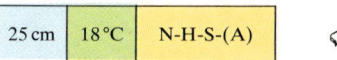

Bild 109. Zwei seltene Zuchtrassen des Goldfisches *(Carassius auratus)*. Links ein Kaliko-Fransenschwanz, rechts ein Löwenkopf-Schleierschwanz (Oranda). Aufnahme Kahl

aber auch höhere Temperaturen vertragen. Heizung auch im Winter bei Zimmerhaltung nicht erforderlich. Bei Teichhaltung Überwinterung in unseren Breiten nur bei genügend tiefen Freilandteichen (ab 90 cm Wassertiefe) einigermaßen gefahrlos. Besser ist es, die Tiere zum Überwintern in einen kühlen, frostfreien Raum zu bringen (Keller, in Wanne oder Bottich). Bei Temperaturen unter 10°C nehmen die Tiere keine Nahrung mehr auf. Weiterfüttern würde das Wasser verderben. Die Zuchtformen sind bei uns nicht für die Teichhaltung geeignet. Sie sind empfindlicher und brauchen Mindesttemperaturen von etwa 15°C.

Zucht in geräumigen, dicht bepflanzten Bekken bei Temperaturen von etwa 22°C. Laichräuber! In Züchtereien werden die Laichprodukte durch Abstreifen der Elterntiere gewonnen. Jungtiere zunächst dunkel gefärbt. In Freilandteichen gelingt die Zucht oft „von selbst". Eine sinnvolle Zucht ist aber nur bei sehr sorgfältiger Auslese der vielen nur zweit- und drittklassigen Tiere möglich.

Cyprinus
(Karpfen)
Eine 5 Arten enthaltende Gattung, deren Hauptverbreitungsgebiet Südostasien ist. Dämmerungsaktive, gesellige Bodentiere mit endständigem Maul und zwei Bartel-Paaren.

Cyprinus carpio
LINNÉ, 1758
Karpfen

25 cm	18°C	N-H-S-(A)	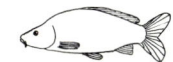

Heimat: Hauptsächlich in SO-Europa, Mittel- und Ostasien, in Japan aber bereits seit Jahrhunderten als farbiger Teichfisch gezüchtet Genügsamer Nutzfisch, der im Freien Längen von 120 cm erreichen kann. Die Wildkarpfen sind langgestreckt, die europäischen Nutzkarpfen dagegen hochgebaut. Letztere haben reduzierte, dann aber vergrößerte Schuppen (Spiegelkarpfen) oder fast völlig rückgebildete Schuppen (Lederkarpfen). Die ursprünglichen japanischen Farbkarpfen sind wie die Wildkarpfen relativ langgestreckt mit regelmäßigem, vollständigem Schuppenkleid. Eingekreuzte europäische Formen führten in Japan zu hochrückigeren Fischen mit unterschiedlich

großen Schuppen (Europäische Farbkarpfen). Heute bestehen beide Formen nebeneinander. Erstklassige Tiere sind außerordentlich teuer!
Haltung: Farbkarpfen (japanische Koi) sind keine Aquarienfische! Sie werden für Zierteiche gezüchtet, und ihre Schönheit wird von den japanischen Kennern von oben (d.h. in der Draufsicht) beurteilt. Je nach Zuchtziel ist dabei eine besondere Art der Farbverteilung von Bedeutung. – Die Teichhaltung ist in Mitteleuropa insofern problematisch, als die Überwinterung der Tiere bei uns in gesonderten Behältern erfolgen muß (Wannen oder dergleichen im Keller). Ein Zierkarpfenteich darf nicht zufrieren! Die Temperaturen sollten möglichst sogar konstant zwischen 16–20°C liegen. Für die Teichhaltung eignen sich in unseren Breiten weitaus besser Goldfische. Die Aquarienhaltung von Zierkarpfen ist nur in großen Schauaquarien sinnvoll!

Cyclocheilichthys
Aus dieser Gattung verirrt sich als Jungfisch gelegentlich die Indische Flußbarbe in unsere Becken. Sie ist in Hinterindien, Malaysia und Indonesien ein häufiger Speisefisch. Die friedlichen Tiere haben 10–12 seitliche Streifen und sind durch einen schwarzen Fleck am Ende des Schwanzstieles ausgezeichnet – ein Unterschied zur kleinerbleibenden, oft mit dieser Art verwechselten *Rasborichthys altior*.
Haltung: Wird bis zu 50 cm groß und ist auf Dauer nur für große Schauaquarien geeignet.

Labeo
(Fransenlipper)
Artenreiche Gattung, die in Afrika und im tropischen Asien beheimatet ist. Die Fische sind durch große, oft durch andere Farben vom Körper abgesetzte Flossen ausgezeichnet. Besonders die Rücken- und die tiefgespaltene Schwanzflosse sind zumeist kräftig entwickelt. Die gebogene Rückenlinie und das fast gerade Bauchprofil zeichnet die Fische ebenso wie das unterständige Maul als Bodentiere aus. Dennoch sind es recht schwimmlustige Fische. Das Maul ist von wulstigen Lippen und meist zwei Paar Barteln umgeben (Name!), von denen ein bewegliches Paar vor der Nasenöffnung steht und oft nach vorne abgespreizt wird.
Haltung: Die meisten Arten werden sehr groß

und sind daher nur bedingt für die Haltung im Zimmeraquarium geeignet. Alle *Labeo*-Arten brauchen größere, gut mit Versteckmöglichkeiten ausgestattete Becken. Kleinere Exemplare sind untereinander meist ganz verträglich, aber mit zunehmendem Alter erweisen sie sich als rechte Raufbolde. Unterlegene Tiere werden ständig gejagt und kommen kaum zur Ruhe. Am besten sollte man von vornherein nur ein Einzeltier erwerben. Die Aussichten, Zuchterfolge zu haben, sind bei *Labeo*-Arten ohnehin nur sehr gering.

Morulius-Arten sind mit *Labeo* eng verwandt. Ihre Rückenflosse setzt weiter vorne an. Die am Körper und den Flossen einheitlich schwarzen, mit einer besonders großen Rückenflosse ausgestatteten *M. chrysophekadion* (Schwarzer Fransenlipper) werden gelegentlich angeboten.
Haltung: Nur in der Jugend für das Normalaquarium geeignet, da sie bis zu 60 cm groß werden. Schnellwüchsig! Einzelhaltung wie bei *Labeo*!

Labeo ansorgii
Boulenger, 1907

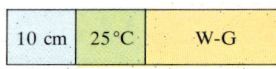 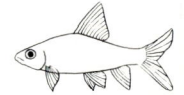

10 cm	25°C	W-G

Heimat: Westafrika
Selten eingeführte Art mit hoher, deltaförmiger Rückenflosse und tiefgegabelter Schwanzflosse. Schwarzbraun mit silbrig schimmernden Schuppenrändern. Flossen farblos.
Die weiteren afrikanischen Arten werden alle sehr groß. So erreicht *L. weeksii* eine Gesamtlänge von 25 cm, der Nilfransenlipper *L. forskalii* wird gar 40 cm lang. Diese Tiere eignen sich nicht für die Aquarienhaltung, da sie neben ihrer Größe und Unverträglichkeit auch noch unscheinbar gefärbt sind.

Labeo bicolor
Smith, 1951
Feuerschwanz

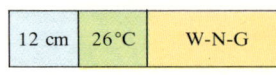 

12 cm	26°C	W-N-G

Heimat: Flüsse und Seen des südlichen Thailand.

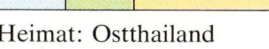
Bild 110. Feuerschwanz *(Labeo bicolor)*. Aufnahme Kahl

Durch seine attraktive Färbung einer der populärsten Aquarienfische. Bei Wohlbefinden ist er samtschwarz gefärbt und hat eine knallrote Schwanzflosse. Allerdings färben sich nicht alle Exemplare tiefschwarz.

Haltung: Nur als Einzeltiere halten, in sehr großen, versteckreichen Becken auch Haltung in kleinen Trupps zu viert oder fünft möglich. Im Alter werden viele Exemplare in zu kleinen Aquarien auch artfremden Fischen durch ständiges Jagen lästig. In sehr großen Aquarien laichen Feuerschwänze gelegentlich ab. Von größeren Zuchterfolgen wurde bisher aber noch nicht berichtet.

Labeo erythrurus
FOWLER, 1937
Braune Lippenbarbe

12 cm	25 °C	W-N-G

Heimat: Ostthailand

Gestreckter als *L. bicolor*. Die Körperfarbe kann zwischen hellgraubraun bis fast schwarz wechseln. Alle Flossen kräftig rot. Afterflosse mit breitem, tiefschwarzem Außensaum. Ein schwarzer Fleck am Schwanzflossenursprung reicht meist bis in die rote Flosse hinein. Wird oft mit *L. frenatus* verwechselt.
Zuchterfolge wurden bisher nicht bekannt.

Labeo frenatus
FOWLER, 1934
Grüner Fransenlipper

8 cm	25 °C	W-N-G

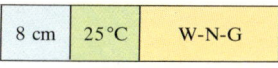

Heimat: Ostthailand
Bleibt kleiner als *L. erythrurus*. Beide Arten ähneln sich stark, jedoch ist *L. frenatus* etwas rundbäuchiger und wirkt dadurch gedrungener. Der dunkle Afterflossensaum ist nur angedeutet. Der schwarze Fleck im Schwanzflossenursprung geht nicht in die eigentliche Flosse hinein, die im übrigen oft sehr groß und tief gespalten ist.
Die Zucht ist bereits gelungen. Die Fische legen den Laich an einer vorher gereinigten Stelle am Boden ab.

Osteochilus

In Südostasien verbreitete Nutzfische, die sich wegen ihrer Größe nur schlecht für das Zimmeraquarium eignen. Gelegentlich kann man den bis zu 30 cm groß werdenden Nilem *O. hasselti* sehen, der in der Jugend hübsch gefärbt ist. Jede Körperschuppe ist an der Basis braunrot gefleckt, so daß sich eine lockere Tüpfelreihe ergibt. Die Flossen sind gelblich bis rot und haben teilweise dunkle Ränder. Es sind bewegungslustige, gesellige Fische, die am Boden gründelnd auf Nahrungssuche gehen. Die Lippen bilden einen kräftigen Schabeapparat, mit dem vor allem Algen abgenagt werden.

Haltung: Schautiere für große Aquarien. Gefangenschaftszucht noch nicht geglückt. Sollen im Freiwasser in schnellströmenden Zonen ablaichen.

Leuciscinae (Weißfische)

Zumeist deutlich gestreckte Cyprinidae mit kurzer Afterflossenbasis (8–11 geteilte Strahlen), die erst hinter der Rückenflosse beginnt. Rückenflosse kurz, keine Barteln (Ausnahme *Tinca*).

Viele unserer einheimischen Kleinfische gehören hierher, z.B. die *Leuciscus*- und *Phoxinus*-Arten, *Scardinius erythrophthalmus* (Rotfeder), aber auch einheimische Nutzfische wie *Tinca tinca* (Schleie) und *Chondrostomus nasus* (Nase).

Aus Nordamerika stammen die kleinen *Chrosomus*- und *Notropis*-Arten. Besonders *Chrosomus erythrogaster* ist empfehlenswert.

Leuciscus

In Eurasien weitverbreitete Gattung mit kleinen und mittelgroßen Weißfischen. Besonders auf Aquarienausstellungen von Anglervereinen sieht man die Fische häufiger: *L. leuciscus* (Weißfisch, Hasel), *L. rutilus* (Plötze, Rotauge) und die größeren *L. cephalus* (Döbel). Die Fische leben in der Jugend im Schwarm. Ältere Exemplare neigen aber dazu, sich einzeln zu halten.

Bild 111. Gold- und Silberorfen *(Leuciscus idus)*. Aufnahme Kahl

Leuciscus idus
(LINNÉ, 1758)
Aland, Orfe

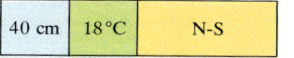 

40 cm	18°C	N-S

Einheimischer Fisch, der in Ausnahmefällen bis zu 75 cm lang wird. Vor allem in Osteuropa wichtiger Nutzfisch. In der Natur treten gelegentlich xanthoristische Spielarten auf, die Goldorfen. Diese oberseits rotgoldenen, unterseits heller werdenden Formen dienen oft als Besatz für Gartenteiche und Zierbrunnen. Ein beweglicher Schwarmfisch, der gern unter der Wasseroberfläche schwimmt. Robust.
Haltung: Jungtiere eignen sich gut für das unbeheizte Zimmeraquarium. Springlustig, Behälter gut abdecken. Nicht zu kleines Aquarium, da schwimmfreudig! Männchen zur Laichzeit mit Laichausschlag. Nahrung: Insektenlarven, aber auch anderes Lebendfutter und Kunstfutter.

Phoxinus
(Elritzen)
Eine in Nordamerika und Europa verbreitete Gattung kleiner Schwarmfische. Aus Nordamerika stammen *P. eos* und *P. neogaeus*.

Phoxinus phoxinus
(LINNÉ, 1758)
Elritze, Pfrille

10 cm	19°C	N-H-S

Heimat: Fließgewässer und Seen Europas
Am Rücken etwa 15 dunkle, unscharf begrenzte Querstreifen. Lebhafter, friedlicher Fisch. Weibchen größer und voller, Männchen intensiver gefärbt. Zur Laichzeit zeigen beide Geschlechter Laichausschlag. Ablaichen über Quellmoos oder Wasserpest auf Kiesboden. Eltern Laichräuber. Jungenaufzucht nicht schwer.
Haltung: Gut für Kaltwasserbecken geeignet. Anspruchsloser Allesfresser. Braucht freien Schwimmraum.

Rhodeinae (Bitterlinge)

Eurasiatische Unterfamilie, die durch eine lange, ziemlich weit nach vorn reichende Afterflosse ausgezeichnet ist. Mit der Gattung Rasbora nahe verwandt, da im Experiment Kreuzungsversuche fruchtbare Nachkommen ergaben.
Zu dieser Unterfamilie gehört der in Europa und Kleinasien beheimatete Bitterling *(Rhodeus sericeus)*, ein vom Verhalten her überaus interessanter Kleinfisch, der überdies recht attraktiv gefärbt ist. Ausführliches zur Haltung und Zucht des Bitterlings auf S. 103!

Rasborinae (Bärblinge)

Schlanke, oft prächtig gefärbte Kleinfische, die sich ausgezeichnet für das Tropenaquarium eignen. Am bekanntesten sind die *Brachydanio*- und *Rasbora*-Arten.

Brachydanio
In Süd- und Südostasien beheimatete, schlanke Schwarmfische, die rastlos in Bewegung sind. Sehr friedlich, doch sollte man sie nicht mit ruhebedürftigen Arten vergesellschaften. Anspruchslos in der Haltung, soweit es Futter- und Wasserbeschaffenheit betrifft. Brauchen aber ausreichend freien Schwimmraum.

Brachydanio albolineatus
(BLYTH, 1860)
Schillerbärbling

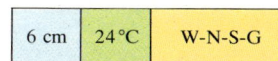 

6 cm	24°C	W-N-S-G

Heimat: Burma, Thailand, Malaysia und Sumatra in hellen, sonnendurchfluteten Fließgewässern
Körper bläulich schillernd, auf dem Schwanzstiel zart orangefarbener, sich zur Schwanzflosse verbreiternder Streifen, der beidseitig blau eingefaßt ist. Männchen intensiver gefärbt, schlanker.
Haltung: Anspruchslos. Zucht einfach. Zum Ablaichen genügen kleine Vollglasbecken mit einem Wasserstand von etwa 10 cm und einer Temperatur von 24–28 °C. Schwimmende Wasserpflanzen (Hornkraut, *Myriophyllum*) ins Zuchtbecken geben. Nach dem Ablaichen Elterntiere entfernen. Jungtiere schnellwüch-

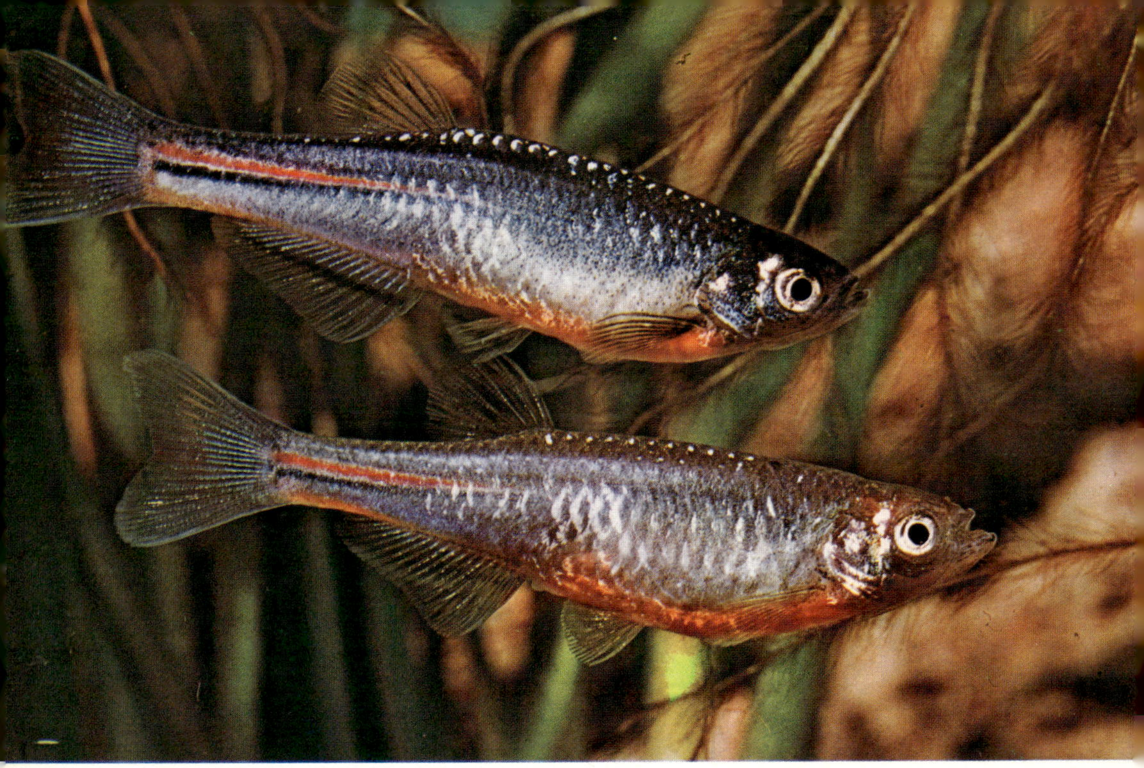

Bild 112. Schillerbärblinge *(Brachydanio albolineatus)*.
Aufnahme Kahl

Brachydanio kerri
(SMITH, 1931)
Inselbärbling

5 cm	24 °C	W-N-S-G	

Heimat: Dschungelbäche einiger Inseln vor
der Westküste Südthailands
Je nach Lichteinfall in verschiedenen bläuli-
chen Tönen schillernd. Ein oder zwei zarte
orangefarbene Längsbinden, die vor allem in
der hinteren Körperhälfte deutlich sind.
Haltung: Anspruchslose, lebhafte Fische, die
in Haltung und Zucht der vorhergenannten
Art ähneln.

Brachydanio nigrofasciatus
(DAY, 1869)
Tüpfelbärbling

4 cm	26 °C	W-N-S-G	

Heimat: Seen und Flüsse Oberburmas
Kleinbleibende Art, sehr friedlich und anspruchslos. Unter einem dunkelblauen Körperlängsstreifen mehrere gleichgefärbte Flek-
ken. Die Art ist nicht immer leicht zu züchten
und nicht sehr produktiv. Sehr laichräuberisch!

Brachydanio rerio
(HAMILTON-BUCHANAN, 1822)
Zebrabärbling

6 cm	22 °C	W-N-S-G	

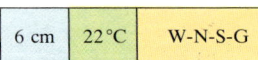

Heimat: Osten der Indischen Union und
Bangla Desh
Gehören zu den beliebtesten, gleichzeitig auch
zu den unproblematischsten Aquarienfischen,
die im munteren Schwarm sehr gut wirken. Sie
sind auf silbrigem bis goldgetöntem Grund
durch vier dunkelblaue Längsbinden ausgezeichnet, die sich in der Schwanzflosse fortsetzen.
Haltung: Zucht unproblematisch. Sie kann
auch im volleingerichteten Becken im
Schwarmansatz erfolgen. Nach dem Ablaichen
Alttiere herausfangen, da Laichräuber. Damit

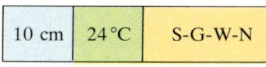

Bild 113. Malabarbärblinge *(Danio aequipinnatus)*. Aufnahme Kahl

nicht schon während des Laichvorganges zu viele Eier verlorengehen, bedeckt man den Boden mit feingliedrigen Pflanzen oder Laichrosten. Auch grober Kies ist gut geeignet, da die zwischen die Steinlücken fallenden Eier von den Altfischen nicht mehr erreicht werden können. Zebrabärblinge laichen gern nach einer Temperaturerhöhung um wenige Grad, vorzugsweise frühmorgens bei Sonnenschein. Produktiv. Aufzucht der Jungen auch mit feinzerriebenem Trockenfutter möglich. Wachstum schnell.

Der Perldanio, früher als *B. frankei* bezeichnet, ist am ganzen Körper durch eine Vielzahl schwarzer Flecken gekennzeichnet. Man nimmt an, daß es sich um eine Zuchtform des *B. rerio* handelt, dem er in Haltung und Zucht völlig gleicht.

Danio

Heimat: Vorder- und Hinterindien. Die Arten ähneln in Habitus und Verhalten sehr denen der vorhergehenden Gattung. Sie unterscheiden sich aber durch eine größere Rückenflosse. Während die *Brachydanio*-Arten nur 7–9 Flossenstrahlen haben, besitzen die Arten der Gattung *Danio* 12–18 Strahlen in der Rückenflosse. Allgemein werden die *Danio*-Arten auch deutlich größer.

Danio aequipinnatus
(syn. *malabaricus*)
(McClelland, 1839)
Malabarbärbling

10 cm	24 °C	S-G-W-N

Heimat: Südwestküste (Malabarküste) des indischen Subkontinents in klaren, fließenden und stehenden Gewässern

Ähnelt im Farbmuster *D. devario,* doch beginnen die Längsstreifen der hinteren Körperhälfte schon weit vor dem Ansatz der Rückenflosse. Deutlich schlanker als *D. devario.* Wird im Freiwasser bis zu 15 cm groß. Männchen schlanker.

Haltung: Zucht wie *D. devario.* Leicht.

Danio devario
(HAMILTON-BUCHANAN, 1822)
Devariobärbling

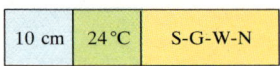 

| 10 cm | 24 °C | S-G-W-N |

Heimat: Nordwestprovinzen Indiens, Orissa, Bengalen und Assam

Speziell die Weibchen sind auffallend tief gebaut und erinnern dabei an *Chela*-Arten. Die Art ähnelt im Zeichnungsmuster *D. aequipinnatus* ist aber matter gefärbt: Hinter den Kiemendeckeln finden sich einige unscharfe Querbänder, die sich unterhalb der Rückenflosse als zwei blaue Längsbinden fortsetzen, von denen die eine nach oben abbiegend im oberen Schwanzflossenlappen ausläuft. Männchen schlanker.

Haltung: Nicht zu kleine Zuchtbecken! Temperatur zur Zucht 2–3 °C anheben. Laichabgabe erfolgt meist in der Morgendämmerung.

Danio regina
FOWLER, 1934
Königsbärbling

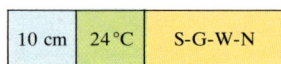 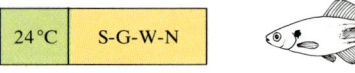

| 10 cm | 24 °C | S-G-W-N |

Heimat: Südliches Thailand

Ähnelt *D. aequipinnatus* hat jedoch keine Querbinden im Vorderkörper, statt dessen aber einen typischen schwarzblauen Fleck direkt hinter den Kiemendeckeln.

Haltung und Zucht: Wie bei den anderen *Danio*- und *Brachydanio*-Arten.

Esomus
(Flugbarben)

Flugbarben besitzen ein außergewöhnlich langes Paar Barteln, das bis zur Bauchmitte nach hinten reicht. Sie haben große, flügelähnliche Brustflossen, mit deren Hilfe sie wie Beilbauchfische aktiv fliegen können. In der Luft erzeugen sie mit ihren schwirrenden Brustflossen ein deutlich summendes Geräusch. Die Fische haben eine Rasbora-artige Gestalt und einen dunklen Körperlängsstreifen, der nach oben von einem gelblich oder orange glänzenden Streifen begrenzt ist. Becken gut abdecken!

Esomus danrica
(HAMILTON-BUCHANAN, 1822)
Flügelbarbe

| 8 cm | 24 °C | G-S-W-N |

Heimat: Oberflächenfisch der Gräben und Teiche Südostasiens. Wird hier bis zu 14 cm lang.

Männchen schlanker, lebhafter in der Farbe.

Haltung: Keine Ansprüche an das Futter. Zur Zucht langgestreckte, niedrige Behälter, teilweise mit Schwimmpflanzen. Wasser weich, leicht sauer. Temperatur etwas erhöhen. Laichräuber. Produktiv. Larven schlüpfen nach etwa 16 Stunden. Jungfische schwimmen nach weiteren 2–3 Tagen frei.

Entsprechende Angaben gelten für die aus dem Gebiet der Gangesmündung stammende Art *E. lineatus*.

Esomus malayensis
(MANDEE, 1909)
Malaiische Flugbarbe

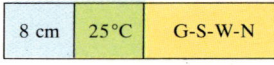 

| 8 cm | 25 °C | G-S-W-N |

Heimat: Thailand, Malaiische Halbinsel

Längsband nur in der hinteren Körperhälfte deutlich. Es endet in einem tiefschwarzen, goldrot eingefaßten Fleck auf der Schwanzwurzel.

Haltung und Zucht: Wie *Esomus danrica*.

Rasbora
(Bärblinge)

Diese Fischgattung aus dem tropischen Asien kann in zwei Gruppen unterteilt werden:

R. daniconus und *R. borapetensis* z. B. repräsentieren einen Typ schlanker, sehr lebhafter Fische, die in ihrer Heimat vorwiegend im offenen Wasser, oft im Fließwasser vorkommen. Sie brauchen im Aquarium ausreichend freien Schwimmraum und bevorzugen weiches, leicht saures Wasser.

R. heteromorpha ist für die andere Gruppe typisch, zu der u. a. auch *R. hengeli*, *R. maculata*, *R. somphongsi*, *R. nigromarginata*, *R. vaterifloris* gehören. Es sind gedrungenere, weniger rasant schwimmende Fische, die größtenteils aus langsamfließenden, pflanzenreichen Urwaldgewässern stammen. Diese Fische sind anspruchsvoller im Hinblick auf die Wasserwerte (speziell natürlich bei der Fortpflanzung). Sie lieben gut bepflanzte Becken, die auch dunkle Zonen aufweisen.

Rasbora argyrotaenia
(BLEEKER, 1850)
Silberbärbling

10 cm	24°C	G-S-W-N

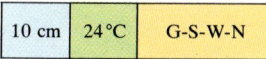

Heimat: Südostasien
Danicomus-Typ. Silbrig glänzend ohne weitere Zeichnung. Freier Rand der Schwanzflosse dunkel. Erreicht im Freiwasser Längen bis 15 cm.
Haltung: Wirkt nur in großen Becken im großen Schwarm.

Rasbora borapetensis
SMITH, 1934
Rotflossenrasbora

5 cm	25°C	G-S-W-N

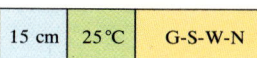

Heimat: Thailand, in fließenden Gewässern überall häufig
Silbrig mit dunkler, oben hell eingefaßter Längsbinde und mit am Flossengrund roten Rücken- und Schwanzflossen. Anspruchslos. Weibchen größer, dicker. *R. sumatrana* sieht zum Verwechseln ähnlich aus, hat aber vor dem Brustflossenansatz einen schwarzen Schrägstreifen.
Haltung: Zucht in größeren, nicht zu hellen Becken (Schwimmpflanzenabdeckung). Laichräuber. Aufzucht nicht allzu schwierig.

Rasbora daniconus
(HAMILTON-BUCHANAN, 1822)
Schlankbärbling

15 cm	25°C	G-S-W-N

Heimat: Südostasien, in mehreren Unterarten verbreitet
Besonders schlanke Fische, die im Aussehen sehr *R. borapetensis* ähneln, jedoch größer werden und keine roten Flossen haben.
Haltung: Zur Zucht Ansatz in größerem Be-

hälter bei etwa 8° dGH und 26°C. Junge nehmen gleich nach dem Schlüpfen Artemia-Nauplien.

Rasbora dorsiocellata
DUNCKER, 1904
Augenfleckbärbling

6 cm	25°C	G-S-W-N

Heimat: Malaysia und Sumatra
Kleinbleibende Art mit einem dunklen, weiß begrenzten Fleck in der Rückenflosse.
Haltung: Zur Zucht brauchen die Tiere dichte Polster aus feinfiedrigen Pflanzen.

Rasbora einthovenii
(BLEEKER, 1851)
Längsbandbärbling

10 cm	25°C	G-S-W-N

Heimat: Verbreitet in ganz Hinter- und Inselindien
Langgestreckter, spitzschnäuziger Fisch mit durchgehender Körperlängsbinde von der Schnauzenspitze bis in die Mitte der Schwanzflossenbucht. Etwas empfindlich.
Jungtiere anfällig gegen Infusorienbefall. Fressen sofort Artemia-Nauplien.

Rasbora elegans
VOLZ, 1903
Schmuckbärbling

13 cm	25°C	G-S-W

Heimat: Südostasien, mit mehreren Unterarten
Im Freiwasser bis 20 cm. Langgestreckt. Typisch sind zwei schwarze Flecken im Schwanzflossenursprung und in der Körpermitte zwischen Rücken- und Bauchflossen. Dunkler Streifen am Ansatz der Afterflosse. Früher als *R. lateristrigata elegans* bezeichnet.

Rasbora hengeli
MEINKEN, 1956
Hengels Bärbling

3 cm	25°C	G-S-W-N

Heimat: Sumatra

Ähnelt der Keilfleckbarbe *R. heteromorpha*, hat aber einen schmäleren Keil.
Haltung und Zucht: Wie die folgende Art oder wie auf S. 264 beschrieben!

Rasbora heteromorpha
DUNCKER, 1904
Keilfleckbarbe

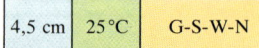 

4,5 cm	25 °C	G-S-W-N

Heimat: Malaiische Halbinsel, Sumatra
Hochgebaute Art. Auf rötlichem Grund kräftigschwarzer, zur Schwanzflossenbasis weisender Keil.
Haltung: Gut bepflanztes Aquarium mit weichem oder mittelhartem Wasser (die Fische leben in schattigen, pflanzenreichen Zonen von Urwaldflüssen und im Kulturland). Zur Zucht weiches, leicht saures Wasser und breitblättrige Pflanzen. Ansatz paarweise. Weibchen dicker. Das Weibchen heftet seine Eier in Rückenlage an die Unterseiten der Blätter. Dabei wird es vom Männchen umschlungen. Nach Eiablage Eltern entfernen. Junge schlüpfen nach 24 Stunden, schwimmen nach 5 Tagen frei. Aufzucht mit Artemia-Nauplien möglich.

Rasbora kalochroma
(BLEEKER, 1850)
Schönflossenrasbora

5 cm	27 °C	G-S-W

Langgestreckter, schön rot gefärbter Fisch. Lebhaft, ohne hektisch zu wirken. Artkennzeichen: 2 schwarze Körperflecken. Der erste liegt schräg hinter dem Brustflossenansatz, der zweite oberhalb des Afterflossenansatzes.

Rasbora maculata
DUNCKER, 1904
Zwergbärbling

2,5 cm	25 °C	(G)-S-W

Heimat: Malaysia und Sumatra
Körpergrundfarbe Rot. Mehrere schwarze Flecken: einer in der Körpermitte, einer über dem Ursprung der Afterflosse und einer in der Schwanzflossenbasis.

Bild 114. Schönflossenrasbora *(Rasbora kalochroma)*. Aufnahme Kahl

Haltung: Zur Vergesellschaftung nur ruhige, kleine Fische nehmen! Braucht weiches, möglichst leicht saures Wasser. Laicht über feinblättrigen Pflanzen. Laichräuber! Anfütterung mit Pantoffeltierchen. Schnellwüchsig. Zucht auch im Daueransatz.

Rasbora trilineata
STEINDACHNER, 1870
Glasrasbora

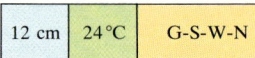 

12 cm	24 °C	G-S-W-N

Heimat: Sumatra und Borneo
Silbrige Art, die durch eine markante Schwanzflossenzeichnung auffällt: In beiden Lappen befindet sich im oberen Drittel eine schwärzliche Binde.
Haltung: Zum Ablaichen größere Becken mit feinfiedrigen Pflanzen. Nicht ganz einfach. Junge fressen gleich Artemia-Nauplien.

Rasbora vaterifloris
DERANIYAGALA, 1930
Perlmutterbärbling

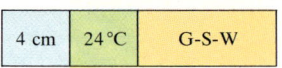 

4 cm	24 °C	G-S-W

Heimat: Sri Lanka
Hochrückiger Fisch mit relativ großen senkrechten Flossen. Flanken verschiedenfarbig schillernd. Männchen mit rötlichen Flossen.
Zucht: In abgedunkelten Behältern. Feine Pflanzen beigeben. Laichräuber! – Ebenfalls aus Ceylon stammt *R. nigromarginata*, auch eine der gedrungeneren Formen.

Tanichthys
(Kardinalfische)
Heimat: Südostchina
Schlanke, *Rasbora*-artige Fische. Keine Barteln, Seitenlinie fehlt.

Bild 115. Glasrasbora *(Rasbora trilineata)*. Aufnahme Kahl

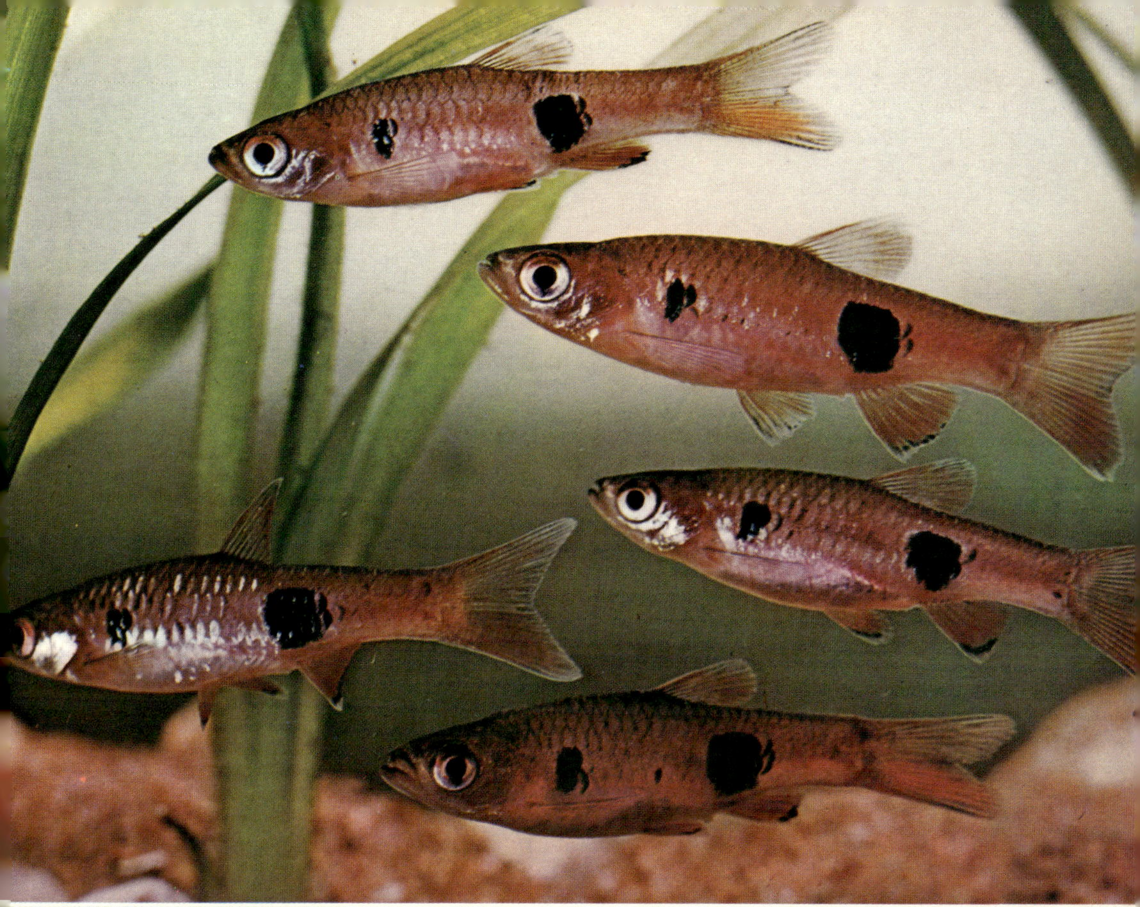

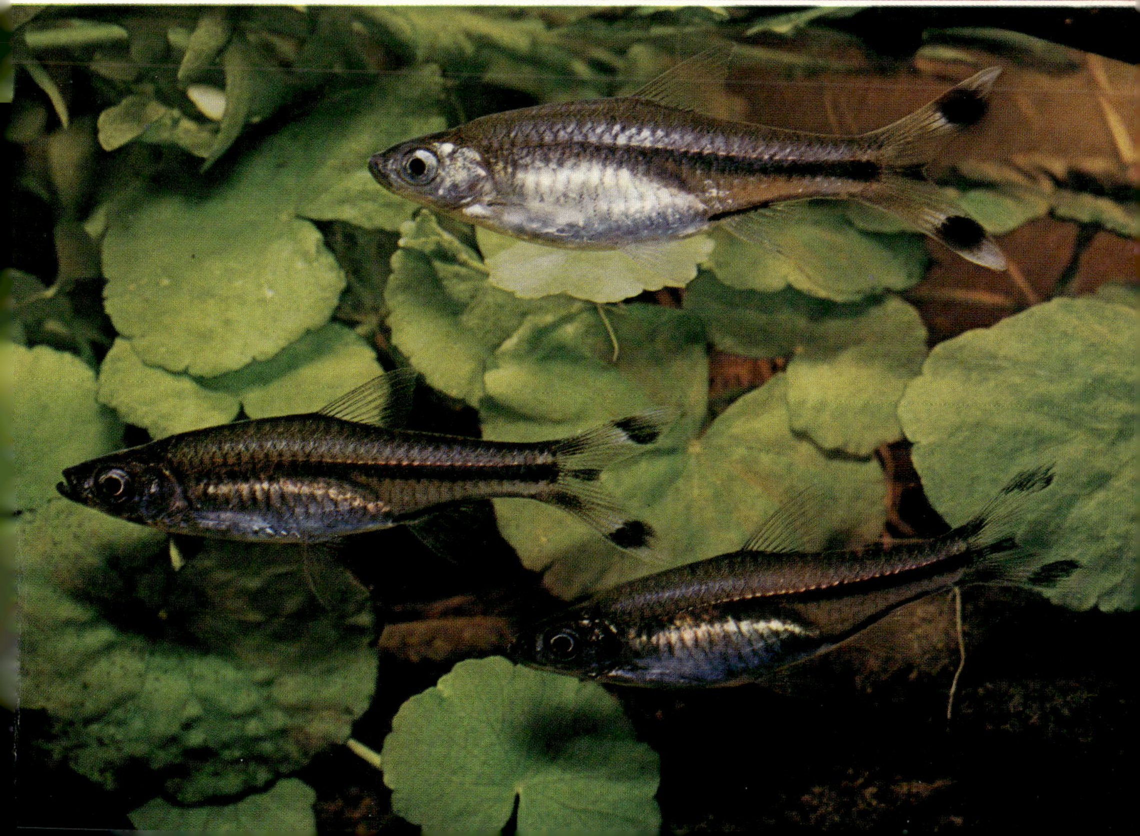

Bild 116. Siamesische Rüsselbarbe *(Epalzeorhynchus siamensis).* Aufnahme Vierke

Tanichthys albonubes
LIN SHU YEN, 1932
Kardinalfisch

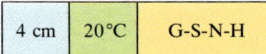

4 cm	20°C	G-S-N-H

Heimat: Gebirgsbäche im Gebiet um Kanton
Lebhafte Schwarmfische mit schwarzbrauner
Körperlängsbinde, die oberseits goldglänzend
eingefaßt ist. Der Venusfisch (früher *Aphyo-
cypris pooni*) wird heute zu dieser Art gezählt.
Im Gegensatz zum Normalkardinal ist seine
Rückenflosse nach außen hin breit gelb ge-
säumt. Vom Kardinalfisch gibt es auch eine
schleierflossige Mutante.
Haltung: Völlig anspruchsloser Anfängerfisch,
der aber nicht zu warm gehalten werden sollte!
Pflanzenlaicher. Zucht einfach. Im Artbecken
kommen Jungtiere häufig auch ohne Zutun des
Pflegers auf.

Garrinae (Saugbarben)

Schmerlenartig gestreckte Karpfenfische mit
einer Saugscheibe im Mundbereich. Neben der
Gattung *Discolabeo, Garra* und *Mekongina*
zählt hierzu vor allem die aquaristisch interessante Gattung *Epalzeorhynchus.*

Epalzeorhynchus
Bodennah lebende, langgestreckte Tiere mit
unterständigem Maul. Aquaristisch sind 2 Arten bekannt. Über Nachzuchten im Aquarium
wurde bisher nicht berichtet.

Epalzeorhynchus kalopterus
(BLEEKER, 1850)
Schönflossenbarbe

10 cm	25°C	G-W-N

Heimat: Sumatra und Borneo (hier werden die
Tiere bis etwa 16 cm lang)
Großflossige, friedliche Art. Verzehrt weiche
Algen. Nimmt Lebend- und Trockenfutter.
Mit schwarzbraunem, scharf begrenztem
Längsband, das oberseits von breiter, goldgel-
ber Binde begleitet wird.

Epalzeorhynchus siamensis
SMITH, 1931
Siamesische Rüsselbarbe

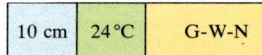

10 cm	24°C	G-W-N

Heimat: Thailand und Malakka-Halbinsel
Ähnelt *E. kalopterus,* aber Längsbinde dem
Schuppenverlauf entsprechend zackig begrenzt. Die begleitende Goldbinde fehlt. Ausgezeichneter Algenvertilger. Friedlicher Fisch,
der für das Gesellschaftsbecken besonders
empfohlen wird.

Gyrinocheilidae (Algenfresser)

Nur eine Gattung mit wenigen Arten gehört zu
dieser Familie. Die Maulpartie der Fische ist
als Anpassung an das Leben in schnellströmenden Gewässern zu einer Saugscheibe umgestaltet.

Gyrinocheilus aymonieri
(TIRANT, 1883)
Siamesische Saugschmerle

10 cm	24°C	G-N

Heimat: Hinterindien
Wird im Freien bis zu 25 cm lang. Langlebig,
sehr genügsam. Vor allem jüngere Tiere sind

Algenfresser. Ältere Exemplare können gelegentlich anderen Fischen durch „Putzen" lästig werden; allgemein aber harmlose, empfehlenswerte Art. Zucht bisher nicht gelungen.

Homalopteridae (Flossensauger)

Kleinbleibende Grundfische aus schnellfließenden Bereichen der Urwaldflüsse Malaysias und Indonesiens. Die oft attraktiv braungemusterten *Homaloptera*-Arten sind in der Haltung zumeist sehr heikel.
Interessanter für den Aquarianer sind die possierlichen *Gastromyzon*-Arten, deren Körper stark abgeflacht ist. Ihre Brust- und Bauchflossen sind zu Saugorganen umfunktioniert.

Cobitidae
(Dorngrundeln, Schmerlen)

Gesellige Grundfische mit unterständigem Maul. In ganz Eurasien verbreitet. Einige Arten sind mit einem aufstellbaren Unteraugendorn ausgestattet, der zweifellos als Verteidigungswaffe gegen Freßfeinde dient. Die auffallende Färbung vieler Arten kann als Warn-

farbe gedeutet werden. – Schmerlen sind in der Lage, Luft zu schlucken und im Darm zu veratmen.

Acanthophthalmus
Heimat: Südostasien
Wurmförmige Schmerlen, die sich gern in den Bodengrund eingraben. Die Augen sind von einer durchsichtigen Schutzhaut überwachsen (Schutz gegen Verletzungen beim Wühlen im Boden). Dämmerungsaktiv. Fressen Futter, das sie auf oder in dem Boden finden.

Acanthophthalmus kuhlii
(CUVIER & VALENCIENNES, 1846)
Gemeines Dornauge

8 cm	25 °C	G-W

Heimat: Malaiische Halbinsel, Borneo und Sumatra
Diese Art hat auf gelblichem Grund schwarzbraune Querbinden; Unterseite einfarbig hell. Es gibt zwei Unterarten: die feiner gemusterte Nominatform und eine grober gezeichnete Form aus Sumatra.
Die Zucht ist bereits gelungen. Weibchen dikker. Die grünlichen Eier werden unter der Wasseroberfläche ausgestoßen.

Bild 117. Zwei *Acanthophthalmus*-Arten. Oben Gemeines Dornauge *(A. kuhlii sumatranus)*, unten Borneo Dornauge *(A. shelfordii)*. Aufnahme Kahl

Acanthophthalmus myersi
HARRY, 1949
Myers Dornauge

8 cm	25°C	G-W

Heimat: Thailand
Häufig eingeführte Art. Der schwärzliche Körper ist von etwa 10 schmalen gelben oder orangefarbenen Querbinden überzogen.

Acanthophthalmus semicinctus
FRASER-BRUNNER, 1940
Halbgebändertes Dornauge

8 cm	25°C	G-W

Heimat: Malaysia
Obere Körperhälfte mit unregelmäßigen Querbinden. Die Binden haben die Form von Dreiecken, deren Spitzen an der Seitenmitte enden.

Acanthopsis
Südostasiatische Gattung mit nur einer aquaristisch bekannten Art.

Acanthopsis choirhynchus
(BLEEKER, 1854)
Rüsselschmerle

22 cm	26°C	G-W-N

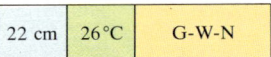

Ausdauernder Fisch. Langgestreckt mit auffallend großem Kopf. Gräbt sich regelmäßig in den Boden.

Bild 118. Zwergschmerlen *(Botia sidthimunki)*. Aufnahme Vierke

Haltung: Kein scharfkantiger Bodengrund, kein Kies! Pflanzen in Kulturschalen einsetzen. Filter nötig! Zucht unbekannt.

Botia

Dämmerungsaktive, zumeist scheue Schmerlen. Tagsüber meist versteckt. Oft schön gezeichnet. Zweispitziger Dorn unter den Augen (Vorsicht beim Herausfangen!). Schnellschwimmende Tiere, im Schwarm halten. Manchmal zänkisch. Brauchen häufigeren Wasserwechsel.

Botia hymenophysa
(BLEEKER, 1852)
Tigerschmerle

15 cm	26 °C	S-(G)-W-N

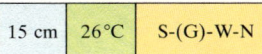

Heimat: Süd- und Südostasien
Tigerartig gestreifte Art, die in Freiheit über 20 cm groß wird. Ziemlich langgestreckt mit tiefgegabelter Schwanzflosse.

Botia macracantha
(BLEEKER, 1852)
Prachtschmerle

15 cm	26 °C	S-(G)-W-N

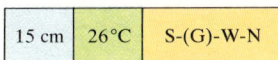

Heimat: Sumatra, Borneo (hier bis 30 cm Länge)
Langsamwachsend, orangefarben mit drei schwarzen Querstreifen. Attraktiver Schwarmfisch, oft recht scheu. Allesfresser. Verträglich.

Botia sidthimunki
KLAUSEWITZ, 1959
Zwergschmerle

4 cm	26 °C	S-G-W-N

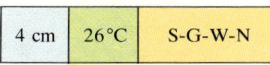

Heimat: Bäche Thailands
Kleinbleibende, attraktive Art. Auf der Oberseite schachbrettartiges Muster. Friedlich und bei Schwarmhaltung nicht scheu. Auch tagsüber aktiv. Empfehlenswerteste Schmerle für das Gesellschaftsbecken.

Cobitis

Bekanntester Vertreter dieser Gattung ist der einheimische Steinbeißer *C. taenia*. Langgestreckter stumpfschnäuziger Bodenfisch mit unterständigem Maul und Barteln, der sich gern in den Bodengrund einwühlt. Unscheinbar gefärbt.
Haltung: Im Kaltwasseraquarium (15–18 °C) gut zu halten. Wenn man ausgewachsene Tiere (Weibchen mit Laichansatz!) im Frühjahr ins Aquarium gibt, laichen sie meist ab.
Sehr ähnlich im Aussehen sind die südostasiatischen *Lepidocephalus*-Arten sowie die einheimische Schmerle *Noemacheilus barbatus*, die auch entsprechend zum Ablaichen zu bringen ist. Die tropischen *Noemacheilus*-Arten ähneln im Aussehen und in der Haltung mehr den *Botia*-Arten.

Siluriformes (Welsartige)

Welse sind zumeist bodenlebende, dämmerungsaktive Süßwasserfische. Unter den fast 2000 bekannten Arten eignen sich viele ausgezeichnet für die Haltung im Aquarium.

Doradidae (Dornwelse)

Heimat: Tropisches Südamerika
Mit bedornten Knochenplatten massiv gepanzerte Bodentiere von gedrungener Gestalt mit einem Paar Oberkiefer- und zwei Paar Unterkieferbarteln. Flossenstrahlen der Rücken- und Brustflossen teilweise zu Stacheln umgewandelt. Dämmerungs- oder nachtaktiv.
Haltung: Genügsam, hart auch gegen vorübergehende Abkühlung. Lieben weichen Bodengrund, viele Arten wühlen sich tief in den Sand ein. Aquarienpflanzen in Pflanzbehälter einsetzen! Fortpflanzung weitgehend unbekannt.

Amblydoras hancockii
(CUVIER & VALENCIENNES, 1840)
Knurrender Dornwels

15 cm	25 °C	G-W-N

Heimat: Zentraler und nordöstlicher Teil Südamerikas
Bizarr geformt. Im Unterschied zu allen ande-

ren bisher eingeführten Dornwelsen mit glattem Rückenflossenstachel (bei den anderen Arten Rückenflossenstachel an der Vorderkante sägeartig gezähnt). Wenn er aus dem Wasser geholt wird, gibt er oft knurrende Geräusche von sich.

Zucht noch nicht gelungen. Elterntiere sollen ein Nest aus Pflanzenteilen errichten und das Gelege bewachen.

Platydoras costatus
(LINNÉ, 1766)
Liniendornwels

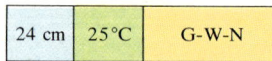
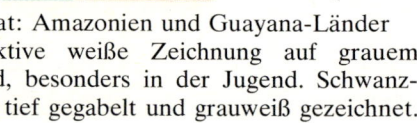

Heimat: Amazonien und Guayana-Länder
Attraktive weiße Zeichnung auf grauem Grund, besonders in der Jugend. Schwanzflosse tief gegabelt und grauweiß gezeichnet. Genügsam.

Sehr ähnlich sieht *Acanthodoras spinonissimus* aus, der sich vom Liniendornwels durch seine gerundete Schwanzflosse unterscheidet.

Siluridae (Echte Welse)

Eine in Eurasien verbreitete Fischfamilie mit vollkommen nackter Haut. Kopf breit, zumeist mit 2 Paar langer Barteln. Lange Afterflosse.

Bild 119. Knurrender Dornwels *(Amblydoras hancockii)*. Aufnahme Kahl

Kryptopterus bicirrhis
(CUVIER & VALENCIENNES, 1839)
Indischer Glaswels

10 cm	26°C	G-S-W

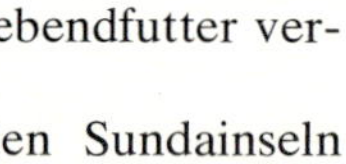

Heimat: Südostasien
Glasartig durchsichtiger Körper. Fische stehen gern im Schwarm im freien Wasser.
Haltung: Becken mit genügend freiem Schwimmraum. Tagaktiv. Nehmen kein Futter vom Boden. Vorzugsweise Lebendfutter verfüttern!

Sehr ähnlich ist die von den Sundainseln stammende Art *K. macrocephalus,* die sich aber durch zahlreiche dunkle Flecken auf der Oberseite unterscheidet.

Siluris glanis
LINNÉ, 1758
Wels, Waller

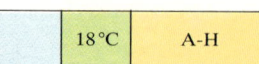

Unser einheimischer Wels ist ein räuberischer,

nächtlich jagender Fisch, der bis zu 3 m groß wird. Jungwelse sind im Kaltwasseraquarium leicht zu pflegen. Keine Ansprüche an Wasser und Futter. Schnellwüchsig. Einzelhaltung. Ältere Tiere sind in der Haltung schwieriger.

Chacidae (Großmaulwelse)

Kaulquappenartige Tiere mit sehr breitem Maul. Nur eine Gattung *(Chaca)* mit 2 äußerlich kaum zu unterscheidenden Arten, von Vorderindien bis zu den Großen Sundainseln beheimatet. Tiere aus Borneo sehen braunrot aus, die Festlandformen sind eher grau. Augen

Bild 120. Indische Glaswelse *(Kryptopterus bicirrhis)*. Aufnahme Kahl

weit auseinanderstehend. In den Mundwinkeln zwei Barteln, die wurmartig bewegt werden können. Wenn Kleinfische diese Köder fressen wollen, werden sie geschnappt (Anglerfisch).

Haltung: Kein Fisch für das Gesellschaftsaquarium! Nimmt nach Eingewöhnung auch Tubifex und Futtertabletten.

Pangasiidae (Schlankwelse)

Heimat: Südostasien, weitverbreitet
Mit langer Afterflosse und tief eingeschnittener Schwanzflosse. Auch tagsüber lebhafte Tiere. Nahe verwandt mit der ebenfalls tagaktiven afrikanischen Familie Schilbeidae, die hier nicht näher beschrieben ist.

Pangasius sutchi
FOWLER, 1937
Haiwels

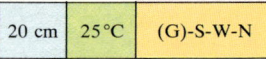 

| 20 cm | 25°C | (G)-S-W-N |

Heimat: Zentralthailand
Dekorativer Fisch.
Haltung: Keine besonderen Wasseransprüche, nimmt Futter jeder Art, gelegentlich auch vegetarische Kost. Bei guter Ernährung schnellwüchsig. Nur für größere Aquarien geeignet! Für ausreichend Schwimmraum sorgen!

Clariidae (Kiemensackwelse)

Heimat: Afrika, tropisches Asien
Langgestreckte Raubfische mit saumartig langer Afterflosse und vier Paar langer Barteln. Fettflosse fehlt. Gefräßige Tiere, die sich nur für das Artaquarium eignen, da sie zumeist recht groß werden. Anspruchslos im Hinblick auf die Wasserqualität. Zur zusätzlichen Luftatmung befähigt. Zur Familie gehören unter anderem die *Clarias*-Arten (lange Rückenflosse, endständiges Maul) und die Gattung *Heteropneustes* (kurze Rückenflosse, Maul unterständig).

Mochocidae (Fiederbartwelse)

Rein afrikanische Familie mit mehreren Gattungen. Kopf gepanzert, Körper ungepanzert. Arten aus der Gattung *Synodontis* werden regelmäßig angeboten.

Synodontis
Von den etwa 140 Arten kann hier nur ein kleiner Teil beschrieben werden. Jungtiere sind oft anders gezeichnet als erwachsene Exemplare. Fiederbartwelse sind durch ihre oft wurzelartig verzweigten Barteln charakterisiert und durch eine oft auffallend große Fettflosse. Die Schwanzflosse ist gegabelt.
Friedliche, nachtaktive Fische, von denen einige häufig mit dem Bauch nach oben gerichtet schwimmen und ruhen. Sie lieben es, sich nachts zu kleinen Trupps zusammenzuschließen, daher möglichst zu mehreren halten. Für die Tagruhe Versteckplätze anbieten. Anspruchslose Tiere. Genauere Angaben zur Fortpflanzung und Zucht fehlen.

Synodontis angelicus
SCHILTHUIS, 1891
Perlhuhnwels

| 25 cm | 25°C | (G)-S-W-N |

Heimat: West- und Mittelafrika
Schöne Art! Jungfische violett gefärbt mit unregelmäßigen weißen Flecken. Die Färbung wird im Alter schwächer. Eine Variante zeigt neben den Flecken 4-5 wellenförmige Querstreifen am Körper.

Synodontis flavitaeniatus
BOULENGER, 1906
Gelbbraungebänderter Fiederbartwels

| 12 cm | 25°C | G-S-W-N |

Heimat: Tropisches Westafrika (hier erreicht er etwa 20 cm Länge)
Gelblich mit unregelmäßig gewellten schokoladenbraunen Längsbinden. After- und Rückenflossen mit dunklen, streifig angeordneten Tüpfeln.

Synodontis nigrita
CUVIER & VALENCIENNES, 1840
Marmorierter Fiederbartwels

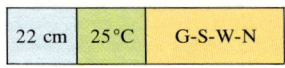 

| 22 cm | 25°C | G-S-W-N |

Heimat: Nordöstliches und nordwestliches Afrika
Körper unregelmäßig getüpfelt; Flossen mit Ausnahme der Brustflossen im rechten Winkel zum Strahlenverlauf gestreift. Bei älteren Tieren verblaßt das Fleckenmuster ganz oder teilweise.

Synodontis nigriventis
DAVID, 1936
Rückenschwimmender Kongowels

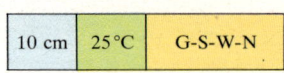 

| 10 cm | 25°C | G-S-W-N |

Heimat: Mittleres Kongogebiet
Unauffällig bräunlich, dunkel gefleckt. Trotz der wissenschaftlichen Bezeichnung „nigri-

ventis" ist der Bauch nicht immer dunkel. Ruht häufig unter Blättern und Wurzeln mit nach oben gekehrtem Bauch.

Höhlenlaicher mit Brutpflege. Die Jungen fressen etwa 4 Tage nach dem Schlupf Artemia-Nauplien und nehmen erst nach etwa 10 Wochen ihre bevorzugte Rückenlage ein.

Synodontis notatus
VAILLANT, 1893
Einpunkt-Fiederbartwels

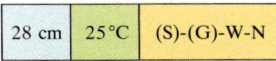 

28 cm	25°C	(S)-(G)-W-N

Heimat: Kongo-Becken
Grundfärbung grau. Typisch ist ein dunkler Fleck in der Körpermitte oberhalb des Brustflossenansatzes. Es können auch mehrere Körperflecken vorhanden sein. Häufig importiert. Wegen seiner Größe und seines Wühlens nur für größere Aquarien geeignet.

Pimelodidae (Antennenwelse)

Heimat: Süd- und Mittelamerika
Zumeist großwerdende Arten mit 3 Paar Barteln, von denen 2 Paar auf dem Unterkiefer, 1 Paar auf dem Oberkiefer sitzen. Letztere können sehr lang werden. Zumeist gute Schwimmer.

Pimelodella
Schlanke, langgestreckte Tiere mit lang ansetzender Fettflosse und tiefgegabelter Schwanzflosse. Die aquaristisch bekannten Arten sind alle durch eine schwarze Körperlängsbinde ausgezeichnet. Gute Schwimmer, relativ friedlich.

Pimelodella gracilis
(CUVIER & VALENCIENNES, 1840)
Schlanker Fadenwels

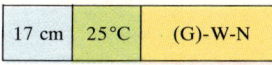 

17 cm	25°C	(G)-W-N

Heimat: Östliches Südamerika
Körperlängsbinde beginnt am Kiemendeckelrand und wird nach hinten hin breiter.
Haltung: Dämmerungsliebend (schattige Wurzelunterstände und dunklen Boden mit guter Randbepflanzung). Wenig empfindlich gegen Wasserzusammensetzung. Allesfresser. Zur Vergesellschaftung keine zu kleinen Fische!

Pimelodella lateristriga
(MÜLLER & TROSCHEL, 1849)
Gestreifter Fadenwels

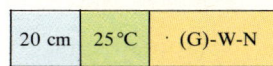 

20 cm	25°C	· (G)-W-N

Heimat: Ostbrasilien
Unterscheidet sich von P. gracilis durch zumeist dunkel punktierte Flossenspitzen. Längsbinde beginnt bereits an der Schnauze. Fettflosse dunkel gerandet.
Haltung: Wie P. gracilis.

Pimelodella vittata
(KROEGER, 1874)
Hai-Fadenwels

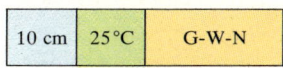 

10 cm	25°C	G-W-N

Heimat: Südostbrasilien
Gestreckte Art mit einem stark verlängerten oberen Schwanzflossenlappen. Rückenflosse mit zarter dunkler Binde.
Haltung: Wie P. gracilis.

Pimelodus
Im Körperbau und in der Haltung gleicht diese Gattung weitgehend der Gattung Pimelodella. Am häufigsten wird der etwa 30 cm groß werdende P. blochii eingeführt, der besser unter dem Synonym P. clarias bekannt ist. Silbrig mit großen, unregelmäßig verstreuten schwarzen Flecken. Jungtiere sind ziemlich friedlich, werden mit zunehmendem Alter jedoch streitsüchtig.

Sorubim
(Spatelwelse)
Heimat: Südamerika
Monotypische Gattung mit breitem, spatenartig geformtem Vorderkopf.

Sorubim lima
(BLOCH & SCHNEIDER, 1801)
Spatelwels

60 cm	26°C	A-W-N

Bild 121. Spatelwels *(Sorubim lima)*. Aufnahme Vierke

Gelegentlich eingeführte, schöne Tiere für das große Artbecken. Starke Fresser! Regenwürmer, Fische. Stehen gern kopfunter im Kontakt mit Schilfstengeln. Ein dunkler Körperlängsstreifen unterstützt diese Tarnung.
Ähnlich ist der etwa gleichgroß werdende Tigerspatelwels *(Pseudoplatystoma fasciatum)*, der an einer tigerartigen Körpermusterung zu unterscheiden ist.

Aspredinidae

Heimat: Tropisches Südamerika
Bizarr geformte, flach gebaute Welse. Hierzu gehören die Unterfamilien Bunocephalinae (Bratpfannenwelse) und Aspredinae (Banjowelse). Die Bratpfannenwelse haben eine kurze Afterflosse mit höchstens 12 Strahlen, die Banjowelse besitzen dagegen eine aus 50 oder mehr Strahlen aufgebaute Afterflosse.

Bunocephalus
(Bratpfannenwelse)
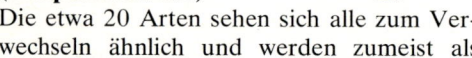
Die etwa 20 Arten sehen sich alle zum Verwechseln ähnlich und werden zumeist als

B. knerii angeboten. Die Tiere sollen bis zu 20 cm lang werden, wachsen aber nur langsam. Nachtaktiv, tagsüber liegen sie wie tot im Becken.
Haltung: Beckentemperatur nicht über 24°C. Zum Fangen Glas nehmen. Im Netz verhaken sich die Tiere leicht und verletzen sich dabei.

Malapteruridae (Elektrische Welse)

Die Familie umfaßt nur die afrikanische Art *Malapterus electricus,* den Zitterwels. Das bis zu 1 m lang werdende Tier ist gefräßig und schnellwüchsig.
Haltung: Für das Aquarium nur junge Tiere in Einzelhaltung geeignet. Ihr elektrisches Organ dient dem Beuteerwerb und der Verteidigung. Futter: tote Fische, Würmer, Herzfleisch u. a. Temperatur zwischen 23–30°C.

Callichthyidae (Schwielenwelse)

Heimat: Südamerika
Für die Aquaristik geeignetste Welse. Zumeist kleine, auch tagsüber lebhafte Tiere, die harmlos und relativ unempfindlich sind. Charakteristisch sind zwei Reihen von Knochenplatten an beiden Seiten des Körpers, die parkettartig angeordnet sind. 2 Untergruppen: die eigentlichen Schwielenwelse (Gattungen *Callichthys, Cascadura, Dianema, Hoplosternum*) und die Panzerwelse *(Aspidoras, Brochis, Chaetothorax, Corydoras)*. Schwielenwelse wirken gestreckter. Ihr Schwanzstiel ist etwa so hoch wie der Kopf; der Schwanzstiel der Panzerwelse dagegen ist bestenfalls halb so hoch.

Brochis
Nahe mit der Gattung *Corydoras* verwandt und in Haltung und Zucht entsprechend. Deutlichster Unterschied ist die wesentlich längere Rückenflosse.

Brochis splendens
DE CASTELNAU, 1855
Grüner Panzerwels

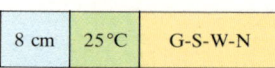

8 cm	25°C	G-S-W-N

Heimat: Peruanischer Teil des Amazonas
An den Seiten grünlich schillernd. Sehr hoher,

200

seitlich stark zusammengedrückter Körper. —
Nachzuchten nicht sehr ergiebig. Die Bezeichnung *B. coeruleus* gilt als Synonym.

Bild 122. Punktbinden-Panzerwels *(Corydoras schwart-
zi)*. Aufnahme Vierke

Callichthys

Nur eine Art. Von der sehr ähnlichen Gattung
Hoplosternum durch die nicht fest mit den Seitenplatten verbundene Rückenwulstpanzerung unterschieden sowie durch die abgerundete Schwanzflosse.

Callichthys callichthys
(LINNÉ, 1758)
Schwielenwels

18 cm	25 °C	G-W-N

Heimat: östliches Südamerika
Friedlich lebendes Dämmerungstier. Versteckmöglichkeiten anbieten. Interessantes
Fortpflanzungsverhalten: baut Schaumnest
unter breiten Schwimmpflanzenblättern.
Laich wird vom Vater bewacht, der gelegentlich grunzende Laute ausstößt. Junge schlüpfen nach 4—5 Tagen. Können nach dem Freischwimmen mit zerriebenen Tubifex gefüttert
werden.

Corydoras

Sehr beliebte, artenreiche Gattung. Gedrungene, hochrückige Tiere mit schlankem
Schwanzstiel und gegabelter Schwanzflosse.
Kurze, nach unten gerichtete Barteln.
Als Bewohner stehender, oft sauerstoffarmer
Gewässer zur Darmatmung befähigt. Die ge-
schluckte Luft wird im Enddarm veratmet.
Haltung: Unempfindlich gegen Wasserwerte
und Temperatur. Eignen sich in kleinen, artgleichen Trupps ausgezeichnet für das Gesellschaftsaquarium. Jedoch sollte zumindest
stellenweise Sandboden vorhanden sein. In
scharfkantigem Kiesboden verletzen sie sich
leicht die Barteln.
Zucht am günstigsten im Artbecken von
100—200 Litern mit Wasserstand um 20 cm.
Wasser sauerstoffreich, klar und bakterienfrei.
Häufiger Wasserwechsel! Zu 2 Weibchen etwa
4—6 Männchen. Männchen kleiner und schlanker. Oft sind ihre vorderen Rückenflossensta-
cheln deutlich weiter ausgezogen als bei den
Weibchen. Zur Paarung klemmt ein Männchen die Barteln des Weibchens mit seinem

Brustflossenstachel fest und drückt dabei das Weibchen an seine Bauchseite. Daraufhin treten die Eier aus, die sofort in eine von den Bauchflossen des Weibchens gebildete Tasche kommen und hier befruchtet werden. Anschließend klebt das Weibchen den Laich an Steine, Wurzeln, Pflanzen oder an die Aquarienscheibe.

Nach 5–8 Tagen schlüpft die Brut. Man füttert sie mit Artemia-Nauplien, Grindal- und Mikrowürmern.

Von den über 100 Arten können hier nur die häufigsten genannt werden:

Corydoras aeneus
(G<small>ILL</small>, 1858)
Metallpanzerwels

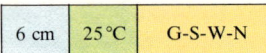 

6 cm	25°C	G-S-W-N

Heimat: Venezuela und Trinidad und weiter südlich bis zum La-Plata-Gebiet
Metallisch glänzend. Haltung und Zucht unproblematisch. Soll artgleich mit dem später beschriebenen *C. schultzei* sein.

Corydoras arcuatus
E<small>LWIN</small>, 1939
Stromlinien-Panzerwels

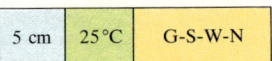 

5 cm	25°C	G-S-W-N

Heimat: Amazonasgebiet
Kräftig dunkler Streifen von der Schnauze im Verlauf des Kopf- und Rückenprofils bis zur Schwanzwurzel, knickt hier ab und folgt schmäler werdend dem unteren Rand der Schwanzflosse.

Corydoras hastatus
E<small>IGENMANN</small> & E<small>IGENMANN</small>, 1888
Sichelfleckpanzerwels

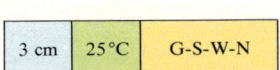 

3 cm	25°C	G-S-W-N

Heimat: Mato-Grosso-Gebiet
Kleinbleibende Art mit dunklem Körperlängsstreifen, der sich in der Schwanzwurzel rautenförmig verbreitert und hell eingefaßt ist. Lebhafte Kleinstfische, die gern im freien Wasser schwimmen. Kleine Aquarien reichen, nicht zu

große Mitbewohner. Sehr ähnlich ist *C. pygmaeus,* der Zwergpanzerwels. – Zucht nicht sehr ergiebig.

Corydoras julii
S<small>TEINDACHNER</small>, 1906
Leopardpanzerwels

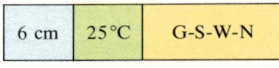 

6 cm	25°C	G-S-W-N

Heimat: Unterer Amazonas
Typisch ist ein großer schwarzer Fleck in der Rückenflosse, eine schwarze, zickzackförmige Körperlängsbinde und ein oft zu Streifen verschmolzenes Fleckenmuster. Die Kiemendeckel schimmern goldgrün. – Sehr ähnlich sind *C. trilineatus* und *C. bondi.* Letzterem fehlt jedoch die Rückenflossenzeichnung. Unproblematische Pfleglinge.

Corydoras melanistius
R<small>EGAN</small>, 1912
Schwarzbindenpanzerwels

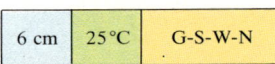 

6 cm	25°C	G-S-W-N

Heimat: Nordöstliches Südamerika
Körper mit vielen unregelmäßigen schwarzen Punkten übersät. Breiter, schwarzer Augenstreifen sowie ein schwarzer Fleck am Ansatz der Rückenflosse, der in die Flosse hineinzieht.

Corydoras nattereri
S<small>TEINDACHNER</small>, 1877
Blauer Panzerwels

7 cm	25°C	G-S-W-N

Heimat: Ostbrasilien
Körpergrundfarbe bläulichgrün. Rücken sowie ein Körperlängsstreifen besonders intensiv gefärbt. Keine weitere Zeichnung. Attraktive Art.

Corydoras paleatus
(J<small>ENYS</small>, 1842)
Punktierter Panzerwels

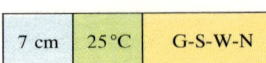 

7 cm	25°C	G-S-W-N

Heimat: Südöstliches Brasilien

Bild 123. Dreilinien-Panzerwels *(Corydoras trilineatus)*. Aufnahme Kahl

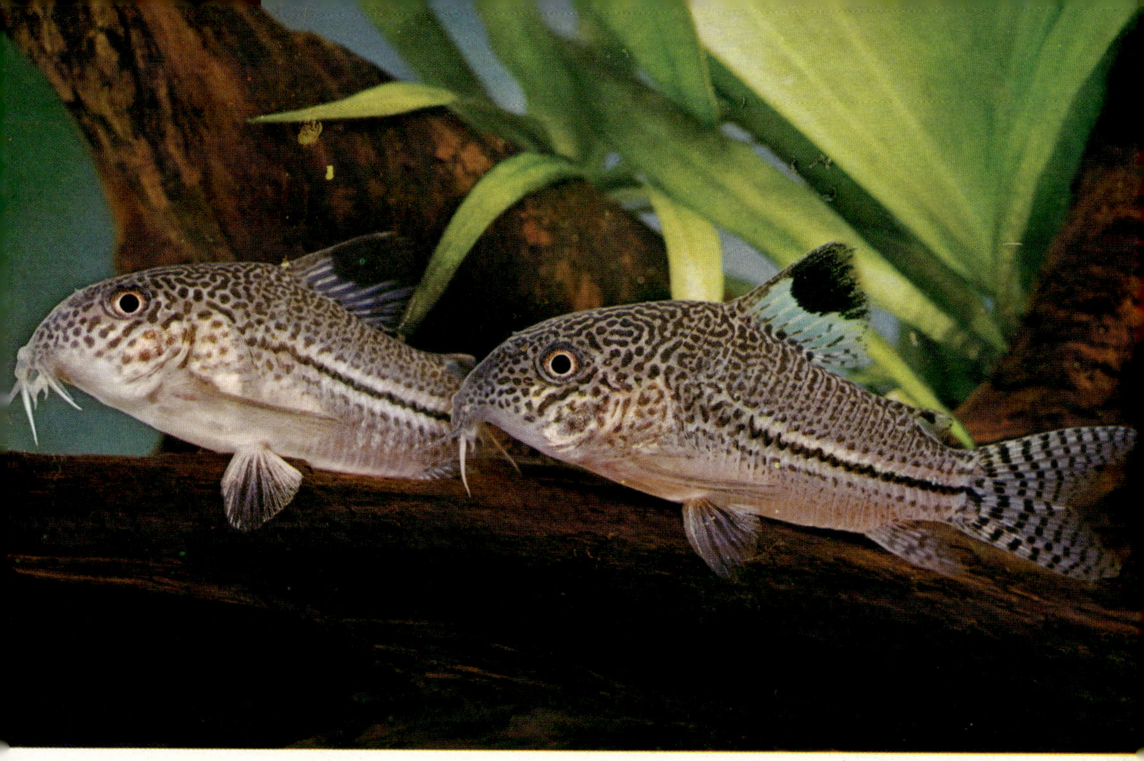

Häufigste Art im Aquarium. Friedlich und unempfindlich. Sandfarben mit mehreren größeren, unregelmäßig verteilten dunklen Flecken. Im Handel ist oft die albinotische Zuchtform anzutreffen. Zucht relativ einfach.

Corydoras rabauti
La Monte, 1941
Rostpanzerwels

6 cm	26 °C	G-S-W-N

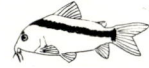

Heimat: Zentrales Amazonasgebiet, in kleinen Flüssen
Variable Art mit rotbrauner Grundfärbung. Ein dunkles Band zieht wenig unterhalb der Rückenlinie vom Nacken bis in den Bereich des oberen Schwanzstieles. Jungtiere mit kurzer Augenbinde. Synonyme: *C. myersi* und *C. zygatus*.

Corydoras reticulatus
Fraser-Brunner, 1938
Netz-Panzerwels

7 cm	25 °C	G-S-W-N

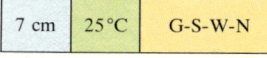

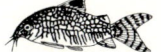

Heimat: Unterer Amazonas
Der helle Körper ist von gitterartigen schwarzen Linien überzogen. In der Rückenflosse ein auffallender schwarzer Fleck. Attraktive Art.

Dianema
Schlanke, von der Seite gesehen spitzköpfige Welse mit Rückenwulstpanzerung. Große gegabelte Schwanzflosse.

Dianema longibarbis
Cope, 1871
Langbärtiger Panzerwels

9 cm	26 °C	G-S-W-N

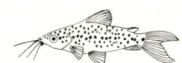

Heimat: Gesamtes Amazonasgebiet
Guter, lebhafter Schwimmer. Harmlos. Vorwiegend nachtaktiv. Am ganzen Körper kleine schwarze Punkte. – Schaumnestbauer. – Seltener sieht man *D. urostriata*. Die Art ist leicht

an einer auf weißem Grund mit 5 auffallenden schwarzen Längsstreifen gezeichneten
Schwanzflosse zu erkennen.

Hoplosternum

Nahe mit *Callichthys* verwandt, jedoch fest mit
den Seitenplatten verbundene Rückenwulstpanzerung. Schwanzflosse gerade oder wenig
eingeschnitten.

Hoplosternum littorale
(HANCOCK, 1828)

18 cm	25 °C	G-W-N

Heimat: Südamerika
Einfarbig graubraun. Dämmerungsliebend.
Trotz seiner Größe völlig harmlos und genügsam.
Haltung: Zur Zucht große Becken. Schaumnestbauer unter breiten Blättern – im Zuchtaquarium auch unter schwimmender Styro-
por-Platte. Produktive Art.

Hoplosternum thoracatum
(CUVIER & VALENCIENNES, 1840)
Gemalter Panzerwels

18 cm	25 °C	G-W-N

Heimat: Panama bis Paraguay
Rotbraun mit einer Vielzahl schwarzer Flek-
ken am ganzen Körper und an den Flossen.
Haltung: Wie *H. littorale.*

Loricariidae (Harnischwelse)

Heimat: Nördlicher und mittlerer Teil Süd-
amerikas, in Fließgewässern
Sehr starke Panzerung, oft bizarr geformt.
Saugmaul.
Haltung: Weiches und mittelhartes Wasser.
Nachtaktiv. Nicht schwimmlustig. Brauchen
Unterstände, besser Höhlen. Einige Arten als
Algenfresser beliebt.
Zum Laichen Höhle (Blumentöpfe oder Ton-
röhren werden gern angenommen). Vater
pflegt und bewacht die Eier. Jungtieren unbe-
dingt auch pflanzliche Nahrung anbieten!
Es gibt sehr viele Arten. Die meisten Tiere
werden von den Aquarianern unter falschem

Namen gehalten. Eine sichere Artbestimmung
ist vielfach für Aquarianer nicht möglich. In
letzter Zeit sind überdies Umbenennungen erfolgt. Die als *Loricaria filamentosa* bekannte
Art heißt jetzt *Dasyloricaria filamentosa, Loricaria parva* wird jetzt *Rineloricaria parva* genannt. Es handelt sich in beiden Fällen um sehr
langgestreckte Arten, die *Farlowella* sehr ähneln. Sie unterscheiden sich u. a. durch die ver-
setzte Anordnung ihrer Rücken- und Afterflossen. Beide Arten wurden schon verschiedentlich gezüchtet.

Ancistrus
(Antennenwelse)
Etwa 30 Arten. Männchen sind zumeist durch
antennenartige, oft mehrfach gegabelte Aus-
wüchse in der Vorderkopf-Region ausgezeichnet. Obwohl die meisten Arten bis etwa
15 cm groß werden, sind sie harmlos; als gute
Algenfresser bekannt. Zucht möglich. Am
häufigsten sind die Arten *A. cirrhosus* und *A.
dolichopterus.*

Farlowella
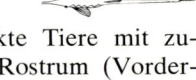
Stäbchenartig langgestreckte Tiere mit zu-
meist langausgezogenem Rostrum (Vorderkopf). Rücken- und Afterflosse stehen sich direkt gegenüber. Etwa 40 Arten bekannt.
Harmlose Tiere, die bis zu 20 cm lang werden.

Hypostomus
Die besser unter dem Namen *Plecostomus* bekannte Gattung umfaßt etwa 70 Arten, die für
Aquarianer zumeist nicht bestimmbar sind.
Bauch ohne Knochenschilder. Es sind groß-
köpfige, zumeist mit großen Flossen ausgestattete Tiere, die bis zu 60 cm lang werden können.
Haltung: Nicht für kleine Aquarien geeignet!
Anspruchslose, gute Algenvertilger. Dämmerungsaktiv. Fressen gern gebrühten Salat.

Otocinclus

Nur etwa 4–6 cm lang werdende Harnisch-
welse mit seitlich stehenden Augen, die von
der Körperform etwas an Saugschmerlen erinnern. Oft mit dunklem Körperlängsstreifen.
Eifrige Algenvertilger, die unbedingt Pflan-
zenkost benötigen. Höhere Aquarienpflanzen
bleiben unbehelligt. Zucht ähnlich wie bei *Co-*

rydoras. Artbestimmungen sind für Aquarianer kaum möglich.

Bild 124. Eine *F. gracilis* nahestehende *Farlowella*-Art. Aufnahme Kahl

Pterygoplichthys

Hierzu werden einige stark an *Hypostomus* erinnernde Arten gezählt. Sie haben zum Unterschied zu *Hypostomus* aber 10–13 Rückenflossenstrahlen (*Hypostomus*-Arten etwa 7). Recht groß werdende, harmlose Tiere für große Aquarien. Sie sind oft phantastisch gemustert und wirken durch ihre großen Rücken- und Schwanzflossen.

Atheriniformes (Ährenfischartige)

Aufgrund anatomischer Merkmale aus zahlreichen bisher getrennten Gruppen vereinigt, zumeist relativ kleine Oberflächenfische oder Bewohner flacher Gewässer.

Belonidae (Halbhechte)

Hierzu gehören nur wenige Süßwasserformen. Sie sind langgestreckt und haben weit hinten am Körper ansetzende Rücken- und Afterflossen. Schnelle Raubfische mit langen, stark bezahnten Kiefern, die bis zu 30 cm groß werden und entsprechend große Aquarien brauchen. Lebendfutterfresser! Gelegentlich eingeführt werden *Potamorrhapsis guianensis* aus Südamerika und *Xenentodon cancila* aus Südostasien.

Hemirhamphidae (Lebendgebärende Halbschnäbler)

Mit den Belonidae nahe verwandt. Oberkiefer jedoch wesentlich kürzer als Unterkiefer und gegen den Schädel beweglich. Es sind 3 Gattungen bekannt: *Dermogenys*, *Hemirhamphodon* und *Nomorhamphus*. Alle sind Oberflächenfische Südostasiens mit innerer Befruchtung. Lebendgebärend.

Dermogenys pusillus
VAN HASSELT, 1823
Siam-Halbschnäbler

7,5 cm	25 °C	G-(S)-H

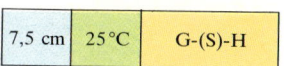

Heimat: Südostasiatische Fließgewässer
Friedliche Fische, die von ins Wasser gefallenen Insekten leben. Im Aquarium Oberfläche teilweise mit Schwimmpflanzen abdecken, da schreckhaft. Nehmen auch Trockenfutter, brauchen aber gelegentlich Lebendfutter. Zur Zucht Taufliegen zufüttern. Die Jungen sind bei der Geburt etwa 1 cm lang. Bei unzureichender Ernährung verwerfen die Weibchen.

Nomorhamphus celebensis
WEBER & DE BEAUFORT, 1922
Celebes-Halbschnäbler

9 cm	25 °C	G-H

Heimat: Celebes
Flossen rötlich mit schwarzen Rändern (außer Schwanzflosse). Männchen intensiver gefärbt; im Alter mit dunkel gefärbtem, nach unten abgebogenem Unterkiefer. Geht auch in mittlere

Wasserschichten. In Haltung und Zucht unproblematischer als Dermogenys. Lebendgebärend. Eltern stellen den Jungen nach! – Entsprechend zu pflegen ist der sehr nahe verwandte *N. liemi*.

Cyprinodontidae
(Eierlegende Zahnkarpfen)

Die oft auch als Killifische bezeichneten Cyprinodontidae stellen einige der buntesten Aquarienfische. Es sind derzeit 54 Gattungen mit zusammen etwa 500 Arten bekannt, von denen die überwiegende Mehrzahl aus dem tropischen Amerika und aus Afrika kommt. Es ist einleuchtend, daß in diesem Rahmen nur die wichtigsten Vertreter ausführlicher behandelt werden können.

Bei den Eierlegenden Zahnkarpfen unterscheidet man nach dem Ablaichverhalten Pflanzen- und Bodenlaicher. Einige der Bodenlaicher begnügen sich nicht, ihren Laich auf dem Bodengrund abzugeben. Sie tauchen in den morastigen Bodengrund ihrer Heimatgewässer regelrecht ein und legen ihre Eier dort in der Tiefe ab. Eine Erklärung für dieses Verhalten ergibt sich vor allem aus der Tatsache, daß diese Gewässer in der Trockenheit mehr oder weniger regelmäßig austrocknen. Die Altfische sterben ab (Saisonfische), während die Eier im Bodengrund überdauern. Auch unter Aquarienbedingungen werden diese Fische kaum älter als ein Jahr.

Mit Ausnahme der Leuchtaugenfische und der Reiskärpflinge sowie *Adamas* und *Lamprichthys* sind alle Killifische Einzelgänger. Viele Arten eignen sich daher gut zur paarweisen Unterbringung in Minibecken. Im Gesellschaftsaquarium ist eine Vergesellschaftung mit etwa gleichgroßen Fischen möglich. Gut eignen sich kleine Salmler, Barben, Lebendgebärende Zahnkarpfen, viele Welse, Zwergbuntbarsche und kleinere Labyrinthfische. Das Aquarium sollte ausreichend bepflanzt und gut abgedeckt sein. Die meisten Arten sind gute Springer! Möglichst Lebendfutter geben!

Nähere Angaben zur Zucht der Pflanzenlaicher bei *Aphiosemion australe* (s. S. 206), zur Zucht eines Bodentauchers bei der Gattung *Cynolebias* (s. S. 210).

Aphiosemion
(Prachtkärpflinge)
Heimat: Afrika. Verbreitet im Kongobecken und im nördlich angrenzenden Savannengebiet

Kleine, schlanke Killis mit deutlichem Geschlechtsdimorphismus. Männchen oft sehr farbenprächtig; Weibchen kleiner und zumeist bräunlich. Oberflächenfische, die niedrige Temperaturen (22–24 °C) und neutrales Wasser brauchen. Weichwasser ist günstig, zu saure Werte sollten vermieden werden.

Die nördlichen Arten der Savannengebiete sind vorwiegend bodenlaichende Saisonfische, die Regenwaldarten bevorzugt Pflanzenlaicher. Viele Arten sind leicht nachzuzüchten – zumeist als Haftlaicher an einem Ablaichmop oder an Torffasern. Mehrzahl der Arten nichtannuell (keine Saisonfische). Nur die Arten *walkeri, arnoldi, robertsoni, sjoestedti, deltaense* und *filamentosum* sind typische Saisonfische. Ihre Eier brauchen eine mehrwöchige Trockenpause.

Derzeit sind 89 Arten bekannt; das ist fast ein Viertel aller Killifisch-Arten!

Haltung: Am vorteilhaftesten in dichtbepflanzten Becken mit Schwimmpflanzen. Oberflächenfische. Männchen oft streitsüchtig; möglichst mehr Weibchen als Männchen halten.

Aphiosemion australe
(RACHOW, 1921)
Kap Lopez

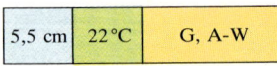 

5,5 cm	22 °C	G, A–W

Heimat: Kongo bis Gabun

Friedlicher und genügsamer Fisch. Männchen bunter.

Haltung: Zucht gelingt auch Anfängern. Günstig ist ein etwa 10 Liter fassendes Zuchtbecken mit feinen Wasserpflanzen (z. B. Javamoos). Geschlechter vor dem Ansatz bei abwechslungsreicher Lebendfütterung einige Zeit getrennt halten. Mehrere Zuchttiere einsetzen, da einzelne Männchen gelegentlich steril. Die Eier sind robust. Sie können täglich mit der Hand abgelesen und in Aufzuchtschalen überführt werden. Schlupf nach 10–14 Tagen. Junge fressen gleich Artemien. Schnellerwach-

Bild 125. Kap Lopez *(Aphiosemion australe)*, in der Mitte
das Weibchen. Aufnahme Kahl

sende Jungfische gesondert halten, da sie kleinere Geschwister töten oder fressen würden.
Gelegentlich erscheint im Handel eine gelb-
farbene Aquarien-Variante dieser Art.

Aphiosemion bivittatum
(LOENNBERG, 1895)
Gebänderter Prachtkärpfling

5 cm	22 °C	G, A-W

Heimat: Westafrika, in kleinen und mittleren
Fließgewässern von Togo bis Guinea
Zwei dunkle Längsstreifen, beim Weibchen
besonders kräftig. Farbenprächtige Männchen
mit besonders groß entwickelter Rückenflosse.
Die Art ist als Pflanzenlaicher zu züchten, doch
können bei unzureichenden Schlupfergebnis-
sen die abgesammelten Eier 2–3 Wochen trok-
kengelegt werden.
In Verhalten und Zucht ähnlich sind die Arten
A. loennbergii, A. multicolor, A. splendopleure
und der größere *A. riggenbachi.*

Aphiosemion bualanum
(AHL, 1924)

5 cm	20 °C	G, A-W

Heimat: Fließgewässer der Steppengebiete
Ostkameruns und der Zentralafrikanischen
Republik
Ein im Aquarium sehr leicht zu haltender und
zu züchtender, friedlicher Fisch. Nichtannuell.
Die Art ist in viele farblich unterschiedene Po-
pulationen aufgespalten. Man sollte versuchen, die einzelnen Farbschläge rein zu erhalten.

Aphiosemion calliurum
(BOULENGER, 1911)
Rotsaumprachtkärpfling

5 cm	22 °C	G, A-W

Heimat: Südliches Nigeria
Unempfindlicher Pflanzenlaicher, der in Haltung und Zucht *A. australe* gleicht. Prächtig gefärbt.

207

Aphiosemion christyi
(B<small>OULENGER</small>, 1915)
Kongo-Prachtkärpfling

6 cm	22°C	G, A-W

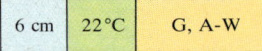

Heimat: Zentrales Kongobecken
Männchen ockerfarben mit roten Punkten.
Nahe verwandt mit den Arten *A. elegans. A. cognatum, A. rectogoense, A. lamberti* und *A. melanopteron.* Es sind alles etwas empfindliche Fische. Zucht nicht ganz einfach. Das Wasser muß weich und leicht sauer sein. Pflanzenlaicher.

Aphiosemion cinnamomeum
C<small>LAUSEN</small>, 1963
Zimtprachtkärpfling

5 cm	22°C	G, A-W

Heimat: Hochflächen des westlichen Kameruns
Männchen in der hinteren Körperhälfte ansprechend zimtbraun, Bodenlaicher, nichtannuell.

Aphiosemion exiguum
(B<small>OULENGER</small>, 1911)
Kamerun-Kärpfling

4 cm	22°C	G, A-W

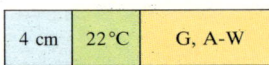

Heimat: Nördliches Gabun und Ostkamerun
Friedliche, attraktive Art. Mit *A. bualanum* nahe verwandt und wie dieser Fisch problemlos in Haltung und Zucht.

Aphiosemion filamentosum
(M<small>EINKEN</small>, 1933)
Fadenprachtkärpfling

5,5 cm	22°C	G, A-W

Heimat: Sumpfgebiete des südwestlichen Nigeria
Nahe verwandt mit *A. arnoldi* und wie dieser ein Bodenlaicher mit Saisonfischcharakter. Die Eientwicklung dauert 1–5 Monate.

Aphiosemion gardneri
(B<small>OULENGER</small>, 1911)
Gardners Prachtkärpfling

6 cm	22°C	G, A-W

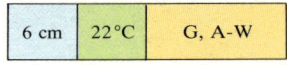

Heimat: Nigeria und Westkamerun (in mehreren Farbschlägen vorkommend)
Leicht zu halten und zu züchten, allerdings oft aggressiv. Versteckmöglichkeiten schaffen! Lebendfutter! Pflanzenlaicher, oft aber besser als Bodenlaicher zu züchten. Dann brauchen die Eier etwa 1 Monat Trockenpause.

Aphiosemion gulare
(B<small>OULENGER</small>, 1901)
Gelber Prachtkärpfling

8 cm	22°C	G, A-W

Heimat: Südliches Nigeria
Großer, schön gefärbter Saisonfisch, der kräftiges Lebendfutter erhalten sollte. Relativ aggressiv. Bodenlaicher. Entwicklungszeit der Eier etwa 2 Monate.

Aphiosemion labarrei
P<small>OLL</small>, 1952

5 cm	22°C	G, A-W

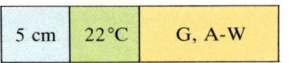

Heimat: Gebiet des unteren Zaire-Flusses bei Madimba
Körper der Männchen strahlend blau, rotgefleckt. Pflanzenlaicher.

Aphiosemion sjoestedti
(L<small>OENNBERG</small>, 1895)
Blauer Prachtkärpfling

12 cm	24°C	G(A)-W

Heimat: Südliches Nigeria und Sumpfgebiete Kameruns
Schöner und harter Fisch, der aber Lebendfutter braucht und oft recht aggressiv ist. Nicht zu kleine Becken! Eier werden im Bodengrund abgelegt und benötigen für die Entwicklung eine Ruhepause von etwa 2 Monaten.

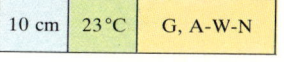

Bild 126. Streifenhechtling *(Aplocheilus lineatus)*. Oben das Männchen. Aufnahme Kahl

Aplocheilus lineatus
(CUVIER & VALENCIENNES, 1846)
Streifenhechtling

10 cm	23 °C	G, A-W-N

Heimat: Südliches Indien
Schöner, harter Fisch. Typisch sind mehrere Körperquerstreifen. Weibchen mit runderen Flossen. Pflanzenlaicher. Eier absammeln! Junge schlüpfen nach etwa 14 Tagen.
Sehr ähnlich im Aussehen und Verhalten ist *A. dayi* aus Sri Lanka. Die Nominatform ist ungestreift. Es gibt aber auch die Unterart *A. d. werneri*, die *A. lineatus* stark ähnelt.

Aphiosemion walkeri
(BOULENGER, 1911)
Ghana-Prachtkärpfling

6 cm	22 °C	G, A-W

Heimat: Ghana, Elfenbeinküste
In viele Farbpopulationen aufgespaltene Art. Man sollte versuchen, die Varianten rein zu erhalten. Bodenlaicher, Pflege und Zucht relativ einfach. Die Eier entwickeln sich am besten nach einer zweimonatigen Ruhepause.

Aplocheilus
(Hechtlinge)
Heimat: Tropisches Asien
Hechtartig gebaute Oberflächenfische. Widerstandsfähig, auch in härterem und leicht alkalischem Wasser noch zu züchten. Nicht mit zu kleinen Fischen vergesellschaften! Zucht wie bei *Epiplatys* (s. S. 210).

Aplocheilus panchax
(HAMILTON-BUCHANAN, 1822)
Gemeiner Hechtling

7 cm	23 °C	G, A-W-N

Heimat: Südostasien, Indonesien
Robuste, in mehreren Varianten vorkommende Art. Typisch: schwarzer Fleck an der Rückenflossenbasis. Zucht einfach.

209

Cynolebias

Heimat: Küstennahe Zonen Brasiliens und der La-Plata-Staaten. Bewohnen hier kleinste, nur periodisch existierende Tümpel und Lachen. Die vor dem Austrocknen der Gewässer in den Boden gebrachten Eier überstehen die monatelange Trockenzeit.

Umfaßt etwa 25 Arten vorwiegend gedrungen gebauter Saisonfische mit großem Geschlechtsdimorphismus. Männchen sind größer und viel farbiger und haben mehr Flossenstrahlen als die Weibchen.

Haltung und Zucht: Artbecken. Vor dem Zuchtansatz Geschlechter eine Zeitlang trennen. Temperatur um 20°C. Zur Zucht am besten gut ausgekochten und durchgespülten Torf einfüllen. Höhe der Torfschicht soll mindestens der Länge der Zuchttiere entsprechen. Wenn nach einigen Wochen der Laichvorrat der Weibchen erschöpft ist, Torf herausnehmen, leicht ausdrücken und mäßig feucht bis „tabakfeucht" in Plastikbeutel oder Blechdose aufbewahren. Gelegentlich lüften (Schimmelgefahr!). Nach 2–4 Monaten mit frischem Wasser aufgießen. Da nicht alle Larven sofort schlüpfen, sollte der Rest des Torfes noch einmal getrocknet und die Prozedur nach etwa einem Monat wiederholt werden. Die Jungen fressen sofort frischgeschlüpfte Artemia-Nauplien und sind bei guter Ernährung außerordentlich schnellwüchsig.

Cynolebias bellottii
STEINDACHNER, 1881
Blauer Fächerfisch

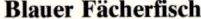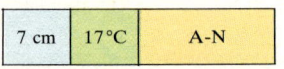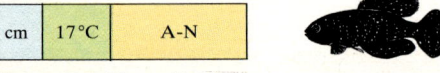

7 cm	17°C	A-N

Heimat: La-Plata-Gebiet
Männchen dunkelblau mit weißlichen, streifig angeordneten Punkten, bei der Balz fast schwarz. Weibchen bräunlich mit dunklen Flecken. Beide Geschlechter mit schwärzlicher Binde, die vom Nacken durch die Augen zieht. Sehr ähnlich sieht der aus der gleichen Gegend stammende *C. nigripinnis* (Schwarzflossiger Fächerfisch) aus. Er wird aber nur bis zu 5 cm groß; ihm fehlt die Augenbinde des *C. bellottii*. Beide Arten sind leicht zu züchten.

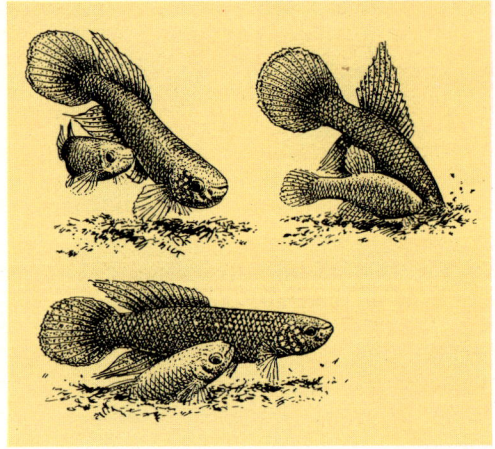

Bild 127. Whites Fächerfisch *(Cynolebias whitei)* bei der Eiablage (aus Wickler, Züchten von Aquarienfischen).

Cynolebias whitei
MYERS, 1942
Whites Fächerfisch

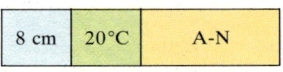

8 cm	20°C	A-N

Heimat: Südost-Brasilien
Männchen rotbraun mit grünlichen Punkten und Strichen. In der Afterflosse ein orangefarbenes Band. Rücken- und Afterflosse nicht wie bei den allermeisten *Cynolebias*-Arten abgerundet, sondern spitz ausgezogen.

Epiplatys

Heimat: West- und Zentralafrika
Robuste hechtartige Killifische, mit der asiatischen Gattung *Aplocheilus* nahe verwandt. Ruhige Oberflächenfische.

Haltung und Zucht: Pflanzenlaicher. Eiablage zieht sich über Wochen hin. Laichpflanzen regelmäßig in gesonderte Aufzuchtbecken überführen, da die Eltern den Jungfischen nachstellen. Junge nach Größen sortieren. Im Aufzuchtbecken Wasserumwälzung, um das Futter (am Anfang Artemien) den Jungen vor das Maul zu treiben. Junge suchen Nahrung nicht aktiv! Bei Beachtung dieser Hinweise Zucht nicht schwer.

Epiplatys dageti
POLL, 1953
Querbandhechtling

5 cm	23°C	G-W

Heimat: Liberia und Ghana
Körper bronzefarben mit 5–6 dunklen Querbändern. Männchen mit roter Kehle. Untere Schwanzflossenstrahlen meist ausgezogen. Mehrere Unterarten bekannt. Friedfertige Tiere, die sich leicht pflegen und züchten lassen.

Epiplatys sexfasciatus
GILL, 1862
Sechsbandhechtling

10 cm	23°C	G-W

Heimat: Ghana bis Gabun
Sehr robuster Hechtling, von dem es mehrere Unterarten gibt. Körperseiten metallisch glänzend mit roten, teilweise schwarz gerandeten Tupfen auf den Schuppen. Sechs dunkle Querstreifen. Unpaare Flossen je nach Herkunft grünlich, blau, gelb oder orange. Nicht mit zu kleinen Fischen vergesellschaften!

Fundulus
Heimat: Östliches Nordamerika
36 Arten und Unterarten.
Haltung: Anspruchslos im Hinblick auf Wasserchemismus und Temperatur. Trockenfutter wird gern genommen. Nicht fürs Gesellschaftsaquarium; größeres Artbecken. Zucht im Aquarium gelegentlich schwierig. Kühle Überwinterung, zur Zucht warm!

Jordanella
Die Gattung enthält nur die nordamerikanische Art *J. floridae,* den Floridakärpfling. Ein robuster und attraktiver Fisch. Friedlich. Wird bis 6 cm lang. Auch für kleine, dichtbepflanzte Becken geeignet. Guter Algenvertilger. Frißt gern Trockenfutter, das auf vorwiegend pflanzlicher Basis hergestellt wurde. – Männchen größer. Zuchttemperatur etwa 24°C. Die Tiere legen über mehrere Tage täglich 20–30 Eier am Boden ab. Brut schlüpft nach 5–10 Tagen.

Bild 128. Floridakärpfling *(Jordanella floridae).* Aufnahme Kahl

Lucania

Hierzu gehören die etwa 5–6 cm groß werdenden Arten *L. goodei* aus Florida und die im Osten Nordamerikas weitverbreitete Art *L. parva*. Beide Arten sind farbenprächtig. Zur Haltung ist hartes Wasser nötig; gegebenenfalls mit Kochsalz aufhärten! Wasser um 20 °C (im Winter um 14 °C). Zucht nicht schwierig, Eltern aber gelegentlich Laichräuber.

Nothobranchius
(Prachtgrundkärpflinge)

Heimat: Hauptsächlich in Ostafrika
Etwa 25 Arten, oft sehr farbenprächtige Saisonfische. Haltung nicht immer einfach. Nur langsam an veränderte Wasserwerte anpassen! Starke Fresser. Bodenlaicher. Eier benötigen Trockenphase.

Nothobranchius korthausae
MEINKEN, 1973
Mafia-Prachtgrundkärpfling

5 cm	23 °C	A-W

Heimat: Die Tansania vorgelagerte Insel Mafia
Männchen mit dunkel gerandeten Körperschuppen, Flossenränder oft hell. Zur Zucht weiches, saures Wasser. Trockenphase für die Eier 1–3 Monate.

Nothobranchius palmqvisti
(LOENNBERG, 1907)
Palmqvists Prachtgrundkärpfling

4,5 cm	23 °C	A-W

Heimat: Küstennahe Gebiete von Tansania und Kenia
Körper blauglänzend, jede Schuppe rot eingefaßt. Schwanzflosse rot. Rücken- und Afterflosse kräftig braun genetzt.
Ähnlich sieht *N. foerschi* aus, der jedoch eine nur schwach gemusterte Afterflosse hat. Hiervon gibt es auch eine völlig gelbe Zuchtform.

Oryzias
(Reiskärpflinge)

Heimat: Tropisches Asien
Kleine Schwarmfische. Sind in mittelhartem Wasser bei etwa 23 °C gut zu halten; zur Zucht nehme man aber besser Weichwasser. Die Eier hängen oft noch einige Zeit nach dem Ablaichen an der Genitalpapille des Weibchens, bevor sie an Pflanzen abgestreift werden.
Zu den winzigsten Fischen gehört *O. minutillus*. Die Männchen werden maximal 1,2 cm groß, die Weibchen erreichen 1,7 cm Länge.

Pachypanchax

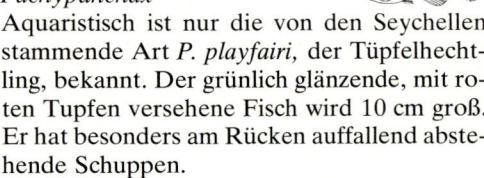

Aquaristisch ist nur die von den Seychellen stammende Art *P. playfairi,* der Tüpfelhechtling, bekannt. Der grünlich glänzende, mit roten Tupfen versehene Fisch wird 10 cm groß. Er hat besonders am Rücken auffallend abstehende Schuppen.
Haltung: Lebendfutter. Aggressiv, daher für Versteckplätze sorgen. Weibchen mit abgerundeter Afterflosse. Die Fische laichen im Pflanzendickicht. Temperatur um 24 °C.

Procatopus
(Leuchtaugenfische)

Heimat: Regenwälder Afrikas
Schwarmfisch. Körper schön blau irisierend.
Haltung: Da sie aus Fließgewässern stammen, Aquarium mit Filter oder Ausströmer einrichten. Temperatur um 23 °C, Wasser mittelhart (in weichem Wasser anfällig).
Die Tiere legen ihre großen Eier ganz gezielt in engen Spalten ab. Zur Zucht Bimsstein, Korkrinde oder dergleichen geben!

Pseudepiplatys

Hechtartige Fischchen, der Gattung *Epiplatys* sehr nahestehend und lange dazu gezählt. Nur eine Art.

Pseudepiplatys annulatus
BOULENGER, 1915
Ringelhechtling

4 cm	23 °C	G, A-W

Heimat: Guinea, Sierra Leone und Liberia
Sehr attraktiver Hechtling mit drei dicken, schwarzen Körperquerstreifen. Männchen mit bunten Flossen.
Haltung: Lieben Schwimmpflanzendecke.
Aufzucht der Jungen schwierig, da sie sehr klein sind und anfangs noch keine Artemien fressen. Sonst Zucht wie *Epiplatys* (s. S. 210).

Bild 129. Mafia-Prachtgrundkärpfling *(Nothobranchius korthausae)*. Aufnahme Kahl

Pterolebias

Aus 5 Arten bestehende südamerikanische Gattung. Bodentauchende Saisonfische, die wie *Cynolebias*-Arten zu vermehren sind (s. S. 210).

Pterolebias longipinnis
GARMAN, 1895
Schleierhechtling

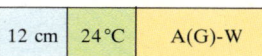

12 cm	24 °C	A(G)-W

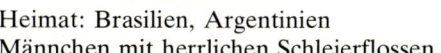

Heimat: Brasilien, Argentinien
Männchen mit herrlichen Schleierflossen.
Haltung: Weiches, leicht saures Torfwasser. Eier brauchen zur Entwicklung eine Ruhepause von etwa 3 Monaten.

Rivulus (Bachlinge)

Artenreiche amerikanische Gattung. Die Bestimmung vieler Arten ist problematisch. Harte und widerstandsfähige Oberflächenfi-

sche. Sprungfreudig (Aquarium besonders gut abdecken!). In ihrer Heimat suchen manche Arten durch Sprünge über Land gezielt neue Wohngewässer auf. Im Aquarium liegen die Fische gelegentlich auf Schwimmpflanzenblättern ganz oder teilweise an der Luft. Zucht nicht immer einfach. Geschlechter gleichgroß. Männchen bunter. Brauchen reichhaltige Bepflanzung. Die Eier werden in der Nähe von Pflanzen abgegeben.

Roloffia

Heimat: Westafrika
Mit *Aphiosemion* sehr nahe verwandt, nach Ansicht vieler Wissenschaftler sogar identisch. Die Fische brauchen kräftiges Lebendfutter und Temperaturen um 22 °C. Männchen zumeist untereinander und gegenüber nicht laichbereiten Weibchen sehr aggressiv.

Roloffia geryi
(LAMBERT, 1958)
Zickzack-Prachtkärpfling

4,5 cm	22 °C	G, A-W-N

Heimat: Wald- und Savannengebiete von Gambia bis Sierra Leone
Beide Geschlechter mit Zickzackband, das in Längsrichtung über den Körper läuft.
Haltung: Unproblematisch. Wie bei allen kleinbleibenden *Roloffia*-Arten die Eier am besten ohne Trockenpause zum Schlupf kommen lassen!

Roloffia occidentalis
(CLAUSEN, 1966)
Goldfasan-Prachtkärpfling

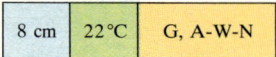 

8 cm	22 °C	G, A-W-N

Heimat: Sierra Leone
Besonders farbenprächtige Art. Männchen mit rötlichem Körperlängsband und zwei roten, waagerechten Kiemendeckelstreifen.
Haltung: Leicht in Pflege und Zucht, jedoch lebhaft und relativ aggressiv. Nicht zu kleine Becken! Weibchen brauchen Versteckmöglichkeiten. Die Eier benötigen etwa 3 Monate Trockenpause.
Entsprechendes gilt für die Arten *R. monroviae* und *R. toddi*. *R. occidentalis* wurde früher mit dem völlig anders gefärbten *Aphiosemion sjoestedti* verwechselt.

Terranatos
Monotypische Gattung. Die einzige Art wurde früher der Gattung *Austrofundilus* zugeordnet.

Terranatos dolichopterus
(WEITZMANN & WOURMS, 1967
Flügelflosser

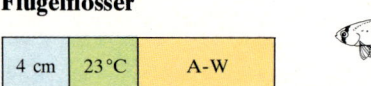

4 cm	23 °C	A-W

Heimat: Venezuela (hier in kleinen, schattigen Teichen mit saurem, sehr weichem Wasser)
Der seltene Fisch ist braunoliv mit dunkelbraunen Flecken. Durch das Auge geht ein dunkler, senkrechter Strich. Flossen blaugrün. Sehr lange, dekorativ sichelförmige Rücken- und Afterflossen.
Haltung: Saures, sehr weiches Wasser. Lebendfutter! Die Zucht ist nicht einfach. Zur Entwicklung brauchen die Eier 4–6 Monate Trockenpause.

Poeciliidae
(Lebendgebärende Zahnkarpfen)

Kleine Zahnkarpfen mit Verbreitungsschwerpunkt in Mittelamerika. Als eifrige Vertilger von Moskito-Larven sind einige Arten auch in anderen Kontinenten eingebürgert.
Die 20 Gattungen enthalten etwa 150 Arten. Fast alle sind ovovivipar, also im streng biologischen Sinne nicht wirklich lebendgebärend (vivipar). Zur Viviparie gehört, daß die Eier im Mutterleib nicht nur geschützt, sondern von der Mutter auch während der Entwicklung noch direkt ernährt werden. Echte Viviparie kommt bei den Goodeidae und den Jenynsiidae vor.
Geschlechtsdimorphismus. Die kleineren Männchen sind vor allem an der zu einem beweglichen Begattungsorgan umgebildeten Afterflosse (Gonopodium) zu erkennen.
Oberflächennah lebende Schwarmfische, die allerdings auf den Schwarmverband nicht so angewiesen sind wie z. B. Salmler und Barben.
Haltung und Zucht: Bei den meisten Arten einfach – vorausgesetzt, das Wasser ist nicht weich und sauer. Die Mehrzahl der Lebendgebärenden Zahnkarpfen brauchen mittelhartes bis hartes Wasser, das möglichst auch alkalisch sein sollte. Das Leitungswasser entspricht zumeist diesen Anforderungen! Gegen stickstoffhaltige Abbauprodukte (Ammonium, Nitrit, Nitrat) empfindlich, daher regelmäßigen Wasserwechsel nicht vergessen!

Belonesox
Zu dieser Gattung gehört nur die folgend beschriebene Art:

Belonesox belizanus
KNER, 1860
Lebendgebärender Hechtkärpfling

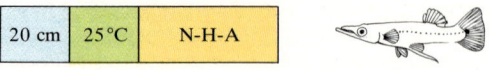

20 cm	25 °C	N-H-A

Heimat: Sumpfgebiete Mittelamerikas
Im Aussehen und Verhalten hechtartiger Raubfisch.
Haltung: Große, dicht bepflanzte Artbecken, denn die Weibchen fressen sonst ihre „nur" bis zu 10 cm groß werdenden Männchen. Schwimmpflanzen. Kräftiges Lebendfutter

Bild 130. Goldfasan-Prachtkärpfling *(Roloffia occiden-talis).* Aufnahme Kahl

(besonders Fische, aber auch Würmer und größeres Tümpelfutter).
Zur Zucht trächtiges Weibchen einzeln setzen. Trächtigkeitsdauer 30–50 Tage. Wurfzahl bis zu 100 Stück. Junge baldmöglichst von der Mutter trennen. Sie sind bei der Geburt schon 2,5–3 cm lang und fressen sofort Wasserflöhe.

Gambusia

Eine 34 Arten umfassende Gattung. Die meist unscheinbaren Tiere sind sehr hart und vielerorts eingebürgert worden. Allesfresser, als Beikost Algen. Zur Zucht Weibchen einzeln in gut bepflanzte Becken setzen, da sie die Jungen sehr stark verfolgen. Nur wenige Arten haben aquaristische Bedeutung erlangt.

Gambusia affinis
(BAIRD & GIRARD, 1853)
Texaskärpfling

8 cm	19°C	A-(S)-N-H

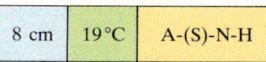

Heimat: Südliches Nordamerika
Männchen erreichen nur 4 cm Länge. Sehr widerstandsfähig, für Gesellschaftsaquarium wenig geeignet, da aggressiv. Überwinterung bei 10–12°C.
Zumeist wird die auch als Kobold- oder Silberkärpfling bezeichnete Unterart *G. a. holbrooki* aus Mexiko gehalten.

Girardinus

Heimat: Kuba und Costa Rica
Kleine, meist unscheinbare friedliche Fische. Aquaristisch ohne Bedeutung. Am ehesten wird noch der Metallkärpfling *G. metallicus* gepflegt. Haltung und Zucht unproblematisch.

215

Heterandria
Heimat: Nord- und Mittelamerika
Nur 2 Arten.

Heterandria formosa
AGASSIZ, 1853
Zwergkärpfling

3,5 cm	20 °C	A-(S)-W-N-H

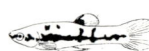

Heimat: Nord-Carolina und Florida
Die Männchen werden nur maximal 2 cm lang. Verträglich. Schwarzer Rückenflossenfleck.
Haltung: Dicht mit zarten Pflanzen versehenes Artbecken (möglichst nicht unter 20 Liter). Dann kommen immer einige Jungtiere ohne unser Zutun durch. Keine besonderen Ansprüche an Wasser und Futter.

Poecilia
Die Gattung umfaßt die früheren Gattungen *Lebistes, Limia, Mollienesia* und viele andere. Derzeit werden etwa 30 Arten dazu gezählt.

Poecilia melanogaster
GUENTHER, 1866
Dreifarbiger Jamaikakärpfling

6 cm	25 °C	(S)-G-H

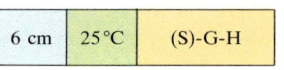

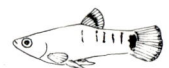

Heimat: Jamaika, Haiti
Lebhafter, stahlblau schimmernder Fisch. Ältere Männchen mit orangefarbener Kehle und Bauch.
Haltung: Ausreichend bepflanzte, mittelgroße Aquarien, Lebendfutter und Grünalgen. Nicht mit *P. nigrofasciata* vergesellschaften, da das zu unerwünschten Kreuzungen führen würde.

Poecilia nigrofasciata
(REGAN, 1913)
Schwarzbandkärpfling

6 cm	26 °C	(S)-G-H

Heimat: Haiti

Bild 131. Dreifarbiger Jamaikakärpfling *(Poecilia melanogaster)*. Aufnahme Kahl

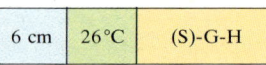

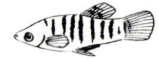

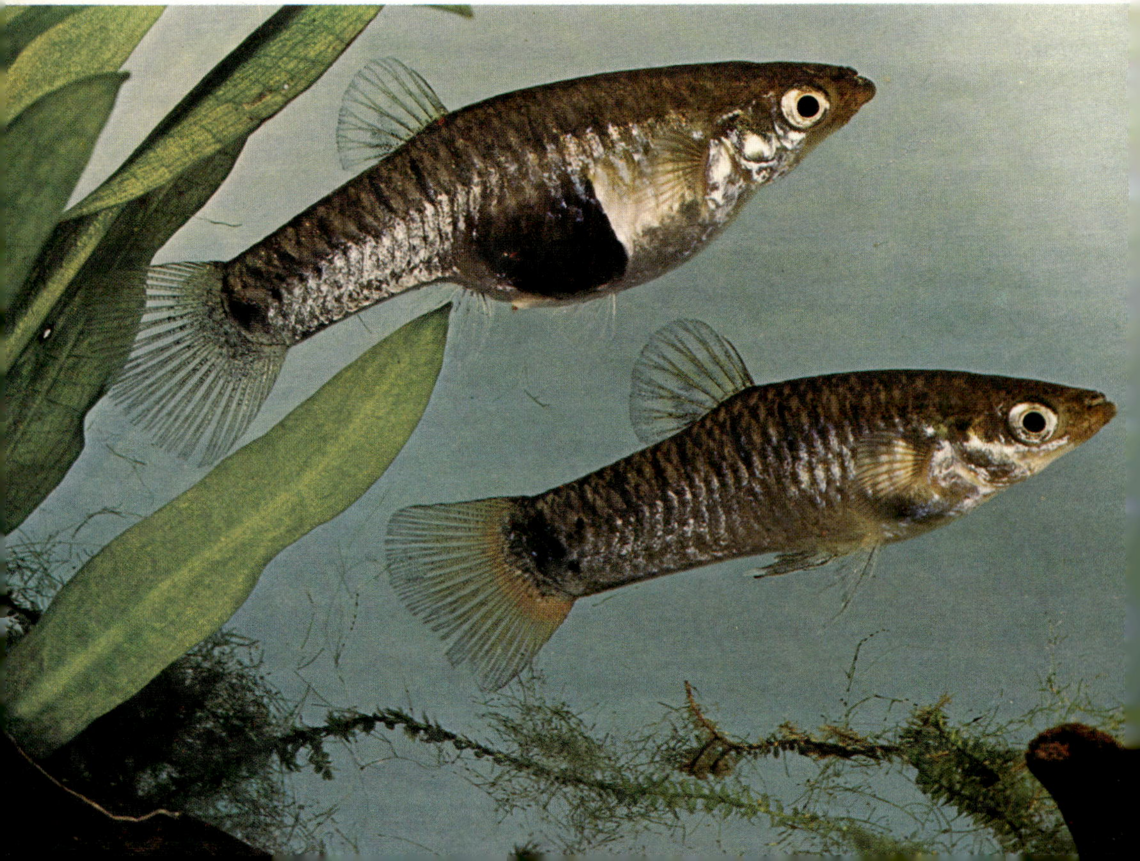

Auffallend durch 8–12 deutliche Querstriche. Ältere Männchen haben einen etwas gewölbten Rücken („Buckelkärpfling") und eine fächerartige Rückenflosse. Lebhaft und friedlich. In der Haltung etwas schwieriger als vorherige Art. Kann sich nur langsam an neue Wasserverhältnisse umgewöhnen. Ein Wurf erbringt nur etwa 10–30 Jungtiere, die aber bei der Geburt schon gut 1 cm lang sind.

Poecilia reticulata
PETERS, 1859
Guppy, Millionenfisch

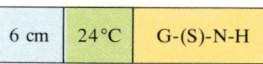 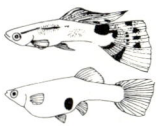

6 cm	24°C	G-(S)-N-H

Heimat: Norden Südamerikas, Trinidad und Barbados
Die kleinen Männchen sind mit allen Farben des Regenbogens geschmückt. Weibchen unscheinbar. Werfen in etwa monatlichen Abständen 20–60 Jungfische, von denen im gut bepflanzten Artbecken ein großer Teil ohne Zutun des „Züchters" großkommt. Genügsamer, völlig unproblematischer Fisch.

Bild 132. Guppy-Männchen, Zuchtformen. Von oben nach unten: Untenschwert, Rundschwanz, Spatenschwanz, Triangel.

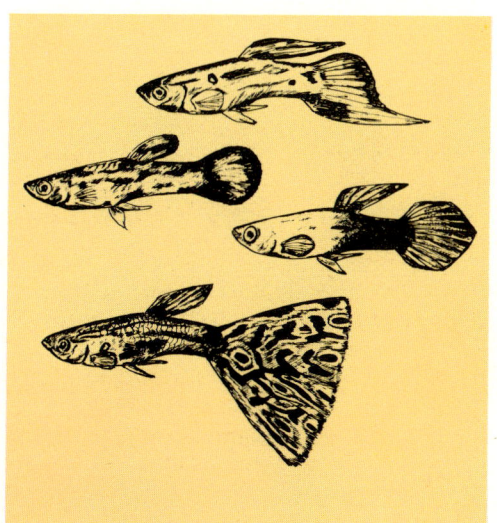

Wildguppys – obwohl für Ethologen weit interessanter als die Zuchtformen – sind im Handel kaum zu bekommen. Dagegen werden viele Zuchtformen mit phantastisch gefärbten, zumeist schleierflossigen Männchen angeboten. Vielfach haben auch die Weibchen schon bunte und verlängerte Flossen. Zum Heranzüchten neuer Rassen sind eine große Zahl von Aquarien erforderlich – überdies Kenntnisse der Erbregeln und ein Wissen um die Standarts (das sind verbindlich festgelegte Zuchtziele). Aber auch wer nicht den Ehrgeiz hat, auf nationalen und internationalen Ausstellungen Preise für hervorragende Guppys zu erwerben, kann seine Jungguppys zu großen und gutentwickelten Fischen heranziehen, wenn er sie von Anfang an gut füttert (Artemien!) und häufig das Wasser wechselt.

Poecilia sphenops
CUVIER & VALENCIENNES, 1846
Spitzmaulkärpfling

6 cm	27°C	G-(S)-H

Heimat: Mittelamerika (geht oft ins Brackwasser)
Haltung: Braucht härteres Wasser im Aquarium (bevorzugt 10% Seesalzzusatz) und Wärme. Benötigt neben dem Normalfutter Algenkost oder auf Pflanzenbasis hergestelltes Flockenfutter.
Viel häufiger als die Normalform ist im Aquarium der Black Molly anzutreffen, eine tiefschwarze Zuchtform. Einige Zuchtformen haben oben und unten ausgezogene Schwanzflossenstrahlen (Leierschwanzmolly). Haltung der Zuchtformen wie oben angegeben. Zucht einfach. Junge wachsen im dicht bepflanzten Becken von den Eltern unbehelligt heran. Färben sich oft erst mit zunehmendem Alter schwarz.

Poecilia velifera
REGAN, 1914
Segelkärpfling

18 cm	27°C	(S)-A, G-H

Heimat: Mexiko (Yukatan-Halbinsel)
Mit segelartig großer Rückenflosse mit 18–19 Strahlen.

Haltung: Möglichst hartes Wasser (besser Brackwasser), viel Algenkost (ersatzweise pflanzliches Flockenfutter) und ein großes Aquarium mit genügend freiem Schwimmraum. Auch zur Aufzucht sind große veralgte Becken mit Brackwasser wichtig.

Zum Verwechseln ähnlich ist *P. latipinna* mit 14 Strahlen in der Rückenflosse. Diese Art sollte nur bei 22-25°C gehalten werden. Ähnlich ist auch *P. petenensis,* dessen Schwanzflosse am Unterrand zu einem kurzen Dorn ausgezogen ist. Im Handel werden oft Bastarde zwischen diesen Arten und xanthoristische (gelbliche) Tiere angeboten.

Priapella

Zu dieser Gattung gehört vor allem der attraktive Blauaugenkärpfling *(P. intermedia)* aus Südost-Mexiko. Diese Fische brauchen ein großes Aquarium (ab 100 Liter) und müssen im Schwarm gehalten werden. Wasser klar, bewegt, 25°C. Trockenfutter mit viel pflanzlichen Anteilen, gelegentlich möglichst Taufliegen.

Xiphophorus

Zu dieser Gattung gehören einige der mit Recht beliebtesten Aquarienfische: Schwertträger und Platies. Daneben gibt es Arten wie *X. montezumae* und *X. pygmaeus,* die nur sehr schwer zu pflegen sind. (Diese Wildformen stammen aus typischen Weichwassergebieten.) Die Schwertträger und Platies sind vielfach durcheinandergekreuzt, so daß oft keine wissenschaftlich exakten Artangaben zu den Zuchtformen möglich sind.

Xiphophorus helleri
HECKEL, 1848
Grüner Schwertträger

12 cm	23°C	G-(S)-N-H

Heimat: Mexiko und Guatemala
Die erwachsenen Männchen sind durch einen schwertförmig ausgezogenen unteren Schwanzflossenfortsatz gekennzeichnet. Grünlich, mit roten Längsstreifen. Imponierendes Balzschwimmen! Wildform viel lebendiger als die Zuchtformen, daher besonders zu empfehlen.

Haltung: Nur bei 22 bis maximal 25°C halten. Mittelgroßes Aquarium mit genügend freiem Schwimmraum. In kleinere Aquarien nur ein Männchen!

Die Zuchtformen sind vielfach mit *X. maculatus* gekreuzt. Weniger temperamentvoll als die Wildform, brauchen höhere Temperaturen (um 25°C). Manchmal empfindlich. Es gibt rein rote *helleri*-Zuchtformen (Rote Schwertträger), rote mit schwarzen Flossen (Wagtail-Helleri), Formen mit stark verlängerten Flossen (Leierschwanz-Helleri) und manche andere. Allesfresser. Tragende Weibchen zum Ablaichen getrennt in dichtbepflanzte Becken setzen!

Xiphophorus maculatus
(GUENTHER, 1866)
Platy, Spiegelkärpfling

6 cm	24°C	(S)-G-N-H

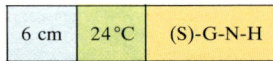

Heimat: Südmexiko, Guatemala, Honduras
Die unscheinbare Stammform hat keine aquaristische Bedeutung. Statt dessen werden knallrote Zuchtformen (Roter Korallenplaty), Formen mit schwarzem Schwanzwurzelfleck (Mondplaty) und andere Formen angeboten, die alle auch dem Anfänger zu empfehlen sind. Lebhafte, friedliche und genügsame Fische. Ausgezeichnet für das Gesellschaftsaquarium. Männchen haben kein Schwert. Zucht leicht.

Xiphophorus variatus
(MEEK, 1904)
Papageienplaty

7 cm	22°C	(S)-G-N-H

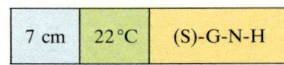

Heimat: Schnellströmende Gewässer Mexikos
Etwas schlanker als *X. maculatus*. Körper oft unregelmäßig gefleckt, stahlblau glänzend. Rücken- und Schwanzflosse oft farbig. Lebhaft, friedlich.

Haltung: Unempfindlich, aber nicht zu warm halten! Zusätzlich Pflanzenfutter geben. Auch hier existieren viele Zuchtformen. Männchen ohne Schwert. Zur Zucht kann die Temperatur kurzzeitig auf 26°C erhöht werden.

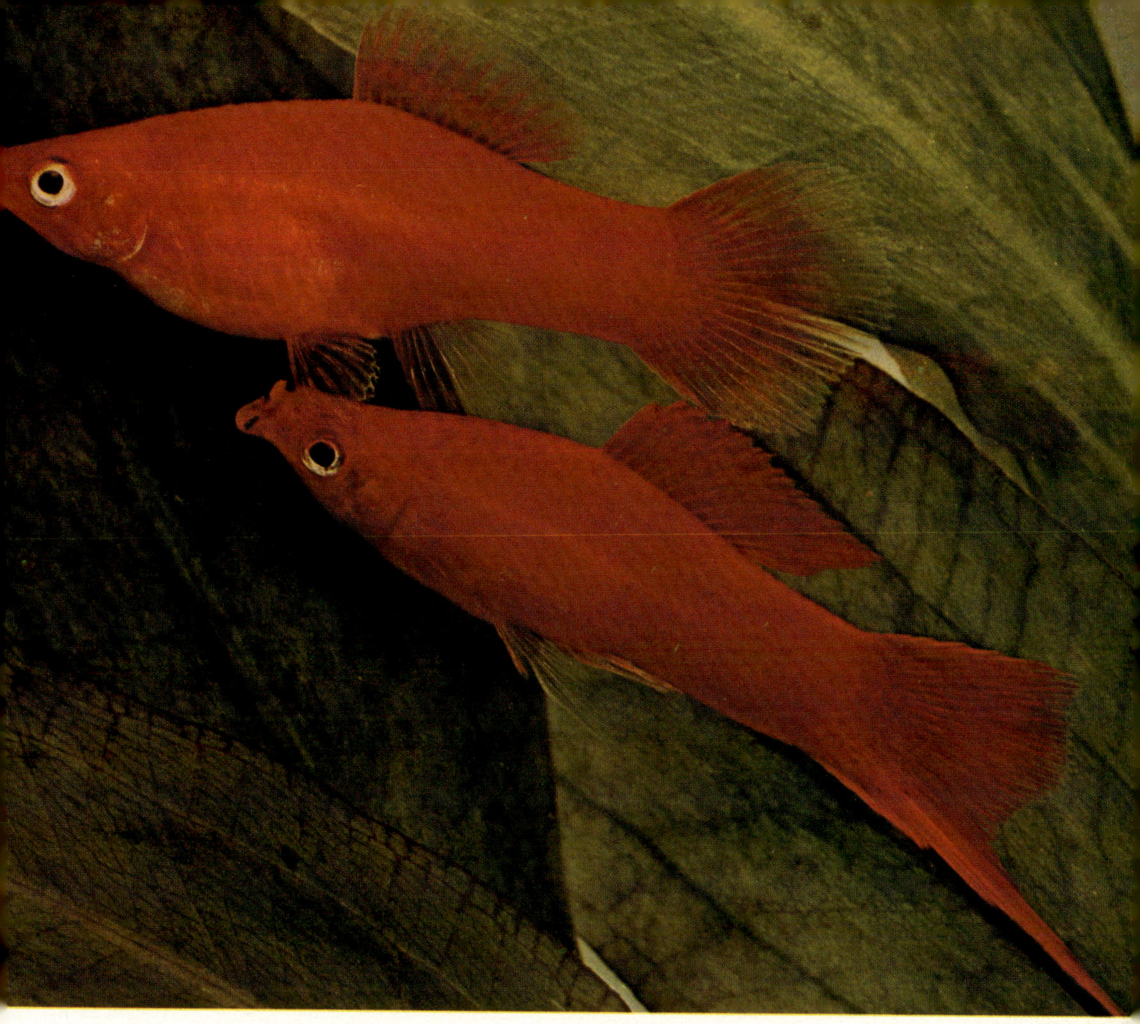

Bild 133. Grüner Schwertträger *(Xiphophorus helleri)*, „Rote Form". Aufnahme Kahl

Goodeidae (Hochlandkärpflinge)

Etwa 40 Arten, alle aus den Hochländern Mexikos. Relativ hochrückig gebaute Tiere. Lebendgebärend.

Xenotoca eiseni
(RUETTER, 1896)
Banderolenkärpfling

7 cm	22 °C	G-A-N-H

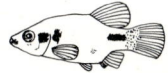

Heimat: Seen und Bäche der zentralmexikanischen Hochländer
Erwachsene Männchen mit auffallend schmalem Schwanzstiel und hohem, fast kreisrundem Körper. Schwanzstiel in der hinteren Hälfte mit kräftigem orangerotem Band. Das Begattungsorgan der Männchen liegt direkt vor der eigentlichen Afterflosse.
Haltung und Zucht: Problemlos. Friedliche Fische. Pro Wurf 20–60 Junge.

Jenynsiidae

In Südamerika südlich des Amazonas weitverbreitet. Interessanterweise sind die Begattungsorgane der Tiere so gebaut, daß jedes Tier nur entweder rechts oder links begatten kann bzw. begattet werden kann.

Am ehesten ist der Linienkärpfling (*J. lineata*) zu erhalten. Die bis zu 12 cm groß werdenden Tiere brauchen mittelhartes Wasser von etwa 25 °C mit leichter Strömung. Allesfresser. Aggressiv, daher nicht für das Gesellschaftsbecken geeignet.

Anablepidae (Vieraugenfische)

3 bekannte Arten. Leben in den küstennahen Brackgewässern des Amazonas. Perfekt an das Leben am Wasserspiegel angepaßt. Ihre Augen sind so geteilt, daß sie in normaler Schwimmhaltung mit jedem Auge gleichzeitig unter Wasser und im Luftraum sehen können. – Wie bei den Jenynsiidae können sich auf Grund des Baues der Begattungsorgane nur konträr gebaute Partner begatten.
Haltung: Nur in großen Spezialaquarien mit möglichst großer Oberfläche. Die lebhaften Fische werden etwa 20 cm lang! Wasser salzhaltig, Temperatur 24–28 °C. Futter: lebende Grillen und Heuschrecken, Muschelfleisch, Trockenfutter. Die pro Wurf 3–20 Jungtiere sind bei der Geburt bereits 3–5 cm lang.

Atherinidae (Ährenfische)

Hierzu wurden früher auch die Regenbogenfische und Blauaugen gezählt. Heute enthält die Familie nur eine aquaristisch bedeutende Art:

Bedotia geayi
PELLEGRIN, 1907
Rotgeschwänzter Ährenfisch

15 cm	24 °C	S-G-N-H

Heimat: Madagaskar
Problemloser Fisch. Es gibt zur gleichen Art gehörende Varianten, denen das Rot in der Schwanzflosse fehlt. Im Aquarium erreichen die lebhaften Schwarmfische meist nur 7 cm Länge.
Haltung: Friedliche Allesfresser. Mittelhartes bis hartes, etwas alkalisches Wasser. Zur Zucht bepflanztes Artaquarium. Auf 10 l Wasser Zugabe von 1 Teelöffel Kochsalz empfehlenswert. Dauerlaicher: legen täglich einige Eier in Pflanzen. Stellen Brut nicht nach. Junge fressen sofort Artemia-Nauplien.

Telmatherinidae (Segelfische)

Heimat: Celebes, Neuguinea, Nordaustralien
Schlanke Schwarmfische. Männchen mit zumeist bizarr geformten Flossen.

Telmatherina
Friedliche Schwarmfische, die bewegtes, nicht zu weiches Wasser brauchen.

Telmatherina ladigesi
AHL, 1936
Celebes-Segelfisch

7 cm	22 °C	S-G-H

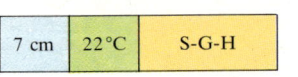

Heimat: Bergbäche Sulawesis (Celebes)
Männchen mit verlängerten Rücken- und Afterflossenstrahlen.
Haltung: Empfindlich gegen Nitrit; regelmäßiger Teilwasserwechsel! Zucht wie *Bedotia geayi*.
Gelegentlich ist *Iriatheria werneri* erhältlich, ein Verwandter aus Neuguinea. Noch schlanker und bizarrer geformt.

Melanotaeniidae (Regenbogenfische)

Lebhafte Schwarmfische aus der australischen Region mit zweigeteilter Rückenflosse. Bevorzugen hartes, bewegtes Wasser und häufigeren Wasserwechsel. Friedlich und widerstandsfähig. Zucht wie *Bedotia*. Am besten Daueransatz im Artbecken. Eihüllen mit fadenförmigen Anhängseln.

Glossolepis
Bisher zwei Arten aus Neuguinea bekannt. Nur eine hat aquaristische Bedeutung:

Glossolepis incisus
WEBER, 1908
Roter Regenbogenfisch (s. Bild 96)

15 cm	22 °C	S-G-N-H

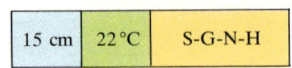

Erwachsene Männchen herrlich orangerot. Weibchen messingfarben, kleiner. Friedlicher, aber lebhafter Schwarmfisch.
Haltung: Größere Aquarien mit ausreichend

freiem Schwimmraum. Sonst unproblematisch.

Melanotaenia

Hierzu gehören wegen ihrer Genügsamkeit und ansprechenden Färbung beliebte Aquarienfische. Alle sind wie in der Familienbeschreibung zu halten und zu züchten. Einige Arten werden oft mit dem Gattungsnamen *Nematocentris* bezeichnet, doch ist das umstritten.

Melanotaenia fluviatilis
CASTELNAU, 1878
Perlmutter-Regenbogenfisch

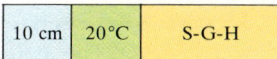 

10 cm	20°C	S-G-H

Heimat: Nordost-Australien und Süden Neuguineas
Männchen mit dunkel gesäumten Flossenrändern und orangerotem Kiemendeckelfleck. Wird fälschlich oft als *M. nigrans* bezeichnet. Das ist aber eine völlig andere Art.
Haltung: Braucht hartes Wasser!
Ähnlich gefärbt ist auch der kleiner bleibende *M. sexlineata,* er hat aber 6 zarte, dunkle Körperlängsstreifen.

Melanotaenia macullochi
OGILBY, 1915
Zwergregenbogenfisch (s. Bild 95)

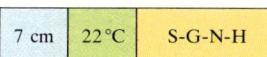 

7 cm	22°C	S-G-N-H

Heimat: Nordosten Australiens
Recht häufig angeboten. Sehr empfehlenswerter, harter Fisch. Schön. Lebhaft und friedlich. Zucht in mittelhartem Wasser leicht. Gut genährte Eltern sind keine Laichräuber. Junge schlüpfen bei 25°C nach 7–10 Tagen.

Pseudomugilidae (Blauaugen)

Heimat: Neuguinea, Australien
Die Blauaugen erinnern im Aussehen sowohl an Regenbogen- als auch an Ährenfische und gleichen ihnen auch in Haltung und Zucht (vgl. Familie Melanotaeniidae). Gelegentlich ist die nur etwa 4,5 cm groß werdende Art *Pseudomugil signifer* zu bekommen.

Gasterosteiformes (Stichlingsfische)

Die Stichlingsfische enthalten kleine, vorwiegend marine Arten. Zu dieser Ordnung werden die Stichlings-, Trompetenfisch- und Seenadelverwandten gezählt.

Gasterosteidae (Stichlinge)

In Nordamerika und Europa verbreitete Familie kleiner Meeres- und Süßwasserfische mit zumeist interessantem Laich- und Brutpflegeverhalten. Stichlinge brauchen hartes Wasser und kräftiges Futter. (Ausführliches zur Haltung und Zucht auf den Seiten 101–103!)

Syngnathidae (Seenadeln)

Seenadeln gibt es auf allen Kontinenten. Etwa 300 Arten sind bekannt. Nur wenige sind echte Süßwasserfische. Ausgezeichnet durch eine charakteristische, langgestreckte Körperform. Männchen mit Bruttasche am Bauch zur Entwicklung der Brut.

Syngnathus pulchellus
BOULENGER, 1915
Kleine Süßwassernadel

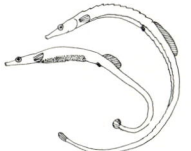

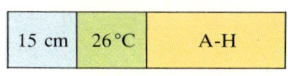

15 cm	26°C	A-H

Heimat: Brack- und küstennahe Süßgewässer Westafrikas
Sehr schöne Tiere mit rotem Bauch und leuchtendblauen Flecken an den Flanken.
Haltung: Hartes Leitungswasser (sonst Salzzusatz). Lebendfutter (Artemien, Cyclops, Daphnien)!
Nachzucht bereits gelungen. Brackwasser! Aufzucht mit Artemia-Nauplien.

Channiformes (Schlangenkopfartige)
Heimat: Afrika, tropisches Asien
Ruhige Raubfische mit tiefgespaltenem Maul und langgestrecktem Körper. Hartstrahlen fehlen. Mit zusätzlichem Labyrinthorgan ausgestattet (akzessorisches Atemorgan). Etwa 30 bekannte Arten, von denen einige über 1 m groß werden.

Haltung: Artaquarium oder Vergesellschaftung mit großen Fischen (Buschfische, Buntbarsche). Ausführliches s. Seite 116.

Perciformes (Barschartige)

Formen- und artenreichste Ordnung der Knochenfische, in 20 Unterordnungen gegliedert. Die Barschartigen haben zwei Rückenflossen, deren vordere aus Hartstrahlen, die hintere aus Weichstrahlen besteht und die zumeist miteinander verwachsen sind.

Percoidei (Barschverwandte)

Artenreichste Unterordnung der Perciformes mit etwa 70 Familien, von denen die Mehrzahl marin ist.

Lobotidae (Dreischwanzbarsche)

Artenarme Familie mit zumeist lappenartig verbreiterten weichstrahligen Teilen der Rücken- und Afterflossen (Name!). Robuste Raubfische.

Datnioides quadrifasciatus
(SEVASTIANOV, 1809)
Tigerfisch

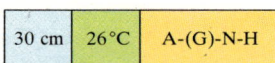 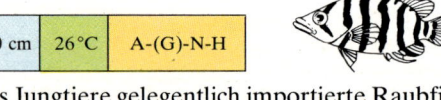

30 cm	26 °C	A-(G)-N-H

Als Jungtiere gelegentlich importierte Raubfische aus den Flußmündungen Süd- und Südostasiens. Junge mit etwa 8 dunklen Querbinden auf silbrigem Grund. Auffallend großer Kopf, kleiner Schwanz. Zweiter Stachel der Afterflosse säbelförmig.
Haltung: Zur Vergesellschaftung mit etwa gleichgroßen Fischen geeignet. Anpassungsfähig. Süß- oder Brackwasser. Futter: Regenwürmer, grobes Tümpelfutter.

Centropomidae (Glasbarsche)

Mit glasartig durchsichtigem, hochgebautem Körper. Rückenflosse zweigeteilt. Die meisten Arten sind marin.

Chanda ranga
(HAMILTON-BUCHANAN, 1822)
Indischer Glasbarsch

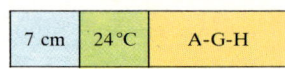 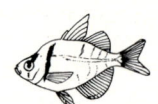

7 cm	24 °C	A-G-H

Heimat: Klare Fließgewässer Indiens, Birmas und Thailands; manchmal auch im Brackwasser
Robuster Fisch.
Haltung: Nicht zu weiches Wasser, ggf. Salzzusatz. Lebendfutterfresser!
Zur Zucht mehrere Paare in mit feinfiedrigen Pflanzen besetztem Behälter ansetzen. Laichfreudigkeit durch Temperaturerhöhung und Frischwasserzugaben anregen. Morgensonne! Aufzucht schwierig! Kleinste Cyclops-Nauplien anbieten. Junge suchen Beute nicht aktiv auf!
Neuerdings sind im Handel mit Leuchtfarbe angestrichene Import-Fische aufgetaucht. Tierquälerei!

Centrarchidae (Sonnenbarsche)

Nordamerikanische Barsche mit intensiver Brutpflege. Kaltwasserfische! Größere Arten besonders für Gartenteiche geeignet.

Centrarchus macropterus
(LACEPEDE, 1802)
Pfauenaugenbarsch

10 cm	19 °C	A-G-H

Heimat: Osten der USA
Wird im Freien bis zu 16 cm groß.
Haltung: Lebendfutter! Größeres bepflanztes Aquarium mit Sandboden. Hartes Wasser. Kühl überwintern.
Zucht im Artaquarium. Männchen betreibt intensive Brutpflege.

Elassoma evergladei
JORDAN, 1884
Zwergbarsch

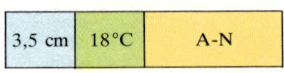 

3,5 cm	18 °C	A-N

Heimat: Osten der USA

Sehr hübsches, empfehlenswertes Fischchen für das Miniaquarium.
Männchen schwarzblau mit glitzernden Punkten.
Haltung: Genügsam, braucht aber Lebendfutter!
Im bepflanzten Artbecken ist die Zucht leicht – besonders nach kühler Überwinterung. Keine Laichräuber.

Lepomis gibbosus
(LINNÉ, 1758)
Gemeiner Sonnenbarsch

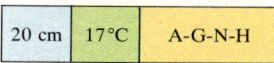 

20 cm	17°C	A-G-N-H

Heimat: Ostküste Nordamerikas vom südlichen Kanada bis Florida
Vielerorts eingeführt, auch in Europa. Bleibt im Aquarium kleiner. Schon mit 10 cm geschlechtsreif. Schöner Fisch.
Haltung: Für größere Kaltwasserbecken und Gartenteiche. Haltung und Zucht wie *Centrarchus macropterus*.

Mesogonistus chaetodon
(BAIRD, 1854)
Scheibenbarsch

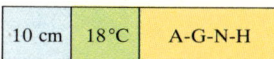 

10 cm	18°C	A-G-N-H

Heimat: New Jersey bis Maryland in stehenden und langsam fließenden Gewässern
Eine empfehlenswerte Art für das Kaltwasseraquarium.
Haltung und Zucht: Wie *Centrarchus macropterus*. Lebendfutter!
Synonym: *Enneacanthus chaetodon*.

Percidae (Echte Barsche)

Heimat: Binnengewässer der nördlichen gemäßigten Zone
Raubfische, zumeist mit zwei getrennten Rückenflossen. Zur Aquarienhaltung sind am ehesten Jungtiere des einheimischen Flußbarsches *(Perca fluviatilis)* zu halten.
Haltung: Lebendfutter jeder Art, möglichst kühles Wasser.

Scatophagidae (Argusfische)

Heimat: Küstengewässer Südostasiens
Brackwassertiere, die zeitweilig auch Süß- und Meerwasser vertragen. Friedliche Allesfresser, vergreifen sich oft an Aquarienpflanzen! Ungeeignet für Pflanzenbecken.
Häufig angeboten: *Scatophagus argus*.

Toxotidae (Schützenfische)

Oberflächenfische der küstennahen Gebiete Süd- und Südostasiens. Im Handel werden regelmäßig *T. jaculatrix* und der für das Süßwasseraquarium geeignetere *T. chatareus* angeboten. Ausführliches zur Unterscheidung dieser Arten, zur Haltung und zum Spuckverhalten der Schützenfische s. Seite 105.

Badidae (Blaubarsche)

Kleine, aus Südasien stammende Barsche. Friedlich. Wurden früher zu den Nanderbarschen gestellt.

Badis badis
(HAMILTON-BUCHANAN, 1822)
Blaubarsch

8 cm	26°C	A (G)-N

Heimat: Stehende Gewässer Indiens
Die Geschlechter können an der Bauchlinie erkannt werden. Selbst bei guter Ernährung neigen die auch deutlich größeren Männchen zum Hohlbauch. Weibchen sind dagegen runder.
Haltung: Ideal für Minibecken. Ausführliches s. Seite 92. Höhlenverstecke! Lebendfutterfresser!
Nicht selten wird der Rote Badis, eine Unterart (Art?) aus Birma angeboten. Haltung und Zucht wie Badis badis.

Nandidae (Nanderbarsche)

Raubfische, daher nicht für das normale Gesellschaftsbecken geeignet. Gedrungen, großköpfig. Maul tiefgespalten mit vorstreckbaren Kiefern. Ruhige Tiere, die in Tarnfärbung auf Beute lauern; vorzugsweise in der Dämmerung aktiv.
Haltung: Gutbepflanzte Aquarien mit Wur-

zelverstecken. Lebendfutterfresser (Fische), zumeist auch an Fleisch und Pellets zu gewöhnen. Weiches Wasser!

Monocirrhus polyacanthus
HECKEL, 1840
Blattfisch

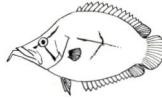

9 cm	25 °C	A-W

Heimat: Amazonien und Guayana-Länder
Beide Geschlechter mit Unterkieferzipfel. Laicht an Pflanzenblättern. Vaterfamilie, Mutter entfernen. Junge schlüpfen nach 3–4 Tagen.

Nandus nebulosus
(GRAY, 1830)
Malaiischer Nander

12 cm	25 °C	A (G)-W-N

Heimat: Thailand, Malaiische Halbinsel und Große Sundainseln
Haltung: Im kleinen Artaquarium oder zusammen mit größeren Fischen.
Sehr ähnlich ist der größer werdende Indische Nander (N. nandus) aus Vorderindien. Er hat aber kleinere Schuppen.

Bild 134. Roter Badis *(Badis badis burmanicus)*. Aufnahme Vierke

Polycentrus schomburgki
MUELLER & TROSCHEL, 1848
Südamerikanischer Vielstachler

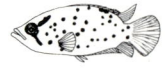

10 cm	25 °C	A (G)-W

Heimat: Nordöstliches Südamerika
Bleibt in Gefangenschaft kleiner. Männchen zur Laichzeit samtschwarz mit türkisfarbenen Tüpfeln.
Haltung und Zucht: Wie *Monocirrhus*.
Entsprechendes gilt für den Afrikanischen Vielstachler *P. abbreviata*.

Cichlidae (Buntbarsche)

Fast ausschließlich in Mittel- und Südamerika sowie in Afrika verbreitet. Über 600 Arten. Oft farbenprächtig gefärbt und mit interessantem Verhalten, speziell Brutpflegeverhalten. Da vielfach territorial, gelegentlich problematisch in der Vergesellschaftung. – Nach ihrer Brutpflege unterscheidet man Offenbrüter und Versteckbrüter. Letztere haben weniger Eier, die aber größer sind und für die Entwick-

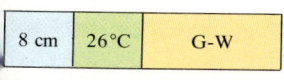

Bild 135. Blaupunktbuntbarsche *(Aequidens pulcher)* beim Ablaichen. Aufnahme Kahl

lung mehr Zeit brauchen. Zu den Versteckbrütern werden sowohl die Höhlenbrüter als auch die Maulbrüter gezählt. Innerhalb der Familie ist das Maulbrüten mehrfach unabhängig voneinander entstanden.

Ausführliche Hinweise für die Einrichtung eines Cichlidenbeckens und für Möglichkeiten ihrer Vergesellschaftung und Haltung s. Seite 111 ff.

Aequidens
Südamerikanische Gattung. Zumeist Großcichliden, aber auch einige sehr friedliebende, kleinbleibende Arten. Einige Arten wie *A. paraguayensis* sind Maulbrüter, die Mehrzahl Offenbrüter.

Aequidens curviceps
(AHL, 1924)
Tüpfelbuntbarsch

8 cm	26 °C	G-W

Heimat: Amazonien
Schönes, friedliches Fischchen, das nicht

wühlt. Männchen mit länger ausgezogenen Flossen. Zucht bei abwechslungsreichem Nahrungsangebot nicht schwer. Offenbrüter; Gelege auf Steinen. Elternfamilie.
Haltung: Für das bepflanzte Gesellschaftsaquarium geeignet. Braucht häufigeren Teilwasserwechsel.

Aequidens dorsiger
(HECKEL, 1840)
Halbbinden-Rotbrustbuntbarsch

12 cm	26 °C	G-W

Heimat: Rio Paraguay
Beide Geschlechter in Balzstimmung an Brust und Kehle rot. Männchen mit schwarzem, goldfarbig gesäumtem Fleck in der Mitte der Rückenflosse.
Haltung und Zucht: Wie vorhergehende Art. Für bepflanzte Gesellschaftsbecken geeignet.

Aequidens pulcher
(GILL, 1858)
Blaupunkt-Buntbarsch

17 cm	24 °C	A (G)-N-W

Heimat: Venezuela, Kolumbien und Panama

225

Einer der schönsten Buntbarsche. Erwachsene Männchen meist mit länger ausgezogenen Rücken- und Afterflossen. Relativ wenig wühlend, dennoch kein Fisch für gutbepflanzte Gesellschaftsaquarien.

Haltung: Art- oder Cichlidenbecken. Futter: Grobes Lebendfutter, Pellets, Großflocken. Zur Zucht paarweiser Ansatz. Laichsteine. Offenbrüter mit Elternfamilie. – Anmerkung: Die Art ist vielfach noch unter „*Aequidens latifrons*" bekannt.

Ganz entsprechend zu halten und zu züchten sind die etwas friedlicheren, jedoch weniger farbenprächtigen *Ae. maronii* und *Ae. portalegrensis*.

Apistogramma
(Eigentliche Zwergbuntbarsche)

Kleinbleibende Buntbarsche Südamerikas mit deutlichem Geschlechtsdimorphismus. Höhlenbrüter. In kleinen (vgl. Seite 111) und mittelgroßen Aquarien nicht mehr als ein Männchen zu 2 oder 3 Weibchen geben. „Mann-Mütter-Familie", das heißt, daß Polygamie üblich ist und sich nur die Weibchen intensiv um die Brut kümmern. – *Apistogramma*-Arten bevorzugen weiches, leicht saures Wasser. Eignen sich gut zur Vergesellschaftung mit Salmlern und anderen kleinen Weichwasserfischen.

Bild 136. Ein Paar Agassiz Zwergbuntbarsche (*Apistogramma agassizii*). Das Weibchen hütet die unter dem Höhlendach klebenden Eier. Aufnahme Vierke

Apistogramma agassizii
(STEINDACHNER, 1875)
Agassiz' Zwergbuntbarsch

10 cm	26°C	G-W

Heimat: Amazonien

Männchen größer und farbiger, mit spatenförmiger Schwanzflosse. Es gibt verschiedene Farbvarianten, z.B. vorwiegend gelbe oder rotfarbene Männchen.

Haltung: Gut für das Gesellschaftsaquarium geeignet. Für Höhlen und Wurzelunterstände sorgen. Möglichst Lebendfutter. Zur Zucht pro Männchen möglichst 2–3 Weibchen. Großes Becken mit genügend Bruthöhlen. Weiches Wasser, Eier verpilzen leicht.

Apistogramma bitaeniata
PELLEGRIN, 1936
Querbinden-Zwergbuntbarsch

9 cm	27°C	G-A-W

Bild 137. Männchen der weinrotfarbenen Variante des Querbinden-Zwergbuntbarsches *(Apistogramma bitaeniata)*. Aufnahme Vierke

Heimat: Oberer Solimões und Oberlauf des Amazonas

Sehr schöne Art. Die wesentlich größeren Männchen mit verlängerten Rückenflossenhäuten. Höhlenbrüter. Mann-Mütter-Familie. Es gibt hierzu eine weinrotfarbene Variante, deren Artzugehörigkeit aber noch nicht gesichert ist.

Haltung: Für das Gesellschaftsbecken geeignet. Empfindlich gegen Medikamente. Häufigerer Teilwasserwechsel nötig. Wasser möglichst weich. Lebendfutter.

Synonyme: *A. kleei, A. klausewitzi.*

Apistogramma borellii
(REGAN, 1908)
Gelber Zwergbuntbarsch

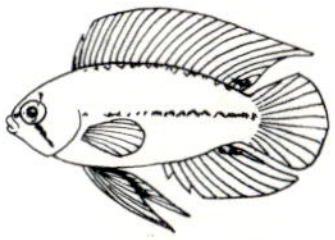

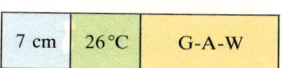

7 cm	25°C	G-W-N

Heimat: Rio Paraguay

Männchen blau-gelb mit sehr hoher, segelartiger Rückenflosse.

Haltung: Ausgezeichnet für das Gesellschaftsbecken geeignet. Anspruchsloser Fisch. Zucht

relativ leicht: paarweiser Ansatz. Bruthöhle! Weibchen pflegt zumeist zuverlässig.

Die Art lief jahrzehntelang unter dem Namen *A. reitzigi.*

Apistogramma cacatuoides
HOEDEMANN, 1951
Kakadu-Zwergbuntbarsch

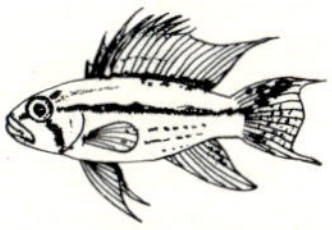

8 cm	25°C	G-W-N

Männchen mit verlängerten Rückenflossenmembranen und zweizipfliger Schwanzflosse.

Haltung: Zucht leicht: pro Männchen 1–3 Weibchen. Bruthöhlen! Mann-Mütter-Familie.

Die Art lief früher unter dem Namen *A. borelli.* Man unterscheidet die graue Variante (oft mit roten Flecken in der Schwanzflosse), die türkisfarbene (oft mit gelben Schwanzflossenflecken) und die ungefleckte blaue Form.

Apistogramma iniridae
KULLANDER, 1979

7 cm	26°C	G-A-W

Heimat: Rio Iniridia im oberen Orinoco-Gebiet

227

Bild 138. Paar des Dreistreifen-Zwergbuntbarsches *(Apistogramma trifasciata)*. Das Männchen verfolgt das Demutfärbung zeigende Weibchen. Aufnahme Vierke

Männchen mit hoher Rückenflosse und großer, abgerundeter Schwanzflosse mit angedeuteter Querstreifung.
Haltung und Zucht: Wie *A. agassizii*.

Apistogramma pertensis
(HASEMAN, 1911)
Amazonas-Zwergbuntbarsch

7 cm	25°C	G-W

Heimat: Zentrales Amazonasgebiet
Abgerundete, mit zarten Querbinden versehene Schwanzflosse.
Haltung und Zucht: Wie *A. agassizii*.

Apistogramma steindachneri
(REGAN, 1908)
Steindachners Zwergbuntbarsch

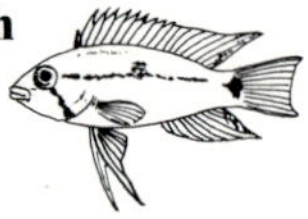

10 cm	25°C	G-W

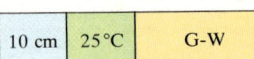

Heimat: Nordöstliches Südamerika
Einer der größeren Zwergbuntbarsche, den-

noch gut geeignet für das Gesellschaftsaquarium. Männchen größer und farbiger, mit ausgezogenen Schwanzflossenzipfeln. Schafft sich relativ großes Revier. Höhlenbrüter.
Haltung: Gut bepflanzen, Unterstände aus Wurzeln, Steinen und dgl. Lebendfutter, weniger gern Trockenfutter.
Anmerkung: Vielfach wird die Art unter den Namen *A. wickleri* und *A. ornatipinnis* beschrieben.

Apistogramma trifasciata
(EIGENMANN & KENNEDY, 1903)
Dreistreifen-Zwergbuntbarsch

6 cm	27°C	G-W

Heimat: Amazonien, auch südlich der Amazonas-Wasserscheide in pflanzenreichen Buchten
In mehrere Unterarten aufgespalten. Männchen mit indianerhaubenartig ausgezogenen Rückenflossenmembranen.
Haltung: Möglichst Lebendfutter. Geeignet für das gutbepflanzte Gesellschaftsbecken. Zur Zucht mehrere Weibchen zu einem Männchen geben, entsprechend viele Bruthöhlen. Relativ große Reviere! Mann-Mütter-Familie.

Astronotus

In der Aquaristik ist nur die folgend beschriebene Art bekannt:

Astronotus ocellatus
(CUVIER, 1829)
Pfauenaugenbuntbarsch

33 cm	24 °C	A-W-N

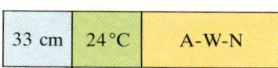

Heimat: Amazonasbecken und Parana-System

Geschlechtsunterscheidung schwer. Substratlaicher. Elternfamilie. – Es sind verschiedene Zuchtvarianten bekannt. Beliebt ist vor allem die rote Form (Roter Oskar).
Haltung: Herrliche Tiere für das große Artaquarium. Vergesellschaftung mit anderen Großcichliden möglich. Einrichtung: Große Steine, Wurzeln, Schwimmpflanzen. Futter: Regenwürmer, Fleisch, Forellenfutter.

Aulonocara

Ist vor allem bekannt durch die im Malawi-See endemische Art *A. nyassae,* den bis zu 18 cm groß werdenden Kaiserbuntbarsch. Beliebter, weil sehr farbenprächtiger Fisch für das Hartwasser-Großcichlidenbecken. Temperatur um 24 °C. Maulbrüter.

Chromidotilapia

Maulbrüter aus den küstennahen Gewässern Westafrikas. Brauchen hartes bis mittelhartes Wasser.

Chromidotilapia guentheri
(SAUVAGE, 1882)
Günthers Prachtbarsch

18 cm	25 °C	A-N-H

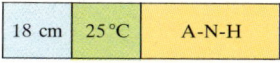

Heimat: Westafrika
Schöner, aber oft aggressiver Fisch.
Haltung: Art- oder Cichlidenbecken. Zucht im Paaransatz. Weibchen mit rötlichem Bauch. Laichabgabe auf Stein oder in Grube. Maulbrüter. Eltern lösen sich ab.

Cichlasoma

Zumeist groß werdende Cichliden Mittel- und Südamerikas. Ausgewachsene Männchen sind größer und haben oft ausgezogene Rücken- und Afterflossen sowie oft einen Stirnhöcker. Die meisten Arten eignen sich nur für speziell eingerichtete Großcichliden-Becken (vgl. Seite 111) mit den entsprechenden Beifischen. – Oft ausgezeichnete Brutpfleger. Elternfamilie.

Cichlasoma cyanoguttatum
(BAIRD & GIRARD, 1854)
Perlcichlide

30 cm	20 °C	A-N

Heimat: Texas und Nordmexiko
Haltung: Schöner Großcichlide für das Cichlidenbecken. Einrichtung aus Steinen, Wurzeln, Schwimmpflanzen. Filter! Öfter Frischwasser zugeben. In Altwasser bekommen die Fische leicht Geschwüre. Wird oft auch als *Herichthys cyanoguttatus* bezeichnet.

Cichlasoma festivum
(HECKEL, 1840)
Flaggenbuntbarsch

20 cm	24 °C	G-W-N

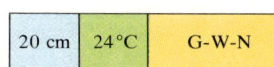

Heimat: Amazonien und Westguayana
Sehr friedlich, wühlt nicht. Geschlechter äußerlich kaum zu unterscheiden. Offenbrüter, Elternfamilie. Anderer Name: *Mesonauta festivum.*
Haltung: Bepflanzte Becken mit Steinen und Wurzeln. Mit nicht zu kleinen Fischen bedenkenlos zu vergesellschaften.

Cichlasoma meeki
(BRIND, 1918)
Feuermaulbuntbarsch

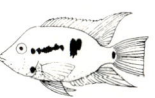

15 cm	23 °C	A (G)-N

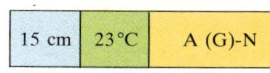

Heimat: Mittelamerika
Sehr schöner Buntbarsch, der aber gelegentlich wühlt. Weibchen meist kleiner. Offenbrüter, Elternfamilie. Bastardierung mit *C. nigrofasciatum* möglich.
Haltung: Möglich für Gesellschaftsbecken. Pflanzenwurzeln mit Steinen absichern. Nicht zu kleine Mitbewohner. Grobes Lebendfutter, Forellenfutter, Fleisch, Flockenfutter.

Cichlasoma nigrofasciatum
(GUENTHER, 1869)
Grünflossenbuntbarsch, Zebrabuntbarsch

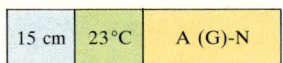

15 cm	23°C	A (G)-N

Heimat: Mittelamerika von Guatemala bis Westpanama
Weibchen meist kleiner mit abgerundeten Flossen und am Bauch meist rötlichen Zonen. Gelege frei auf Steinen oder in Kunsthöhlen. Beide Eltern eifrige Brutpfleger.
Die albinotische Form wird irreführend „Kongo-Cichlide" genannt.
Haltung: Gräbt viel, für Gesellschaftsaquarium daher nur bedingt geeignet. Besser Cichlidenbecken.

Cichlasoma octofasciatum
(REGAN, 1903)
Schwarzgebänderter Buntbarsch

20 cm	23°C	A-N

Heimat: Mittelamerika
Prächtige Schautiere. Geschlechter sehr ähnlich. Offenbrüter, Elternfamilie. Die Art wurde früher zumeist als *C. biocellatum* bezeichnet.
Haltung: Eignen sich nur für Großcichliden-Becken. Wühlen stark. Keine Pflanzen. Filter! Futter: Regenwürmer, Forellenfutter, Fleisch.

Cichlasoma septemfasciatum
REGAN, 1908
Weinrotflossiger Buntbarsch

12 cm	23°C	A-N

Heimat: Ostseite von Costa Rica und Panama
Schöner, friedlicher Fisch, der aber zur Laichzeit wühlt. Gelegentlich wurde irrtümlich angenommen, die Art sei mit *C. spilurum* identisch. *C. cutteri* ist ein Synonym.

Cichlasoma severum
(HECKEL, 1840)
Augenfleckbuntbarsch

20 cm	25°C	A-W-N

Heimat: Nördliches Amazonas-Becken und Guayana
Sehr schön und normalerweise friedfertig, während der Laichzeit jedoch „ruppig". Männchen mit kräftigerer rotbrauner Kopfzeichnung. Zucht nicht immer einfach, da bei der Auswahl der Partner oft wählerisch.
Haltung: Art- oder Cichlidenbecken. Grobes Lebendfutter (kleine Regenwürmer, Fleisch), evtl. frische Salatblätter.

Cichlasoma spilurum
(GUENTHER, 1862)

12 cm	23°C	A-N

Heimat: Ostküste von Belize, Guatemala, Honduras
Friedlicher, harter Fisch für das Cichliden-Becken. Ältere Männchen oft mit Stirnhöcker, größer. Zucht leicht. Eier werden gern in Steinhöhlen abgelegt. Elternfamilie. Ausdauernde Pfleger.
Die Art ist nicht mit *C. cutteri* identisch (siehe *C. septemfasciatum*). Sie verbastardiert mit *C. nigrofasciatum*.

Crenicara
(Schachbrettcichliden)
Von den 4 bekannten Arten dieser Gattung wird nur die folgende häufiger angeboten:

Crenicara filamentosa
LADIGES, 1959
Gabelschwanz-Schachbrettcichlide

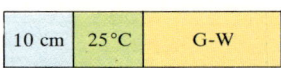

10 cm	25°C	G-W

Heimat: Mittleres Amazonasgebiet
Männchen mit schönen Farben, ausgezogene Schwanzflossenzipfel. Zucht gelingt nur bei optimalen Wasserqualitäten. Freilaicher. Mutter pflegt.
Haltung: Geeignet für das gutbepflanzte Art- oder Gesellschaftsaquarium. Wasser weich und sauer (Torfzusatz). Empfindlich gegen Wasserverschlechterung. Lebendfutter, gelegentlich Trockenfutter.

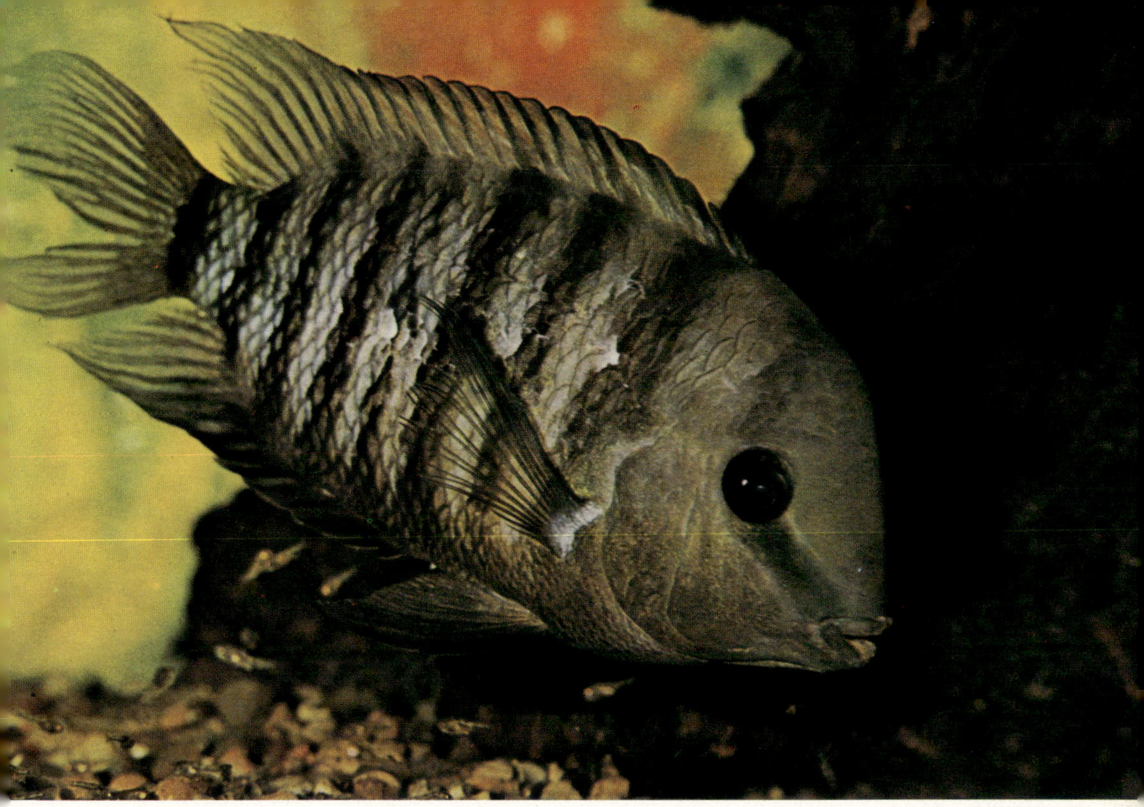

Bild 139. *Cichlasoma spilurum* – Männchen beim Führen der erst seit wenigen Tagen freischwimmenden Brut. Aufnahme Vierke

Crenicichla
(Kammbarsche)
Heimat: Südamerika
Langgestreckte Raubfische. Etwa 30 Arten. Oft schön gefärbt. Nur für das Artbecken geeignet.

Crenicichla lepidota
HECKEL, 1840
Pfauenaugen-Kammbarsch

20 cm	24 °C	A-W-N

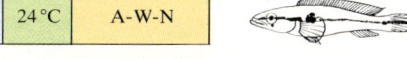

Heimat: Amazonasbecken
Ausgesprochener Raubfisch, der sich gern unter Pflanzen und Wurzeln in Bodennähe versteckt. Männchen mit länger ausgezogenen Rücken- und Afterflossen.
Haltung: Wasser nicht zu hart. Frißt Fische, große Wasserinsekten, Regenwürmer. Zur Zucht große Laichhöhlen anbieten, sollen aber auch offen brüten. Brutpflege vorwiegend vom Männchen.

Eretmodus
Nur eine Art bekannt. Gehört mit den nahe verwandten Gattungen *Tanganicodus* und *Spathodus* zu den Grundelbuntbarschen des Tanganjika-Sees.

Eretmodus cyanostictus
BOULENGER, 1898
Tanganjika-Clown

8 cm	25 °C	A-G-N-H

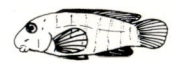

Heimat: Tanganjika-See
Friedfertig und pflanzenfreundlich. Possierliche Grundfische.
Haltung: Gesellschaftsaquarium möglich, Artbecken besser. Viele Steinaufbauten, Höhlen. Wasser nicht zu weich. Häufiger Wasserwechsel! Lebend- und Trockenfutter.
Zucht schwierig, da länger dauernde Paarbildung. Maulbrüter mit Revieren. Eltern gemeinsam Brut pflegen lassen!

Etroplus

Einzige asiatische Gattung der Cichliden mit nur 3 Arten. Eine davon *(E. canarensis)* ist sehr selten und aquaristisch völlig unbekannt.

Etroplus maculatus
(BLOCH, 1795)
Punktierter Buntbarsch

8 cm	26 °C	G-N-H

Heimat: Südindien und Sri Lanka
Empfehlenswerter, friedlicher Cichlide. Pflanzenfreundlich. Die größeren Männchen sind farbiger. Zucht nicht schwer. Offenbrüter. Die Jungen ernähren sich anfangs vom Körperschleim ihrer Eltern.
Haltung: Nimmt Lebend- und Trockenfutter.

Etroplus suratensis
(BLOCH, 1790)
Gestreifter Buntbarsch

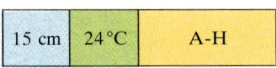 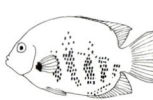

15 cm	24 °C	A-H

Heimat: Küstengebiete Sri Lankas und Vorderindiens (hier bis zu 40 cm lang!)
Trotz ihrer Größe friedliche Fische, als Pflanzenfresser aber nicht für das Pflanzenbecken geeignet. Geschlechtsunterschiede unbekannt.
Haltung: Futter: Lebendfutter (Regenwürmer), Fleisch, Salat, überbrühter Spinat. Benötigen großes Aquarium, etwas Salzzusatz günstig. Zur Zucht 2–3 Teelöffel Meersalz pro 10 Liter Wasser zufügen. Offenbrüter, Elternfamilie.

Geophagus

Friedliche südamerikanische Buntbarsche, die alle Übergänge vom Offenbrüter *(G. brasiliensis)* bis zum hochspezialisierten Maulbrüter *(G. steindachneri)* zeigen. Der Name „*Geophagus*" bedeutet „Erdfresser" und bezieht sich auf die Eigenart der Tiere, den Bodengrund ins Maul zu nehmen und nach Genießbarem zu durchsuchen. Das Aquarium sollte zumindest stellenweise Sandgrund haben; eventuelle Pflanzen müßten durch Steine gegen Ausgraben gesichert werden.

Geophagus steindachneri
EIGENMANN &
HILDEBRAND, 1910
Rothaubenerdfresser

25 cm	26 °C	(G)-N

Heimat: Kolumbien, in Cauca und Magdalena
Friedlicher Fisch, der relativ wenig wühlt. Männchen größer, mit Stirnbeule. Keine Revierbildung. Maulbrüter. Das Weibchen entläßt die Jungen nach etwa 20 Tagen. Während der Tragezeit einzeln setzen und nicht füttern. Junge fressen sofort Artemien. Mutterfamilie.
Haltung: Bepflanzte Gesellschaftsbecken mit nicht zu kleinen Fischen. Cichliden-Becken aber besser. Frißt grobes Lebendfutter, Regenwürmer, Pellets und Flockenfutter.
Anmerkung: Die Art wurde verschiedentlich als *G. hondae* und *G. magdalenae* bezeichnet. Interessante Balz. Eiattrappen im Mundwinkel.

Geophagus jurupari
HECKEL, 1840
Teufelsangel

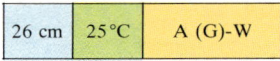 

26 cm	25 °C	A (G)-W

Heimat: Guayana
Dekorativer Fisch. Anderen Fischen gegenüber völlig harmlos. Kaut Boden nach Futter durch, daher für normales Gesellschaftsaquarium wenig geeignet. Das Gelege wird zumeist auf Steinen abgesetzt. Nach etwa 24 Stunden wird der Laich von den Eltern im Maul weitergepflegt. Entlassen der Jungen nach etwa 10 Tagen. Elternfamilie.
Haltung: Art- oder Cichlidenbecken mit sandigem Bodengrund. Frißt kleineres Lebendfutter (z.B. Tubifex, Mückenlarven) und Trockenfutter.

Geophagus surinamensis
(BLOCH, 1791)
Surinam-Perlfisch

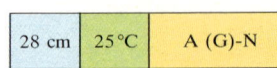 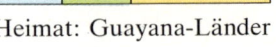 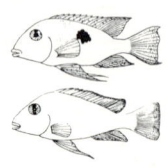

28 cm	25 °C	A (G)-N

Heimat: Guayana-Länder

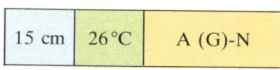

Bild 140. Rothaubenerdfresser *(Geophagus steindachneri)*. Aufnahme Vierke

Männchen mit länger ausgezogenen Flossen. Ablaichen auf Steinen. Kurz vor dem Schlüpfen wird der Laich im Maul weitergepflegt. Elternfamilie.
Haltung: Art- oder Cichlidenbecken mit Sandboden. Lebend- und Trockenfutter.

Haplochromis
Eine aus über 200 Arten bestehende afrikanische Cichliden-Gattung. Die meisten der Arten stammen aus dem Malawi- und dem Viktoria-See. Zumeist mit auffallendem Geschlechtsdimorphismus (Männchen und Weibchen in Größe und Färbung unterschieden). Die Weibchen pflegen die Eier und Larven im Maul. Männchen haben am Hinterende der Afterflossen sogenannte Eiflecken. Diese dienen als Attrappen, die die Weibchen zum Ablaichen in die Nestgrube locken und überdies bei der Paarung der Befruchtung der Eier dienen. Der Laich wird von der Mutter nämlich ins Maul genommen, noch bevor er befruchtet werden konnte. Beim Versuch des Weibchens,

auch die Eiattrappen in der Afterflosse des Männchens aufzuschnappen, saugt es die jetzt abgegebenen Spermien auf, die nun den Laich im Maul des Weibchens befruchten können.

Haplochromis burtoni
(Guenther, 1893)
Blaumaul-Maulbrüter

15 cm	26 °C	A (G)-N

Heimat: Afrika
Sehr schöner Fisch.
Haltung: Vergesellschaftung im größeren Gesellschaftsbecken mit robusten Fischen möglich, besser Art- oder Cichlidenbecken. Hebt Laichgruben aus! Anspruchslos im Hinblick auf Wasserbeschaffenheit und Futter.
Zur Zucht Männchen mit mehreren Weibchen vergesellschaften. Weibchen kleiner, weniger farbig, weniger auffallende Afterflossenflekken. Weibchen Maulbrüter. Laichtragende Weibchen getrennt halten. Aufzucht der nach 15—20 Tagen freischwimmenden Jungen leicht. (Wird von einigen Autoren zur Gattung *Astatotilapia* gestellt.)

Haplochromis compressiceps
(BOULENGER, 1908)
Messerbuntbarsch

25 cm	24 °C	A-H

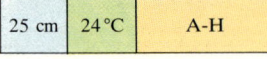

Heimat: Malawi-See
Eindrucksvoll durch seinen riesigen, keilförmig zulaufenden Kopf.
Haltung: Ruhiger Fisch für das Cichlidenbecken, besser fürs bepflanzte Artaquarium. Soll anderen Fischen gelegentlich die Augen ausbeißen! Nimmt Lebend- und Trockenfutter, frißt kleine Fische.

Haplochromis moorii
BOULENGER, 1902
Beulenkopfmaulbrüter

25 cm	24 °C	A-H

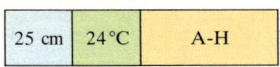

Heimat: Malawi-See
Dekorativer, blaugefärbter Großcichlide.
Haltung: Cichlidenbecken, teilweise mit Sandboden. – Wasser hart, leicht basisch, braucht regelmäßigen Teilwasserwechsel. Nimmt Lebend- und Trockenfutter.
Zucht: Maulbrüter. Laichtragendes Weibchen isolieren.

Hemichromis
Afrikanische Offenbrüter. Sehr schöne Tiere, die aber untereinander und gegen Tiere anderer Arten sehr aggressiv sind. Gute Brutpfleger.

Hemichromis bimaculatus
GILL, 1862
Roter Cichlide

15 cm	24 °C	A-N

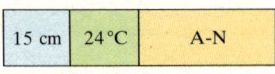

Heimat: Nördliches und tropisches Afrika
Sehr schöner Fisch, leider überaus aggressiv. Weibchen meist roter. Offenbrüter. Elternfamilie. Es gibt vom Roten Cichliden zwei verschiedene Formen, die vielleicht verschiedenen Arten zuzuordnen sind.
Haltung: Am besten Artbecken mit Felsenaufbauten und harten Pflanzen. Keine Ansprüche an Futter und Wasserqualität.

Hemichromis fasciatus
PETERS, 1857
Fünffleckbuntbarsch

25 cm	24 °C	A-N-H

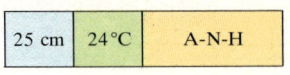

Heimat: Mittleres Westafrika
Außerordentlich unverträglicher, aber schöner Cichlide. Im Freiwasser Fischfresser.
Haltung: Großes Artbecken mit vielen Versteckmöglichkeiten. Futter: Grobes Lebendfutter (Regenwürmer), Fleisch.

Herotilapia
Der Gattung *Cichlasoma* nahestehende Gattung mittelamerikanischer Cichliden. Nur eine Art:

Herotilapia multispinosa
(GUENTHER, 1869)
Regenbogencichlide

14 cm	23 °C	A-N

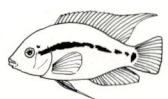

Eine relativ friedliche Art, die jedoch möglichst im Art- oder Cichlidenbecken gehalten werden sollte. Anspruchsloser, schöner Fisch. Männchen mit längeren, spitzer ausgezogenen Rücken- und Afterflossen. Zucht sehr leicht. Offenbrüter. Eltern gute Brutpfleger.

Julidochromis (Schlankcichliden)
Schlanke Cichliden aus der felsigen oder geröllreichen Uferzone des Tanganjikasees. Brauchen im Aquarium mittelhartes, basisches Wasser und möglichst viele Höhlenverstecke. 5 Arten.

Julidochromis marlieri
POLL, 1956
**Schachbrett-
Schlankcichlide**

15 cm	25 °C	A-N

Heimat: Felsgebiete des Tanganjika-Sees

Bild 141. Rote Cichliden *(Hemichromis bimaculatus)* mit Jungen. Aufnahme Kahl

Haltung: Art- oder Cichlidenbecken mit vielen Felsen und Steinhöhlen. Pflanzenfreundlich. Vergesellschaftung mit Artgenossen kann zunächst sehr schwierig sein. Nach Eingewöhnung aber friedlich. Lebend- oder Trockenfutter. Empfindlich gegen Umsetzen in anderes Wasser! Höhlenbrüter. Junge bei den Eltern belassen. Das Gleiche gilt für *J. regani*.

Julidochromis ornatus
BOULENGER, 1898
Tanganjika-Zwergbuntbarsch

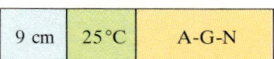 

Heimat: Tanganjika-See
Schöner schwarzgelber Zwergbuntbarsch. Weibchen größer, fülliger. Höhlenbrüter. Junge im Artbecken belassen. Werden von den Eltern nicht verfolgt und können neue Kolonien bilden.
Haltung: Wirkt am besten im Artbecken. Unterbringung im schön bepflanzten Gesellschaftsbecken aber auch gut möglich. Nach Eingewöhnung untereinander friedlich. Braucht viele Steinaufbauten mit Höhlen. Vorsicht beim Umsetzen in anderes Wasser. Keine besonderen Ansprüche an das Futter. Die Angaben gelten auch für *J. dickfeldi* und den noch etwas kleineren *J. transcriptus*.

Labeotropheus
Aufwuchsfresser aus dem Malawi-See mit auffallend unterständigem Maul. Nur 2 Arten bekannt.
Labeotropheus fuelleborni
AHL, 1927
Schabemund-Buntbarsch

Heimat: Malawi-See
Haltung: Cichliden-Becken mit Steinaufbauten und Wurzelwerk. Nur robuste Pflanzen. Wasser leicht basisch. Nahrung: Lebendfutter, Rinderherz, Trockenfutter, überbrühter Spinat und Salat. Zucht nicht sonderlich schwer. Die Weibchen sind Maulbrüter. Wenn möglich, sollte man maulbrütende Tiere isolieren, ohne sie beim Fang zu sehr zu jagen (unter Wasser vorsichtig in ein Glas treiben!).

Labeotropheus trewavasae
FREYER, 1956
**Gestreckter
Schabemund-Buntbarsch**

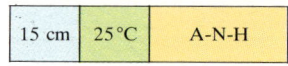 

Heimat: Malawi-See
Ähnlich wie *L. fuelleborni*, aber schlanker. Große Zahl von farblichen Standortvarianten; auch bei den Weibchen.
Haltung und Zucht: Wie *L. fuelleborni*.

Labidochromis
Maulbrüter aus dem Malawi-See. Wie alle *Mbuna*-Cichliden in mittelhartem, leicht alkalischem Wasser zu halten. Relativ anspruchslos. Geschlechter nicht immer leicht zu unterscheiden.

Lamprologus
Heimat: Tanganjika-See und Kongo-Gebiet
Sehr unterschiedlich aussehende Arten. Fressen in erster Linie Lebendfutter! Keine Maulbrüter. Legen ihre Eier auf Steinen oder dgl. ab (oft in Höhlen oder Spalten versteckt).

Lamprologus brichardi
POLL, 1974
Feenbarsch

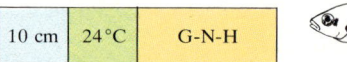 

Heimat: Tanganjika-See
Schöner, lebhafter Fisch, gelegentlich aggressiv. Anspruchslos.
Haltung: Im Gesellschaftsbecken mit robusten Beifischen möglich. Braucht viele Steinhöhlen, ist pflanzenfreundlich. Wasser mittelhart bis hart, basisch. Keine besonderen Futteransprüche. Zucht am besten im Artaquarium. Höhlenlaicher. Eltern stellen Jungen nicht nach. Im Artaquarium wurde beobachtet, daß ältere Geschwister bei der Brutpflege ihrer Eltern gelegentlich mithelfen. – Alter Name: *Lamprologus savoryi elongatus*.

Bild 142. Dickfelds Schlankcichlide *(Julidochromis dickfeldi)*. Aufnahme Vierke

Lamprologus congoensis
SCHILTHUIS, 1891
Kongo-Grundcichlide

15 cm	24°C	A-W

Heimat: Stromschnellenbereich des Kongo
Ein langgestreckter, bodenbewohnender Cichlide. Gelegentlich aggressiv. Weibchen oft kleiner. Versteckbrüter unter Steinen und Wurzeln.
Haltung: Art- oder Cichlidenbecken. Steinaufbauten, viele Höhlen, Wurzelholz.
Ganz entsprechend in Haltung und Pflege ist *L. werneri*.

Lamprologus leleupi
POLL, 1956
Tanganjika-Goldcichlide

10 cm	24°C	A (G) N-H

Heimat: Tanganjika-See an Felsen in 5–20 m Tiefe

Geschlechtsunterscheidung schwer. Zucht im Artbecken unkompliziert. Höhlenbrüter. Die Jungen können lange bei den Eltern bleiben. Neben der beliebten goldgelben Form gibt es auch eine schwärzliche Rasse sowie eine gelbe schlankere Form.
Haltung: Bepflanztes Artbecken mit vielen Steinaufbauten und Höhlen.

Melanochromis
Nur im Malawi-See vorkommende Fische; der Gattung *Pseudotropheus* nahe verwandt.

Melanochromis auratus
(BOULENGER, 1897)
Türkisgoldbarsch

11 cm	25°C	A-N-H

Heimat: Malawi-See, auf felsigem Grund
Prächtige Tiere, manchmal aggressiv. Unterlegene Männchen haben gewöhnlich Weibchenfärbung. Beim Kauf aufpassen! Maulbrüter im weiblichen Geschlecht.

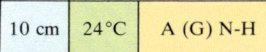
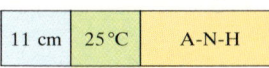

Haltung: 2 oder 3 Weibchen zu einem Männchen. Cichliden-Becken mit Steinen und Höhlen. Nehmen Trocken- und Lebendfutter, zusätzlich Algen.

Entsprechendes zur Haltung gilt für den ähnlichen, etwas kleineren *Melanochromis johannii* (früher „*Pseudotropheus daviesi*" genannt).

Nannacara
Artenarme, südamerikanische Gattung (der Gattung *Aequidens* nahestehend).

Nannacara anomala
REGAN, 1905
Glänzender Zwergbuntbarsch

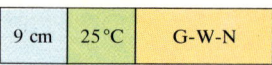 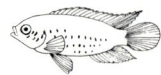

9 cm	25°C	G-W-N

Heimat: Venezuela und Guayana

Empfehlenswerter, schöner Zwergbuntbarsch. Weibchen kleiner mit kürzeren Rücken- und Afterflossenzipfeln.

Haltung: Gut bepflanztes Gesellschaftsaquarium. Höhlenverstecke einbringen. Anspruchsloser Fisch.

Zucht nicht schwer. Bruthöhle (z.B. Blumentopf) anbieten. In kleinen Aquarien Vater nach dem Ablaichen herausfangen. Mutterfamilie.

Nur gelegentlich wird auch die kleinere, ganz entsprechend zu haltende Art *N. taenia* angeboten.

Nanochromis
Zwergcichliden aus Zentral- und Westafrika. Sind ganz ähnlich in Haltung und Zucht wie die *Apistogramma*-Arten Südamerikas: Gut bepflanztes Aquarium mit Wurzelunterständen und Höhlen. Weiches, etwas saures Wasser. Jedoch wird auch Wasser mittlerer Härtegrade vertragen.

Nanochromis nudiceps
(BOULENGER, 1899)
Blauer Kongocichlide

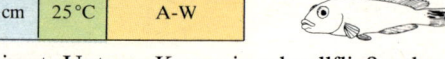

8 cm	25°C	A-W

Heimat: Unterer Kongo in schnellfließendem Wasser

Versteckt lebender Fisch, der besonders gegen Artgenossen aggressiv sein kann. Geschlechtsreife Weibchen mit aufgetriebenem Bauch. Paarweiser Zuchtansatz. Höhlenbrüter. Elternfamilie.

Haltung: Am besten im mit Steinen und Wurzeln ausgestatteten Artbecken. Frißt vorzugsweise Lebendfutter, nimmt aber auch Kunstfutter.

Anmerkung: Möglicherweise identisch mit *N. parilus*.

Neetroplus
Der Gattung *Cichlasoma* nahestehende Fische aus Südamerika.

Neetroplus nematopus
GÜNTHER, 1869
Weißbinden-Felsenbuntbarsch

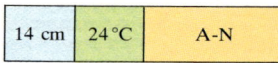 

14 cm	24°C	A-N

Heimat: Nicaragua und Costa Rica, in bodennahen Felsenzonen

Lebhafte, nicht immer friedliche Fische. Männchen größer, mit steiler Stirn. Höhlenbrüter, Elternfamilie.

Haltung: Sollte auch im Aquarium Felsen mit Höhlen haben. Feiner Sandboden.

Papiliochromis
Südamerikanische Gattung mit derzeit nur einer aquaristisch bekannten Art.

Papiliochromis ramirezi
(MYERS & HARRY, 1948)
Schmetterlingsbuntbarsch

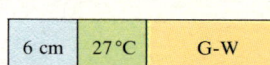 

6 cm	27°C	G-W

Heimat: Kolumbien und Venezuela, in den pflanzenreichen, warmen Stillwasserzonen der Bäche

Schön und sehr friedlich. Leider kurzlebig.

Die Weibchen sind am ehesten am rosafarbenen Bauch zu erkennen. Freilaicher in Gruben oder auf Steinen. Elternfamilie, nicht immer gute Brutpfleger.

Gelegentlich wird die goldfarbene Zuchtform angeboten. In Haltung und Zucht wie die Stammform.

Haltung: Pflanzenreiches Gesellschaftsbekken. Empfindlich gegen Altwasser.
Anmerkung: *Apistogramma ramirezi* und *Microgeophagus ramirezi* sind alte, ungültige Bezeichnungen. – Die in Ostbolivien gefundenen Schmetterlingsbuntbarsche sollen nach KULLANDER einer anderen Art zugehören *(P. altispinosa)*.

Pelmatochromis

Kleine bis mittelgroße Cichliden aus dem tropischen West- und Zentralafrika. Einige ursprünglich hierzu gezählte Arten werden heute den Gattungen *Pelvicachromis, Thysia* und *Chromidotilapia* zugeordnet.

Pelmatochromis thomasi
(BOULENGER, 1915)
Afrikanischer Schmetterlingsbuntbarsch

10 cm	25 °C	G-W-N

Heimat: Sierra Leone, Südost-Guinea und West-Liberia
Friedliche, pflanzenfreundliche Fische.
Haltung: Gesellschaftsaquarium. Wasser weich bis mittelhart, neutral bis sauer. Keine besonderen Futteransprüche.

Die Zucht ist leicht: Ansatz paarweise (Weibchen sind kleiner und rundlicher), Offenbrüter. Elternfamilie. Die Eltern sind oft keine guten Brutpfleger.
(Einige Autoren stellen die Art zur Gattung *Hemichromis*.)

Pelvicachromis
(Prachtbarsche)

West- und zentralafrikanische Zwergbuntbarsche. Zumeist schön gefärbt. Höhlenbrüter mit Geschlechtsdimorphismus. Weibchen bunter. Mutterfamilien; vielfach kann sich der Vater aber an der Brutpflege der größeren Jungen mitbeteiligen.

Pelvicachromis pulcher
(BOULENGER, 1901)
Purpur-Prachtbarsch, Königscichlide

10 cm	24 °C	G-N

Bild 143. Purpurprachtbarsch-Weibchen *(Pelvicachromis pulcher)* beim Ablaichen in seiner Bruthöhle. Aufnahme Vierke

Heimat: Küstennahe Gebiete Westafrikas, geht auch ins Brackwasser
Sehr schöner, friedlicher Fisch.
Haltung: Schön bepflanztes Gesellschaftsaquarium. Wohn- und Bruthöhlen aus Steinen und Kokosnußschalen. Lebend- oder Trokkenfutter. Im Hinblick auf Wasserwerte unempfindlich.
Die Zucht ist leicht: paarweiser Ansatz, Blumentopfhöhle. Aus zu kleinen Zuchtbecken müssen die Männchen nach der Eiablage herausgefangen werden. Sie werden sonst unter Umständen von den Weibchen umgebracht.

Pelvicachromis taeniatus
(BOULENGER, 1901)
Gestreifter Prachtbarsch

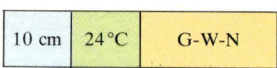 

10 cm	24°C	G-W-N

Heimat: In mehreren Farbformen über verschiedene Gebiete Westafrikas verbreitet
Für die Männchen sind die dunkel geränderten Körperschuppen typisch, die ein Netzmuster bewirken. Die kleineren Weibchen sind bunter.
Haltung und Zucht: Wie *P. pulcher*; allerdings ist der Gestreifte Prachtbarsch manchmal weniger robust.

Pseudocrenilabrus
Sehr interessante kleine Maulbrüter aus Afrika, die weder an das Futter noch an die Wasserqualität besondere Ansprüche stellen. Relativ friedlich, daher für Gesellschaftsaquarien geeignet. Während der Fortpflanzungszeit legen sie allerdings im Boden Ablaichgruben an. Die heute zu dieser Gattung gezählten Arten wurden früher zur Gattung *Haplochromis* gestellt, dann eine Zeitlang als *Hemihaplochromis* bezeichnet.

Pseudocrenilabrus multicolor
(HILGENDORF, 1903)
Vielfarbiger Maulbrüter

8 cm	24°C	G-N

Heimat: Ostafrika
Relativ friedlicher, kleiner Maulbrüter.
Haltung: Anspruchslos im Hinblick auf Wasserqualität und Futter. Zur Zucht pro Männchen 2–4 Weibchen. Maulbrütende Weibchen absondern. So ist die Vermehrung auch im Gesellschaftsaquarium möglich.

Pseudocrenilabrus philander
(WEBER, 1897)
Kupfermaulbrüter

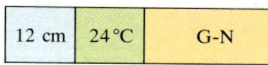 

12 cm	24°C	G-N

Heimat: Südliches Afrika
Die Männchen schillern goldgrün und haben ein orangefarbenes Afterflossenende.
Haltung: In jeder Hinsicht genügsam. Man sollte ein Männchen mit mehreren Weibchen halten und die maulbrütenden Weibchen isolieren. Aufzucht der Jungen leicht.
Eine häufiger eingeführte Unterart *(P. p. dispersus)* bleibt deutlich kleiner.

Pseudotropheus
Hierzu gehören eine größere Anzahl beliebter maulbrütender Felsencichliden aus dem Malawi-See. Zumeist dekorative Fische. Werden zusammen mit nahe verwandten Gattungen *(Melanochromis* u. a.) aus diesem Gebiet als „Mbuna" bezeichnet.
Haltung: Am besten in großen, durch Steinaufbauten in viele revierähnliche Zonen aufgeteilten Becken mit einer Vielzahl verwandter Arten. Dann bleiben ernsthafte Kämpfe zumeist aus. Pflanzenwuchs hält sich in solchen Becken allerdings oft nicht, zumal die Tiere alkalisches Wasser brauchen. In kleineren Aquarien bringt die Vergesellschaftung bei Haltung nur weniger Tiere vielfach Probleme. Nachzucht auch und gerade im typischen Mbuna-Becken nicht schwer. Die günstigste Zuchttemperatur liegt um 26°C. Wasser nicht zu hart (um 10° dGH ist günstig), pH im alkalischen Bereich. Laichtragende Weibchen in ein Glas treiben und mit Wasser in gesondertes Aquarium mit Wasser gleicher Qualität überführen. Das Herausfangen geht am besten nachts am dunklen Becken mit Taschenlampe.

Pseudotropheus livingstonii
(BOULENGER, 1899)
Schneckenbarsch

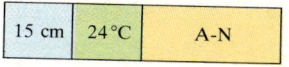 

| 15 cm | 24 °C | A-N |

Heimat: Malawi-See
Die Männchen sind farbiger und haben in der Afterflosse einen gelben Eifleck.
Haltung: Anspruchsloser Maulbrüter für das Art- oder Cichlidenbecken. Höhlenverstecke; in seiner Heimat lebt der Fisch in den leeren Schneckengehäusen der Gattung *Lanistes* – zumindest in seinen Jugendstadien.
Äußerlich sehr ähnlich und mit völlig entsprechender Lebensweise ist der Zwergschneckenbarsch *(P. lanisticola).* Er soll maximal nur 6 cm groß werden.

Pseudotropheus tropheops
REGAN, 1921
Gelber Maulbrüter

| 15 cm | 25 °C | A-N |

Heimat: Felsenküste des Malawi-Sees
Geschlechter verschiedenfarbig. Männchen zumeist mit dunkelblauer Grundfärbung und schwarzen Querbinden. Mit goldgelben Eiflecken in der Afterflosse. Weibchen in der Färbung sehr unterschiedlich.

Pseudotropheus zebra
(BOULENGER, 1899)
Zebramaulbrüter

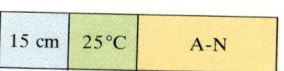 

| 15 cm | 25 °C | A-N |

Heimat: Malawi-See
Die Männchen sind im Normalfall größer und farbiger als die Weibchen, haben deutliche Eiflecken in der Afterflosse. Neben den normalerweise blauschwarz gefärbten Männchen gibt es auch andere Naturformen (Bright Blue, Rote Zebra u. s.). Auch bei den Weibchen gibt es abweichend gefärbte und gemusterte Tiere.
Haltung: Genügsamer Fisch für das mit Steinaufbauten und Höhlen eingerichtete Cichlidenbecken. Aggressiv. 1 Männchen mit mehreren Weibchen halten. Gelegentlich etwas Kopfsalat zufüttern.

Pterophyllum
Die Vertreter dieser Gattung gehören zu Recht zu den seit Jahrzehnten beliebtesten Aquarienfischen. Sie sind sehr dekorativ, friedlich und pflanzenfreundlich. Neben den beiden hier beschriebenen Arten gibt es noch den Spitzkopfsegelflosser *(P. dumerilii),* den man aber nur sehr selten sieht.

Pterophyllum altum
PELLEGRIN, 1903
Hoher Segelflosser

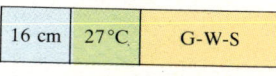

| 16 cm | 27 °C | G-W-S |

Heimat: Oberer Orinoco
Die Art (der Artstatus ist umstritten!) soll sich von *P. scalare* vor allem durch den Verlauf der Querbinden unterscheiden: Die auf die schwarze Augenbinde folgende graue Querbinde geht durch den Brustflossenansatz ganz um den Hals herum. Darauf folgt wieder eine schwarze Binde. Geschlechtsunterschiede sehr schwer.
Haltung: Mehrere Tiere in gut bepflanzte Gesellschaftsbecken. Schreckhaft. Vorsicht, große Segelflosser fressen gelegentlich kleine Salmler (Neons!).

Pterophyllum scalare
(LICHTENSTEIN, 1823)
Segelflosser, Skalar

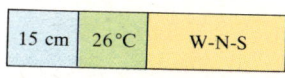

| 15 cm | 26 °C | W-N-S |

Heimat: Amazonien
Ruhiger Schwarmfisch, revierbildend. Geschlechtsunterschiede außerhalb der Brutzeit sehr schwer zu erkennen. Bei brütenden Skalaren sind die Geschlechter an der Form der Genitalpapillen zu erkennen. Weibchen haben stumpfe, breit endende Legeröhren, Männchen zugespitzte Laichpapillen. Vom Segelflosser gibt es viele Zuchtformen: graue, schwarze, gelbe, marmorierte Tiere, schleierflossige Exemplare u. a.
Haltung: Gut bepflanztes Gesellschaftsaquarium. Friedlich, frißt aber gelegentlich kleine Fische (Neons). Nimmt Lebend- und Trockenfutter. Weiteres s. Seite 114.

Sarotherodon

Diese ursprünglich zur Gattung Tilapia gezählten Maulbrüter sind ausnahmslos sehr groß werdende Cichliden aus Afrika und den angrenzenden asiatischen Gebieten. Ausgewachsene Tiere sind für Liebhaberaquarien kaum noch geeignet. Hier sei nur die bekannteste und vielleicht schönste Art aufgeführt:

Sarotherodon mossambicus
(PETERS, 1852)
Natalbuntbarsch

40 cm	25°C	A-N

Heimat: Ursprünglich Ostafrika, heute weltweit in den Tropen

Männchen größer, dunkel. Natalbuntbarsche sind mit 10 cm Länge geschlechtsreif. Weibchen Maulbrüter.

Haltung: Vergesellschaftung nur für riesige Schaubecken zu empfehlen (z.B. *Tilapia mariae*). Sonst großes Artaquarium. Einrichtung mit Steinen und Wurzeln (Pflanzenfresser!). Keine besonderen Ansprüche an die Wasserqualität. Futter: grobes Lebendfutter (Regenwürmer), Fleisch, auch Haferflocken.

Bild 144. Natalbuntbarsch *(Sarotherodon mossambicus)*. Aufnahme Vierke

Spathodus

Die beiden *Spathodus*-Arten bewohnen wie die nahe verwandten Arten der Gattung *Eretmodus* und *Tanganicodus* die felsigen Küstenzonen des Tanganjika-Sees. Sie brauchen mittelhartes, deutlich basisches (pH 8–9) Wasser.

Spathodus erythrodon
BOULENGER, 1900
Getüpfelter Grundelbuntbarsch

8 cm	25°C	A-N

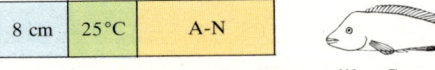

Heimat: Felsenufer des Tanganjika-Sees
Possierliche Grundfische, friedlich und pflanzenfreundlich.

Haltung: Artbecken mit Steinhöhlen (auch mit *Julidochromis ornatus, J. transcriptus* oder *Tropheus* zu vergesellschaften). Nimmt Lebend- und Trockenfutter. Häufigerer Wasserwechsel nötig.

Zucht schwer: Reviertiere, Maulbrüter. Brutpflegende Eltern nicht trennen.

Entsprechendes gilt für *Tanganicodus irsacae* und für den größeren *Spathodus marlieri*.

Steatocranus

Einige Arten aus dem Stromschnellengebiet des Zaire-Flusses (Kongo). Am bekanntesten ist die folgende Art:

Steatocranus casuaris
POLL, 1939
Buckelkopfcichlide

11 cm	25 °C	A-W-N

Imposante Tiere, aber aggressiv. Bilden am Boden Reviere. Männchen deutlich größer als die Weibchen, im Alter hoher Stirnbuckel. Höhlenbrüter, Mutterfamilie.
Haltung: Brauchen großes Becken mit vielen Steinen, Wurzeln und Höhlen. Zu einem Männchen 2–4 Weibchen setzen. Vergesellschaftung mit Oberflächenfischen möglich. Nehmen Lebend- und Kunstfutter.

Symphysodon
(Diskusfische)

Weit im Amazonas-Gebiet und im Bereich des Orinoco verbreitete Gattung. Wegen seiner runden, flächigen Gestalt und der oft bestechenden Färbung sehr beliebter Fisch. Er stammt aus sauren, sehr mineralarmen Gewässern. Entsprechendes Wasser sollte er zur Haltung und Zucht bekommen. Zur Haltung genügen vielfach auch schon mittlere Härtegrade. Diskusfische sollten nicht unter 26 °C gehalten und so oft wie möglich mit den verschiedensten Lebendfuttersorten versorgt werden.

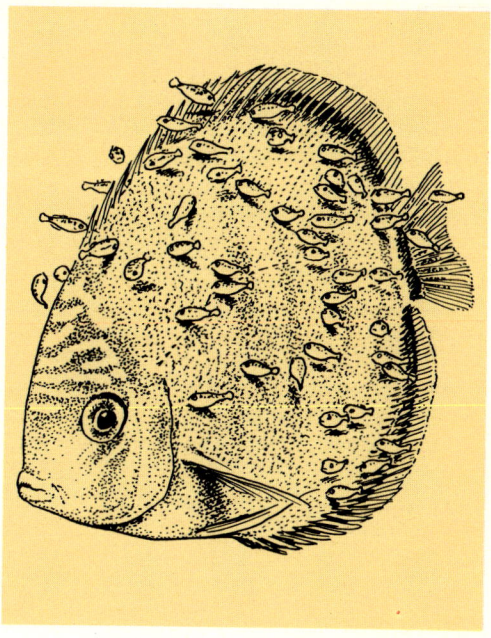

Bild 145. *Symphysodon*-Junge, am Elterntier weidend.

Haltung: Braucht gut bepflanztes, mit Wurzeln gegliedertes Gesellschaftsbecken mit nicht zu lebhaften Mitbewohnern. Artbecken besser. Mehrere Exemplare! Wasser weich und sauer (pH um 6). Häufiger Teilwasserwechsel. Futter: abwechslungsreich, möglichst Lebendfutter. Kein Anfängerfisch; am einfachsten zu halten und zu züchten ist der Braune Diskus. Weitere Unterarten: Grüner und Blauer Diskus.

Symphysodon aequifasciata
PELLEGRIN, 1903
Diskusbuntbarsch

18 cm	28 °C	A-G-W

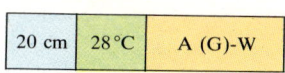

Heimat: Amazonien, Orinoco-Gebiet
Keine sicheren Geschlechtsmerkmale. Zucht: paarweiser Ansatz. Substratlaicher (umgestülpter Blumentopf), Elternfamilie. Jungtiere fressen in der ersten Zeit ein Hautsekret der Eltern, daher ist an Kunstaufzucht – zumindest für den Normalaquarianer – nicht zu denken.

Symphysodon discus
HECKEL, 1840
Echter Diskus

20 cm	28 °C	A (G)-W

Heimat: Rio Negro
Unterscheidet sich von *S. aequifasciata* durch mehrere Körperquerbinden, von denen die mittlere besonders deutlich ausgeprägt ist. Dekorativ, friedlich.
Haltung: Gut bepflanztes Gesellschaftsaquarium oder – besser – Artaquarium. Mehrere

Tiere. Kein Anfängerfisch! Sonst Haltung und Zucht wie *S. aequifasciata.*

Teleogramma
Langgestreckte Bodenfische aus dem Kongobecken.

Teleogramma brichardi
POLL, 1959
Quappenbuntbarsch

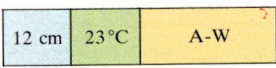 

Heimat: Stromschnellengebiet im Umkreis von Pool Malebo (Stanley Pool)
Männchen dunkler, Weibchen am Bauch zart rot. Höhlenbrüter.
Haltung: Aggressiver Bodenfisch für das gut mit Steinhöhlen und Wurzeln ausgestattete Artaquarium. Zu einem Männchen am besten mehrere Weibchen. Für Strömung durch Motorfilter sorgen! Lebend- und Kunstfutter.

Telmatochromis
Schlanke, an Julidochromis erinnernde Cichliden aus dem Tanganjika-See.

Telmatochromis bifrenatus
MYERS, 1936
Zweibandcichlide

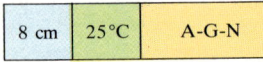 

Sehr friedlicher Fisch. Weibchen dicker.
Haltung: Benötigt viele Felsenaufbauten mit Höhlenverstecken. Geeignet für bepflanzte Gesellschaftsbecken.
Zucht wie bei *Julidochromis;* Höhlenbrüter. Wasser basisch und von mittlerer Härte.
Sehr ähnlich sieht der in Haltung und Zucht völlig gleiche *T. vittatus* aus. Beide Arten haben eine Körperlängsbinde, die vom Maul bis zum Schwanzflossenansatz reicht. Sie ist bei *T. bifrenatus* aber im Gegensatz zu *T. vittatus* mit einer arttypischen Zickzack-Zeichnung überlagert.

Thysia
Hierzu wird nur eine sichere Art gezählt, die früher zur Gattung *Pelmatochromis* gestellt wurde.

Thysia ansorgii
(BOULENGER, 1901)
Delphinbuntbarsch

Heimat: Küstenregion Westafrikas
Haltung: Relativ friedlicher, anspruchsloser Fisch, der sich für das bepflanzte Gesellschaftsaquarium eignet. Wurzeln und andere Unterstände anbieten. Nicht mehr als 1 Männchen ins Aquarium geben, da sich die Tiere sonst bekämpfen.
Weibchen sind am silbrig glänzenden Afterfleck zu erkennen. Ablaichen unter Steinen oder in Höhlen mit weiter Einschwimmöffnung. Mutter treibt Brutpflege. Aus kleineren Becken sollte das Männchen herausgefangten werden.

Tilapia
In Afrika und den angrenzenden Teilen des Nahen Ostens weitverbreitete Großcichliden-Gattung. Nach der Abtrennung der maulbrütenden Formen, die zur Gattung *Sarotherodon* gestellt wurden, bleiben nur noch Offenbrüter in der Gattung. Sie eignen sich nur für wirklich große, unbepflanzte Aquarien. Großenteils Pflanzenfresser!

Tilapia mariae
BOULENGER, 1899
Marienbarsch

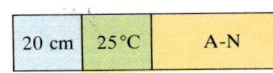 

Heimat: Unterläufe der Bäche und Flüsse in den Küstenregionen Westafrikas
Ausdauernder, friedlicher Fisch, in Brutpflegestimmung aber aggressiv. Offenbrüter mit Elternfamilie.
Haltung: Großes Cichlidenbecken mit Steinen und Wurzeln. Pflanzenfresser! Futter: Lebendfutter, Trockenfutter, Haferflocken, Salat.

Tropheus
Bisher 3 bekannte Arten, nur im Tanganjika-See vorkommend. *Tropheus*-Arten sollten truppweise gehalten werden. Möglichst als Jungtiere gemeinsam ins Aquarium bringen.

Später nachgekaufte Tiere werden unnachsichtig bekämpft und nicht mehr in die Gruppe aufgenommen!

Tropheus duboisi
MARLIER, 1959

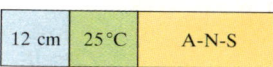 

Heimat: Felsregionen des Tanganjika-Sees in 5–15 m Tiefe
Weibchen Maulbrüter. Junge verlassen das Maul erst nach etwa einem Monat.
Haltung: Aquarium mit felsigen Zonen, die Versteckmöglichkeiten bieten. Lebend- und Trockenfutter.

Tropheus moorii
BOULENGER, 1898
Brabantbuntbarsch

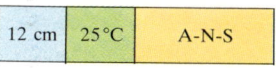 

Heimat: Tanganjika-See, obere Region felsiger Uferzonen
Keine sicheren äußeren Geschlechtsunterschiede. Von dieser Art werden fast 20 geographische Rassen angeboten. Besonders schön: Gelbrot, Schwanzstreifen, Kaiser, Doppelfleck.
Haltung: Truppweise. Steine mit vielen Versteckmöglichkeiten. Lebend- und Trockenfutter. Wasser mittelhart, basisch.
Zur Zucht sollte das Wasser zwischen 10 und 15° dGH liegen und einen pH-Wert von 7,5–8,0 haben. Zuchttemperatur etwa 26°C. Pro Laichvorgang maximal 10 Eier! Weibchen Maulbrüter.

Uaru
Dekorativer südamerikanischer Großcichlide. Bisher nur eine Art bekannt, die in den Lebensansprüchen und im Verhalten sehr an den Diskusbuntbarsch erinnert:

Uaru amphiacanthoides
HECKEL, 1840
Keilfleckbuntbarsch

30 cm	28°C	A-W-(S)

Heimat: Mineralarme Gewässer Amazoniens und der Guayana-Länder
Friedlicher Fisch. Offenbrüter. Elternfamilie. Jungfische weiden in den ersten Tagen das Hautsekret der Eltern ab.
Haltung: Mehrere Tiere zusammen. Großes, nicht zu helles Artbecken mit Steinen und Wurzelwerk dekorieren. Braucht weiches, saures Wasser und einen häufigeren Teilwasserwechsel. Nimmt Lebendfutter (Mückenlarven, Wasserflöhe), Fleischstückchen, Salat, kleine Apfelschnitzel und andere vegetarische Kost. Starke Fresser; Filter!

Anabantoidei (Kletterfischähnliche, Labyrinthfische)

Eine etwa 75 Arten umfassende Unterordnung mit vielen beliebten und interessanten Aquarienfischen. Die Fische sind durch den Besitz eines Labyrinthorgans ausgezeichnet, das ihnen neben der regulären Kiemenatmung ermöglicht, atmosphärische Luft zu veratmen. Dazu müssen sie regelmäßig an die Wasseroberfläche und die Luft ihrer Labyrinthhöhle auswechseln. Dieses ist ein mit Gewebefalten versehener Hohlraum, der sich über der eigentlichen Kiemenhöhle befindet. Zu dieser Unterordnung gehören die folgenden 4 Familien.

Anabantidae

Hierzu zählen die asiatischen Gattungen *Anabas* und die beiden afrikanischen Gattungen *Ctenopoma* und *Sandelia*. Diese Fische haben dornenartige Fortsätze an den Kiemendeckeln.

Anabas
(Kletterfische)
Nur eine Art, die aber in allen Teilen Süd- und Südostasiens häufig ist. Speisefisch!

Anabas testudineus
(BLOCH, 1795)
Kletterfisch

23 cm	26°C	A-W-N

Heimat: Vorder-, Hinter- und Inselindien, in allen denkbaren Süßgewässern

Relativ friedfertig gegen seinesgleichen. Die heimatlichen Trockenzeiten überdauert der Fisch eingegraben im austrocknenden Schlamm. Verläßt gelegentlich sein Heimatgewässer und sucht über Land wandernd ein neues Gewässer auf.

Haltung: Für größere Becken ohne Pflanzen (Hornfarn wird geduldet!). Vergesellschaftung mit robusten Buschfischen, Cichliden. Aquarium gut abdecken! Allesfresser.

Weibchen dicker. Zur Zucht paarweiser Ansatz. Keine Brutpflege.

Ctenopoma
(Buschfische)

Afrikanische Gattung mit etwa 25 Arten. Man unterscheidet 2 Typen: brutpflegende und nichtbrutpflegende Arten. Die Brutpfleger sind meistens schöngefärbte Schaumnestbauer mit Geschlechtsdimorphismus, die Reviere verteidigen (z. B. *C. ansorgii, C. nanum, C. damasi*). Die oft größer werdenden Nichtbrutpfleger sind dagegen nicht territorial und haben keinen Geschlechtsdimorphismus. Sie sind gegen Artgenossen weniger aggressiv und daher untereinander weit einfacher zu halten (z. B. *C. kingsleyae, C. acutirostre, C. oxyrhynchum*).

Ctenopoma ansorgii
(BOULENGER, 1912)
Orange-Buschfisch

8 cm	25 °C	A-G-W

Heimat: Kamerun; versteckt in Uferregion von Flüssen

Männchen zeitweilig herrlich gefärbt. Paarweiser Ansatz. Schaumnestbauer. Vaterfamilie.

Haltung: Art- oder gut bepflanztes Gesellschaftsbecken. Wasser weich und leicht sauer. Lebendfutter, gelegentlich Kunstfutter. Diese Hinweise gelten auch für den seltenen, aus Uganda stammenden Perlbuschfisch *C. damasi*.

Bild 146. Pfauenaugenbuschfisch *(Ctenopoma oxyrhynchum)*. Aufnahme Kahl

Ctenopoma fasciolatum
(BOULENGER, 1899)
Gebänderter Buschfisch

8 cm	24°C	A-G-W-N

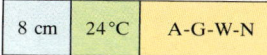

Heimat: Im Bereich des Kongo in klaren, vegetationsreichen Gewässern
Männchen auffallender gefärbt. Friedlich und ausdauernd.
Haltung: Nimmt Tümpel- und Trockenfutter. Zur Zucht weiches, leicht saures Wasser. Paarweiser Ansatz. Schaumnestbauer, Vaterfamilie.

Ctenopoma kingsleyae
GUENTHER, 1896
Schwanzfleckbuschfisch

19 cm	26°C	A (G)-N

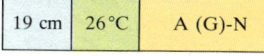

Heimat: Westafrikanische Fließgewässer
Friedlich und langlebig.
Haltung: Auch geeignet für gut bepflanzte Gesellschaftsaquarien, wenn die übrigen Fische in der Größe passen. Gelegentlich schreckhaft. Nimmt grobes Tümpelfutter, Regenwürmer, Forellenfutter. Zur Zucht paarweiser Ansatz. Ruhiger Standort, nicht zu hell. Keine Brutpflege; Laichräuber.
Anmerkung: Die Art ist vermutlich mit *C. petherici* identisch. Der ähnliche, etwas kleiner bleibende *C. maculatum* ist weniger friedlich.

Ctenopoma oxyrhynchum
(BOULENGER, 1902)
Pfauenaugenbuschfisch

10 cm	24°C	A (G)-W-N

Heimat: Kongobecken
Spitzschnäuzige, hochrückige Art.
Haltung: Gut bepflanzte Gesellschaftsaquarien. Nicht zu kleine Beifische! Keine besonderen Ansprüche an das Futter. Zur Zucht paarweiser Ansatz in weichem Wasser. Nicht zu hell. Keine Brutpfleger.
Der ähnliche *C. acutirostre* ist viel schüchterner und im Futter wählerischer. Beide Arten sind aber gut miteinander zu halten.

Belontiidae

Zu dieser Fischfamilie aus dem tropischen Asien gehören besonders viele beliebte, sehr empfehlenswerte Aquarienfische. Alle sind Brutpfleger, und viele von ihnen können relativ leicht nachgezogen werden.

Belontia
(Inselmakropoden)
Die am größten werdenden Mitglieder der Familie. Friedlich, aber wenn sie in Brutpflegestimmung kommen, können sie kleinere Fische umbringen. Pflanzenfreundlich. Zur Vergesellschaftung eignen sich gut mittelgroße und größere Welse und andere Bodenfische. Können auch mit mittelgroßen *Cichlasoma*-Arten vergesellschaftet werden.

Belontia hasselti
(CUVIER, 1831)
Wabenschwanzgurami

19 cm	26°C	A-G-W-N

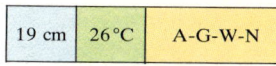

Heimat: Malaiische Halbinsel, Borneo, Sumatra, in langsam fließenden Urwaldgewässern
Langlebig. Geschlechter schwer zu unterscheiden. Paarzusammenstellung wie bei *B. signata*. Brutpfleger.
Besonderheiten: Gelegentlich zeigen die Tiere auch tagsüber Schlafverhalten. Liegen flach am Boden (Nachahmung eines vertrockneten Blattes).
Haltung: Aquarium gut bepflanzen. Keine besonderen Futteransprüche.

Belontia signata
(GUENTHER, 1861)
Ceylon-Makropode

16 cm	26°C	A (G)-W-N

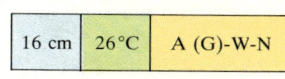

Heimat: Sri Lanka, in versteckreichen Uferzonen stehender und langsam fließender Gewässer
Langlebig. Geschlechter schwer zu unterscheiden.
Haltung: Grobes Tümpelfutter, kleine Regenwürmer, Trockenfutter, Forellenfutter. Am günstigsten erwirbt man 4 oder 5 Jungtiere

und läßt Paare sich selbst bilden. Später paarweise halten. Gut bepflanzte Art- oder Gesellschaftsbecken mit robusten Fischen.

Ansatz paarweise. Gute Brutpfleger. Weibchen beteiligt sich an der Brutpflege. Familie kann im Artbecken zusammenbleiben, bis die Jungen annähernd erwachsen sind.

Betta
(Kampffische)
Heimat: Hinter- und Inselindien

Etwa 20 Arten, darunter viele Maulbrüter. Die Schaumnestbauer sind farbenprächtiger und daher beliebter. Zucht zumeist leicht (s. Seite 263). Alle Arten sind trotz der Bezeichnung „Kampf"-Fische zur Vergesellschaftung geeignet. In kleineren Aquarien sollte man allerdings von den schaumnestbauenden Arten nur ein Männchen halten, da sich sonst die Männchen bekämpfen könnten.

Betta coccina
VIERKE, 1979
Roter Kampffisch

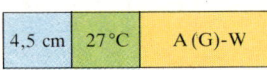 

4,5 cm	27 °C	A (G)-W

Heimat: Umgebung von Jambi (Zentralsumatra)

Extrem langgestreckter, dunkelweinroter Fisch. Friedlich, aber oft scheu. Männchen in der Körpermitte oft mit dunklem, grünlich schimmerndem Fleck.

Haltung: Dicht bepflanztes Becken, ruhige Mitbewohner. Schaumnestbauer.

Betta imbellis
LADIGES, 1975
Kleiner Kampffisch

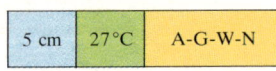 

5 cm	27 °C	A-G-W-N

Heimat: Am Rande von Reisfeldern in Malaysia und Südwestthailand

Männchen mit prächtigen Flossen und Farben, größer als Weibchen. Relativ verträglich. Schaumnestbauer. Vaterfamilie.

Haltung: Ideal für das gut bepflanzte Minibecken. In größere Becken (ab Seitenlänge 70 cm) können auch 3 oder 4 Männchen vergesellschaftet werden. Schwimmpflanzen! Genügsam im Hinblick auf Wasserqualität und Futter.

Entsprechendes gilt auch für *Betta smaragdina*.

Bild 147. Ein Paar Maulbrütender Kampffische *(Betta pugnax)*. Im Vordergrund das Männchen. Aufnahme Vierke

Betta pugnax
(CANTOR, 1850)
Maulbrütender Kampffisch

10 cm	24 °C	A-G-W-N

Heimat: Langsam und schnell fließende Gewässer Südostasiens

Langflossiger als *B. taeniata*. Erwachsene Männchen mit verlängerten mittleren Schwanzflossenstrahlen. Sehr ruhig und friedlich.

Haltung: Dicht bepflanzte Becken. Futter: gröberes Lebendfutter (auch kleinere Regenwürmer), Trockenfutter. Zucht nicht leicht. Weiches, sauberes Wasser. Strömung! Maulbrüter im männlichen Geschlecht.

Die Art ist identisch mit *B. brederi*, mit *B. anabatoides* nahe verwandt.

Betta splendens
REGAN, 1910
Siamesischer Kampffisch

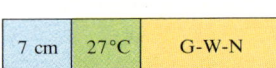 

7 cm	27 °C	G-W-N

Heimat: Thailand und Kambodscha; auf der Malaiischen Halbinsel vermutlich eingebürgert

Die Wildform wird selten größer als 6 cm. Heute werden fast ausschließlich schleierflossige Rassezüchtungen in den verschiedensten Farben angeboten.

Haltung: Keine besonderen Wasser- und Futteransprüche. Vergesellschaftung wie in der Gattungsbeschreibung angegeben.

Zur Zucht paarweiser Ansatz. Die größeren Männchen haben viel prächtigere Flossen und Farben. Für Versteckmöglichkeiten für das Weibchen sorgen! Schaumnest wird bevorzugt in Schwimmpflanzen angelegt. Vaterfamilie (weitere Angaben s. Seite 263).

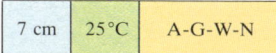

Betta taeniata
REGAN, 1909
Gebänderter Kampffisch

7 cm	25 °C	A-G-W-N

Heimat: Südostasien, in langsam fließenden Gewässern
Relativ kurzflossig, ohne ausgezogene Schwanzflosse.
Haltung und Zucht: Wie *B. pugnax*.
Mit der ganz entsprechend zu haltenden, aber kleineren *B. picta* aus Sumatra nahe verwandt. *B. picta* ist leichter als die anderen maulbrütenden *Betta*-Arten zu züchten.

Colisa
(Westliche Fadenfische)
4 Arten aus Vorderindien und Birma. Unterscheiden sich von den größeren Östlichen Fadenfischen *(Trichogaster)* durch ihre langansetzende Rückenflosse. Männchen sehr farbenprächtig. Herrliche Aquarienfische. Schaumnestbauer. Zucht leicht (s. Seite 262). Die langen Fäden sind umgewandelte Bauchflossen. Hiermit tasten und schmecken die Fadenfische sich gegenseitig ab. Gelegentlich spucken die Tiere nach an den Aquarienschei-

ben über dem Wasserspiegel hängengebliebenem Trockenfutter. Bei der Revierverteidigung stürzen sich die Männchen manchmal im Scheinangriff auf Eindringlinge, wobei sie ein drohendes Schnarrgeräusch erzeugen.

Colisa chuna
(HAMILTON-BUCHANAN, 1822)
Honigfadenfisch

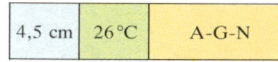

4,5 cm	26 °C	A-G-N

Heimat: Tiefländer Nordostindiens
Friedlicher, munterer Fisch. Männchen in Prachtfärbung braunrot mit blauschwarzer Kehle.
Haltung: Minibecken und ruhige Gesellschaftsaquarien. Keine besonderen Ansprüche an Wasser und Futter. Zur Zucht paarweiser Ansatz.

Colisa fasciata
(BLOCH & SCHNEIDER, 1801)
Gestreifter Fadenfisch

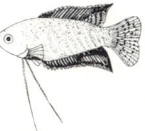

12 cm	25 °C	G-N

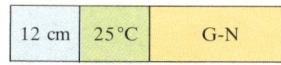

Heimat: Tiefländer Nordostindiens

Bild 148. Wulstlippiger Fadenfisch *(Colisa labiosa)*. Aufnahme Vierke

Relativ friedlicher Fisch. Männchen kräftiger gefärbt, mit zugespitzten Rückenflossen.
Haltung: Gesellschaftsaquarium. Anspruchslos. Zur Zucht paarweiser Ansatz.

Colisa labiosa
(DAY, 1878)
Wulstlippiger Fadenfisch

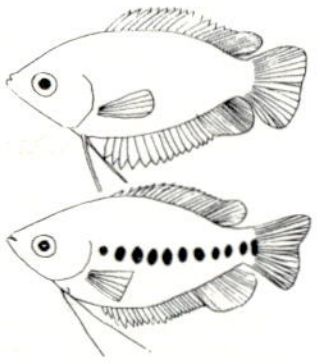

9 cm	25°C	G-N

Heimat: Birma:
Noch friedlicher als der etwas größer werdende *C. fasciata.* Zur Laichzeit färben die Männchen sich fast schwarz. Alle weiteren Angaben wie bei *C. fasciata,* als dessen geographische Rasse der Fisch gelegentlich angesehen wird.

Colisa lalia
(HAMILTON-BUCHANAN, 1822)
Zwergfadenfisch

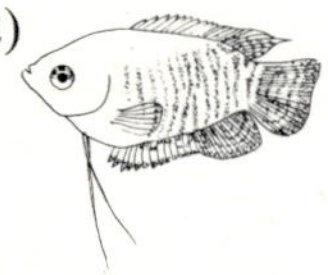

5,5 cm	26°C	G-N

Heimat: Pflanzenreiche Gewässer der nordindischen Tiefländer

Einer der schönsten und interessantesten Aquarienfische. Friedlich und munter. Leider kurzlebig.
Haltung: Gesellschaftsaquarium. Keine Ansprüche an Futter und Wasser, aber nicht zu kalt halten!
Zucht leicht: paarweiser Ansatz; die kleineren Weibchen sind farbloser. Männchen baut kompaktes Schaumnest unter Verwendung von Pflanzenmaterial.
Alle Angaben gelten auch für die Zuchtform Roter Zwergfadenfisch, Blauer Zwergfadenfisch, Regenbogen-Lalia.

Macropodus
(Paradiesfische)
3 südostasiatische Arten. Die zeitweilig hierzu gezählten Spitzschwanzmakropoden werden jetzt in die Gattung *Pseudosphromenus* gestellt.

Macropodus concolor
AHL, 1937
Schwarzer Makropode

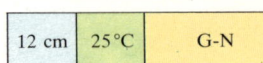

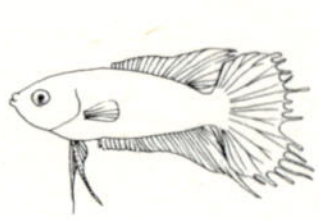

12 cm	25°C	G-N

Heimat: Südostasien
Erwachsene Männchen mit großer Schwanzflosse, die bei der Balz fächerartig gespreizt wird.

Haltung: Nicht zu kleine, gut bepflanzte Gesellschaftsbecken. Keine besonderen Wasser- und Futteransprüche. Zucht in nicht zu hartem Wasser. Schaumnestbauer.

Macropodus opercularis
(LINNÉ, 1758)
Paradiesfisch, Makropode

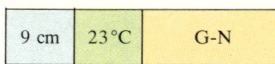 

9 cm	23°C	G-N

Heimat: Ostasien von Korea bis zum Süden

Bild 149. Die blaue Form der Paradiesfische *(Macropodus opercularis)* bei der Paarung unter dem Schaumnest. Aufnahme Vierke

Vietnams, in Reissümpfen und stehenden Gewässern.

Schöner, sehr genügsamer Fisch. Erwachsene Männchen mit langausgezogenen Rücken- und Afterflossenspitzen und langen Schwanzflossenzipfeln.

Haltung: Für größere, gut bepflanzte Gesellschaftsbecken mit nicht zu empfindlichen Bewohnern. Zucht leicht. Schaumnestbauer.

Im Handel werden auch blaue Varietäten sowie gelbe und weiße Zuchtformen angeboten.

Malpulutta
Nur eine Art aus Sri Lanka. Weist verwandtschaftliche Beziehungen zur Gattung Parosphromenus auf, der sie auch in der Haltung und Zucht weitgehend gleicht.

Malpulutta kretseri
DERANIYAGALA, 1937
Gefleckter Spitzschwanzgurami

9 cm	26°C	A-W

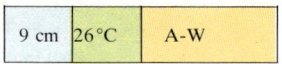

Heimat: Sri Lanka, versteckt in stehenden und langsam fließenden Gewässern
Dekorative, aber empfindliche Fische. Die Männchen erreichen eine Gesamtlänge von 9 cm. Davon entfallen über 3,5 cm auf den lang-ausgezogenen Schwanzflossenfaden. Die kleineren Weibchen mit viel kürzerer Schwanzflossenspitze.
Haltung: Für das Art- oder Minibecken. Nicht zu hartes, leicht saures Wasser. Versteckmöglichkeiten. Lebendfutter.

Parosphromenus
(Pracht-Zwergguramis)
Eine derzeit 4 Arten umfassende Gattung sehr zierlicher und heimlich lebender Labyrinthfische von der Malaiischen Halbinsel und aus Inselindien, die sich vor allem für das Minibecken eignen.

Parosphromenus filamentosus
VIERKE, 1981
Faden-Prachtzwerggurami

4 cm	27°C	A–W

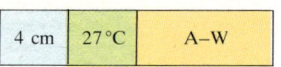

Heimat: Lebt versteckt in pflanzenreichen, langsam fließenden Gewässern Südost-Borneos
Männchen in Prachtfärbung sehr schön. Beide Geschlechter mit fadenartigem Schwanzflossenfortsatz. Weibchen kleiner, weniger intensiv gefärbt. Zucht leicht. Paarweiser Ansatz. Höhlenlaicher. Vaterfamilie.
Haltung: Gut bepflanztes Minibecken mit weichem, leicht saurem Wasser. Lebendfutter.
Nahe verwandt ist *P. deissneri,* aber wesentlich heikler in Haltung und Zucht. Weitere Arten: *P. parvulus* (mit maximal 3 cm Gesamtlänge der kleinste Labyrinthfisch) und *P. paludicola.*

Pseudosphromenus
(Spitzschwanzmakropoden)
War zwischenzeitlich zur Gattung *Macropodus* gestellt. Die Fische unterscheiden sich aber durch anatomische Merkmale und das Fortpflanzungsverhalten.

Pseudosphromenus cupanus
CUVIER & VALENCIENNES, 1831
Schwarzer Spitzschwanzmakropode

8 cm	25°C	G-N

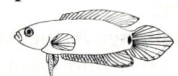

Heimat: Südliches Vorderindien und Sri Lanka. Versteckt, aber häufig in krautigen Gräben.
Friedlicher, genügsamer Fisch. Die Weibchen (!) färben sich zur Fortpflanzungszeit schwarz. Geschlechtsunterschiede sonst wie bei *Trichopsis*; in Glas gegen Licht halten!
Haltung: Gut bepflanztes Gesellschaftsaquarium. Zucht bei paarweisem Ansatz leicht. Errichtet sein Schaumnest gern unter Höhlendach. Vaterfamilie.
Alter Name: *Macropodus cupanus cupanus.*

Pseudosphromenus dayi
(KÖHLER, 1909)
Roter Spitzschwanzmakropode

7 cm	26°C	G-W-N

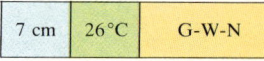

Heimat: Südostasien
Lebt sehr versteckt. Anspruchslos und friedlich. Die Geschlechter sind an der prächtigeren Flossenausbildung und Färbung der Männchen zu unterscheiden. Zucht leicht. Paarweiser Ansatz. Schaumnest wird gern unter den waagerecht stehenden Blättern von Cryptocorynen angelegt. Vaterfamilie.
Haltung: Gut bepflanztes Gesellschaftsaquarium, auch für kleinere Becken gut geeignet.

Sphaerichthys
Aus Malaysia und Indonesien stammende Maulbrüter. Nahe verwandt ist die monotypische Gattung *Parasphaerichthys* aus Nord-Birma, die aquaristisch aber keine Bedeutung hat.

Sphaerichthys acrostoma
VIERKE, 1979
Spitzmäuliger Schokoladengurami

9 cm	28°C	A-W

Heimat: Sumpfurwälder Südborneos

Schlanker und größer als der bekannte Schokoladengurami mit anderer Zeichnung. Maulbrüter. Bisher noch nicht nachgezogen. Friedlich.

Haltung: Artbecken. Braucht weiches, saures Wasser und kleines Lebendfutter.

Sphaerichthys osphromenoides
CANESTRINI, 1860
Schokoladengurami

5 cm	28 °C	G-A-W

Heimat: Malaiische Halbinsel, Sumatra, Borneo. In langsam fließenden Gewässern nicht selten

Häufig importierter, attraktiver Fisch, der aber empfindlich ist. Geschlechter schwer zu unterscheiden. Die Rückenflosse größerer Männchen ist länger und etwas zugespitzt. Mutter ist Maulbrüter; frißt oft den Laich. Junge verlassen Maul erst nach etwa zwei Wochen.

Haltung: Artbecken oder ruhige Gesellschaftsaquarien. Gute Bepflanzung. Wasser weich, schwach sauer.

Bild 150. Faden-Prachtzwergguramis *(Parosphromenus filamentosus)* unter dem Nest mit Laich. Aufnahme Vierke

Trichogaster
(Östliche Fadenfische)
Eine 4 Arten umfassende Gattung aus Süd-
ost-Asien. Sie stellt einige größere, gleichzeitig
sehr friedfertige und schöne Tiere für das Gesellschaftsaquarium. Zur Zucht Hinweise auf
S. 262 beachten!

Bild 151. Ein Paar Mosaikfadenfische *(Trichogaster leerii),* im Vordergrund das Männchen. Aufnahme Kahl

Trichogaster leerii
(BLEEKER, 1852)
Mosaikfadenfisch

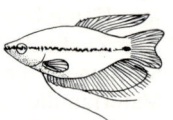

12 cm	27°C	G-(S)-W-N

Heimat: Verkrautete stillstehende oder lang-
sam fließende Gewässer der Malaiischen
Halbinsel, auf Sumatra und Borneo
Männchen mit längerer Rückenflosse, bunter.
Haltung: Wärmeliebend! Ideal für gut be-
pflanzte Gesellschaftsaquarien. Sehr friedfer-

tig. Nicht mit Sumatrabarben vergesellschaften. Keine besonderen Futteransprüche.
Zur Zucht 30°C, paarweiser Ansatz. Gegen Störungen empfindlich. Schaumnestbauer, Vaterfamilie. Einige Männchen errichten gelegentlich Sandhügel unter ihren Nestern (Leerlaufhandlung aus dem Brutpflegebereich).

Trichogaster microlepis
(GUENTHER, 1861)
Mondscheinfadenfisch

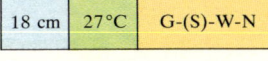

18 cm	27°C	G-(S)-W-N

Heimat: Pflanzenreiche Gewässer in Thailand und Kambodscha
Sehr friedfertiger, dekorativer Fisch. Rückenflossen älterer Männchen sind länger und weniger gerundet als die der Weibchen.
Haltung: Für das große, gut bepflanzte Gesellschaftsbecken. Zucht wie *T. leerii*.

Trichogaster trichopterus
(PALLAS, 1777)
Punktierter Fadenfisch

15 cm	26°C	G-N

Heimat: Ganz Südostasien, in pflanzenreichen Gewässern häufig
Robuster als die anderen *Trichogaster* Arten. Rückenflosse der Weibchen kürzer und abgerundeter.
Haltung: Anspruchslos. Für gut bepflanzte Gesellschaftsbecken. Zucht ziemlich einfach. Paarweiser Ansatz in nicht zu kleinem Aquarium.
Es gibt im Handel häufig die ganz entsprechend zu haltenden Zuchtformen des *T. trichopterus*: Goldfadenfisch, Silberfadenfisch, Marmorierter Fadenfisch („cosby") und den Blauen Fadenfisch („*sumatranus*"). – Sehr friedfertig ist die verwandte Art *T. pectoralis* (Schaufelfadenfisch), die aber über 20 cm groß wird.

Trichopsis
Zur Gattung *Trichopsis* gehören 3 Arten, die alle durch eine bemerkenswerte Besonderheit ausgezeichnet sind: Bei der Balz und den zu-

meist harmlosen Streitereien geben die Tiere gelegentlich gut zu hörende Knarr-Laute von sich (Knurrende Guramis!). Die Geräusche werden durch heftige Vibration der Brustflossen erzeugt, wobei deren Sehnen über spezielle Knochen gleiten.

Trichopsis pumilus
(ARNOLD, 1936)
Knurrender Zwerggurami

3,5 cm	27°C	A-G-W-N

Heimat: Umgebung von Bangkok, Thailand
Sehr versteckt lebender Kleinfisch. Die Geschlechtsunterschiede verdeutlicht Bild 156: Der Eierstock des Weibchens ist als spitz zum Schwanz hin ausgezogenes Dreieck deutlich zu erkennen. Bei paarweisem Ansatz Zucht nicht schwer. Das Schaumnest wird bevorzugt in Höhlen oder unter Pflanzenblättern angelegt. Brutpfleger.
Haltung: Gut für kleinere, schön bepflanzte Becken geeignet. Anspruchslos.

Trichopsis schalleri
LADIGES, 1962

6 cm	26°C	G-W-N

Heimat: Thailand
Mit *T. vittatus* sehr nahe verwandt. In der Zeichnung blasser.
Haltung und Zucht: Wie *T. vittatus*.

Trichopsis vittatus
CUVIER & VALENCIENNES, 1831
Knurrender Gurami

7 cm	26°C	G-W-N

Heimat: In ganz Südostasien häufig; bevorzugt in pflanzenreichen Uferzonen
Friedlicher, genügsamer Fisch. Geschlechtsunterschiede wie bei *T. pumilus*.
Haltung: Für dicht bepflanzte Gesellschaftsaquarien. Zucht bei paarweisem Ansatz nicht schwer. Errichtet sein Schaumnest gern in Blumentopf-Höhle. Nicht zu kleines Zuchtaquarium. Für Versteckmöglichkeiten sorgen. Vaterfamilie.

Helostomatidae

Zu dieser Familie gehört nur eine Gattung mit einer einzigen, hochspezialisierten Art. Ihre Kiemenanlagen sind zu einem Filter umgestaltet, der sie zur Aufnahme von planktonischer Nahrung befähigt:

Helostoma temminckii
(CUVIER & VALENCIENNES, 1831
Küssender Gurami

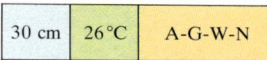 

30 cm	26 °C	A-G-W-N

Heimat: Hinter- und Inselindien, hauptsächlich in stehenden Gewässern
Friedliche Fische. Eindrucksvoll ist bei der Balz und bei den Kämpfen das oft stundenlange, harmlose Maulpressen (Name!). Neben der grauen Form gibt es eine rosafarbene Variante.
Haltung: Gut für das Gesellschaftsaquarium. Futter: sehr kleines Lebendfutter. Gern werden sehr feines Trockenfutter, auch Haferflocken angenommen. Viele Tiere verhungern im Aquarium! Planktonfresser.
Zur Zucht paarweiser Ansatz. Paarungsreife Weibchen deutlich dicker. Keine Brutpflege. Laichräuber.

Osphronemidae

Die Osphronemidae werden nur durch die folgend beschriebene Art repräsentiert:

Osphronemus gorami
LACEPEDE, 1802
Speise-Gurami

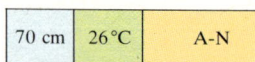 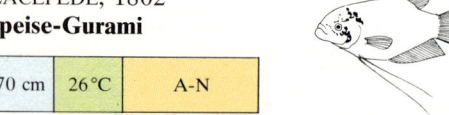

70 cm	26 °C	A-N

Größter Labyrinthfisch. Als Nutzfisch in Süd- und Südostasien verbreitet. Gelegentlich tauchen die jungen, spitzköpfigen Tiere im Zoohandel auf. Sie sehen attraktiv aus, sind aber gefräßig und sehr schnellwüchsig, oft unverträglich. Pflanzenfresser!
Haltung: Nur für große Aquarien ohne Pflanzen. Vergesellschaftung mit großen Cichliden möglich. Keine Ansprüche an Wasser und Futter. Zucht im Aquarium kaum möglich. Baut kugeliges Pflanzennest etwa 20 cm unter dem Wasserspiegel.

Bild 152. Küssende Guramis *(Helostoma temminckii)*, die graue Variante. Aufnahme Kahl

Luciocephaloidei
(Hechtkopfverwandte)

Mit einem Labyrinthorgan ausgestattete, hechtartige Oberflächenfische. Nahe mit den Anabantoidei verwandt; vermutlich handelt es sich lediglich um hochspezialisierte Fische aus jener Unterordnung. Nur eine Art:

Luciocephalus pulcher
(GRAY, 1830)
Hechtkopf

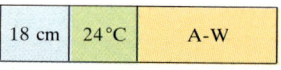 

18 cm	24 °C	A-W

Heimat: Malaysia, indonesische Inseln
Langgestreckter, mit riesigem Maul ausgestatteter Raubfisch.
Haltung: Nur für Artbecken geeignet. Braucht weiches, leicht saures Wasser. Frißt kleine Fische (besonders gern halbwüchsige Black-Mollies!), Insekten. – Maulbrüter. Zucht dürfte schwierig sein.

Blennioidei
(Schleimfischverwandte)

Fast ausschließlich marine Bodenfische von gestreckter Gestalt mit kehl- bis kinnständigen Bauchflossen.

Blennius
Von den 25 einheimischen Arten lebt eine auch in den Seen und Süßgewässern rund um das Mittelmeer: der Süßwasser-Schleimfisch *(Blennius fluviatilis)*. Ausdauernd und sehr possierlich, aber gelegentlich aggressiv. Wird bis zu 15 cm groß.
Haltung: Am besten richten wir dieser Art ein größeres Geröllbecken mit vielen Gesteinsspalten (vgl. S. 95) ein. Härteres Wasser, eventuell Salzzusatz.

Gobioidei (Grundelverwandte)

Etwa 600 vorwiegend marine Formen, von denen einige ins Süßwasser eingewandert sind. Bauchflossen häufig miteinander verwachsen, zwei Rückenflossen. Schwimmblase fehlt meist.

Eleotridae (Schläfergrundeln)

Sehr gattungs- und artenreiche Familie. Hierzu gehören die Gattungen *Mogurna, Dormiatus, Oxyeleotris* u.a. Im Alter zumeist räuberische Bodenfische, die Lebendfutter brauchen sowie mittelhartes bis hartes Wasser, das nicht sauer sein darf. Zu weiches Wasser kann mit 1–5 Teelöffel Salz auf 10 l Wasser aufgehärtet werden.

Eleotris
Heimat: Weltweit verbreitet
Zumeist Meer- und Brackwassertiere. Brauchen Salzzusatz. Daher im Pflanzenaquarium auf die Dauer nicht zu halten. Oftmals unverträglich.

Hypseleotris
Südostasiatisch-australische Gattung mit einigen reinen Süßwasserformen. Teilweise schöne Arten wie *H. compressus* aus den Küstenzonen des südlichen Neuguinea, aus Nord- und Nordostaustralien sowie *H. cyprinoides*, die Kärpflingsgrundel aus Sulawesi (Celebes).

Mogurnda
Gelegentlich ist *Mogurnda mogurnda*, die australische Tüpfelgrundel, zu erwerben. Die bis 18 cm lang werdenden, während der Balz ansprechend gefärbten Tiere sind bei einer Temperatur um 27 °C relativ leicht nachzuzüchten. Man nehme mehrere Weibchen zu einem Männchen. Die Eier werden auf einen Stein geklebt. Männchen betreibt Brutpflege. – Die räuberischen Tiere sollten nur mit größeren Fischen oder im Artbecken gepflegt werden. Werden sehr zutraulich.

Gobiidae (Meergrundeln)

Heimat: Weltweit verbreitet
Vorzugsweise im Meer lebende Fische. Bauchflossen zumeist miteinander verwachsen.

Brachygobius nunus
(HAMILTON-BUCHANAN, 1822)
Goldringelgrundel

4 cm	26 °C	A-G-N-H

Heimat: In ganz Hinter- und Inselindien häufige Bodenfische in küstennahen Gewässern, sowohl im reinen Süß- als auch im Brackwasser Possierliche, harmlose Fische.
Haltung: Als kleine Lebendfutterfresser (!) besonders für Minibecken geeignet. Mehrere Tiere anschaffen. Höhlenverstecke (Weinbergschneckenschalen!). 1 Löffel Salz auf 10 l Wasser empfehlenswert.
Zucht nach Frischwasserzusatz. Höhlenlaicher. Vater treibt Brutpflege. Nach dem Schlupf Alttiere entfernen!
Mit ihrer goldgelben Ringelung sehr ähnlich ist *B. xanthozona* aus Sumatra, Java und Borneo. *B. nunus* hat schwarze, gelb oder farblos gerandete After- und Rückenflossen. Die Flossenaußenränder bei *B. xanthozona* sind wie die Flossen dunkel. Die selten eingeführte Art *B. aggregatus* hat eine völlig helle Afterflosse.

Stigmatogobius sadanundio
(HAMILTON-BUCHANAN, 1822)
Rittergrundel

8 cm	25 °C	A(G)-S-H

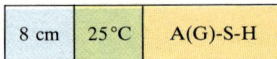

Heimat: Südostasien, vorwiegend im Süßwasser
Hübscher, munterer Fisch.
Haltung: Am besten in ganz leicht brackigem Wasser. Nicht zu kleines Becken; Höhlen- oder Wurzelunterstände. Zu mehreren halten.

Periophthalmidae (Schlammspringer)
Heimat: In den tropischen Wattgebieten weltweit verbreitet
Die Fische können sich auf dem Lande flink kriechend und springend fortbewegen. Neben der bekannten Gattung *Periophthalmus* zählen hierzu u.a. auch die Gattungen *Boleophthalmus* und *Scartelaos*.
Näheres zur Haltung dieser possierlichen Tiere auf S. 108.

258

Cottoidei (Panzerwangen)

Ursprünglich reine Meeresfische, von denen einige wenige Arten aber auch das Süßwasser besiedelt haben. Die folgende Art eignet sich vorzüglich für das Kaltwasseraquarium:

Cottus gobio
LINNÉ, 1758
Mühlkoppe, Groppe

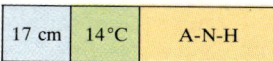 

17 cm	14°C	A-N-H

Heimat: Europa und Nordasien, in klaren Wiesen- und Gebirgsbächen
Skurril gestalteter Fisch mit riesigen Brustflossen. Wird bald sehr zutraulich.
Haltung: Frißt Lebendfutter jeder Art. Braucht kühles, klares, möglichst bewegtes Wasser. Die Temperatur kann im Frühjahr zwischen 5 und 16°C schwanken; nicht längere Zeit über 20°C halten! Aquarium mit Steinverstecken und Höhlen einrichten.
Zucht im zeitigen Frühjahr möglich. Laicht versteckt unter Steinen bzw. in Höhlen. Männchen Brutpfleger.

Mastacembeloidei (Stachelaalverwandte)

Heimat: In Süß- und Brackwassergebieten Süd- und Südostasiens und des tropischen Afrikas
Aalartig langgestreckte Tiere mit einem beweglichen Schnauzenfortsatz. Rückenflosse mit einem geschlossenen, weichstrahligen Teil. Davor stehen einzelne, gleich große Stacheln. Über 40 Arten.
Viele Stachelaale sind ansprechend farbig gezeichnet. Versteckt lebende Dämmerungstiere, die teilweise sehr zutraulich werden.
Haltung: Fressen Lebendfutter (Würmer und anderes Bodengetier). Nicht mit kleinen Fischen vergesellschaften! – Ein Idealbehälter für Stachelaale wäre ein Aquarium mit schlammig-weichem Bodengrund, leicht brakkigem Wasser und dichter Bepflanzung! (Das läßt sich im Aquarium aber nicht realisieren!)

Tetraodontiformes (Kugelfischartige)

Zu dieser Ordnung gehören neben den Kugelfischen auch die marinen Drückerfische und die Kofferfische.

Tetraodontidae (Kugelfische)

Vorwiegend Meeresfische, von denen einige Arten aber auch reine Süßwasserformen sind. Kugelfische haben ein aus vier Zähnen bestehendes, scharfes Gebiß, das einem Papageienschnabel ähnelt. Damit werden sehr gern Schneckenschalen geknackt. Die Fische können bei Gefahr Luft oder Wasser in eine Erweiterung ihres Magens pumpen und kugelförmig auftreiben. Im Aquarium trifft man hauptsächlich Arten aus den Gattungen *Tetraodon* und *Carinotetraodon* an.
Einige Arten laichten in Gefangenschaft bereits ab. Die Männchen (manchmal mehrere gleichzeitig) beißen sich bei der Paarung am Weibchen fest.

Tetraodon
Ziemlich artenreiche Gattung. Zumeist bissige Fische. Brauchen im Aquarium Höhlen oder Wurzelunterstände, um sich vor ihresgleichen verstecken zu können.

Tetraodon fluviatilis
(HAMILTON-BUCHANAN, 1822)
Grüner Kugelfisch

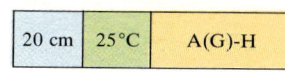 

20 cm	25°C	A(G)-H

Heimat: Ganz Süd- und Südostasien bis zu den Philippinen
Auf grünlich-gelbem Grund zahlreiche dunkle Flecken. Wird häufig in kleinen Exemplaren importiert, die sich im Gesellschaftsaquarium aber vielfach als arge Raufbolde entwickeln. Schnellwüchsig!
Haltung: Der Fisch ist Allesfresser, sollte aber auch Schneckennahrung bekommen. Ein Salzzusatz fördert sein Wohlbefinden.

Bild 153. Goldringel-Kugelfisch *(Tetraodon mbu)*. Aufnahme Vierke

Tetraodon mbu
BOULENGER, 1899
Goldringel-Kugelfisch

75 cm	25°C	A-W

Heimat: Mittlerer und unterer Kongo
Schöner Süßwasserkugelfisch mit charakteristischer, sehr langer Schwanzflosse.
Haltung: Da sehr groß werdende Art, in erster Linie für Schauaquarien geeignet. Schneckenfresser. Bissig.

Tetraodon palembangensis
BLEEKER, 1852
Genetzter Kugelfisch

20 cm	24°C	A(G)-N

Heimat: Süßgewässer von Thailand, Sumatra und Borneo
Mit gelbem Netzmuster und Augenflecken an der Wurzel der Rücken- und der Schwanzflosse. Beliebteste Art, zumeist friedfertig, entpuppt sich aber gelegentlich als bissiger Flossenfresser und rupft manchmal Pflanzenblätter ab. Schneckenvertilger.

Tetraodon schoutedeni
PELLEGRIN, 1926
Kongo-Kugelfisch

10 cm	25°C	A(G)-N

Heimat: Kongo-Unterlauf
Friedlicher als die anderen Arten, vergreift sich aber manchmal an Pflanzen. Im Artaquarium bereits gezüchtet. Männchen wesentlich kleiner. Freilaicher, der die Eier in Oberflächennähe abgibt.

Fische züchten

So manche Fischart ist nur unter relativ großem Aufwand und mit einer gehörigen Portion Umsicht, Erfahrung und Geduld im Aquarium zur Fortpflanzung zu bringen. Bei vielen Arten ist die Nachzucht bisher auch noch gar nicht gelungen. Auf der anderen Seite aber vermehren sich manche Fischarten fast oder gänzlich ohne unser Zutun im Aquarium. (Allerdings muß das Becken dann entsprechend eingerichtet und besetzt sein!)

Sicherstellen der Brut aus einem Gesellschaftsaquarium

Bei weitester Auslegung beginnt die Fischzucht bereits damit, daß man aus dem Gesellschaftsaquarium z.B. frischgeborene Guppies und Schwertträger herausfängt und in einen Extrabehälter setzt, um sie so vor den Nachstellungen der größeren Beckenbewohner zu retten.

Bei brutpflegenden Arten hat man die Möglichkeit, ihren Laich oder auch die noch nicht schwimmfähigen Larven aus dem Gesellschaftsaquarium zu entfernen, somit sicherzustellen und dann aufzuziehen. Wenn unser Aquarium zweckmäßig eingerichtet und nicht allzudicht besetzt ist, haben die Brutpfleger oftmals die Möglichkeit, sich gegen die Mitbewohner ein Brutrevier freizukämpfen, das sie dann zum Ablaichen und zur Pflege der noch nicht schwimmfähigen Larven nutzen. Wenn die Jungen aber erst freischwimmen, ist es mit der Pracht zumeist vorbei: In der Enge eines Gesellschaftsaquariums haben nur die wenigsten Fischeltern eine Chance, ihre Jungen wirklich großzubekommen. Hier sollte dann der Aquarianer eingreifen.

Vollständige Gelege oder Bruten wird man am häufigsten von Cichliden und Labyrinthfischen bekommen. Bei maulbrütenden Buntbarschen (*Pseudocrenilabrus, Geophagus*) brauchen wir das pflegende Elterntier noch nicht einmal von seiner Brut zu trennen. Wir treiben es vorsichtig in ein ins Aquarium gehaltenes Glas und heben es so mit dem Wasser heraus. Vorsicht beim Überführen des Elterntieres! Wenn es zu sehr erschreckt wird, spuckt es seinen Laich aus und nimmt ihn nicht wieder auf! Wenn wir einen Maulbrüter erst einmal in sein eigenes Becken gesetzt haben, kann nicht mehr viel schiefgehen. Wassertemperatur und -qualität müssen jedoch mit den Werten des Gesellschaftsbeckens übereinstimmen. Das Aquarium für unseren Maulbrüter sollte ruhig stehen – gefüttert wird nicht. Nach 1–2 Wochen, wenn die Jungen entlassen sind, können wir sie von der Mutter getrennt mit frischgeschlüpften Artemien aufziehen. Schöner ist es jedoch, das Familienidyll noch einige Zeit zu beobachten. Bei vermeintlicher Gefahr und nachts nimmt die Mutter ihre Kleinen noch einige Zeit ins Maul.

Die meisten Buntbarsche kleben ihren Laich auf einen Stein, eine Wurzel oder ein Pflanzenblatt. Im Gesellschaftsaquarium erlebt man das recht häufig bei Segelflossern (*Pterophyllum scalare*), *Aequidens*- und *Cichlasoma*-Arten und beim Schmetterlingscichliden (*Papiliochromis ramirezi*). Wenn wir ein derartiges Cichliden-Paar beobachten, können wir es nach dem Ablaichen herausfangen (dabei den Laich den anderen Mitbewohnern als Futter überlassen!) und in ein eigenes, nicht zu kleines Zuchtbecken überführen. Bei abwechslungsreicher Lebendfütterung werden die Tiere sicher nach 1–3 Wochen erneut ablaichen, und wir können das faszinierende Schauspiel brutpflegender Buntbarsche in allen Einzelheiten beobachten. Nach dem Schlüpfen verfrachten die Eltern die Larven in eine extra hergerichtete Grube und verpflegen sie hier weiter. Segelflosser und einige wenige andere Buntbarsche heften ihre frischgeschlüpften Larven an Pflanzenblättern an.

Erst wenn die Jungen sich einige Tage später im Schwarm erheben und mit der Nahrungssuche beginnen, dürfen wir füttern. Vorsorglich haben wir rechtzeitig Artemien-Eier ausgebrütet, die wir nun – wenn möglich mehrmals täglich – in kleinen Mengen ins Aquarium geben. An den orangefarbenen Bäuchlein der Jungfische kann man dann erkennen, daß sie die Salzkrebschen gefressen haben.

Vielen Aquarianern bricht das Herz, wenn sie den im Gesellschaftsaquarium abgegebenen Laich den anderen Fischen zum Schmaus überlassen sollen. Oftmals gelingt es aber auch, die Jungen brutpflegender Arten künstlich aufzuziehen. Allerdings sollte man von der Kunstaufzucht nicht regelmäßig Gebrauch machen, denn es besteht die Gefahr, daß man sich auf diese Weise verhaltensdegenerierte Stämme heranzieht, die in den Folgegenerationen selbst unter idealen Bedingungen nicht mehr in der Lage sind, ihre Brut normal aufzuziehen. (Beim Segelflosser und beim Schmetterlingsbuntbarsch, die gewerbsmäßig in großen Mengen künstlich aufgezogen werden, gibt es bereits solche Stämme.) Andererseits gibt es auch Situationen, in denen man zur

Kunstaufzucht gezwungen ist, z. B. um seltene Arten zu erhalten.

Das Gelege von **Substratlaichern** überführen wir unter Wasser im Glas in das Zuchtbecken. Das Aufzuchtbecken muß peinlichst sauber sein, d. h. wir desinfizieren es vorher mit einer dunkelroten Lösung von Kaliumpermanganat (Drogerie!) und spülen so lange mit klarem Wasser nach, bis die rote Verfärbung verschwunden ist. Jetzt füllen wir Wasser aus dem Ablaichbecken ein, das wir möglichst direkt vom Filterablauf entnehmen. Gegen Laichverpilzung setzen wir dem Wasser Trypaflavin zu (1 g auf 600 l Wasser!) oder Methylenblau (bis das Wasser kräftig blau ist – mit Methylenblau kann man praktisch nicht überdosieren!).

Der Laichstein wird einfach auf den Boden des Aufzuchtbeckens gelegt. Ein Laichblatt wird so mit einem Stein beschwert, daß das Gelege relativ frei im Wasser steht. Nun bringen wir den Ausströmerstein eines Durchlüfters so in die Nähe der Eier, daß die Luftperlen die Eier zwar nicht direkt berühren, ihnen aber ständig reichlich Frischwasser zuführen. Wir müssen das Gelege täglich auf verpilzte Eier oder Larven untersuchen. Diese müssen notfalls entfernt werden – unter Wasser, versteht sich!

Wenn die Jungen erst freischwimmen und Artemien fressen, kann nichts mehr passieren.

Weniger aufwendig ist die Aufzucht bei den meisten **schaumnestbauenden Labyrinthfischen.** Hier unterscheidet man zwischen Arten, deren Eier leichter als Wasser sind (sie sind üblicherweise glasklar), und Arten, deren Eier schwerer als Wasser sind (sie sind undurchsichtig weiß). Die Labyrinther mit Schwimmeiern (Buschfische, Fadenfische, Makropoden – Gattungen *Ctenopoma, Trichogaster, Colisa, Macropodus*) sind besonders leicht aufzuziehen. Da die Brut gegen Verpilzung und Bakterienbefall meist unempfindlich ist, brauchen wir keine Mittel gegen Laichverpilzung zusetzen. (Nur bei Buschfischen ist das ratsam.) Wir benutzen auch kein kahles Aufzuchtbecken, sondern ein mit Pflanzen alteingerichtetes Aquarium (ohne Schnecken!). Vor allem eine teilweise Abdeckung der Wasseroberfläche mit Schwimmpflanzen *(Ceratopteris, Riccia)* ist wichtig. Das Nest mit den Eiern oder den Larven wird mit einem Glas oder ei-

Bild 154. Künstliches Erbrüten eines Geleges (z. B. von *Pterophyllum*). Das Blatt mit dem Gelege (in anderen Fällen der Laichstein) wird so neben dem Ausströmer plaziert, daß der Laich in einem ständigen Frischwasserstrom steht.

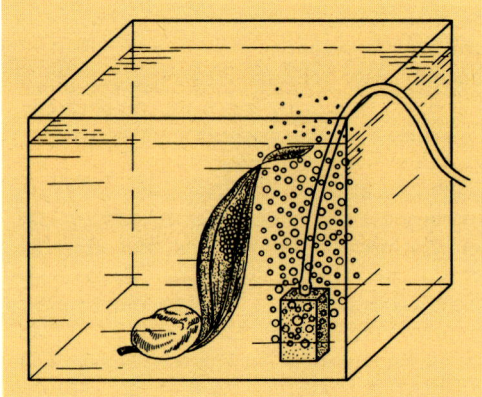

ner Kelle ins Aufzuchtaquarium überführt. Es sollte möglichst nicht zu klein sein – je größer es ist, desto größer wird natürlich auch die Ausbeute an Jungfischen sein. Wenn die Jungen freischwimmen, finden sie in einem derart eingerichteten Aufzuchtbecken stets einen gewissen Vorrat an Infusorien als Erstfutter. (Infusorien sind Kleinstlebewesen, die in altbepflanzten Becken immer vorhanden sind.) Erst ca. eine Woche nach dem Freischwimmen sind die Fischchen in der Lage, frischgeschlüpfte Artemien zu fressen. Haben sie erst einmal dieses Stadium erreicht, sind sie unschwer weiter aufzuziehen. Natürlich kann man diese Labyrinther auch intensiver mit gezielter Infusorienfütterung züchten. Man erhält auf diese Weise größere Nachzucht-Zahlen.

Labyrinthfische mit Sinkeiern (*Trichopsis, Betta, Malpulutta, Pseudosphromenus, Parosphromenus*) sind ebenfalls relativ einfach aufzuziehen. Wenn es geht, warten wir mit dem Abschöpfen des Nestes bis kurz vor dem Freischwimmen der Kleinen. Schon etwa 3 Tage vorher hängen die Larven wie kleine Schreibmaschinen-Kommas unter dem Schaumnest. Jetzt kann die Aufzucht wie bei den Schwimmeierformen erfolgen, denn die kritischsten Phasen hat der brutpflegende Vater schon überbrückt. Manchmal muß man jedoch umgehend den Laich sicherstellen. (Er kann mit oder auch ohne Schaumnest überführt werden, meist fallen die Eier ohnehin über kurz oder lang auf den Boden unseres Aufzuchtbeckens.) Wir brauchen dann eine Durchlüftung und meist auch Zugaben von Trypaflavin oder Methylenblau. Bei diesen Arten sollte das Wasser auch nicht zu hart sein – zumindest *Parosphromenus*- und *Malpulutta*-Arten benötigen weiches Wasser.

Auf ganz entsprechende Art können auch die Bruten anderer Fischarten sichergestellt werden:

Panzerwelse kleben ihren Laich gelegentlich direkt an die Aquarienscheibe. Wir können ihn mit der Rasierklinge vorsichtig abkratzen und in eine flache Aufzuchtschale überführen (Trypaflavin zugeben und durchlüften!). Nach etwa 5–7 Tagen schlüpfen die Jungen, die nach einem weiteren Tag schon freischwimmen. Sie fressen sofort frischgeschlüpfte Artemien.

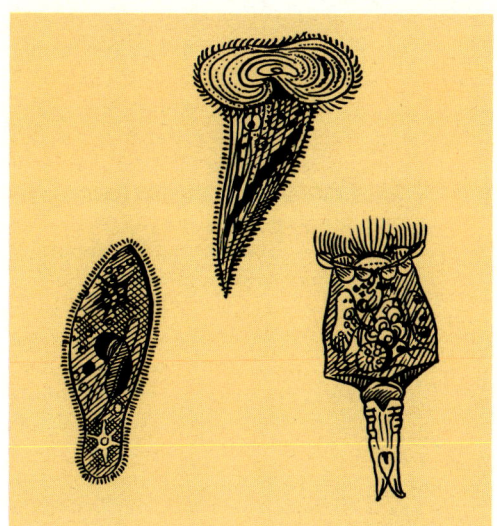

Bild 155. Lebendfuttertiere aus Tümpel und Weiher für Fischbrut: Pantoffeltierchen, Trompetentierchen, Rädertierchen.

In Gesellschaftsaquarien brüten gelegentlich auch die in Höhlen ablaichenden *Apistogramma*-Arten. Manchmal erscheinen dann die Mütter mit einem ganzen Jungfischschwarm, den sie jedoch auf längere Zeit nicht gegen die Beckenmitbewohner verteidigen können. Mit einem Schlauch saugen wir die Kleinen vorsichtig ab und setzen sie in ein gesondertes Aufzuchtbecken.

Der Daueransatz

Ein gut bepflanztes Aquarium, in dem nur Fische einer einzigen Art untergebracht sind, kann hervorragend wirken. Außerdem kann man in einem solchen Artaquarium viele Arten relativ einfach vermehren. Die Fische laichen über Tage und Wochen hinweg und stellen unter geeigneten Bedingungen ihrer Brut nicht oder nur wenig nach. In solchen Fällen sprechen wir von einem Daueransatz. (Meist wird man hier jedoch keine Massenzuchten erzielen.)

263

Für den Daueransatz eignen sich Kardinalfische *(Tanichthys albonubes)* besonders gut. Als Zuchtbecken eignet sich bereits ein 30-Liter-Aquarium. Damit wir keine Schnecken und Planarien einschleppen, brühen wir den Sand aus und desinfizieren die Pflanzen in einem Alaun-Bad. Kardinalfische laichen bevorzugt in feinfiedrigen Pflanzen (z. B. *Myriophyllum*), und das Becken muß – zumindest stellenweise – dicht bepflanzt werden.

Für Daueransätze sind vor allem Schwimmpflanzen wichtig, da diese den Jungen als Zufluchtsort dienen. Hier sind wieder Hornfarn und Riccia sehr gut geeignet – Wasserlinsen dagegen bieten nur geringen Schutz. In das so ausgestattete Zuchtbecken bringen wir einen Schwarm von 8–12 Kardinalfischen ein. Das Wasser darf nicht zu weich sein, die Temperatur sollte zwischen 18 und 21 °C liegen. Wir füttern mit Flockenfutter, geben aber gelegentlich auch frischgeschlüpfte Artemien, die auch von den Alttieren gerne gefressen werden. Die Fische beginnen bald mit dem Laichen, nach einiger Zeit wird man die ersten, fast wie Neonfische glänzenden, jungen Kardinalfischchen zwischen den Schwimmpflanzen entdecken.

Ganz entsprechend können auch die meisten Ährenfische (Atherinidae) und Regenbogenfische (Melanotaeniidae) gezüchtet werden. Besonders gut funktioniert der Daueransatz mit *Bedotia geayi* und *Melanotaenia macculochi*. Bei beiden Arten müssen wir aber für wirklich sauberes Wasser sorgen, das nicht zu weich sein sollte.

Auch anspruchsvollere Fische wie *Rasbora hengeli* lassen sich im Daueransatz züchten. Als Haftlaicher benötigen sie aber einige breitblättrige Pflanzen (z. B. Cryptocorynen), auf denen sie ihre Eier ankleben können. Wenn wir einen Schwarm in ein entsprechend eingerichtetes Aquarium setzen und die Wasserhärte bei 3–6 °dGH liegt, müßte sich der Erfolg bald einstellen. Gefüttert wird mit Flokkenfutter, gelegentlichen Artemien-Zugaben. Recht gut geeignet für den Daueransatz sind auch der Zwergbärbling *Rasbora maculata* und der Schwanzfleckenbärbling *Rasbora urophthalma*. Diese beiden Arten benötigen ebenfalls weiches Wasser – möglichst nicht über 3 °dGH.

Wenn wir keinen Wert auf besonders hohe Nachwuchszahlen legen, können wir im Daueransatz auch verschiedene Fische züchten, die als Laichräuber verschrieen sind. Wir müssen hier nur dafür sorgen, daß die Eltern ständig Lebendfutter haben (Wasserflöhe, Mückenlarven) – dann vergreifen sie sich meist nicht oder nur wenig an der Brut! Es kann allerdings auch passieren, daß sich einzelne Individuen als Kannibalen entpuppen. Sollte man so etwas feststellen, dann muß man diese Tiere schnell aus dem Daueransatz entfernen. Die Bepflanzung sollte in diesen Becken ebenfalls stellenweise sehr dicht sein – vor allem an der Wasseroberfläche. Wenn wir nun noch entsprechend weiches Wasser verwenden, können wir *Nannostomus-, Epiplatys- und Aplocheilichthys*-Arten züchten.

Selbst die sogenannten „Problemfische" wie Kaisersalmler *(Nematobrycon palmeri)* und Kongosalmler aus den Gattungen *Brycinus* und *Phenacogrammus* können im Daueransatz Nachzuchten bringen. Allerdings müssen wir bei diesen Arten nicht nur Weichwasser und ausreichend Lebendfutter bereitstellen, auch hier müssen die Becken teilweise sehr dicht bepflanzt und vor allem mit Schwimmpflanzen versehen sein. Da die Jungen die ersten Wochen vorwiegend am Boden leben, müssen wir die eigentliche Sandschicht mit einer etwa 3–5 cm dicken Schicht tischtennisballgroßer Kieselsteine abdecken. Im Spaltensystem zwischen den Kieseln können die Jungen unbehelligt von ihren Eltern heranwachsen. Sieht man die ersten Jungen herumschwimmen, dann sollte man Artemien zufüttern.

Das Becken für einen Ansatz mit etwa 3 Paaren Kaisersalmler sollte mindestens 100 Liter fassen. Die günstigste Zuchttemperatur liegt bei 24–26 °C. Kongosalmler brauchen niedrigere Temperaturen (22–24 °C) und ein größeres Becken (200–300 Liter).

Das eigentliche Zuchtaquarium

Zum gezielten Zuchtansatz werden die Fische paarweise – manchmal auch im kleinen Schwarm – kurzzeitig zum Ablaichen in ein

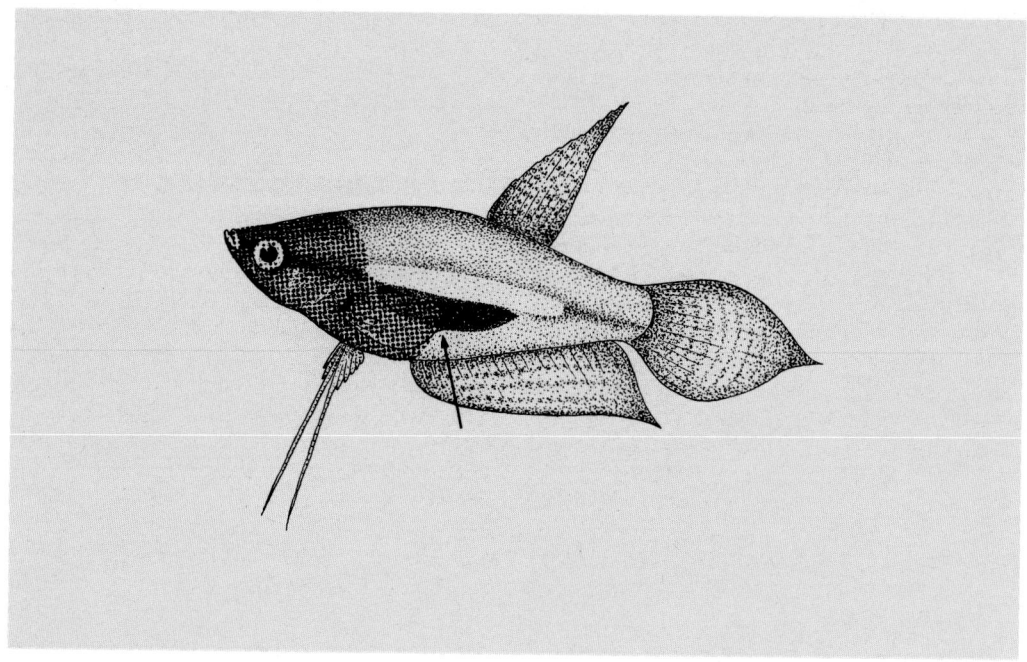

speziell dafür hergerichtetes Aquarium gesetzt.

Es versteht sich von selbst, daß das Zuchtpaar gesund und ohne Mißbildungen (die bekanntlich in vielen Fällen weitervererbt werden) sein muß.

Wer bei Schleierkampffischen, Guppys und anderen Lebendgebärenden besondere Zuchtrassen erhalten oder gar erzielen will, muß sich vorher unbedingt über Erbregeln und die Prinzipien der Auslesezucht in der Spezialliteratur informieren!

Es ist nicht immer leicht, ein geeignetes Zuchtpaar zusammenzustellen. Auch eigentlich laichreife Tiere passen nicht immer zusammen. In solchen Fällen muß man dann einen der Partner austauschen und abwarten, ob die neue Kombination eher zum erhofften Erfolg führt.

Die Geschlechter erkennt man je nach Art an sehr unterschiedlichen Merkmalen. (Ich habe versucht, diese Unterscheidungsmerkmale – wo es möglich war – bei den Artbeschreibungen anzugeben.)

Viele Mißerfolge erklären sich dadurch, daß man zwei gleichgeschlechtliche Tiere zur Zucht angesetzt hat! Wenn man Arten züchten

Bild 156. Zur Geschlechtsbestimmung einiger Labyrinthfische (*Trichopsis*-Arten, *Pseudosphromenus cupanus*) setzen wir den Fisch in ein Glas und betrachten ihn gegen eine helle Lichtquelle. Dann heben sich Kopf und Innereien deutlich gegen den hellen Schwanzstiel ab. Beim Weibchen ist der dunkle Teil zur Schwanzflosse hin spitz ausgezogen – das ist der Eierstock (Pfeil).

will, bei denen sich die Geschlechter äußerlich nicht unterscheiden, sollte man versuchen, sich die Tiere selbst aus einem Schwarm heraus finden zu lassen. Oftmals erkennt man laichreife Weibchen aber schon am deutlich dickeren Leibesumfang. (Ein sehr dicker Leib kann aber auch auf eine Krankheit hindeuten! Es können z. B. Tiere sein, die längere Zeit keine Gelegenheit zum Ablaichen hatten. Vielfach gehen solche Weibchen an „Laichverhärtung" ein.)

Die Laichbereitschaft vor allem der Weibchen kann durch reichliche und abwechslungsreiche Fütterung mit Lebendfutter angeregt werden. Oftmals ist dies sogar die Voraussetzung für einen erfolgreichen Zuchtansatz. Vor allem weiße und schwarze Mückenlarven fördern die Laichbereitschaft.

Manchmal wirkt auch ein teilweiser Wasserwechsel mit etwas erniedrigter Temperatur Wunder – vielfach hilft auch eine Temperaturerhöhung um einige Grad. Besonders wirksam ist es, wenn man die Fische vor dem Ansatz nach Geschlechtern getrennt und möglichst noch in kahlen Behältern hält.

Werden sie dann nach einigen Tagen in ein relativ „gemütlich" eingerichtetes Zuchtaquarium zusammengebracht, laichen sie oft „wie auf Kommando".

Da Eier und Larven – vor allem die der Weichwasserfische – sehr empfindlich gegen Pilz- und Bakterienbefall sind, müssen Zuchtbecken, Laichrost und die einzubringenden Laichpflanzen vorher gründlich gesäubert und desinfiziert (Kaliumpermanganat) werden!

Für die meisten Salmler eignet sich ein Büschel Javamoos oder auch ein käufliches Perlon-Laichgespinst zum Ablaichen. Durch Beschweren mit einem Glasstab verhindert man den Auftrieb der Pflanzen.

In vielen Fällen ist ein Laichrost sehr nützlich. Der Laichrost (nebeneinandergeklebte Plastikröhren) wird direkt auf den Boden des Zuchtbeckens gelegt. Die zu Boden rieselnden Eier fallen zwischen die Röhren und sind nun für die laichräuberischen Eltern nicht mehr zu erreichen. (Man kann anstelle des Laichrostes auch eine Schicht Glasmurmeln verwenden.)

Nach dem Ablaichen – vielfach muß man darauf einige Tage warten – müssen wir die Alttiere sofort entfernen. Solange sie sich noch im Zuchtbecken befinden, dürfen sie nicht gefüttert werden – Futter und Kot könnten zu einer zu starken Infusorienbildung führen. Aus diesem Grund werden die Fische auch schon 24 Stunden vor dem Ansatz nicht mehr gefüttert.

Entscheidend für die Befruchtung und die Eientwicklung sind Wasserhärte, pH-Wert und Wassertemperatur. Die Ansprüche an diese Werte sind von Art zu Art verschieden (siehe Artbeschreibungen).

Der Laich und die Larven werden täglich kontrolliert – eine Lupe ist dazu nötig!

Mit dem Freischwimmen der Tiere beginnt dann die gezielte Fütterung. Damit die Brut zügig wächst, sollten wir alle paar Tage einen Teilwasserwechsel vornehmen. Es versteht sich von selbst, daß wir das abgezogene Wasser nur mit kristallklarem Wasser gleicher Temperatur und gleichen Härte- und Säurewertes ergänzen.

Die Fütterung der Brut

So mancher hoffnungsvolle Züchter sah seine Jungbrut schon verhungern. Es gibt noch immer Arten, bei denen die Beschaffung des richtigen Aufzuchtfutters ein Problem bietet. Meist jedoch kommt man mit Pantoffeltierchen, Artemia-Nauplien, feingehackte Tubifex und gesiebtem Tümpelfutter zurecht. Wichtig ist vor allem, daß ausreichend gefüttert wird! Der Züchter sagt: „Die Jungen müssen immer im Futter stehen!" Andererseits darf aber auch nicht so viel gefüttert werden, daß nicht gefressene Futtertiere absterben und das Wasser verderben. Hier heißt es, Fingerspitzengefühl zu beweisen und das rechte Maß zu wahren – natürlich gehört hierzu auch etwas Erfahrung.

Viele Fische nehmen bereits von Anfang an frischgeschlüpfte Artemia-Nauplien. Hier bereitet die Aufzucht dann keine Probleme. In sehr vielen Fällen ist die junge Fischbrut aber noch so klein, daß sie Artemien als Erstfutter nicht bewältigen kann. Hier müssen wir dann zunächst Infusorien verfüttern, die wir mit feinsten Netzen aus Tümpeln herausfangen oder aber auch als Zuchtansätze kaufen können. Am besten, wir legen uns eine Pantoffeltierchen-Zucht an.

Kultur von Pantoffeltierchen (Paramecien)

Pantoffeltierchen sind ein ideales Aufzuchtfutter für die meisten Fischbruten. Darüber hinaus sind sie sehr einfach zu kultivieren – allerdings duftet eine Paramecien-Kultur nicht gerade nach Rosen!

Ideal ist es, wenn wir von einem Züchter einen Zuchtansatz erhalten können. Im anderen Fall kann man aus einem alteingerichteten Aquarium oder aus einem Tümpel Wasser entnehmen (zur Sicherheit immer noch ein bißchen vom Bodenschlamm oder vom Mulm mitverwenden!) und in ein 1- oder 2-Liter-Becher-

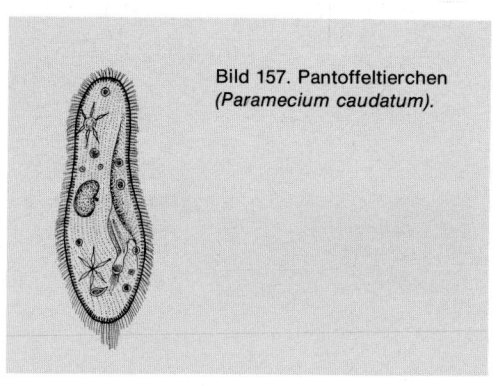

Bild 157. Pantoffeltierchen
(Paramecium caudatum).

glas füllen. Als „Futter" geben wir nun kleine Steckrüben- oder Kartoffelstückchen in das Glas. Die Einzeller ernähren sich aber nicht etwa direkt von den Kartoffel- oder Steckrübenstücken, sondern von den Fäulnisbakterien, die sich an den zersetzenden Stücken bilden. Die ideale Zuchttemperatur liegt bei

20–25 °C. Die Pantoffeltierchen erkennt man bereits nach wenigen Tagen mit bloßem Auge als kleine weiße Punkte oder als wolkenartige Schleier, wenn man das Glas vor einen dunklen Hintergrund hält.

Ein aus dem Aquarium oder einem Tümpel entnommener Ansatz ist natürlich zunächst noch mit anderen Einzellern vermischt. Da wir den Ansatz aber bei hohen Temperaturen halten, überleben nach einiger Zeit nur noch die Pantoffeltierchen – sie sind gegen Sauerstoffmangel am wenigsten empfindlich.

Natürlich muß die Kultur regelmäßig nachgefüttert werden.

Läßt die Ergiebigkeit der Kultur nach, so macht man sich einen neuen Ansatz aus abge-

Bild 158. Ausbrüten von Salzkrebsen *(Artemia salina)* mit doppeltem Flaschensatz über einen Durchlüfter. Der Ausströmer kann in einem Aufzuchtbecken installiert werden oder einen Filter betreiben.

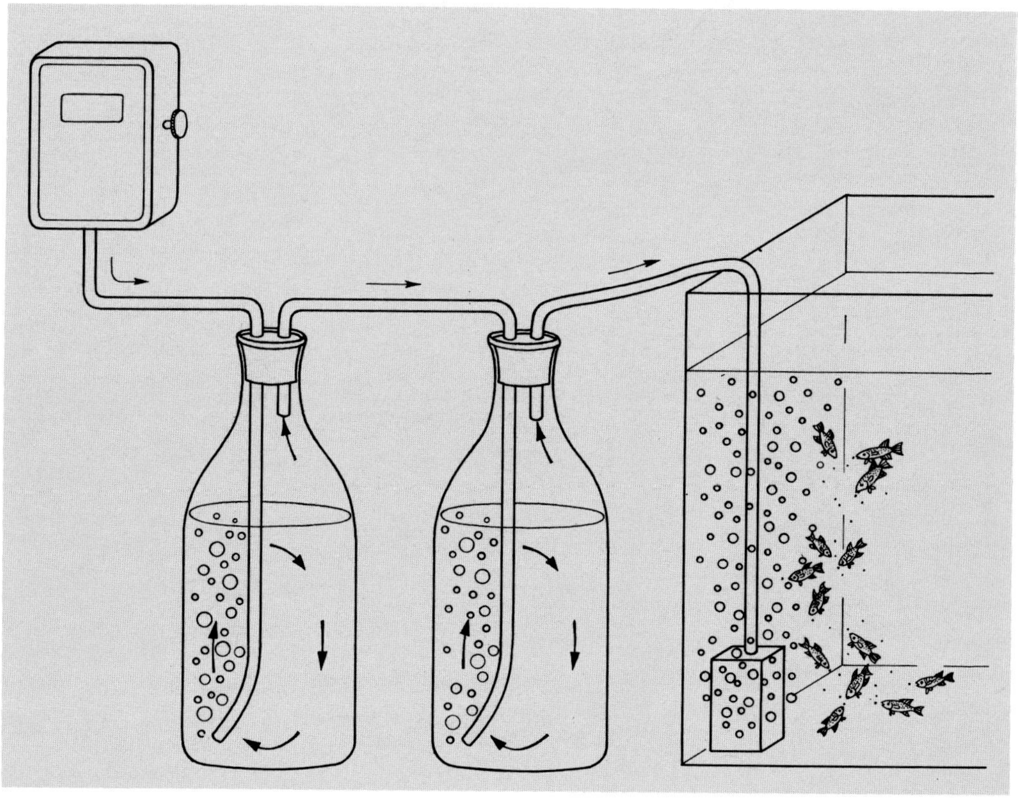

standenem, gleich temperiertem Wasser, das man mit einer Pipettenfüllung der alten Kulturflüssigkeit impft.

Unempfindliche Fischbruten (z. B. Labyrinther) können wir direkt mit einer Pipettenfüllung füttern. Für empfindlichere Jungfische (z. B. Salmler) sollten wir die Pantoffeltierchen reinigen. Dazu entnehmen wir aus der Kulturlösung eine Pipettenfüllung, die wir in ein hohes Reagenzglas oder ein Fläschchen füllen. Diesen Behälter verschließen wir nun mit einem Wattepfropfen. Oben auf die Watte gießen wir jetzt sauberes Wasser – die Pantoffeltierchen schwimmen nach einiger Zeit durch die Watte hindurch in das saubere Wasser. Hier können wir sie dann bequem mit der Pipette zum Verfüttern entnehmen.

Ausbrüten von Salinenkrebschen (Artemia salina)

Im Zoofachhandel können wir überall die trockenen Salinenkrebs-Eier bekommen. Wir füllen eine Messerspitze voll in eine Weinflasche, geben einen gestrichenen Teelöffel Kochsalz hinzu, füllen mit Wasser auf und durchlüften bei einer Temperatur von ca. 25 °C. Die Krebslarven (Nauplien) schlüpfen je nach Temperatur nach 1–2 Tagen. Wenn wir die Flasche – jetzt nicht mehr belüftet! – wenige Minuten ans Fenster stellen, haben sich die orangerot gefärbten Nauplien an der dem Licht zugewandten Seite am Boden der Flasche in Mengen angesammelt. Mit einem Schlauch können wir jetzt einen Teil von ihnen abziehen und in eines der ebenfalls im Handel zu bekommenden Artemien-Siebe hineingeben. Jetzt kurz mit Frischwasser nachspülen! Die so vom Salzwasser gereinigten Krebschen können wir nun direkt in unser Zuchtbecken schütten. Es heißt jedoch maßvoll beim Verfüttern sein! Im Süßwasser sterben die Krebsnauplien relativ schnell ab und verderben dann das Wasser. Nicht mehr füttern, als das was in spätestens einer Stunde gefressen wird – lieber häufiger füttern!

Wenn wir die Kultur weiter durchlüften, können wir sie noch einige Tage verwenden. Die Krebse wachsen aber zunächst sehr schnell und sterben in unseren Flaschen (ohne Futter!) bald ab. Am besten verwenden wir jeweils zwei Flaschen gleichzeitig, die umschichtig betrieben werden. (Wir können sie nach dem Waschflaschen-Prinzip hintereinanderschalten und so beide mit einer Pumpe betreiben. Gleichzeitig kann auch noch der Ausströmer unseres Zuchtbeckens damit versorgt werden.)

Fischkrankheiten

Vorbeugen ist besser als heilen – diese Weisheit gilt auch für unsere Fische.

Viele Krankheiten treten im Aquarium als sogenannte Schwächekrankheiten auf. Der Transport, die enge Hälterung beim Händler, die ungewohnte Nahrung, das wiederholte Umgewöhnen an neue Wasser- und Umweltbedingungen schwächen manchen Fisch und lassen ihn für Krankheiten anfällig werden, mit denen er unter normalen Bedingungen sehr leicht fertiggeworden wäre. Ziehen wir die Lehre daraus, daß wir an unseren Aquarien nicht ständig herumexperimentieren, daß wir es nicht übersetzen, an den regelmäßigen Teilwasserwechsel denken, nicht ständig überfüttern und daß wir – wenn möglich – mit selbstgefangenem Tümpelfutter nicht geizen! (Gelegentlich befürchten Aquarianer, sie könnten sich mit dem Tümpelfutter Fischkrankheiten einschleppen, und raten, man solle nur in Gewässern keschern, in denen mit Sicherheit keine Fische schwimmen. Tümpel, in denen mit 100%iger Sicherheit keine Stichlinge, Karauschen oder andere Kleinfische sind, gibt es kaum. Wenn ich mich an diesen Rat gehalten hätte, hätte ich bisher außer Guppies und Kardinalfischen kaum einen anderen Fisch züchten können. Das Gegenteil stimmt; ich will meinen Rat noch einmal bekräftigen: Abwechslungsreiches Tümpelfutter stärkt die natürlichen Abwehrkräfte der Fische und ist die beste Lebensversicherung für sie!) Ich will im Folgenden kurz auf die einzelnen Fischkrankheiten bzw. auf einige Symptome eingehen. Glücklicherweise sind die allerhäufigsten Krankheiten leicht zu erkennen und einfach zu heilen. Andererseits ist aber die Fischheilkunde eine sehr komplizierte Sache, und vieles kann nur der Fachmann unter dem Mikroskop diagnostizieren – dann in vielen Fällen aber doch nicht heilen.

Vergessen wir nie, daß irgendwann jeder Fisch sterben muß! Mit Sicherheit sterben in gutgeführten Aquarien weitaus mehr Fische an Altersschwäche oder altersbedingten Krankheiten als in freier Natur.

Ichthyophthirius multifiliis (Pünktchen-Krankheit)

Die häufigste und von vielen am meisten gefürchtete Fischkrankheit ist die „Pünktchen-Krankheit" *Ichthyophthirius* oder – wie viele Aquarianer sagen – der „Ichthyo". Andererseits besteht aber überhaupt kein Anlaß zur Sorge, wenn man die Krankheit rechtzeitig bemerkt – sie ist leichter als jede andere Fischkrankheit zu heilen.

Ichthyophthirius wird von parasitisch unter der Schleimhaut der Fische lebenden Wimpertierchen erzeugt. Diese Einzeller sind als weiße Punkte von 0,5–1 mm Durchmesser deutlich auf der Fischhaut oder an ihren Flossen zu erkennen.

Wenn wir nichts unternehmen, erscheint der Fisch bald wie mit Grieß überstreut und stirbt – außerdem werden auch die anderen Beckenmitbewohner angesteckt. Die reifen Parasiten lösen sich nämlich nach einiger Zeit von ihrem Wirt und fallen zu Boden. Hier kapseln sie sich ab, teilen sich mehrmals und zerfallen nun in eine Vielzahl von beweglichen Schwärmern, die jeder eine neue Fischzelle befallen können. Im Fachhandel werden verschiedene Medikamente gegen den „Ichthyo" angeboten; sie wirken alle ausgezeichnet. Man richte sich aber genau nach der Gebrauchsanweisung! Auch wenn die Pflanzen gelegentlich geringfügig geschädigt werden, sollte man das Mittel in der

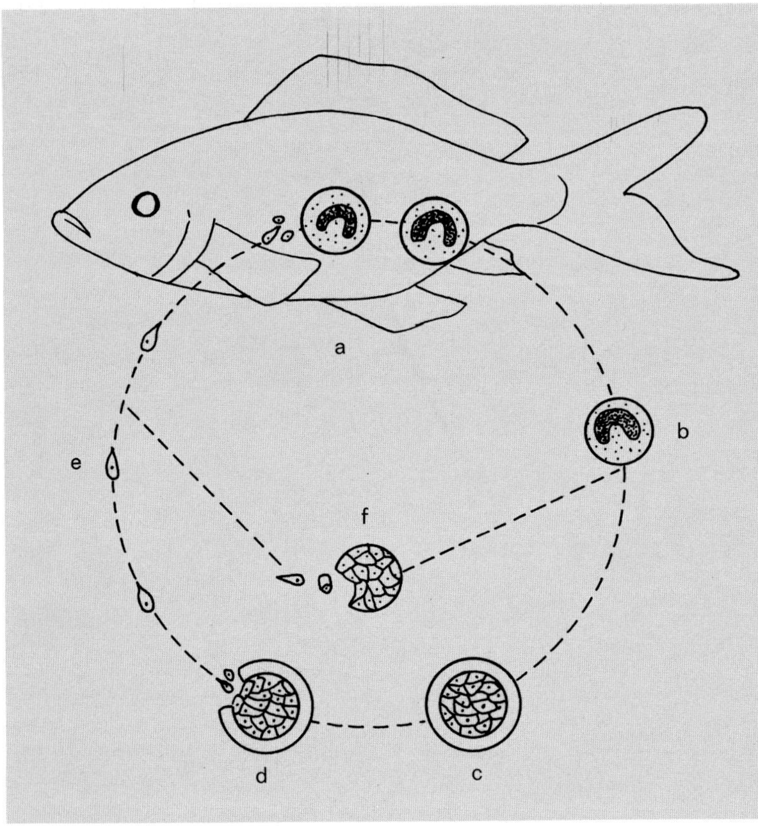

Bild 159.
Entwicklungszyklus
von *Ichthyophthirius
multifiliis.*
a Fisch mit Para-
siten, **b** abgefallener
Parasit, **c** am Boden
abgekapselter Parasit,
der Schwärmer bildet,
d schlüpfende
Schwärmer, **e** freie
Schwärmer
(befallen wieder
einen Fisch),
f unreif abgestreifter
Parasit bildet
Schwärmer ohne
Abkapselung (aus
Schubert, Krank-
heiten der Fische).

angegebenen Konzentration direkt ins befal-
lene Aquarium geben – die anderen Fische
sind vermutlich großenteils auch schon infiziert. Da die unter der Haut sitzenden Parasiten nicht direkt bekämpft werden können,
sondern nur die frei im Wasser lebenden
Schwärmer, muß man etwas Geduld haben, bis
auch der letzte weiße Punkt verschwunden ist.

Oodinium sind Karpfenfische, Eierlegende
Zahnkarpfen und Labyrinthfische.
Der Erreger dieser Krankheit ist wieder ein
Einzeller, diesmal ein Dinoflagellat. Er hat ei-

Bild 150. **a** Wasserschimmel *(Saprolegnia)*, **b** Oodinium.

Oodinium

Hier handelt es sich um eine typische Schwächekrankheit.
Sie befällt vor allem Fische, die kurz- oder längerfristig bei zu kalten Temperaturen gehalten
wurden. Weiches Wasser begünstigt diese
Krankheit noch. Besonders anfällig gegen

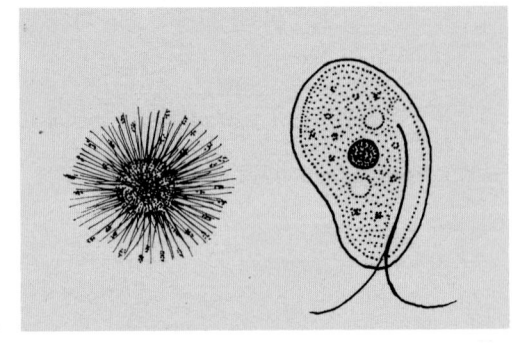

nen ganz entsprechenden Entwicklungszyklus wie *Ichthyophthirius* und ist auch mit den gleichen Medikamenten gut zu bekämpfen.

Oodinium ist auch an weißen Pünktchen zu erkennen, nur sind sie viel kleiner als beim „Ichthyo". Es sieht aus, als wären die befallenen Fische mit feinem Puderzucker überstreut – jedenfalls im fortgeschrittenen Stadium. Man muß schon ganz genau hinsehen, will man die Anfangsstadien erkennen.

Meist wird man auf diese Krankheit aufmerksam, wenn die Fische mit geklemmten Flossen träge in einer Ecke stehen.

Saprolegnia (Wasserschimmel)

Wenn Fische verwundet sind (z.B. durch Bisse oder bakterielle Flossenfäule), greifen oft Pilze auf die Tiere über. Das sieht dann genau wie Schimmel aus. (Oft tritt Wasserschimmel bei zu niedrigen Wassertemperaturen auf.)

Die Saprolegnien sind am ehesten durch Kochsalz-Kurzbäder zu bekämpfen. Hierzu lösen wir 20 g Kochsalz in einem Liter Badeflüssigkeit. Je nach Empfindlichkeit der Fische dauert ein Kurzbad 15–40 Minuten. Bewährt hat es sich auch, die Tiere für 30 Minuten in ein Kaliumpermanganatbad (1 g in 100 l Wasser) zu bringen. – Wichtig ist es aber natürlich, die eigentliche Ursache der Verletzung herauszufinden und zu bekämpfen.

Bakterielle Haut- und Flossenfäule

Milchige, oft entzündete Hautstellen und/oder ausgefaserte Flossen sind die Symptome der Haut- und Flossenfäule. Auch sie ist eine reine Schwächekrankheit (oft zu niedrige Wassertemperatur!). Gesunde und gut gehaltene Fische erkranken nicht an Flossenfäule!

Man behandelt die befallenen Tiere am besten mit einem im Zoofachhandel erhältlichen Medikament gegen Flossenfäule (Furanace).

Ichthyosporidium

Eine auch relativ häufig auftretende Krankheit ist *Ichthyosporidium*, ein heimtückischer Pilz. Diese Krankheit tritt auch bei nicht optimal gehaltenen Fischen häufiger auf; sie kann jedoch aber auch hervorragend gehaltene Tiere befallen. Sie äußert sich auf sehr unterschiedliche Art: eingefallene manchmal auch aufgetriebene Bäuche, Wunden, Abszesse, Glotzaugen.

Die Krankheit ist nicht heilbar! Tiere, bei denen man den Verdacht auf *Ichthyosporidium* hat, sollten unbedingt isoliert werden, damit zumindest eine Ansteckung der übrigen Beckenbewohner vermieden werden kann!

Fischtuberkulose

Sehr ähnlich und durch äußere Symptome kaum von *Ichthyosporidium* zu unterscheiden ist die Fischtuberkulose. Hervortretende Augen oder aufgetriebene Leiber (Bauchwassersucht) und Schuppensträube können aber auch andere Ursachen haben.

Derart veränderte Fische müssen aber auf jeden Fall vorsorglich isoliert werden.

Eine Behandlung mit den im Zoofachhandel erhältlichen Medikamenten kann helfen – man sollte jedoch die Erfolgschancen nicht zu hoch einschätzen. ·

(Eingefallene Bäuche sind oftmals nur ein Anzeichen dafür, daß die Lebensuhr unserer manchmal recht kurzlebigen Fische abgelaufen ist.)

Kleine Pannenhilfen

Gelegentlich läuft nicht alles so, wie es eigentlich sein sollte – das kommt auch bei den erfahrensten Aquarianern vor. Sie wissen jedoch meist schnell Abhilfe. Der Anfänger aber steht oft hilflos vor den Problemen, weiß in vielen Fällen auch nicht, wo hierzu im Buch ausführlicher Stellung genommen wird. Ihm soll hier in ganz kurzer Form Hilfestellung geleistet werden:

Was tun, wenn das Wasser …

… milchig-trüb ist?

a) nach Neueinrichtung
Ursache: kleinste Schwebeteilchen (Lehm im Bodengrund)
Sie setzen sich meist nach 1–3 Tagen von selbst ab. Andernfalls Teilwasserwechsel (Seite 48). Tritt die Trübung erst einige Tage nach der Neueinrichtung auf, ist sie durch übermäßige Infusorien-Entwicklung bedingt. Abwarten! Nicht durchlüften! Nicht zu hell! (Siehe auch bei b!)
b) im alteingerichteten Aquarium
Ursache: Infusorien infolge übermäßiger Fütterung, liegengebliebene Futterreste
Wasserflöhe als lebende Filter einsetzen! Oder Trübung über Kohle abfiltern! Oder UV-Lampen einsetzen! Sparsamer füttern!!

… undurchsichtig grün ist?

Ursache dieser „Wasserblüte": Massenentwicklung von Schwebealgen
Verschwindet zumeist nach 1 oder 2 Wochen von selbst. Oder UV-Lampe einsetzen. Keine Düngung, kein Wasserwechsel!

Weitere Abhilfemöglichkeiten: Starke Feinfiltrierung oder Wasserflöhe als „lebende Filter" einsetzen.

… zu hart ist?

Mit demineralisiertem oder destilliertem Wasser mischen (S. 26) oder Wasser über Enthärtungsfilter (Ionenaustauscher S. 26) oder Torf (S. 20) filtern

… zu weich ist?

a) Mit härterem Wasser mischen
b) Über Marmorstückchen filtrieren
c) Evtl. vorsichtig Kalzium- oder Magnesiumsulfat zugeben

… zu basisch (alkalisch) ist?

a) Wasserwechsel (teilweise oder vollständig)
b) Über Torf filtern (S. 20)
c) Kohlendioxid-Düngung

…zu sauer ist?

a) Wasserwechsel (teilweise oder vollständig)
b) Stark durchlüften, um CO_2 auszutreiben; keine CO_2-Düngung!
c) Evtl. Natriumkarbonat (Na_2CO_3) zugeben

… zu viel Stickstoffverbindungen (Nitrit, Nitrat) enthält?

a) regelmäßige Teilwasserwechsel nicht vergessen! Tote Fische und abgestorbene Pflanzen aus dem Becken entfernen!
b) Regelmäßige Filterreinigung!
c) Nicht zu viel füttern (S. 47–48)
d) Dichte Bepflanzung

e) Evtl. Zugabe von Nitrifikationsbakterien (S. 21)
f) Evtl. UV- oder Ozonbehandlung (S. 24–25)

…unangenehm riecht?

Häufigste Ursache: Tote Fische
Leiche herausholen, Teilwasserwechsel vornehmen
Andere Möglichkeit: verdorbener Bodengrund (Boden teilweise schwarz gefärbt)
Boden lockern, Mulm absaugen, Teilwasserwechsel, Turmdeckelschnecken einsetzen. In fortgeschrittenem Stadium ist Neueinrichtung nötig!

… an der Oberfläche ein ölig schimmerndes oder samtiges Häutchen hat?

Ursache: harmlose Bakterien („Kahmhaut"), die aber den Gasaustausch behindern
Werden von Faden- und manchen Killifischen gefressen. Oder Zeitungspapier kurz auf Wasserspiegel legen und abheben. Kahmhaut bleibt an Zeitung hängen. Oder Oberfläche durch entsprechend angebrachten Filterauslauf bewegen

Was tun, wenn wir unerwünschte Pflanzen im Aquarium haben?

… Schwimmpflanzen mit kleinen runden Blättern, die bald die ganze Wasseroberfläche bedecken: Wasserlinsen (Lemna)

Hier hilft nur regelmäßiges Abschöpfen

… samtig-schleimige Algenbezüge an Scheiben, Pflanzen und Einrichtungsgegenständen, blau, grün, bräunlich: Blaualgen

Mit Schlauch absaugen, nachputzen. Teilwasserwechsel zur Senkung der Nitrat-Werte. Zur Information auf Seite 45 und 61 genau nachlesen!

… braune Überzüge an Scheiben und Einrichtung, langsamwüchsig: Braunalgen

Mechanisch entfernen. Zeigen Lichtmangel und oft zu hartes Wasser an!

… grüne Algen in verschiedensten Wuchsformen an Scheiben, Pflanzen, Einrichtungsgegenständen: Grünalgen.

Ursache: zu wenig höhere Pflanzen, zu viel gedüngt.
Mechanisch entfernen, algenfressende Fische einsetzen (Seite 61)

Was tun, wenn wir unerwünschte Tiere im Aquarium haben?

… kleine Tierchen, die auf dem Oberflächenhäutchen des Wassers oder auf Schwimmpflanzen leben. Gewandte Springer: Springschwänze

Völlig harmlos!

… grüne, seltener bräunliche kleine Klümpchen an Scheiben und Pflanzen, die sich zu fadenartigen Gebilden von etwa 1 cm Länge ausstrecken können: Süßwasserpolypen (Hydra)

Werden der Fischbrut schädlich, sonst harmlos. Verschwinden bei höheren Temperaturen nach einiger Zeit von selbst. Als Nur-Lebendfutterfresser verhungern sie nach einiger Zeit, wenn man die Lebendfuttergaben einstellt.

… grauschwarze oder milchigweiße Tiere, die auf breiter Kriechsohle sich ziemlich schnell an Scheiben und Pflanzen bewegen können (erinnern an Schnecken ohne Haus): Strudelwürmer (Planarien)

Leben von Futterresten! Nur soviel verfüttern, wie die Fische direkt fressen. Bei hohen Temperaturen (einige Tage 30–33 °C) halten sie sich nicht lange. Fische vorher herausfangen! Makropoden, manche Fadenfische und Pelmatochromis-Arten fressen Planarien, wenn sie einige Tage hungern. Sonst absammeln.

… Schnecken können sich manchmal übermäßig vermehren

Abhilfe schaffen Kugelfische, aber die sind auch nicht unproblematisch (siehe Seite 259 f.). Schnecken ködern und absammeln: Man lege wöchentlich 2 futterfreie Tage ein. Am Abend des 2. Tages nach Abschalten der Beleuchtung stelle man eine große Schale mit einigen Pellets oder Futtertabletten ins Becken. Nach etwa 1–2 Stunden sitzt ein sehr großer Teil der Schnecken auf der Schale und kann einfach herausgeholt werden.

Was tun, wenn unsere Pflanzen …

… nicht wachsen?

Ursache: zu kurze Beleuchtung (Lampen müssen täglich mindestens 12 Stunden brennen!), zu wenig Lichtintensität (evtl. zu viele lichtschluckende Schwimmpflanzen), zu wenig Kohlensäure, zu wenig Nährstoffe. (Eine oder mehrere dieser Möglichkeiten!) Mehr Licht geben (durch Reflektor, weitere Lampe, Deckscheibe reinigen …), häufigeren Teilwasserwechsel vornehmen (evtl. Pflanzendünger oder Kohlensäuredüngung)

… sehr stark in die Länge wachsen, aber nur wenig bzw. kleine Blätter ausbilden?

Ursache: zu wenig Licht (s.o.)

… gelbe Blätter bekommen?

Ursache: zu wenig Licht und/oder Eisenmangel. Lichtmenge erhöhen (s.o.), eisenhaltigen Dünger sparsam zugeben.

… Löcher in den Blättern haben?

Ursachen: a) Tierfraß (Schnecken oder Fische)
Schnecken absammeln, den Fischen zur bisherigen Ernährung gebrühten Spinat oder Salat geben!
b) Mangelkrankheit
Häufigerer Wasserwechsel; etwas Wasserpflanzendünger zugeben.

Was tun, wenn unsere Fische …

… gleich nach dem Kauf verängstigt in der Ecke stehen oder von anderen Fischen stark gejagt werden?

Zunächst genau beobachten. Prinzipiell ist dies ganz normal! Natürlich haben sie Anpassungsschwierigkeiten (z.B. andere Wasserzusammensetzung), oft dauert es einige Zeit, bis sie ihren Platz in der neuen Gemeinschaft gefunden haben. Manchmal sind die Neugekauften aber wirklich fehl am Platz (Beispiele: Hartwasserfisch in typischem Weichwasserbecken, Vergesellschaftung zweier Einzelgänger bzw. rivalisierender Männchen). Bei den Fischbeschreibungen nachschlagen! **Vor** dem Kauf über die Ansprüche und Vergesellschaftungsmöglichkeiten genau orientieren!

… sich sofort bekämpfen, wenn wir die Paare zur Zucht zusammensetzen?

a) Bekämpfen sie sich wirklich? Jagen gehört oft zum Paarungsvorspiel. Wenn das Weibchen aber keinen Laichansatz hat, kann dies u. U. tödlich enden. Aufpassen, notfalls trennen!
b) Haben Sie wirklich zwei Tiere verschiedenen Geschlechts?
c) Bei manchen Arten ist dies fast der Normalfall (z.B. bei vielen Cichliden)! Am besten läßt man das schwächere Tier sich im Aquarium eingewöhnen (Heimvorteil!) und gibt den stärkeren Partner erst Tage oder Wochen später hinzu. – Wenn das nicht hilft, die Trenn-

scheiben-Methode (S. 96). Leider hilft aber auch das nicht immer. Je größer das Aquarium, desto geringer sind hier die Probleme!

> ... stark atmend am Wasserspiegel stehen?

Ursache: Sauerstoffmangel oder Nitrit- bzw. Ammoniakvergiftung
Sofortiger Teilwasserwechsel!

> ... mit geklemmten Flossen, freßunlustig oder mit Schaukelbewegungen herumstehen?

Wassertemperatur überprüfen! – Teilwasserwechsel. Ist nach 2 Tagen keine Besserung eingetreten, herausfangen und vorbeugend gegen Parasitenbefall behandeln (wie gegen *Ichthyophthirius*).

> ... kleine weiße Pünktchen auf der Haut und den Flossen haben?

Ursache: *Ichthyophthirius* oder *Oodinium*
Fischmedizin nach Gebrauchsanweisung anwenden (S. 269ff.), zusätzlich Temperaturerhöhung und starke Durchlüftung.

> ... sich ständig am Boden oder an Pflanzen und Steinen scheuern?

Auf *Ichthyophthirius* prüfen! Genau beobachten, ob kleines, schuppenartig flaches Tier auf dem Fisch sitzt (Karpfenlaus). Fisch herausfangen und Laus (tatsächlich ein parasitischer Krebs!) mit Pinzette abnehmen.

> ... wattebauschartige Beläge an Flossen oder am Körper haben?

Ursache: Verpilzung *(Saprolegnia)*
Kochsalz-Kurzbad oder Kaliumpermanganat-Bad (Seite 271).

> ... ausgefranste und zerfressene Flossen und/oder Hautverletzungen haben?

a) durch andere Fische verursacht
Beobachten, Fisch notfalls herausfangen
b) durch parasitische Einzeller oder Bakterien bedingt
Heilmittel wie gegen *Ichthyophthirius* oder Furanace.

> ...über Wochen nichts mehr fressen, abmagern oder ihr Leib unförmig anschwillt?

Durch Herausfangen von den anderen Fischen isolieren.

Literaturhinweise

Wer sich noch intensiver mit der Aquarienkunde oder mit Teilgebieten aus diesem weiten Feld beschäftigen möchte, dem sei hier weiterführende Literatur angegeben.
Ich habe aus dem Spektrum der aquaristischen Literatur die Werke ausgewählt, die ich besonders empfehlen kann – das bedeutet jedoch nicht, daß nicht aufgeführte Bücher schlechter sein müßten!

Große Werke, die den ganzen Bereich der Aquarienkunde abdecken

FREY, H.: Das große Lexikon der Aquaristik. Neumann-Neudamm Verlag. Leipzig und Radebeul, 1976
KOSMOS-HANDBUCH AQUARIENKUNDE. Kosmos-Verlag Stuttgart, 3. Aufl. 1980
STERBA, G.: Enzyklopädie der Aquaristik und speziellen Ichthyologie. Neumann-Neudamm Verlag Melsungen, Berlin, Basel, Wien, 1978

Bücher über Aquarienpflanzen

BRÜNNER, G.: Aquarienpflanzen. Kosmos-Verlag Stuttgart, 7. Aufl. 1976
BRÜNNER, G.: Pflanzen im Aquarium – richtig gepflegt. Kosmos-Verlag Stuttgart, 5. Aufl. 1981
DE WIT, H.C.D.: Aquarienpflanzen. Ulmer Verlag Stuttgart, 1971
PAFFRATH, K.: Bestimmung und Pflege von Aquarienpflanzen. Landbuch Verlag Hannover, 1978

Bücher zur Aquarientechnik und zur Wasserchemie

HÜCKSTEDT, G.: Aquarienchemie. Kosmos-Verlag Stuttgart, 7. neubearb. Aufl. 1978
KRAUSE, H.-J.: Einführung in die Aquarientechnik. Kosmos-Verlag Stuttgart, 1981

Größere Bücher über Aquarienfische (allgemein)

FRANK, S.: Welt der Aquarienfische in Farbe. Mosaik Verlag München, 1980
MAYLAND, H. J.: Tropische Aquarienfische (ohne Cichliden und Poeciliden). Landbuch Verlag Hannover, 1979
STERBA, G.: Süßwasserfische aus aller Welt. 2 Bände. Neumann-Neudamm Verlag Leipzig, Jena, Berlin 1959
WHEELER, A.: Das große Buch der Fische. Eugen Ulmer Verlag Stuttgart, 1977

Bücher über Fischzucht

OSTERMÖLLER, W.: Fische züchten – nach Rezept. Kosmos-Verlag Stuttgart, 5. Aufl. 1980
PINTER, H.: Handbuch der Aquarienfisch-Zucht. Alfred Kernen Verlag Stuttgart, 1966
RICHTER, H. J.: Fische züchten – ein Problem? Landbuch Verlag Hannover, 1980
SCHRÖDER, J. H.: Vererbungslehre für Aquarianer. Kosmos-Verlag Stuttgart, 2. Aufl. 1978

Bücher zur Fischmedizin

REICHENBACH-KLINKE, H. H.: Krankheiten der Aquarienfische, Gustav Fischer Verlag Stuttgart 1966

SCHUBERT, G.: Krankheiten der Fische. Kosmos-Verlag Stuttgart, 8. Aufl. 1981

Bücher zu einzelnen Fischfamilien, -gattungen oder -arten

BREMBACH, M.: Lebendgebärende Fische im Aquarium. Kosmos-Verlag Stuttgart, 1979

FREY, H.: Karpfenfische. Zierfischmonographie. Neumann-Neudamm Verlag Melsungen, Basel, Wien, 1973

FREYER, G., T. D. ILES: The Cichlid Fishes of the Great Lakes of Africa, Edinburgh 1972

GERY, J.: Characoids of the World. Neptune C. 1977

JAKOBS, K.: Die lebendgebärenden Fische der Süßgewässer, Harry Deutsch Verlag Frankfurt a.M., 1969

KELLER, G.: Der Diskus. Kosmos-Verlag, Stuttgart, 5. Aufl. 1982

LUCKMANN, H.: Guppys. Kosmos-Verlag Stuttgart, 1978

MAYLAND, H. J.: Cichliden und Fischzucht. Landbuch Verlag Hannover, 1978

PAEPKE, H.-J.: Segelflosser. Die Gattung Pterophyllum. Neue Brehmbücherei Wittenberg, 1979

PETZOLD, H.-G.: Der Guppy. Neue Brehmbücherei Wittenberg, 1967

SEEGERS, L.: Killifische. Eierlegende Zahnkarpfen im Aquarium. Eugen Ulmer Verlag Stuttgart, 1980

STAECK, W.: Handbuch der Cichlidenkunde. Kosmos-Verlag Stuttgart, 1982

VIERKE, J.: Zwergbuntbarsche. Kosmos-Verlag Stuttgart, 1977

VIERKE, J.: Labyrinthfische und verwandte Arten, Engelbert Pfriem Verlag Wuppertal-Elberfeld, 1978

WEISS, W.: Welse im Aquarium. Kosmos-Verlag Stuttgart, 1979

WICKLER, W.: Das Züchten von Aquarienfischen. Kosmos-Verlag, Stuttgart, 8. Aufl. 1980

Periodisch erscheinende Zeitschriften

Monatlich erscheinen:

Aquarienmagazin
Franckh'sche Verlagshandlung
Postfach 640
D-7000 Stuttgart 1

Aquarien Terrarien
Urania Verlag
Otto-Nuschke-Straße 28
DDR-108 Berlin

Das Aquarium
Albrecht Philler Verlag
Postfach 2860
D-4950 Minden

DATZ
Alfred Kernen Verlag
Schloßstraße 80A
D-7000 Stuttgart 1

Vierteljährlich erscheinen:

TI
Tetra
Postfach 1580
D-4520 Melle 1

Register der Pflanzen- und Tiernamen

Halbfett gedruckte Seitenzahlen weisen auf eine Abbildung hin.

282